馬克思的思想之生成與演變

——略談對運動哲學的啟示

洪鎌德 ·著

序　言　▶▶▶ Preface

　　本書為作者四十餘年來對馬克思的時代背景、知識淵源、生平履歷、革命生涯、思想學說，及其後世影響等十餘部專書之外，新增添的著作。它縷述造成黑格爾從精神現象學，轉向法政評述的社會理論之先驅——英國經典的政治經濟學——底演變。由於黑格爾的唯心主義是日耳曼經典觀念論的高峰，也是馬克思哲思最主要的源頭，所以細述黑格爾心靈和精神哲學成為本書前半部著力之處。不僅是黑格爾的唯心主義和辯證法、法政、社會和歷史哲學成為型塑馬克思學說的來源與主軸，就是黑格爾青年門徒的主張，尤其是費爾巴哈的轉型批判法之應用以及哲學人類學之倡說，加上英法政治經濟學的說詞都是把馬克思從唯心主義推向唯物主義的動力。

　　青年時期的馬克思和成年以後的馬克思，在思想的對象與內涵上，顯示重點的擺置有所不同，前者注重意識、重視個人、講究異化，企圖由個人的轉化，改變其所處的情境，因之，可以看做是馬克思第一個思想體系，其要達致的目標為哲學的共產主義。後者則重視個人所組成的集體，包括人類、世界、社會、歷史，其矚目的為社會，因分工形成勞動與資本的對立和剩餘價值的剝削所造成的階級與階級鬥爭，還因倡導無產階級的世界革命來改造社會，看出環境的改變可以使傳統受制於典章制度束縛的人類，重獲自由、得到解放。這是馬克思的第二個思想體系。一般視為他科學的社會主義之形成與演展。

　　在詳細析述馬克思如何從創始的馬克思主義演展到第二個成熟的馬克思主義的過程間，本書作者檢討馬克思及其戰友恩格斯（後者更富有經驗主義、實證主義、科學主義的傾向）思想的異同，俾駁斥兩個馬克思主義的看法，而強調馬克思思想的連貫與學說的統一。最後馬克思的思想是否可以解釋為哲學、科學，乃至神話、秘思等等面向的爭論，也有相當篇幅

的析述。

本書架構體例仿效美國普林斯敦大學退休教授塔克爾（Robert C. Tucker）的著作《卡爾・馬克思的哲學與秘思》（*Philosophy and Myth in Karl Marx*），其中不少章節還加以譯述，都誌明出處，以示不敢掠美。塔克爾此書為其博士論文之改版（1961），其後修正為第二版（1972），只改正最後結論有關異化的部分。以上兩版皆由英國劍橋大學出版社刊行；第三版（2001）則改由Transaction出版社出版，仍保留第二版原樣，加上一篇四頁的〈導言〉。必須指出的是塔克爾原著所引用的馬克思德文原著 *MEGA* 今日在西方學界少有人使用，而英譯的版本眾多，都是他所未曾看到與使用者，本書作者找出德、英、美有關馬、恩的著作與英譯，一一重新考核，並加以華文譯出，俾便利華文世界的讀者之理解。

本書大體上採用塔克爾的觀點，但卻增加不少個人近四十年來對馬克思學（Marxology）鑽研之心得，特別是省思馬克思及其前人的哲思對身體文化與運動哲學之衝擊、啟示與意涵，因之，每一章中都有一節專談這個啟示或意涵，算是運動、體育的門外漢的個人之一點省思與憬悟。

從研究馬克思主義到討論運動哲學，不能不指出個人幸運的知識探險之奇遇。在體委會前主委許義雄教授邀請下，本人在2007年春有機會在台大體育館發表一次有關馬克思主義的演講，獲得在場運動界、體育界的教師們之賞光與指教，在體大前任校長邱金松教授推薦下，被國立台灣體育大學、體育研究所所長黃東治教授聘請為該所兼任教授，主講「運動哲學」和「馬克思主義與運動」兩門課，為體大博碩士班的新課。這也是促成本書及時誕生的主因。為此特向許義雄、邱金松和黃東治三位教授敬致深摯的謝意。

本書再度繼《當代政治社會學》出版後，由五南出版社刊行，這應歸功於劉靜芬小姐在編輯前書時，費了不少心血，才能讓此書獲得2008年台大教師傑出著作獎，在此向五南與劉編輯致謝。加上五南執行編輯李奇蓁小姐的細心規劃，使本書成為社會科學與哲學文庫之一，也令我非常感激，一併申謝。此外，本書也應國立交通大學胡正光教授之推薦，成為交大「人文與社會科學研究中心」補助的出版計畫下叢書之一，這點令人特別興奮與感激，茲向胡教授敬致謝忱。

　　協助本書電腦打字、編排、插圖的最大功臣無過於本人長期的學術著作與講學助理與伙伴的廖育信博士，他高超的電腦文字與圖片之處理本事，加上本身擁有的哲學與社會科學（特別是經濟學）之素養，使本書生色不少，令人萬分感恩。此外，台大國發所碩士生許訓誠同學的校對工作也使本書的錯字減至最小範圍，功不可沒，一併申謝。

　　最後，但卻最重要的是要感激多年來無怨無悔的賢妻蘇淑玉女士，她在照顧我生活起居、身心保養方面付出極多的心血，而不求報答、始終如一。更令人感動的是，她還要不時應付兩個旅外（新加坡與香港）女兒及孫兒的需求，多次奔波於星台、港台之間，為的是給可愛的外孫、外孫女美好的童年回憶。她這種犧牲奉獻的精神是我不斷寫作的泉頭活水。茲以本書敬獻給我的愛妻蘇淑玉女士，並禱祝她永遠健康、快樂與歡喜。是為序

洪鎌德　誌於台大國發所研究室
2009 年 11 月 16 日

青年時期的馬克思

青年時期的恩格斯

老年的馬克思

Contents

馬克思與黑格爾的思想是同根異株

Chapter 1

經典的政治經濟學與運動中競爭的關連

一、前言

　　經濟活動（economy）產生於人慾望的無窮，以及滿足無限慾望的財貨（貨物與勞務）的匱乏與稀少。在古希臘這是家計（household）的同義詞。對經濟活動所形成的經濟現象因果性、系統性、科學性的研究則是近現代歐洲，尤其是英國思想家所做的努力。第一位使用「政治經濟學」（*économie politique*）這個概念的來做為一門學科之思想家，為法國人蒙希赫田（Antoyne de Montchrétien 1571-1621）。他使用這個名詞的年代為 1616 年。過了一個半世紀以後，英國人司徒亞（Sir James Steuart 1712-1790），才把這個法文字眼以英文 political economy 的面目呈現給世人，因為他在 1767 年出版了《政治經濟學的原則》（*Principles of Political Economy*）（洪鎌德 1999: 27-28）。這本英國的政治經濟學之大作，九年之後便被亞丹·斯密的《國富論》（*An Inquiry into the Nature and Causes of the Wealth of Nations*, 1776）之盛名所掩蓋，從此之後很少人（除了馬克思之外）再提及司徒亞這本經濟學的名作。

　　除了司徒亞與斯密之外，英國最早留意經濟發展對社會衝擊的學者中，要算哲學家與史學家休謨（David Hume 1711-1776）最引人注目。他雖不是專心致志於經濟現象之觀察和分析，卻留意商業的成長，自由貿易的推動和工商獨佔的廢除。其思想大大影響其後斯密的經濟學說。

　　可以說在 18 世紀與 19 世紀中葉，這六、七十年間為英國產業革命的高峰，也是經典的政治經濟學最興盛的一段時期，除了休謨、司

徒亞和斯密之外，尚包括李嘉圖（David Ricardo 1772-1832）和詹姆士・穆勒（James Mill 1772-1836）。此外，馬爾薩斯（Thomas Malthus 1771-1834）、洗紐爾（Nassau William Senior 1790-1864）、約翰・穆勒（John Stuart Mill 1806-1873）也是傑出的經濟學者。連法國人賽伊（Jean Baptiste Say 1767-1832）與德國人馬克思（Karl Marx 1818-1883）與恩格斯（Friedrich Engels 1820-1895）都可以列入經典的政治經濟學行列中（洪鎌德 1999: 25-32）。

在英國把政治經濟學的理念廣為傳播的組織為1821年成立的「政治經濟學俱樂部」和《愛丁堡評論》（*Edinburgh Review*）這一學報（Home 1991: 79）。

二、亞丹・斯密的貢獻

早在撰寫《國富論》（1776）之前，亞丹・斯密便以道德、哲學和倫理學的眼光來討論人的經濟活動。他讚美所謂「聰明的」經濟活動者。他說

> 聰明的人在抑制當前的舒適和快樂，暫時忍受辛苦和節儉之苦，以成就來日更大與經久的舒適和快樂，這是贏得旁觀者十分讚賞的。聰明人有此企圖，有所作為，則非如此茹苦含辛不可。他之所以肯做這樣的犧牲，顯然是經過深思熟慮之後，明智的舉措，而不是一時輕率的決定。（Smith 1949: 265-267）

人在經營社群生活表現了愛慾、感受等天性，但天性卻必須接受理性感知的中介、管制，才不致引發人間的糾紛、亂象。是故道德情操是上天安排人類社會活動一隻「看不見的手」（an invisible hand）。

經典的政治經濟學的源頭無疑是亞丹・斯密對重商主義的攻擊。所謂重商主義為 17 與 18 世紀歐洲英、法、荷等商業發達的國家為了本國金銀、財貨的累積，不惜採用保護主義的政策，鼓勵把外國便宜的原料輸入，而把本國加工製造、價值增高的成品輸往他國或殖民地，從而造成貿易的出超、財富的增加和國家的富裕。這是17世紀歐洲各國為爭奪海外

市場與殖民地所展開的國際貿易戰爭。其理念來自湯馬斯・閔（Thomas
Mun 1571-1641），其後受到皮梯（Sir William Petty 1623-1687）、喬爾特
（Josaih Child 1630-1699）等人之贊成，連擔任法國路易十四財政大臣的
柯爾伯（Jean-Baptiste Colbert 1619-1693）也熱衷這一理念，而形成英、
法兩國的財政政策。這種主張被法國重農學派的學者米拉波（Marquis de
Mirabeau 1715-1789）稱做「重商主義」（mercantilism）。米拉波與斯密
都抨擊重商主義利己而不利人的保護主義之政策。認為國家與國家之間應
採用互利、合作的自由商貿；不當排斥，甚或關閉國際（外國）的市場，
妨礙國際的分工，導致有關國家的經濟成長受到抑制。斯密還指出：成長
還靠生產的勞力壓倒服侍的勞力，前者指貨物產品的生產活動，後者指人
事服侍的勞務活動。一旦可以減少人身服侍的費用，而增加了人員直接從
事生產雇用所需之金額，則資本可以累積。在成長的經濟裡頭資本累積明
顯增大，那麼工資也會水漲船高、節節高升。這是他與其他經典政經學者
所樂觀其成的過程，因為他們都同意高升的工資是對勞動者勤勉之鼓勵。

　　斯密以及其他經典學者都把經濟問題視同為人與天之間的鬥爭，也就
是人企圖從自然界開拓出財富來。在這番天人交戰中，勝敗取決於人的勞
動之效率。是故勞動產生價值理論及其衍生的產品之價格，這種價格取決
於勞動的說法成為經典的政治經濟學理論家的口頭禪。

　　與後來的新經（古）典學派，例如邊際效用學派的主張不同，斯密
等人是主張擴充資源，俾在分配以後鼓勵更大的經濟成長。可是1870年
代（特別是吉翁士 W. Stanley Jevons 1835-1882，孟額 Carl Menger 1840-
1921）以來的新經典學說確認為經濟資源有限，人的選擇偏好彼此競爭，
必須在考量邊際效用下進行理性的選擇。不過後者多少受到主觀心理學的
影響，不如前者訴諸經驗事實的考察，是故經典的（早期）的政治經濟學
更擁有經驗與實證的意涵，且可以指引政治學家促進經濟的成長。

　　儘管《國富論》為首部政治經濟學完整的巨作，但卻是斯密之前所寫
《道德情操的理論》（1759）之延續，亦即含有濃厚哲學思辨的色彩。蓋
《國富論》的結語仍重複之前倫理學著作所揭示的人類激情同理性相互拼
搏決鬥的主張。由此他演繹人類從漁獵、畜牧、農耕而至工商的社會發展
史的四大階段說。

　　每一階段都與其相適應、相搭配的制度來滿足人類發展的需要。特別是在第四階段的工商社會中，法律與秩序所保障的私有財產成為此時社會最重要的機制。斯密甚至指出：文官政府成為保護富人的私產以對抗窮人的機構。造成社會變遷與歷史遞嬗的驅力來自於每個人理性指引下自求多福、自我改善的欲望。

　　社會秩序之所以能夠維持，導因於人性中的激情與理智兩種面向。社會制度的機制便在節制個人或團體激情的出軌。這種機制包括競爭在內。為追求自我改善與福利的機制，或造成輸贏得失的結果。這種公開、公平的競爭，無異一隻看不見的手，在管制和指導社會的經濟活動。這也是在市場運作之下，產品的價格常在供需左右下邁向自然價格之因由。

　　顯然，斯密是第一位思想家，企圖把市民（民間、公民）社會從政治國家中拆開。他認為一般市民在市民社會中有能力自行解決其生活所需的物資之生產、交流、分配等問題，而力避免政府（政治國家）的干預。在《國富論》中，他把人們的自由與商業聯結起來，商業的發達與自由的抬高是相互提攜增進。商業是走向福裕繁華的捷徑，也是人群擴大其自由的場域。商業發達的條件，包括典章制度（包括長子繼承制）的阻礙之清除，國家商貿（重商主義）保護政策之取消等等。是故自由的商貿活動、企業自動自發的創思、發展為提升商貿之不二法門。一旦商人經營企業成功而致富，則可以擺脫政治的專權，從而促成其個人自由的激增。斯密是把商業與自由的關連，加以揭示的第一位思想家，亦即商業的增大強化自由，自由程度的擴增強化商業活動。他指出商業是走上繁榮的捷徑。只有商業不受阻礙地繼續發展，才能保證社會最大的繁榮。自由成為繁榮所不可或缺的關鍵。把商業擴展到海外甚至全世界，將造成國家財富的累積。此時財富不再是固定不變的金銀財寶，而是可以自由運轉的貨幣和流通的商品，則商人變成獨立自主的人，也就不受政治宰制的束縛，而享受自由增大的滋味（McLellan 1991: 426-427）。

　　再說，身處工業革命在英國發生的早期，斯密看出工業製造與生產的重要性。工業生產的產品之激增，亦即生產能力的提高，可以把它運輸與銷售到各地市場。由是顯示分工與市場之間的互動是財富增加的不二法門。這種看法使他擺脫重農學派視土地為財富的源頭之狹隘觀點，也擺脫

以鄰為壑、利己不利人之重商學派之窠臼，證明生產獲得多餘的財富，不能單單由農業活動而取得，更非國庫中儲備的金銀財寶。反之，是可以供買賣流通的商品。把商品售賣所得，再投資、再生產、再流通，必使財富增加迅速而龐大。

斯密之所以重視分工的好處，是由於（1）同一職務反覆操練與執行可以使工作者熟能生巧、增加效率；（2）減少從一項工作轉向其他工作時間上的浪費；（3）分工引向機器的發明與應用，減少勞力的浪費。分工造成對資本累積的需求，也是勤儉等經濟道德的養成。但分工擴大的程度卻受限於市場的大小與人口的多寡。人口的膨脹與財富的增加有互動的關係。

斯密主張政府放任無為，完全讓個人追求其自利，蓋每個人會清楚知道其利益之所在。個人在追求自利之時，間接促成公共利益的成長。事實上，個人理智的發揮有助於社會秩序的建立。個人利益圈在面對公共利益圈時，顯現自立自主，而又中規中矩。是故經濟運作是理性的表現，不需國家的介入，單靠民間社會的運作，經濟秩序便會順暢推行。

一如前述，斯密認為財富存在於可供買賣的商品（而非國庫金銀寶物的儲存）之上，而創造商品的來源為前面提到的勞動力（勞力）。勞力是生產和促成社會繁榮的主力，故應當把勞力當成商品價值的衡量標準。勞力不只是商品衡量的準繩，更是商品價值的唯一泉源。

要之，《國富論》的重要性至少包括以下三點：

其一、它是第一部有系統、有組織，善用理論與資料的經驗性、實證性的經濟學著作，也是經濟哲學、經濟科學、經濟政治學、經濟社會學的典範作品，亦即經典著作。

其二、《國富論》是自古至近現代（斯密所處的18世紀）最為廣包（範圍涉獵最為廣泛）、最為精深，也是求知野心最大、最顯露的一部不朽之作。

其三、《國富論》不只是經驗性、描述性、事實鋪陳的「科學」之作，它更是帶有評論性、規範性、政策應用性、「實用倫理學」的偉構（Viner 1968: 325-326）。

　　隨著斯密大作出版之後，後來的政經理論家都提出相關的經濟問題，我們把這些問題歸納為以下五個子題：（1）歷史進步的經濟解釋；（2）透過分工與交易的擴大財富累積和經濟成長的理論；（3）對財富重新界定，不只是財富為金銀的持有，更是商品及其生產；（4）個人行為的理論，是個人自利的追求與公共利益的增進不相違背，反而促成公共利益的成長。因之，主張政府放任無為，或國家權力縮小至「起碼的（最低限度）國家」（the minimal state）之理論；（5）勞力價值說，認為勞動是價值的來源與衡量的主張（McLellan, *ibid.*; 洪鎌德，前揭書，31頁）。

三、李嘉圖的經濟學說

　　李嘉圖便是斯密《國富論》中涉及（3）、（4）與（5）三項子題，加以檢討的經典政治經濟學家。李嘉圖最重要的著作《政治經濟學與徵稅的原則》（*On the Principles of Political Economy and Taxation*, 1817），探討社會中三種階級（地主、工人和資本家）的社會產值之分配。他發現商品的價值與投入的勞動數量成正比，資本家的利潤與工人的薪資所得成反比。一旦人口增加，地租也提高。人口若膨脹過快，則薪資有被壓低的態勢。在耕地擴大下，地租上升，利潤會減少，資本形成困難。李嘉圖不但繼受斯密的學說，還踵事增華，加以精緻化。李氏指出勞動價格（工資）是從事勞動時間的長短來規定的。他尚未發展到像馬克思分辨抽象的勞動與具體的勞動之地步，也不懂分辨社會必要的勞動時間與個人確實的勞動時間。換言之，他不像馬克思分辨勞動與勞動力（勞力）之不同。不過由於李嘉圖指出商品相對的價格係由投置於生產該物的勞動時間之長短所規定，因之，他打破向來錯誤的說法——工資增加會導致價格的升高。

　　李嘉圖認為地租只是財富的轉移，而非財富的來源。因之，除了工人與資本家可以藉勞力與資本賺取財富之外，地租不可視為生產的成本。隨著必需品成本的變動，利潤的多寡與工資的高低同時變化。人口一旦增加，地租也趨向昂貴。除非人口激增而壓低工資，否則工人無失業之虞。他也認為國與國之間的貿易並非由於生產成本相對的不同而引起的；反之，卻是由於國內價格結構之不同，而反映了交易的相對利益，這才會促

成國際間貿易的頻繁與熱絡。

此外，李嘉圖曾經為英國的銀行大量發行紙幣和擴大信貸，而擔心英國國庫黃金儲量之減少，以及英鎊匯價的貶值，由此展開的中央銀行運作理論，這對 19 世紀初英國財經界的影響重大。

李嘉圖經濟學思想的核心，是認為自然資源的短缺（稀少性）對導致經濟成長或早或晚的停滯不前。為了解決一國經濟成長的遲緩，他訴諸對外貿易，提出比較成本與國際通商理論。斯密早已提過每個國家按專長生產費用較少的的商品來交換他國製成（但在本國生產，卻要付出較高的成本）的貨物，這樣會得到比較的利益。這種 18 世紀自由貿易的說法，被李嘉圖與其他經濟學者發展為比較（低）成本的理論。譬如在英國生產布料，比生產葡萄酒的花費較低，而葡萄牙生產紅酒的成本比生產布料的成本更低，則英國布料與葡萄牙的紅酒進行交易，可使兩國都享受相對的低成本。因之，也得到比較性的利益。這樣交易的結果，讓兩國付出較少的代價，而得到同時享有布料與紅酒的好處。這就是國際生產分工與貿易合作的比較利益說。

李嘉圖進一步指出，世間存在一個「種類〔人類〕自然的分配」（a nature distribution of species），使進行貿易的諸國在沒有採取關稅之前，讓彼此的商貿朝向均衡，而且在通商國之間造成有利本國（比較利益）的商品之專門製作，而後相互交換。這就說明即使本國工資水平較高，也沒理由阻止這個國家與外國通商（Blaug [1] 1968 [13]: 510）。

要之，李嘉圖勞動價值說多少影響到馬克思的經濟理論，李嘉圖只談價值論，而不像馬克思發現了剩餘價值理論。不過最早提出勞動價值觀的人是斯密而非李嘉圖。這是看我們怎麼界定勞動價值論：假使把勞動價值論當作勞力是商品相對價格之決定因素看待，李嘉圖不是此一理論的先驅；不過如果說勞動價值論指涉的是貨品交易的比率在數量上受到勞動代價的影響大，受到利率的影響小，則為李氏的貢獻。再說他在不考慮需求的情形下，堅持著價值成本說。此外，他的勞動價值說從不與利潤性質中抽繹出來的事物有關，這點也與馬克思的觀點相反。換言之，不因馬克思和其他社會主義者對李嘉圖的讚賞，而誤會李氏的學說對馬派經濟思想有這麼重大的衝擊（*ibid.*）。

　　在比較李嘉圖《原則》與斯密的《國富論》時，我們發現後者對經濟系統操作的一般性描述比前者高明。再說，經濟問題如果是涉及有限手段來追求無限目標（而且目標之間相互競爭），斯密的貢獻也遠大於李嘉圖。不過在涉及國際貿易的探討時，李嘉圖的看法更遠、更深，且在經濟分析的方法上更為細膩、更為高明。他所使用的理論模型不但範圍更為廣大，而且實用性也更高。《原則》一書有五分之一的篇幅討論稅收的問題。李嘉圖把稅收、徵稅同資本累積、所得分配和物價水準掛勾，亦即對徵稅的經濟後果做出分析，而影響他對經濟理論的架構，也展示他對邏輯推論能力的卓越。

四、馬爾薩斯的人口論

　　馬爾薩斯的父親是盧梭的朋友，他們認為人理想的平等會有實現的一日，只要藉著教育與宣傳，把私人的無知與公眾的惰性加以清除便足。對於父執輩的這種夢想，年輕的馬爾薩斯頗不以為然，而認為人類追求完美的社會常受人口增長與食糧不足所打亂。在其父親督促下，三十二歲的馬爾薩斯寫下〈人口原則的散論〉（An Essay on the Principle of Population, As It Affects the Future Improvement of Society, 1798）。此文引用當時幾名英、法哲人的意見，談不上有什麼創意或新思。不過此文主要在抨擊他所處時代不憂慮人口過多，反而擔心人口不足的流行想法。後來由於英國人口遽增，輿論界的態度也有所改變，遂促成馬氏在1803年出版《人類幸福的過去與現在效應》（*A View of Its Past and Present Effects on Human Happiness With an Inquiry into Our Prospects Respecting the Future Removal or Mitigation of the Evils Which It Occasions*）。此書經歷數次修正，最後第六版在1826年出梓。

　　除了有關人口學的著作之外，馬爾薩斯也出版《政治經濟學原則》（1820）、《政治經濟學的定義》（1827）等書。他在人口學著名的觀點：在沒有遏止之前，人口將會以幾何級數的方式增加，而糧食的供應卻是以算數級數的方式成長。因此人口成長的極限為「維生資料」（means of subsistence）所能提供的界限。在現實的世界中存在各種各樣的遏止機

制（超過綜合可以養活的界線之外的激增）。遏止的機制有「正面的」（面對面的像戰爭、飢荒、瘟疫等），也有「預防性的」（像墮胎、殺嬰和節育措施）。這兩種防阻機制都是由於糧食供應不足之緣故，也成為人口成長最後的阻卻力量。

　　這種主張馬上引發爭議，批評者指出發達的社會中，工人階級的收入足以讓其家大小存活在起碼的衣食住最低要求之上。是故在人口原則的〈散論〉再版時，馬氏提出「道德節制」為阻卻人口激增的新辦法。道德節制指晚婚和婚前性生活的的避免、性慾的抑制而言。

　　馬爾薩斯要求工人階級實行道德節制，而不要讓此一階級的子孫大量繁殖，這當然是英國資產階級狂妄自大的心理之反映，也是上層階級反對改革、或不熱衷政治改革、社會改良的藉口。貧窮的根源一旦視為人口與維生資料（糧食、衣服、住房等民生用品）之間的失衡，則改變這種「宿命」的關鍵便成為工人階級道德節制的職責。而工人所得薪資維持在生活線的最低限度下，亦即在存活所必要的低工資，也成為馬氏人口論下的必然結果。

　　由於 1780 年代至 1800 年間差不多二十年裡，歐洲人口一時之間激增，導致人們誤以為馬氏 1798 年的〈散論〉是先知性的預言，或及時的勸世箴言。可是到 1890 年代，由於科技進步和家庭採用節育措施，人口大舉膨脹，糧食不足的說詞完全被戳穿，馬氏甚囂塵上的人口論徹底失敗。

　　馬爾薩斯的人口論是典型的學術化妝例子，也就是把形而上學裝扮成科學。假使吾人同意他的看法，認為生育節制是應大力鼓吹的話，那麼18與19兩個世紀之交的人口增加證明他是錯的，因為看樣子只有「災難」和「罪惡」可以阻卻人口數目增大。反之，我們如認為節制生育在道德上講得過去，那麼他主張的「道德節制」做為人口增長的制衡卻是行得通的。總之，馬氏的人口理論都可以應用在想像的或實際的人口改變之上。因之，他的學說儘管是以科學來化妝的形而上學，還是頗難反駁、拒斥（Blaug [2] 1968 [9]: 551-552）。

五、薩伊的供需均衡說

　　法國哲學家薩伊曾至英國，在保險公司工作兩年，是法國大革命的擁護者，曾任評論雜誌編輯，對亞丹・斯密的經濟學說十分心儀，企圖把《國富論》英國式的思考與表達方式轉換成適合法國知識分子熟悉的用語與論述的樣貌。他曾經想要把政治經濟學作為道德主義與理性主義的折衷學科看待。因之，多少採用重農學派的研究途徑來思考經濟問題，把經濟學和一般科學當成生理學，從個人層次提升到社會層次的學問。

　　薩伊並無方法學的專著問世，其所使用的方法表面上是對科學事實的強調，但背後卻隱藏他個人的主觀心態。與其說他是一位科學家，還不如說他是一位「意識形態家」（ideologue）更為恰當。他讚賞斯密《國富論》正標誌真正政治經濟學的誕生，比斯密更有系統、更徹底地批評了重商主義的主張。他甚至把「生產能力」（productivity）擴大解釋，涵蓋了實質的貨物與非物質的勞務（這也是經濟活動的成果）。由是他把需要和效用（功利）引進到價值的探討上，因而他的價值理論比斯密這方面的論述還深刻。他指出：人的需要（needs）可以依其解決、滿足的緊迫性來分類。需要的不同種類產生了需要的客體呈現其效力、功用。產品的用途（功利）決定了需求（demand）的大小。需求與供給（supply）的互動成為市場的運作，而供給又取決於生產的成本。與李嘉圖相反，薩伊認為效用對價格的規定產生更為強烈的決定性作用。比起生產的成本扮演限制的角色來，效用是造成價值高低的主因。從上面的敘述可知，薩伊在解釋價值與價格時，不採價值影響價格單一方向的因果關係，而採用互動（辯證）的觀點。

　　與斯密以社會醫師的心態來診斷經濟毛病，薩伊採用自然科學家（自然主義者）之眼光，以觀察來解釋現象，亦即採用嚴格的知識體系來對經濟現象做「簡明的敘述」（simple exposition），俾在各種情況下都能一體通用。

　　當斯密所處的時代農業仍舊扮演生產界的龍頭地位之際，薩伊的時代卻是英國工業革命的鼎盛時期，法國也進入工業發展的初階。是故薩伊把工業與商業（他一度經商七年）視同農業作為社會總體生產活動之場域

（一鼎三腳）。

　　薩伊在政治經濟學上最大的貢獻便是提出供需平衡的市場律，認為供給會創造其本身的需求。他說「產品為的是交換〔別的〕產品」（"products are changed for products"）。這表示產品與產品交換、交易的媒介——金錢——並沒有扮演那麼重要的角色。這句話也可以解釋參與交換的人在意的是其交換伙伴從中得到好處、繁榮。這句話便與重商主義者所言，在交易中「一方的所得，便是他方的損失」完全相反。這句話也可以說反駁生產過多、消費過少造成的「剩餘的危機」理論（glut theory）。這種供需失衡，在薩伊心目中便是暫時的、短暫的現象。換言之，薩伊不認為經濟的衰退是由於需求不足引起，而是在短暫時期中有些市場生產過多，另一市場生產過少所引起的情況。這種不平衡的狀態早晚會自我調整，因為生產過多，生產者會調整其生產方向，俾接近消費者的偏好，否則要被迫退出市場、另謀他就（洪鎌德 1999: 10）。

　　值得提起的是薩伊重視「企業家」（*entrepreneur*）在經濟生活中所扮演的角色。英國人傾向於把企業家當成資本家看待。可是企業家有可能是農場的經理人、工業家、生意人等身分，他們在經濟生活中佔著戰略性的制高點，可以調和地主、資本家、勞工和消費者的利害關係，使生產、分配得到和諧的、有效率的運作。特別是在工業部門使生產發揮最大作用的組織、協同工作，人力與機器，管理與行銷的推進在在都需要企業家。不過，有關企業家及經營之效力與貢獻，卻要等百年之後才由熊彼得（Joseph Schumpeter 1883-1950）進一步來詳細論述（Leduc 1968: 25）。

六、約翰・穆勒的政治經濟學

　　作為功利主義學派最重要的思想家，詹姆士・穆勒之子的約翰・穆勒，俗稱小穆勒，不但是一位政治經濟學家，更是 19 世紀英國最了不起的哲學家、倫理學家、邏輯學家、政治思想家，其學問之廣博深邃，影響當代自由主義與民主思潮之落實，尤有重大的貢獻。其晚年心態上傾向於社會主義，雖非馬派的社會主義，卻促進了社會民主的運動和費邊社社會改革運動崛起，實在令人景仰。

小穆勒所出版的《政治經濟學原則》三卷（*Principles of Political Economy*, 卷一 1848, 卷二 1849, 卷三 1852, 被譽為 19 世紀後半葉經濟學者無可辯駁的聖經）。在該書中，作者綜合前哲細心分析國際商貿、利息和經濟規模的大小，但其卓越之處為分辨生產與分配兩大經濟範疇之不同。生產者受到自然演變的規則所支配，分配則受後天人工的制度所型塑。換言之，前者較受天然的規則所影響，後者則受到人群的控制。做了這方面的分辨之後，穆勒認為政治經濟學可提供經濟生活的重新組織，並提供場域來發揮他最關心的道德之改良。

在社會、道德等方面的改良中，最令他留意的無過於工人階級的教育、訓練、養成。此外，最主要的改良目標為家庭的計畫，也就是落實馬爾薩斯關心的「道德節制」之理想。穆勒還發現工會對於勞工生活與工作條件的改善扮演推動的角色。最先他替勞工權益、福利辯護，就像普通支持勞工團體的作法一樣，透過工會與資方協商工人最低、最基本的工資，認為有附和「工資基金」（wage fund）說法之必要，後來他對工資基金的想法有所放棄。所謂「工資基金」乃為一個時代、一個地區、一個工廠雇主能夠給付所屬全體勞動者工資之總數，此一總數的定額是以歷來經濟的表現為衡量的標準。好的經濟表現就給付給勞動者較高的薪資，壞的年冬則薪資緊縮。在一般的大眾辯論中。這種「工資基金」的說詞意涵是當有些工人群體的報酬高時，會導致另外群體的報酬低（因為全體工人的薪資總和是固定的、不變的）。早期穆勒在提「工資基金」的理論的目的在於顯示工會力求工友加薪等於是強制雇主減少金額或減少雇主的消費享受。由於他關懷勞工的福利，所以認為一旦機器在工廠的應用傷害到工人的健康或造成收入遞減時，政府有義務考慮放慢機械化的進程。更進一步，穆勒鼓勵擁有土地與生產資料的小農和自兼任老闆中小企業經營者，從工人的身分變成經營者的地位。過去視經濟「恆定」（stationary state 不進的靜態），在穆勒眼中有加以重估的必要，因為「當沒有任何人是處於窮困狀態下，則無人願意比別人更富有」。這種靜態的、沒有成長的經濟狀況，將是人對自然漫無止境的開發利用之終結，反而代表著人類道德的重大進步。由此看出小穆勒有阻止漫無目的的經濟成長的心意，更有對大自然小心利用，保護資源使用的先知先覺。穆勒對政府的經濟干預採取

存疑的心態，他把關心勞動的福祉與繁榮方面力求政治的、社會的、經濟的、文化的改革。這些改革應當建立在經濟學的真知灼見之上，就這點而言，他的學說正是經典的政治經濟學之巔峰（Home 1991: 82）。從此之後英國經典的政治經濟學改由邊際效用學說與馬夏爾（Alfred Marshall 1842-1924）的經濟學（他把向來的「政治經濟學」〔political economy〕改為經濟學〔economics〕），而進入新經（古）典政治經濟學時期。

七、從「經濟人」到「行政人」的演展

經典的政治經濟學的人性觀是衍生自亞丹・斯密「聰明人」的說法，所謂聰明人無他，乃是擁有理性、有意決定，做出選擇、承擔後果的「經濟人」（*homo oeconomicus*）。任何懂得精打細算、計較利害、留心得失的行動者，都是廣義的經濟人。

誠如重商主義的先驅李維奕（Mercier de la Riviére 1720-1793）就說過：

> 個人的利益不斷而急迫地區使每個人，去改善其待售的商品，並
> 使此類的物品數量增加。由於商品的質與量俱增，乃使每個人藉
> 交易而獲得的享受，隨之增加。（Riviére 1909: chap. XLIV）

無論是聰明人，還是追求自利的理性人都成為經典理論的基礎，都是經濟人。所謂的經濟人乃是指遵循經濟的理性，而在處理財貨之際，不受其他（宗教、道德、政治、種族、性別、年紀等）因素束縛的人。這是19世紀自由主義盛行的英國經濟學家的口頭禪。後來曼撒斯特工業區的自由主義勃興，乃將經濟理性，改易為經濟利益。李嘉圖遂倡說「自利」為一切經濟活動的核心之看法。

於是經濟人成為追求本身利益（且是最大的利益），並且擁有自求多福之權利的人。其後英國政府接受學者的主張，採取自由放任（*laissez-faire*）政策，遂確認個人（最先是擁有私有財產、繳納稅金的人）能夠透過其理性，以競爭的方式來追求其本身的利益。蓋每個人最清楚知道自己的權益之所在，而採取有利於自己的行為。站在功利主義者的立場還進一

步說，每個人如能獲得最大的利益，全體國民加起來，就無異整個社會得到綜合的、最大的利益。當時學者的想法是認為人與人之間的利益並非互相衝突、互相排斥，而是彼此協調、彼此融通。這種自由主義樂觀的夢想推到極致，必定產生種種流弊。特別是這種自由放任、各行其是的經濟政策、或社會政策一旦任其蔓延滋長，則弱肉強食的天演論必在社會展現，造成失業、貧富懸殊，甚至人際與階級鬥爭，導致社會危機、政治紛亂。是故英國新經典學派大師馬夏爾遂指出：這種「經濟人」只是便利經濟科學的研究之方便想像的學術概念。真實的人必須顧慮其家庭的福榮、鄰居的和睦、社會的共榮、國家的富強。從而其經濟不單單含蘊利己的初衷，也包括利他的動機（Marshall 1907: 3）。

另外瑞士經濟學家和歷史學者席士蒙地（Simonde de Sismonde 1773-1842）也認為：人們的經濟行為中摻雜很多非理性的成分。特別是每個人從事經濟活動的動機有異，而形式也不同。事實上，「經濟人」只是早期工業時代過程中，英國企業家的樣版。它反映了當時資產階級成員的形象，也是該時代與該環境的產品（Fürstenberg 1961: 22-23），這些有紳士風度與榮譽感的，被當成經濟人的典型，可說是維多利亞時期英國紳士的寫照。

約翰‧穆勒曾經嘗試解釋「經濟人」，把它當做學理上一個虛擬的形構（figure），而歸根究柢指出「經濟人」所依榜的形式原則無他，乃理性之謂。所謂的理性原則包括下列四種先決條件（Fürstenberg 1969: 269）：

1. 數種彼此可以相互替代的行為類別之存在；
2. 每種行為類別均能產生明確的結果；
3. 經濟主體對行為所產生的結果，擁有充分的訊息（information）；
4. 經濟主體擁有一套偏好順序表（preference scale），好讓他依其所好選擇他認為適當的行為類別。

經濟人既是一個能夠運用思考做合理選擇的人，那麼他在經濟生活中便採取「抉擇行徑」（*Wahlakt*），選擇他認為對自己有利，能發揮最大效用，而又符合社會價值的行徑。

　　既然理性受社會文化的制約，而經濟主體並無法一時間獲得所有行動所需的資訊，因此未必認清理性之存在。為此 1978 年經濟學諾貝爾獎得主賽蒙（Herbert A. Simon 1916-2001）主張以「行政人」來代替經濟人，把人當做資訊、消息有限、能力不高的有機體（organism），以從事接近理性的選擇。此外，任何人的經濟行為中下決斷、做選擇都在組織的脈絡（organizational context）上進行的，不但公家機關，就是私人公司的組織都與行政有關，故稱「行政人」（Simon 1961; 1968: 74-79; 洪鎌德 1999: 250-256）。

八、經濟哲學的理論對體育和運動的意涵

　　經濟學家所關懷的是稀少性資源如何獲得、挹注、分配和享用。這點和參與運動競賽者如何把稀少的承認與榮譽（金牌、銀盾、錦旗、獎杯等）加以贏取，是持同樣的心態，也可以說出於克服稀少性、匱乏性，來滿足人們的需求。假使物資的稀少性是促成人類在經濟生活中認真工作、追求實利的話，那麼運動場上的每個成員（包括選手、觀眾等）所追求的價值目標也是稀少性、匱乏性的事物。這些稀少性、匱乏性的運動價值，包括有形的金牌、銀盾、獎杯、錦旗、獎金、薪水，也包括稀少難得的無形價值——自我肯定、公眾承認與無上榮譽，後者帶有更多更持久的精神面向。

　　在進行經濟活動時，經濟人必須運用其理性，進行精打細算的步驟，也需要冒險進行大膽的嘗試（投資與投機），有時還得忍受不便的犧牲（不把經濟成果一下子享用耗盡，而徐待來日的加倍回報），克服工作過程上的阻礙，才能達到自利、自足、自滿的地步。同樣地參賽者考驗耐力、毅力，有時還要注意團隊的和諧合作，對手的優勢與弱點，隨時關心、步步為營，才有爭勝拼贏的可能。換言之，理念類型之下的「經濟人」應當是每個選手要學習的榜樣。

　　經濟生活涉及的是群體的和諧共利，但其活動過程離不開競爭。任何的競爭都有其特定的競爭伙伴，也有競爭的目標，更需要規範——競爭的遊戲規則，這也就是說商場雖然可比擬戰場，但商場與戰場輸贏、拼博、

廝殺都離不開遊戲規則的遵守。同樣在運動場上，競賽場合上，比賽的規矩更是具體而詳盡。任何參選者違背這些遊戲規則（例如服用刺激體力的藥物）都在比賽前被判出局，這表示運動參賽規矩較之經濟生活中的遊戲規則還嚴格、還周全、還有效。

最後，經濟活動中人最講究的莫過於選手可以最少代價獲得最大報酬。這也是經濟這個字眼相當於節省、儉用的華文（中文）之本意（在古希臘文則為家計、戶政的安排之意思）。同樣在運動場上奔馳的選手，也在花費有限的體力，造成無限的榮譽之作法。尤其如何講究專心致志、沈毅堅決，把矯健體魄轉化成令人讚佩和承認的運動表現，也是效率提升到最大的意思。是故經濟與運動都需要講究效率、展現效率、發揮有效性。

九、後語

現代運動場上，比賽場合的各種競技活動雖然發源於古希臘的文明（特別是奧林匹亞運動會的首創，與巴爾幹半島南端的港灣特多、山海交界和群島的星羅棋布之地理和氣候息息相關），而卻在近現代中重現於英倫三島。英國人對運動的熱衷，對運動相關技術的講究、學理的闡述、體育教育的推行，而成為歐洲乃至世界各國的模範。這固然有其地理優勢與氣候適當，但與其人文思想、人本主義的重視提倡也有關連（洪鎌德2009a）。

英國的人文思想和人本主義表現在18世紀蘇格蘭啟蒙運動幾位大師的知識活動與著作中，其中又以休謨（David Hume 1711-1776）的懷疑論，費居遜（Adam Ferguson 1723-1816）的民間（市民）社會、斯密的自由市場與國際貿易論最受矚目。在此之前，培根（Francis Bacon 1561-1626）的思想方法工具論，霍布士（Thomas Hobbes 1588-1679）天賦人權與社會契約說，洛克（John Locke 1632-1704）的民主理論，不只影響英國的憲政與議會民主，也成為其後政治哲學的復興與社會契約說的流行，促成全球自由與民主的推動。

近現代英國的政局之走向自由、民主、法治，不需藉暴力流血的革命，把政治權力與君主移向貴族等資產階級，再藉社會改良，以和平的方

式擴大選舉權、參政權於一般國民之上，這就提供社會公平競爭，選票決定政權的轉移，造成英式立憲、法治、民主、自由的社會。以經驗主義、理性主義，甚至功利主義為核心的政治經濟學所以在英國出現和茁壯，顯然與英國自 1215 年首創的「大憲章」（*magnum charta*）有關，也與英國光榮革命的傳統有關。更是分辨政治國家與民間社會之不同學者把注意力從國家的公權力轉向民間自動自發、生機活潑的財貨安排（市場機制、自由契約、公平交易），無異把時代進步的主力從政治移向經濟。政經學者之努力也有利於民生資源分配的合理化，儘管離開平等的理想還有一大段距離。顯然經典的政治經濟學所強調的理性、和平、自利的競爭，有利於理性人、經濟人、行政人之出現，亦即典型的英國紳士作風之推廣。

在今日寰球經濟衰歇、金融海嘯衝擊下，使我們想到經典政治經濟學與資本主義興衰的關連。斯密主張起碼的國家、有限的政府乃為 18 世紀英國一國範圍內的小型資本主義（minimal capitalism），但其後馬克思所抨擊的是競爭激烈、獨霸性極大的壟斷性資本主義（monopoly capitalism）。及至 20 世紀上半葉凱因斯（John Maynard Keynes 1883-1946）所提出的充分就業理論與羅斯福總統新政（New Deal）的資本主義，已經是含有政府公共財政的干預刺激有效與累積需要的混合型（mixed economy）之資本主義。不料這種接近福利國家措施的經濟政策之實施導致美國 1990 年代以來房貸的大舉膨脹，由於美國財政危機引發寰球的金融海嘯，由是跨國公司所造成的組合型資本主義（corporate capitalism）之危機遂表現無遺。今後資本主義雖不致完全崩盤，但需靠 G20 發揮的金融支援，以及有效的全球治理（global governance），或可望讓資本主義的可塑性（malleability）重新發揮其浴火鳳凰的再生作用，這是美國哈佛大學政治經濟學系羅椎克（Dani Rodrik）的新看法（Rodrik 2009）。

英國紳士公平與良性的風範，對體育競技與運動精神的提倡明顯有助益。這也是本書作者大膽斷言，英國人的熱衷體育運動、熱心競技比賽，大力提倡運動與體育教育，與其民族性格、地理環境、政經發達、長治久安有相當程度的關連，而經典的政治經濟學標榜的合作、理性、競爭、抉擇、自利之經濟人特徵，也可以應用到運動者、體育家之參賽、競技等活

動之上，更是鼓舞廣大民眾參與強心健身的全民性休閒、娛樂、運動之上。

Adam Smith

David Ricardo

Thomas Malthus

John Stuart Mill

Thomas Hobbes

John Locke

人的自我實現——德國經典唯心主義的詮釋及其在運動哲學方面的意涵

一、前言

從康德到黑格爾的日耳曼經典哲學——唯心主義、觀念論——幾乎都在談人如何使其自身完善，不只在道德上、倫理上，更在知識上。認知上力追上帝的十全十美、達到人的自我實現（*Selbstverwirlichung; self-realization*）之目標。康德期待人發展為盡義務、負責任，達到自主圓滿的善境，真正把別人當成目的，而非把別人當成手段的道德人。[1]黑格爾則力求人從自我意識，經由理性與知性，而進入精神的門檻。由個人主觀精神發展為社會典章制度的客觀精神，最後抬高到人的思想至藝術、科學、哲學的最高階段之絕對精神。

這種把人抬高到上帝的地位，可以說是把人轉化為上帝的努力，正是德國人在思想上、文化上的狂妄自大之表現，是一種追求天人合一的傲慢，是對傳統宗教信仰——廣義的基督教，包括猶太教、天主教、大英公教、誓反教等等新教派系——的叛離，也是對基督教神學嚴重的挑戰，可以說是一種輝煌、煊赫的哲學（philosophy of aggrandizement）（Tucker

---

1　康德的倫理要求是勸人在做任何事、採取任何行動之前，仔細思考如何遵守普遍的、人人都要做的行動的意志之箴言，時時把這一箴言做普遍的、寰宇的行動律則之設定底原則（*Prinzip einer allgemeinen Gesetzgebang*）來看待。換言之，任何思言云行都當成全體人類應當遵守的良知良行的準則之應用，作為對外交涉，與人打交道的起點。

1972: 57-69）。

可是自我實現這一觀念，早在古希臘亞理士多德的哲學裡便出現過。他主張把人的潛能（potentiality）追尋其內在發展的目標（*telos*）演化成後來看得見，有成就、有貢獻的現能（actuality）之學說，深受後代學人與思想家矚目。不過亞氏的學說可以說是眾人與眾物按其天生的本事、本能、或潛在勢力發展為明顯的可能性之說詞，是一種「自我顯現」（self-actualization）的學說。自我顯現可以看做是自我實現的天然發展，比較有生物學上、自然上演化的軌跡可尋。反之，自我實現卻是靠後天個人（或社會）的努力，有以致之的意味，也就是多少有人工的、人為的、文化的、教育的干預才能完成的人間壯舉。

運動場上、競賽場合上選手所爭取的表面上為金牌、銀牌、獎盃、錦旗和觀眾的喝采、體壇的承認。但其背後卻是運動家力圖與其他卓越者爭勝拼贏過程中，達成本身潛能轉化成顯能，發揮自己的、團隊的優質本事，最具體、最實在的寫照。是故自我實現的人生目標，不但是哲人用以自覺覺人，對眾生不當虛擲在世的時光之教誨，更是對運動家落實其本身之夢想，完成其本身的志業之啟示。

二、康德有關人當盡職負責、圓滿自足、自由自主的個我之說法

康德（Immanuel Kant 1724-1804）的批判哲學主要圍繞在三個問題上打轉：1.「我能夠知道甚麼？怎樣知道？」，2.「我應該怎樣做？」，3.「我可以有甚麼期望？」（當然我們綜合上面三個問題，可以替康德提出第四個問題：「人到底是甚麼呢？」）（洪鎌德 2007b: 19）。第一個問題是涉及認識、認知，也就是知識的問題，亦即知識如何造成？如何可能？第二個問題涉及人的道德情操和倫理要求，也就是人應該怎樣做才是合情、合理、合法？第三個問題，談到人的期望，是否人可以達到上帝的完善、完美、完全的程度？人可以變成上帝嗎？人是不是一個負責、自由和自主的動物呢？（這也是我們替康德推想的的第四個問題：人究竟是甚麼？怎樣做才稱得上是人？）。

　　我們暫時不討論康德複雜深邃的知識論，而是把眼光先行投向到他的形而上學，特別是涉及上帝存在的證明之評論上。康德本身不是無神論者，但他也談不上是一個虔誠的新教教徒。他在抨擊有關上帝存在的幾種理論（像本體論、第一原因論、設計論）之後，說出道德論證，認為人之擁有道德，可以證明上帝底存在。作為道德載體的人類，感受上帝心意的召喚來完成某些行為。這類行為的狀態、結果反映他完全模仿上帝的完美、完全（perfection），追求最高德性的落實，使他的快樂與其表現的德性成為正比之關係。這種行徑非僅個人努力所能達到，而需要求助於冥冥中的神明之協力。這就說明人所以肯承諾與推行這一工作、做出這一行動，乃是他心目中相信有宇宙的主宰之存在底緣故。是故對神明存在的證實，並非單單靠思辨（推理、認識），而是依靠實踐。以道德實踐來證明上帝的存在，在於說明離開道德的脈絡是無從產生上帝的概念底原由。康德進一步說這一證明的結果並非客觀的知識，而是個人的堅信，具體表現道德的確實性，而非邏輯的必然性。

　　康德認為道德的基礎無法在人性中找出來；反之，卻奠基於實踐理性的形式之上。這個實踐的理性是當作人的形象，由人在抽象裡感知、掌握的。這不只是康德倫理的形式主義所主張的，還是他對道德的看法另有其獨特的地方：康德把道德當作世人強迫自己來達成德性上自我完善的手段。

　　依康德的說法，道德有其表演的劇場，那就是人與人之間的關係。在表面上人際交往的戲劇之幕後，存在著人與其本身的拼博，人如何努力來達成絕對性之善。康德把人描繪成處於困境中力求模仿與媲美神明德性的生物。人一旦變成「神聖的事物」，就無需道德、無需盡責、無需「道德上的強制」之類的規範（Kant 1938: 58）。

　　康德的三大批判圍繞在人類的理性的討論之上，亦即分成純粹理性之批判、實踐理性之批判與對美的欣賞與追求之判斷力的批判，這等於真、善、美三個面向都以理性與美感來加以解釋。其中涉及人追求完善的目標便靠實踐理性來落實，亦即倫理成為實踐理性的要求與規範。人的道德基礎並非植根於人的本性，而是在神明的協助下，人強迫自己，以達到自我完善──道德上的絕對的自我完善──之表現。

在康德的倫理著作中，道德理論很難奠立在人性之上。勉強在人性中尋找，大概只有「完善的本體〔或實在〕的概念」，或「絕對的完善」之想法，有可能引伸出倫理的要求。正如前面所指出，道德實踐的場所為人與人的交往，亦即人際關係。這種人際來往、互動的劇場之背後，卻是人對其本身，人怎樣在內在的思索、反省下追求絕對之善。這算是康德道德哲學的心理學面向。

康德把人置入於一個如何把自己成就為神性的困頓情境中，亦即人企圖把俗世的動物轉化成神明的完善，其過程卻是從困挫、掙扎、奮鬥中步步為營的努力。是故人要轉化成像上帝那樣神聖之物，必須通過困難或強迫。道德之路充滿荊棘、坎坷、阻礙、危險、困挫。由於人心目中的神明是大公無私、完美完善，是道德的最高表現——道德的至善之化身。可是人卻是有限的理性動物，他是五官感覺上非完全的，有缺陷，容易犯錯的被造物，在其一生中要達致神聖的境界幾乎沒有可能。是故人的道德處境非常艱難。這也造成康德哲學兩難之境。一方面道德理想是人企望追求的夢想與目標；另一方面這種理想與目標卻難以達到。道德成為人必須強迫自己就範的企望，但人的作為卻常阻礙其向善的進程。

利用康德在認知理論上把事物當成其本身——「物自身」，或稱「在己之物」（Ding an sich）是一種隱象、本象（noumenon）之物——以及事物呈現之現象（Phenomenon）這兩種，我們也可以推測康德把人看成半上帝與半獸的兩種人性，亦即「實質人」（homo noumenon）與「現象人」（homo phenomenon）的兩種身分。實質人接近神明，為道德健全之人。反之，現象人則受世俗物（肉）慾的沾染，基本上呈現的是動物的性格。實踐的理性要求人從獸性轉向神性，從充滿慾望、缺陷走向道德的至善，成全一個「理想化的人身」（idealized person）（Kant 1909: 322）。

顯然人為自己創造一個理想化的意像，把現實的自己投射到絕對的至善之域，因而把「理想化的人身」和「現實的個己」鎔化為一體。在這種觀點下，人以理想化的人身做為衡量當下的思云言行的標準。可是在日常生活中，人發現他所作所為、所思所言常離開這個本質的自我，離開神明德性的完善太遠，亦即他陷身於分裂的自我裡，一方面是追求完人的理想；他方面卻是慾望感覺控制下有所缺失、有所瑕疵的現實人。

　　康德心目中的人無異為天人交戰之下，上帝與人、道德與罪愆、行善與為惡不斷廝殺、拼鬥，一個完整體被撕裂為二，異化疏離的人。道德生活也就成為兩重人格分裂下，人內心的不斷衝突，一旦人意識到他是半上帝、半獸的生物之時。人的職責在於他把似上帝（與神明相似）的、本質的自我尋找出來、落實下來。這是他必須把其現象的、表面的自我調整為本質的、神性的自我，俾最終成為上帝，或至少讓自己成為至善的事物。為了達成此一目的，康德提出範疇性無上命令之說詞：「你必須趨向完善」。道德便是此種命令之體系。可是人的慾望常不肯接受這種命令的要求，常起而反抗道德的誡律。這也是人慾與天理的爭鬥，隨心所欲與職責義務的衝突。這也是人為了實現絕對性自我之行為而引發內心的鬥爭。每個人的內心不僅有一把尺，更擁有一座「法庭」，由理想的人身擔當法官的角色，來審判現實生活中之人言行的守法與否、踰矩與否。

　　把人內心的、主觀的法庭之審判當作人道德生活的日常寫照，是康德倫理學的中心。可是人生在世想要贏取這場善惡的拼鬥，道德訴訟之勝利幾乎沒有可能。原因是現象人經常在違背、或破壞至善的訓誡。因之，在內心法庭上常成為敗訴者、有罪者、入獄者。既然在無法縮小本質我與現象我的差距，人只好寄望於死後的勝利，亦即靈魂的不朽。此外，解決人內心善惡爭執的辦法，就是逼迫人朝完善之路匍匐前行的「進程」（progress）。這是說現象人縱然無法達到完善人、本質人的境域，至少要逐漸接近後者，逼近這個理想的臨界。「對於具有理性，但卻是有限的動物〔之人〕而言，唯一可能性便是不停的進程，從較低的層次攀爬，至較高的道德善境」（ibid., 219）。這是個人不斷地自我鞭策、自我督促。逐步走向道德至善的長途。

　　康德的道德學說衍生的自由是認為自由成功的自我壓抑之限界、之「綁帶」（bondage）。換言之，自由不是任何人隨心所欲、予取予求、不受限制的放縱。反之，為達致完善之境，人的道德意志所遭受的自我抑制、自我壓迫，才是自由的真諦。自由意味「意志的自主」，這是個人降服於倫理要求，把道德律則加在自己身上的作為。也是康德所謂人行動的自我決定。這個自我決定是人本質我的決定來規範現象我之言行，含有強迫的意味，亦即為達成完善，對自己的強制。是故自由與人內在強制是同

一的、一體的。他說：「一個人在形體上愈多受到壓制，但內心上、道德上卻愈多受（義務感）壓制，他就是享有更大自由的人」，這可以說是「自由的自我設限」（free self-restraint）（*ibid.*, 292-293）。

　　康德這種自主觀與自由觀，同常識和一般學理的說法相違背，也就是說普通人所謂的自由與自主，應當不受什麼道德律則、倫理規範的束縛，不管這種束縛或壓制來自外頭，或是人的內心。至少這種決定權應當操在可能的、實在的自我，而非像似神明的本質我、本質人。換言之，普通人不可能成為超人的、絕對自我，他最多只能不停地強制自己向完善之途邁進。是故成功的自我節制在道德上或可以說得通，在現實上卻難以辦到，把成功的自我節制當成自由，是康德倫理學遭受批評之所在。

　　人企圖要仿效神明的完善，正是人要與上帝齊等、或同一的傲慢（*hubris*）使然，也就是人自我的升格，妄自僭越人的界限，而要把上帝的絕對權力加以奪取。這就導致本質人與現象人之間的爭鬥。換言之，人的僭越、狂妄和驕傲是造成人把自己一分為二，或複製其本身，而造成人對抗自己的衝突。康德的錯誤在於把陷身於人格分裂的人當程正常的人看待，同時也把人可以齊天、可以勝天的驕傲看成理性——實踐理性——的要求。康德所預感的，而未明言的自我，成為此後日耳曼觀念論的核心，甚至成為一大真理的顯現。本質的我被德國哲學界接受為本真的自我，為人的本質。如何使本質的我能夠實現，成為此後德國思想界繼續發展的驅力。由是自我神化的個體之生活史擴充到人類整體的歷史，成為必然的結果。要之，人要自我實現為神明變成了歷史哲學的基礎。黑格爾的哲學正是這種發展的最高峰（Tucker 1972: 37-39）。

三、費希特的自我與非我設定說

　　雖然無法成為康德入門弟子的費希特（Johann Gottfried Fichte 1762-1814），在他30歲時，以「哲學家」的名義出版了《全部啟示〔宗教〕的批判〔之嘗試〕》（1792）一書，被當時震驚的讀者們誤會是康德第四本「批判」的出梓，這等於康德對宗教的批判。在此書中費希特應用康德的義務說至宗教的詮釋之上，而引起學界的巨大回響。在書中費氏聲稱啟示

的宗教（尤其是廣義的基督教）是人承認其本身具有無上命令的精神原則，此一原則並非從人的經驗衍生而來，卻是從控制人的生活高高在上的規範引申而得。這是超乎自然之物，顯示在人性當中，形成了道德規律的神明權威。在我們遵守上帝的旨意當中，承認了這個精神原則的存在，這加強了我們的道德堅持，也在崇拜神明時得以讚揚發揮。

由是費希特把神明當成道德上的世界秩序看待，使他捲入宗教的論爭，也被論敵當做無神論者看待，其實他的宗教觀念是受到斯賓諾莎（Baruch de Spinoza 1632-1677）泛神論的影響，更受到康德以人的倫理行徑來證實上帝存在的實踐理性論之衝擊。換言之，他把康德《純粹理性的批判》之重要性移向《實踐理性的批判》之上。

由於費希特在宗教中找到道德律所扮演的主導力量，他把上帝看成道德理性的化身，把信仰神明當做是實在（現實生活）中基本的，居於主導地位的道德動力，這就是造成他被攻擊的無神論者之原因，也因此他遭到耶拿大學解聘教職。

費希特把康德「物自身」（Ding an sich），亦即本質之物或隱性之物解釋為超個體的自我，這個自我是純粹的、絕對的我：人的思想經歷三步的過程，第一步靠著真實的行動來自我設定（setzen）。亦即「我設定我」──我這個自我確定我之存在。第二步演展為「我設定非我」──我設定我身外之事物、我這個主體對立設定（entgegensetzen）身外的客體。第三步，我與非我靠思想的推動把主體與客體的對立消弭掉，意即「超個人的我把可以分割的我（個人）同可以分割的非我（外頭世界）做一個對照與聯結」。利用這個我與非我的辯證進展，費希特企圖把康德「物自身」和「現象」的對立之雙元論加以取消、加以超越、加以揚棄。事實上他的「自我」（Ich）應當是人格之創造性和倫理性的活動，包括了精神、意志、道德和信仰的總和。至於「非我」則為與人意志相反的墮性（Trägheit）。

費希特倡說主觀的、道德的觀念論，一種精神人格（自我的獨立自足與自主）之自由說。由此自然與倫理的規則可以從超驗的自我引申而得。他認為可以藉世界的倫理化與倫理的實踐主張把世界轉化成「義務的感覺物質」（Versinnlichtes Material der Pflicht），也就是把自然界與社會界變

成人類盡職負責的資源。如此一來能夠自由決定的自我遂獲得他不斷行動
與完成倫理義務的原料。由是可見費氏把上帝視同為道德的世界秩序，把
宗教視同為倫理，其後他把絕對之物看做自由的諸主體在其倫理的實踐中
展示出來的神明。

　　凡是導致人活動的、行動的（*Tätigkeit*; *Tathandlung*）所有事物都是
造成倫理的意涵，這包括了人精神與軀體的培養、訓練、教育，也包括個
人隸屬於社群，成為團體的一分子，人的文化工作、人的感覺世界都是共
同的、群體的。對費希特而言，活在現世的人類是一個道德的行動者、倫
理的實踐者，人類生活的急務除了維持生命、繁衍後代之外，便是致力於
道德上與倫理上的落實。人最終講究的是德性的提升，而非經驗事實的辨
認、知識的增加（洪鎌德 2007b: 50-53）。

　　依費希特的看法，道德行動是自由的，是人在理想的虔誠獻身之際，
意志對道德義務的承諾。對義務的拳拳服膺是人對自己的欲求、現實的條
件之挑戰。盡職的意志是真我的意志，是在不斷的努力中朝向既定的目標
邁進。在善盡義務的行動途上，我承認了這條行動之途，這等於我對自己
的承諾，也是自我實現的承認。每個人能善盡義務，是由於他在其能力的
範圍內，致力實踐。「只要我認為正當，認為應該，我就能辦到，能夠負
責盡職」。

　　人的天職在於完成更為充實的自由，也就是忠實於自己所懸的理想。
是故自由與忠實一般而言都是獨特的，也是與人身（身分）分不開的人之
本質。我們所致力的義務乃是我的義務，努力去承認它和完成它乃是我的
真實存有，也是我真正的志業。對此擁有真知灼見，對此做出堅定不移的
承諾，構成了我的良心，也構成我的自我承認和自我表達。是故良心的活
動成為費希特倫理學的中心，他勸吾人「每一個行動都要根據我認為這是
我的義務之堅信來進行，也就是依據我良知之活動來進行」。在人生的現
實裡，我扮演這齣人生大戲的每一角色，我只有盡力去達成神明所能做到
的境地，才稱得上一個完美的人。宗教是道德虔誠淋漓盡致之發揮。在我
們熱切盼望的降恩這種說法，再度顯示人變成上帝的意願與可能。

四、謝林的認同哲學

　　謝林（Friedrich Wilhelm Joseph von Schelling 1775-1854）在其早期的作品《自我當成哲學的原則，或有關人的知識必要的條件》（1795）一書中，強調自我是人類所以擁有知識最高度、無條件的元素，可知自我的概念對這位年輕的得志天才型的哲學家[2]，是其哲思的起點與必要條件。

　　其後在 1800 年謝林發表了《超驗唯心主義的體系》，可以看做他最有系統的成年著作。在這本作品中，他採擷康德與費希特有關知識之哲學的慧見，把它應用到自然界。對象的世界是從自我世界抽繹而得，這種抽繹的技術是設定對自我意識當成客體來看待，對此客體之認識可以說是人最直接，也是最首先的知識。吾人一旦把所有的客體抽象起來，不管是人的內在、內心的，還是身外、外頭的世界，我們便得到抽繹過程的純粹思想之活動，這種活動即單純的自我活動。因之，對非我的意識也為我們認知外界譜下句點與疆界。這種說法可以媲美康德認為人只能認識現象，而無知悉「物自身」，蓋物自身是隱象，也是人認識的界限，人無法知悉物自身是何物。

　　接著謝林為人的知識進程提出三階段演進的理論：首先從觀感、感覺走向覺知；其次，從覺知走向反思（省悟）；最後從反思走向意志（有意去認識外物、對象體）。人的五官之感覺碰到非我的界限時，就會發現自我的意識推向外面世界，剛好同從外頭轉向內心的客體之意識相碰觸，是故感覺為外放與內斂兩種不同的意識（自我意識與外物意識）交會之處。因此所有的五官感覺無非是人對自己被限制的感受，也是人遇到境限、疆界、藩籬的感受。

　　例如我們對重力的感覺，乃是在空間中對真實的、客體的世界之力的壓迫之感受，同時因為重力感受的關係，我們也感受一種重力帶來的壓迫與緊張（張力）。這時由於重力造成我們在時間裡的自我及其活動之直接意識。謝林自認為藉感覺產生覺知，覺知產生反思，反思產生意志一連串

---

[2] 年僅 23 歲謝林便當上耶拿大學正教授。靠著這位比黑格爾年輕五歲的好友之提攜，黑格爾才勉強找到耶拿大學無薪俸的講師職，當時黑格爾已是 35 歲的中年人。

的思想歷程，他可以把康德覺知的各種範疇、樣式與對象連成一體。這種說詞雖不見得全獲取康德的認可，但卻對此後日耳曼的唯心主義之哲學，特別是黑格爾成熟時代的哲學有很大的影響（Margoshes 1967: 307）。

在強調自我作為知識的首要條件之第一期，與知識分成三種階段之第二期以後，謝林的哲學邁向第三期的認同哲學（Identitätsphilosophie）。在這一階段（1803）下，他企圖把知識哲學與自然哲學合併成一體，造成兩者融合為同一的哲學。原因是他認為實在並非立基於知識與自然的對立之上。反之，卻是知識與自然的合一。其原因為知識與自然、主體與客體都是從理性推論出來的東西。理性是單一的、無限的，不受時空的分離。理性的最高律則則為同一律（A＝A）。在同一律下主體與客體的分別只是形式的、相對的。撇開主體與客體的實質不談。它們所呈現都是形式而已。

認同或同一哲學可以說是泛神論的一種說詞，與斯賓諾莎把自然視為無生命的、物質的、被決定的東西來看待。謝林認為大自然仍舊有其生命，只是這個生命是熟睡中的意識，尚未醒覺的精神。自然與神明不可分離，但卻可以分辨不同來。上帝不可用理性去瞭解祂，這是由於祂的本質是意志，故只能由意志的角度來理解祂，也就是透過行動，人的順服、崇拜與悔改來認識上帝。

在論述人自由的本質（1805）一書中，謝林分辨作為存有基礎的上帝和作為完善化身的上帝。為了使人懂得分辨善惡，才有罪惡的出現。是故罪惡成為走向至善必經之途。

神明是「永恆對立體的合一」，自然與精神（認識）本質的認同與合一性（Wesenidentität），使吾人把絕對的認同（神明）視為現實主義與唯心主義的合一、認同，主體與客體的合一、認同。是故活生生的、永恆的絕對必須在人「知識的覺識」（intellektuelle Anschauung）當中加以掌握、悟知。絕對的事物無非神明，可是祂卻永遠處於自我異化下。但異化卻為人類的墮落找到可能性、找到解釋的理由。只有絕對的事物（上帝）才是真實的；有限的事物（人與萬物）都非真實，有限事物要能存在，就有從實在中移出、變化、墮落、提升。

人是上帝的創造之物，是被造之物，有墮落、沈淪之時，也有得救、

脫困之時，人的沈淪與其沈淪前的狀態首先進入人的意識裡。人是上帝創世中最高的、有如皇冠一般的高貴產品，因之成為哲學最有趣、也收穫最大的研究對象。人是自由的、創造的活動，是世界的本質、菁華。這種哲學人類學成為謝林思想第四期，也是最後一期的成果。人的本質為其深思熟慮、瞭悟反省的活動，也是人對神話的製造和宗教的推行。

　　謝林一度指出：「正是他——人——強迫我回答一個令人困惑絕望的問題：為何世事一大堆？為何不是一項事物都不存？」另一個場合他提出類似 19 與 20 世紀存在主義哲學家所提出的疑問：人存在的意義如何？存在的方式如何？他甚至指出：世界與上帝提供實在（現實）無可理解的基礎。「存在是自我的確認」。神明是不停地、無限地自我確認祂自己，人也在有限的一生中做出對自己的承認與確定。

　　毫無疑問地，費希特和謝林是康德之後日耳曼觀念論發展的高峰，被認為是康德批判哲學最重要的兩位繼承者，也是後康德哲學的主軸。他們的學說後來所以失色的原因是由於比他倆更為卓越、更為閃亮的巨星——黑格爾——出現的緣故，亦即他倆的光芒給黑格爾的強光所遮蔽的緣故（Rockmore 1992: 29）。從上面的分析不難看出費希特與謝林都把康德的自我學說、自我實現的理想加以引伸發揮，或認為人要實現自主的自我（精神人格）之最大自由（費希特的觀點），或認為人要如何把其自我當成主體，俾攝取外界萬事萬物的客體，讓主客兩體合一，落實自由的真諦（謝林的觀點）（以上參考洪鎌德 2007b: 50-58）。

五、黑格爾現象學的主張：小我的心靈變成大我的絕對精神

　　黑格爾在 1795 年致謝林的信上指出：康德哲學所產生出來知識上的轉型運動乃是絕對的自我、無限的自我之學說。這個新學說涉及傳統哲學的消失，這是由於傳統觀念中理論與實踐是分家的。如今康德哲學卻要把傳統的神學轉化為有關人自我的哲學性宗教觀，並藉歷史演進的理論來解釋人與上帝的關係，等於把理論與實踐合而為一。

　　在黑格爾早期神學著作裡，他抨擊向來的神學是耶穌訓示的扭曲。耶

耶穌雖是道成肉身，基本上仍是歷史上的人物，在他一生的行誼中顯現了康德所禮讚、崇尚的道德至善。也就是說黑格爾比康德還激進、還徹底，把後者的道德哲學以宗教的詞彙來加以詮釋。黑格爾在康德「本質人」中找到人的自我實現的「德性宗教」，也就是人潛能中含有上帝的完善本性。這個德性宗教的本質是把上帝放置在人的內部當中：每個人的心靈有上帝的監督、指揮。這與傳統基督教重視教會制度與教規教條（神學體系）完全不同。後者（教會）把神明放在飄渺雲霄的彼端（天堂），與人毫無溝通、對話。人只有在其困苦無助時才把他絕對的自我外化、客體化、對象化為外在的神明。神明愈是外在、客體化，人愈是腐化、墮落。神明愈是有知有能，人類愈是無知無能。

在這種見解下，黑格爾批評康德把人性視為獸性與神性合一的人性兩元論，從而拉開人與上帝的距離。另一方面他也反對道德是個人的內心受自我壓制的良心說詞，這也是把人的自我一分為二，本質人在壓迫現象人的表現。要解決康德兩元人性的困境，便要強調不是上帝轉化成人，而是人轉變成上帝。換言之，整個黑格爾的學說建立在人性與神性之不同並非絕對的、無從跨越的說詞之上。

因此，有異於康德力倡人應盡心盡力變成上帝的樣貌、作為，也就是把人變成像似上帝那樣全知全能。黑格爾說人只是努力尋找其本身，突顯其真實的自我。人在崇拜神明的當兒，他無非在承認與彰顯他本身的人性而已。在「承認」之前，應當首先「信仰」，信仰云云是介於承認與不承認之間，也就是等於「信託其本身」。

剛好在 1800 年黑格爾思想上有了一個突破，他不再把人自我崇拜的「德性宗教」拿來與傳統的基督教神學（他視為「正格的宗教」〔positive religion〕）做對比，而鼓吹「有限的人提升到無限的生命，乃宗教之謂」（Hegel 1948: 311）。這也就是說，他視宗教是一種行動，其目的在把「人提升到上帝〔不朽〕的生命中，把人自己轉化為上帝」。黑格爾思想上的這一突破，主要在把上帝的全知全能、永恆無限由天上移向人間，由人間轉移到人的內心深處，把人轉化為上帝。這可從他的《精神現象學》（1807）最後談到絕對的知識的一章內把「自我看做絕對的存有」一概念可以獲知。

　　為了彰顯人變成上帝，不能再從宗教的分析或神學的批判入手，而是把宗教問題轉化為人的哲學人類學之問題，或人與群體來往的社會學問題、經濟學問題、政治學問題來處理。一言以蔽之，把它轉化為有關世間人事最基本、最廣包的哲學問題。有異於康德把人追求道德上的至善之境，視為人的自我完善，黑格爾主張人應達到絕對的知識，也就是與神明全知全能之境界，才算是人的自我實現。誠如中國學人張世英所言：

> 人要想實現自我，創造一個輝煌的世界，達到萬物與我為一的崇高境界，或者用黑格爾的語言來說，達到「主體與客體同一」的「絕對知識」（精神現象學最高階段）的高度，總得與物打交道、與人打交道，不僅僅是與個人打交道，而且是與整個人類社會、人類歷史打交道。這裡所謂的打交道，就是包括認識在內的全部生活實踐，亦即做為主體的我與做為客體的他人、他物發生各種關係的過程。按照黑格爾的說法，這一自我實現的過程是漫長而又艱苦的，不是靠「手槍發射式」的「直觀」、或浪漫主義的空幻言詞就可以完成的。（張世英 2001: 1）

　　既然傳統的基督教是斥責人違背神諭，企圖把人變成上帝，或接近上帝的至善境界，也就是譴責人的驕傲自大。如今黑格爾要靠絕對的知識達到人的永恆、無限、頌揚，自我攀越艱困絕望之途，經由主觀精神、客觀精神而達致絕對精神的全知之境，這不是人的狂妄、驕傲，是什麼呢？是故黑格爾的哲學是人的狂傲不馴之具體表現和合理化辯解。在人類祖先吃了分別善惡樹的果子，因之被逐出伊甸樂園，也就是犯罪墮落，是由於人類由無知變成有知的原因，如今人必須再墮落一次，由有知變成全知。不但是人也是上帝，也經歷了墮落與重生（重新爬起）。是故驕傲使人墮落，也使上帝墮落，必須再靠另一次的驕傲使人崛起，使上帝重新升起。人在人類發展至最高階段的的絕對知識上，認識到上帝的自己，達到上帝的自我認知，這一境界其實是人的全知之境域。人打破有限的束縛進入無限、永恆的領域。這裡的人當然不是個體的我，而是全體的人類。正如代表全體人類的大我，已非個別的、特殊的小我，不只是個人心思而已，而是普遍的、寰宇的心靈——絕對的心靈、絕對的精神。

　　由是看出黑格爾在《精神現象學》（1807）一書中要達成的人類自我
實現無他，乃是由小我的意識、自我意識發展為知性，再由知性和理性形
成主觀精神，由主觀精神邁入客觀精神，最終人類達到絕對精神的最高境
界（洪鎌德 2007a: 161-207）。

六、運動場上選手的爭勝無異人最高體能的表現

　　體育與運動是眾人養心健身，具有賞心悅目，獨樂而又與眾同樂的休
閒活動，是人類維持生命的延續、繁殖後嗣的生產勞動之外，每日每時都
必不可少的活動。廣義的運動還可以把勞動含攝在內，這是由於運動中的
費神耗力同勞動中的勞苦筋骨、餓其體膚，增益其所不能有其相似、雷同
之處。至於運動辛苦過程後的報酬（體力增強和心情淬奮），也不輸給勞
動得到的精神上與物質上的回報。由是說明運動哲學與一般求生存、闡釋
生存的意義與目的之普通哲學密不可分。

　　從日耳曼經典唯心主義，亦即通稱的觀念論之角度來看待體育活動與
運動賽局，我們會同意選手的爭勝拼贏正是選手本人、或其團隊追求自我
實現的動機、過程與結果。儘管在運動場上，在比賽場合參賽者無意把自
己、把對手當成神明看待，所有的競爭者都是凡人。因之，體育、運動、
娛樂、遊戲所涉及的實在是世俗的實在（secular reality），而非「神聖的
理念」（holy idea），這談不到人人變成上帝，上帝化約為人的人神關係
——宗教的、神學中的現象。但把比賽場合中最具優勝者，最有機會出線
奪標者當成自己模仿，或壓倒的對手——比賽競爭的「客體」——來看
待，則包含有把對手當成敵對、嫉妒、敬畏、愛慕、壓倒等心情投射的對
象來處理。這是參賽者對競爭伙伴與假想敵的愛恨心態。這種愛恨心態表
現在宗教上為對異己力量的神明之禮敬與降服，也可能像黑格爾等唯心主
義哲學家那樣對傳統神祇不但膜拜、吸收、內化為自己的一部分，甚至狂
妄到、驕傲到「彼可取而代之」的地步，把人轉化成上帝，透過辯證法否
定的作用，把人異化為上帝，再由上帝的自我異化，最終達到上帝與人的
合一（天人合一）。

　　另一方面參賽者不只心存贏過對手，更多的情形下，是對自己向來的

體能之挑戰與增益。這點與孟子所言衡心困慮、增益不能，有相似之處。換言之，參賽者藉賽局來展示其本人或其團隊，不斷改善和增長其體能競技的本事，這是今日之我戰勝昨日之我的意思，也是自我實現最佳的寫照。

總之，在比賽場上，每個選手（或每一團隊）都各有其理想與目標。表面上參賽者在爭取金牌、銀盾、錦旗、獎盃、冠冕等榮譽，也努力在突破既有亮麗輝煌的記錄，但其實質無非把自己最佳的體能和技術展現給同僚、同志、對手與觀眾知悉。如果說科學家在追求至真，倫理實踐者在追求至善，文藝工作者在追求至美，那麼運動家在追求至健、至高、至全。至健就是心身健康的最佳境界、至高表示體能、技能、心能的最高境界，至全則是運動精神的最普遍、最周全的發揮。

由是可知德國經典哲學家有關人的自我實現，應用範圍與對象都很廣大博綜，不會只囿於運動、體育、娛樂、遊戲、休閒等這幾塊人生的領域而已。畢竟運動選手是人，而非上帝，他所追求的賽局勝利之背後隱藏人對完善、完美、完全的不斷追求。這種不停的追求、障礙的突破、記錄的創新，正顯示人有異於禽獸，而且超越禽獸之卓越所在。

七、後語

體育和運動在形體上、生理學上是人（個人、團隊）的體能之培養、表現與發揮。但在體能之外，技能、心能，人的智慧、意志與熱情也缺一不可。黑格爾常指出：人無熱情、激情（*Leidenschaft*; passion），會一事無成。德文的熱情表示強烈的感情波動（*Gefühlregung*）、意欲（*Begierde*）、鼓舞（*Begeisterung*）之意，卻是由 *Leiden*（受苦受難、痛苦）一字引申而得，當中含有吃苦耐勞，遭受不幸、煎熬，從困挫中、失敗中重新爬起、重新出發的意思。不要以為在賽場上運動員所爭取勝利的風光與喝采。為達到自我實現，每個人（包括選手在內）所遭逢的失敗、認輸、挫折、沮喪的困境到處可見。畢竟勝利的光榮、拼贏的喜悅是一時的，而自我改善、自我養成、自我奮鬥卻是長久的、一生的（或至少是前半生的）。在此意義下，運動哲學可提供參賽者內心的修持，智慧的照

明、毅力的培養、意志的焠煉等啟示。

　　中國古代哲人孟子說：「天將降大任於是人也，必先苦其心志、勞其筋骨、餓其體膚、空乏其身、行拂亂其所為，所以動心忍性、增益其所不能」（《孟子》〈告子篇〉下）。這段話不只對企圖達成自我實現的人是金科玉律，對參賽者尤有激發啟示的作用。總之，選手在面對拼贏爭勝的重重壓力下，必須具有康德以來德國經典觀念論哲學家的自主的自我，更要透過黑格爾辯證「否定性」，克服與戰勝各種對立面，而發展體能、技能、心能諸身內的動力。因之，人的自我實現就是一個否定性（*Negativität*）向上提升的辯證過程。靠著這種否定性，人才能一步一步衝破重重阻力，吞食各種對立面，不斷自我擴充，從而實現了自我（張世英，前揭書，頁1）。

Immanuel Kant

G.W.F. Hegel

Johann Gottlieb Fichte

Friedrich Wilhelm von Schelling

黑格爾「承認說」與「主奴說」的後續發展及其應用——運動哲學的核心問題之一

一、前言

在黑格爾早期的著作《精神現象學》（1807）第四章中，提到自我意識的獨立自主與依賴之關係，也從中指出主奴之間的辯證互動，說明人的自我及其確定（以及人獲得自由）是建立在原初社會中人人對立、抗爭、決鬥，甚至置生死於度外，只求打擊或消滅異己，求取對手降服承認（*Anerkennung*; recognition）之上，這是他把人的自我意識之誕生歸因於對手的承認之上的說詞（Hegel 1975：145*ff*）。這種說詞也就是他的「承認說」，加上引申而得的「主奴說」，成為後人頌揚與稱讚的黑格爾這部著作最引人入勝、最富巧思的所在。

今日馳騁運動場上的選手，其拼贏爭勝的心態，奪標求冠的企圖，更是爭取承認（不僅僅對手承認，還是諸多競爭者的承認，乃至全場觀眾與場外各地、國度甚至全球的承認）與發揮個人獨立自主不受別人牽絆的表現。是故黑格爾「承認說」與「主奴說」有其哲學上、理論上的真理，更具現世上、實踐上的意義，值得我們來檢討與思考。

二、「承認說」的緣起與論述

　　黑格爾說人認識自己，瞭解世界所靠的本事是認知、是認識。但認知和知識都是靜定的，觀察的、冥想的、和思辨的，談不到人對自身與外界的干涉、或改變；也就是說，這無非是思想的，理論的，而非行動的、實踐的。人要有所行動，要進行活動，都要從個己的欲望（*Begierde*, desire）出發。像肚子餓了，想找食物來填飽，身體感覺寒冷，要找樹葉、獸皮、衣服來裹膚。尋找或製造食物、採擇樹葉、剝掉獸皮、製造衣服，都是人對外頭世界的干預、改變，也都是人的行動、人的勞動、人的生產。人在改變外頭世界的事物，從原料轉變成用品的過程中，滿足了人的口腹之慾、成就了避寒保身的欲望。這點是維持個體繼續存在的手段，也是與其他動物求生保種的自我感覺完全相同。換言之，這是對生命本身的欲望（鄧曉芒 2006：90）。人比其他動物更厲害、更高明的地方，在於他不只把欲望放在求生的自我感覺之上，而是往上推移到意識（*Bewusstsein*, conciousness）的層次。這個意識後來發展為自我意識，就是把人對外界事物的欲望提升到對別人的欲望之上，由此顯示人的欲望是對別人欲望的理解和佔有，是「欲望的欲望」。這種欲望的欲望其追求的對象不限於外界可以觸到、摸到的食物、衣服、房舍等等具體的事物，也包括摸不到、看不到，卻是維持生命永續、種族綿延不可或缺的抽象價值。這些價值包括安全、愛情、友誼、德性、名譽、尊嚴等等。在追求這些價值中，作為人類個體的我，不僅擁有空間上的身軀，更擁有時間過程中的自我，並且從現在的我回顧過去的我之經歷、經驗，也投射未來我的展望、希冀。這個具有自由、自主，而又兼具歷史向度的我，便在對待自己與面對他人時展現出自我意識（*Selbstbewusstsein*, self-conciousness）來。

　　從自我意識發展到人的主體意識，亦即在欲望驅使下產生人對自然的利用和改造的活動，把客體的事物轉化為主體所吸收、內化之物。人克服大自然敵對、陌生、殘害的異己性，把這部分的自然轉化為人主體的構成部分，維持主體生命的養料。但這種主體的意識在碰觸到另一個主體的意識之時，由於天生上人的不平等與對立，使原初社會相互接觸的兩個個體

不懂合作、不懂團結，而只思對抗、只想決鬥。這一刻間每個人的意識存在於兩個相互對立，而又像「事物」（*Ding*）一樣的具體形式之上。只有當決鬥的兩造中，有人甘冒生命的喪失來爭取勝利、爭取承認之際，這個人的意識才不是自存、在己（*an sich*）的意識，而是為他人的承認、他人的意識而出現的為己（*für sich*）之意識。這是自我意識的浮現。

　　要他人對我有承認，其必要的條件為兩個（或兩個以上）生物的個體（具體而自主的個人）之存在。其次，這兩造敵視、對立的個體之最早關係是衝突的、鬥爭的、你死我活的決戰。其中一造有戰死的決心，他造則有保命倖存的企圖。原因是雙方如在決鬥中都告陣亡，則沒有任一方承認他方的可能。是故，在決鬥中只要有一方認輸、降服，他方的優勢、勝利便自動浮現、得到承認，決戰便告停止。從而勝利者成為主人，失敗者成為奴僕，主奴關係從此建立（Fetscher 1971: 12-13; 洪鎌德 2007b：134, 141-146）。

三、主奴說以及自主與依賴

　　決戰中勝利的一方成為主人，失敗認輸的一方成為奴僕。主人保有絕對的自我，也是擁有發號施令、保有自主的我之一方。奴僕不但喪失自主，連其自我也要受到限縮，要屈服於主人的自我之下。奴僕的意識變成要聽命於主人的意識，變成類同事物的形式之意識。於是在鬥爭結束後的承認（失敗者對勝利者優勢的承認）基礎上，出現了自主的意識（主人的意識）對抗依賴的意識（奴僕的意識）。後者構成的主要因素為類似動物般的實在，要做牛做馬、勞瘁身心來進行工作、或生產，俾滿足主人的欲望、解決主人的需要。他接受失敗的命運，把往後的生命、生活完全交給主人（別人）來擺佈，他要倚靠別人來生活下去。正因為他在決鬥中不敢冒死奮戰，他選擇寧降勿死、甘願作奴隸，而不願了結殘生。因此，這種意識乃是自己的意識。這種情況反應了「在己的存有」（*Sein-in-sich*）。反之，主人的自主意識卻是為己的意識，他所展現的現實、實在就是「為己之存有」（*Sein-für-sich*）。

　　主人所擁有的意識是一種為它（意識）的存在而產生的意識。它不再

是抽象的概念下之意識，而是真正的、真實的意識。原因是它的存在靠別人（奴僕）意識之中介、之承認。換言之，奴僕在承認主人的尊嚴與實在之際，完全壓抑本身之願望、希冀，讓本身的意識屈服於主人的意識之下，進行牛馬動物性的操勞，來服侍主人、滿足主人的需求。是故主人對其身分的確定性、確定感不單純是主體上的感受、或直接的感覺，而是間接地受到奴僕的言行之「中介」來證實的。換言之，主人身分的確定來自奴僕的承認，因之，是客觀的、中介的，而非僅僅是僕人主觀的、直接的感受而已。

是故當奴僕還停留在做牛做馬的動物性的、直接的操作和勞動時，他是動物性的存有底寫照。此時主人卻透過奴僕的承認，其存有、其身分是「中介」過，並且已經躍升到人類的層次。在面對事物、或面對他人時，這個業已中介過的主人意識變做人的意識，而非先前（決鬥之前）的動物之意識。詳言之，主人在對待可以滿足他的需求之外物（外頭對象）時，他看到的所欲之物，是足以滿足他需求的客體，本質上帶有物的性質之客體，從而產生人對物的意識。這是直接的、未經中介的意識。另一方面在對待奴僕時，他卻是以間接的、中介的方式，透過受到羈綁奴僕的繩索，亦即所謂的「自主的給定之存有」（autonomous given-being）來呈現其優勢、其權力、其高高在上的地位。因之，主奴關係帶有政治的色彩，可視為政治關係（鄧曉芒 2006：100-101）。

這種「給定的存有」是一條鎖鍊，緊緊地把奴僕拴住、綁住，使奴僕在戰鬥中喪失自主，而在降服於主人之下，變成仰賴主人以存活的戰敗者。奴僕要有所謂的「自主」的話，應只剩下他處理、應付事物的自主──對物的支配之權限。

事實上，主人握有權力以支配「給定的存有」，在決鬥中他甘冒喪失生命的危險來面臨外界（包括命運），因之，這個給定對主人而言只是否定的單位（可被改變、破壞、消失的單位──把食物原狀破壞，人才能填飽肚子，食物的變形、消失，就是食物原來之給定的破壞、否定）。既然主人控制、統攝給定的存有，而給定的存有又變成控制、統攝奴僕（主人之外的他人）的力量，那麼主人駕馭、宰制奴僕成為必然的推理結果。

透過對奴僕的控制，主人又間接（中介）地控制外界（人以外）的事

物。原因是人與外界事物的折騰或過招（開物成務、利用厚生）並非主
人直接的參與（主人從不親自耕田、織布、打獵、釣魚、開礦、築屋等
等），而是在主人發號施令下，由奴僕去應付、去操作。奴僕也把破壞自
然的給定（既存性質的樣貌）、把外界事物加以否定（破壞、改變），才
能產生滿足他與主人的衣食住行等民生用品。因之，他（奴僕）並沒有把
外界給定的事物徹底地消滅，而僅僅藉著工作來改變自然界（與人文、社
會界）的事與物。換言之，奴僕所製造的民生用品，他本身享用的少，而
大部分的享用者卻是主人，享用是享受、是享樂、是賞心悅目。但也是把
享受的客體加以純粹的否定——破壞掉、消費掉。

在享受僕人準備的食物，並把食物吃掉（消滅）後，主人不但獲得體
力、滋養，並且不必將其欲望直指生硬的自然界產品（米、麥、水果、蔬
菜等食料），因為把生硬的、未熟的自然界食料轉變為可口、熱食的佳餚
之烹調工作，是奴僕要去承擔、去動手、去操盤的。這表示拜受奴僕的辛
勞，主人可以從自然脫身而出，也就是從自然界的束縛（尋找食料、種作
米麥、烹煮食品等麻煩）中解放出來，進一步還享受自然界的成果（奴僕
加工的飲食品），而過舒適（豪奢）的生活。不過他之所以成為奴僕的主
人，是由於在決鬥之前，他一樣要面對自然事物尋覓、加工、製造之勞苦
過程；可是在一場生死決鬥中，他冒險犯難、不惜戰死之決心和勇氣，讓
他打敗對手，才能得到對手的承認，而獲得這項勝利者的特權、駕馭者的
優勢。這說明單憑欲望無法達此地步，蓋欲望直指事物（外界的對象），
而事物是給定的、異己的、他者的、自主的。至於要把事物的給定性、他
者性、疏離性、自主性加以克服，則有賴奴僕之操勞、工作、辛苦，目的
把外頭陌生的、野生的、人所培植的食料加以轉型烹煮，才能夠成為主
人享用的美食。由此可知，主人利用奴僕來解決他對事物的依賴（Kojéve
1969: 11-18）。

是故自主與依賴表面上展示主人的發號施令、逍遙自由，以及奴僕的
卑躬屈膝、俯首聽命。但在對待奴僕辛勞的成果上，主人所享受的客體
（食物），卻不是他自己親身操勞的東西，而毋寧是假手他人的結果，主
人反而要依賴奴僕的辛勤工作（服侍），這下子使一向自主自由的主人，
變成仰賴別人勞動的倚賴者、寄生蟲。奴僕對外界客體（食物）的製作過

程，讓他認識事物成形的本質與轉型的方式，使他不但見識深廣、技巧純熟，而且懂得應付外界的變遷，成為事務的駕馭者、操縱者、主持者，而享有對待事物的自主權、自主性。一部人類文明史無異為奴隸的勞動史。

在太古時代一個人與另外一個他人面對面接觸時，每個人對自己感覺所產生的意識，只有動物性的感受，亦即認知自己是動物性的存在，他人也是另一個動物性的存在。動物與動物之間為求生存（為求保種）非展開搏鬥不可，搏鬥的結果勝利者稱王、稱霸，失敗者或負傷而逃、或鬥輸而亡。太初的猿人也離不開勝王敗寇的自然規則。人之所以異於禽獸者，在於人有天生的理性，可以衡量鬥爭後果的輕重。凡不惜犧牲、不怕傷亡而搏鬥決心堅強者，常能在一場生死決鬥中成為倖存者、勝利者。反之，決鬥開始不久之後，便自認勇氣、鬥志不足者，常因保命、療傷的緣故，在鬥爭中向對方投降，而退出戰場，這便是屈服於勝利者的懦弱之人，也是向對方稱臣、甘拜下風的失敗者。由是勝利者成為主人，失敗者成為奴僕，主僕的不同身分就此產生。僕人必須承認主人擁有發號施令的權力，主人倒不必承認奴僕是平起平坐的人，這種主僕不對等、不平等的關係，便由「承認」這一動作確立起來。

要之，黑格爾在《精神現象學》第四章中討論的不只是冒死決鬥中的原始兩個個人，而是由於「承認說」使準備戰鬥至死的一方贏得主人的身分，而畏死怯戰的他方只好在生死鬥爭中投降認輸，而承認前者的優勢、領導、主宰，也就是他為了保命（和保種）而放棄繼續戰鬥，承認對方為主人，本身降為奴僕。這種由承認說而衍生的主僕關係，正是自主與依賴關係的建立，也是「統治」（*Herrschaft*）與「奴役」（*Knechtschaft*）嚴格區分的開端。開始時由於奴僕對主人的承認，突顯了主人的優勢地位，與自由自主的權威，但後來長期的演變，主僕關係卻發生辯證的變化，主人完全要仰賴奴僕的服侍勞作，主人失去與自然以及他人、他物的直接接觸，主人不再投入直接生產，而成為依賴僕人過活的寄生蟲，他的獨立自主一下子轉變為依賴、偎靠，成為四肢不勤、五穀不分的廢人。反之，奴僕為了提供主人及其本身的生存資料，不得不與自然碰觸，開物成務，化粗糙的原料，為人類可以享用、實用的生存（民生）必需品。就在這種生產過程中，被視為不獨立、不自主的奴僕，反而成為開闢天地，維持與延

長生命的生產者、實踐者。

　　本來主人是獨立自主、高高在上的人，而奴僕是聽人指揮、俯首遵命的依賴者，如今卻因人（特別是奴僕）的勞動，奴僕變成勞動者、生產者，而造成主奴地位來一個大翻盤，來一個辯證的變動與互易，自主與依賴的對換，這就說明勞動對人類產生的衝擊（鄧曉芒 2006：103-105）。

四、人是勞動之生物

　　黑格爾視人的特徵在於人能意識、能夠自我意識，也就是人擁有精神（*Geist*），人是具有精神性（*Geistigkeit*）的生物，每個人都是「主觀的精神」（*subjektiver Geist*），人與人合起來造成的社會，特別是形成社會的典章制度，這就是「客觀精神」（*objektiver Geist*）。當人類能夠掌握天文地理、社會人事之後，精神表現在宗教、藝術、科學、哲學的上面，亦即形成天人合一，人掌握內外整體，一變為多、多合為一之際，人類才會達致「絕對精神」（*absoluter Geist*）的境界。精神的本質在於能夠超越人的生物學本性（獸性），而且比自然的環境還優越。人比起自然界的萬物還優秀、還卓越，是由於人的行動表示出來，這個行動便是前面提到人為著獲得別人的承認，不惜冒生冒死進行決鬥，是故承認的取得，是做人最基本的要求。除了承認之外，作為勞動動物（*animal laborans*）的人類，他還有別的動物所不曾擁有的特質，那就是開物成務、利用厚生的本事──勞動。勞動不但改變自然、造成社會，還是人創意、原動力的表現。

　　人在進行生死決鬥時，置亡身的危險於度外，就是表示人追求社會公認的榮譽大於身家生命的價值。不過人類不可能永遠停留在決鬥這個短暫的活動裡，靠鬥敗者的承認來持續生活下去。是故對反覆出現的自然現象加以把捉，利用自然界做為人類生存的原料與倉庫，把自然提供的物質，依據人的創意、理想、計畫，予以加工轉型，才能把人類具有精神性（*Geisthaftigkeit*）的特徵展現出來。人把自然的、相異的、外化的樣式取掉，換上人本身的、特殊的形貌，這才顯示人對自然界的優越。透過勞動，人塑造了外面自然的事物，也把人的內部能力轉化為外頭的產物，對

於人自製的產物，人不再以異樣、陌生、敵對的眼光來看待它。反之，視這些人造的產物為個人（或與他人）心血的結晶，亦即內在能力凝聚的成就。這便是黑格爾視人為勞動動物（*animal laborans*）之因由。

五、黑格爾哲學對馬克思人性觀的衝擊

黑格爾有關人在生死搏鬥時，爭取對手承認的說法以及人是勞動動物的人性觀，對青年馬克思有深刻的影響。首先馬克思也認為人活在世上不只是維持生理上、身體上的繼續存在，而是像亞理士多德所言，把與生俱來人的潛勢力、潛能（potentiality）依其走向、趨勢、目標（telos），展現在外頭的世界上，發展成看得見的才華、現能（actuality）。要把潛能轉變為現能（洪鎌德 2000：296; Hung 1984: 1-3），就要應用黑格爾外化（*Entäusserung*）的說詞，也就是主體（*Subjekt*）不僅認識外面的客體（*Objekt*），還因為欲求需要滿足，而採取行動，改變外頭的世界的對象物（*Gegenstand*──一個與主體陌生、敵對的事物）為可供人（主體）使用、滿足的客體物（*Objekt*）（George 1987: 128-129; 洪鎌德 2007a：194-201）。這種對象物轉化為客體物的動作，不只是在搏鬥中求取別人的承認而已（一時的承認，最多是敵手下半生的承認），而是人利用外界的自然物滿足自己欲求的工作與勞動。作為勞動動物的人遂把自己的能力、潛能表現在對外界的控制、利用之上，從而把自己改造之物、創造外物當成人的精神之表現，而贏得別人（不只敵手一人而已）可長可久的承認。

只是黑格爾所指人的勞動，在馬克思的心目中不過是用心用腦的認識、思想與推理之精神活動，而不包括體力的操作，這是黑格爾唯心主義哲學的缺陷（洪鎌德 2007a：165-169）。只有心與身的同時操作，勞動才能把人化做生產動物，其目的為是使人達到自我實現（*Selbstverwirklichung*; self-realization）的最終目標。

在這裡馬克思似乎把黑格爾所言，人是由勞動動物轉化為人是生產動物。人的生產與「再生產」（繁殖）涉及的黑格爾所言的「欲求」（*Begierde*）。只有欲求的驅動與滿足，人才會化被動為主動，化靜思、觀察為行動、為實踐。顯然為了滿足人各種各樣求生存的欲望，人類建

立起各種各樣的主奴關係。在談到「慾」時，最大的是食慾，其次是性慾，這也是告子所言「食色，性也」（《孟子》，〈告子篇〉）的詮釋。然而馬克思本人卻避談「性」事，他與恩格斯在《德意志意識形態》（1845/46）手稿中，偶然提到「日常生活的再生產」，這種再生產是人類繁殖的意思，是男女性愛的過程與其結果，包括生男育女、養育子女，把未來社會的勞力加以培養，是故「日常生活的再生產」不只包括「生產」（開物成務、利用厚生），也把「再生產」（繁殖下一代、養育下一代）一齊概括進去，構成了人類存活、永續的物質基礎。

至少馬克思在這一青年時代，居然把日常生活的「再生產」當成「生產」來看待，或兩者等量齊觀，二者合為一。另一方面，這顯示他們與恩格斯視性事為早期人類一時的衝動之表示，不需社會規範與組織的一種基本的物質需要。因之，造成其性慾滿足的對象之變動（雜交）乃自然之事，也是人動物的本性。後來才靠社會典章、習俗把性事加以規範，甚至家庭化、制度化（一夫一妻制），由是自然生理的動物性需要，轉化成人類典章制度規定下的社會需要（「再生產」為「生產」鋪路，提供不斷的勞力來源）。顯然，人先有動物存活的意識，這就是所謂的自然意識，這是滿足口腹之慾、繼續生存，進一步滿足性慾傳宗接代、保種延後的社會意識。

蓋人之異於禽獸，不只是人有理性、人有意識，人能夠改變周遭環境、創造文明，更是由於人可以從外頭自然與社會的限制束縛解放出來，成自由、自主、創造性、具反思性的動物。更重要的是人還因開物成務、利用厚生而達成真人、完人的境界，這才是自我實現的意思。這時主體的人在改變外界的事物，使它們符合人的需要、滿足人的欲求，達成開物成務、利用厚生的目標。而人的特質便是將本身的才華能力表現在外頭世界之上，人類的歷史無異一部人能力表現、生產創造的公開書。是故馬克思不但把黑格爾的人是精神動物轉化成精神兼體力發展的動物，更把人與人爭、主人與僕人之爭擴展到群落與群落、階級與階級鬥爭的大範圍裡頭。階級鬥爭不只是經濟利益的爭奪，更是社會地位、政治權勢、文化優越、精神卓絕的競取。一言以蔽之，從特殊（部分）轉變為普遍（整全）的承認之追求（Hung 1984: 38-41）。

　　人為了要展示其能力，把潛能轉變為現能之外，非改變其所處的環境不可。人不但改變了其周遭的環境，改變過的環境也換過頭來改變人，造成人與其環境的辯證互動。是故人無時無刻不在與周遭環境進行辯證的互動。人的周遭環境無他，乃是社會之謂，社會有自然環境，有人為人造的環境（風俗民情、地域特色、典章制度、國際局勢、時尚與世界精神、時代精神等等）。顯然自然與社會提供人發展所必需的條件與資料，也限定人活動的範圍與可能。人怎樣化解自然與社會的束縛，而利用它可被控制、被駕馭的利基，來使人的生活充實、舒適，便是古往今來人類的夢想、人類的希望。是故控制自然環境、改變社會制度、建立理想的家園，為有史以來大家努力的目標，這也是烏托邦觀念的誕生（ibid., 18-23）。

　　是故作為自然界靈長類，同時又是群居（社會的、政治的）動物之人類，自從出現在世界之日起，無時不在做烏托邦的美夢。在人的文化領域中，處處潛藏烏托邦的能量，哲學史尤其透露烏托邦的蓬勃生機。在這一意義下，馬克思的學說，不該如恩格斯所言從烏托邦（空想）的社會主義邁向科學的社會主義。剛好相反，馬克思主義所追求的是哲學的共產主義，是把天堂移回人間的烏托邦思想。這點顯示馬克思不像之前歐洲哲學的傳統，把眼光投向過去，大力解釋過去的現象；反之，卻是憧憬未來，嚮往前途，為未來理想的社會加以擘畫、籌思、揣摩。由是我們認為馬克思是從分析過去的奴隸社會、封建社會，抨擊現代的資本社會，而投射到未來的共產社會之嶄新烏托邦想法。20世紀一位卓越的西方馬克思主義者卜洛赫（Ernst Bloch 1885-1977）在其大作《希望原則》（Das Prinzip Hoffnung, 1954-1959）與其後的《烏托邦精神》（Geist der Utopie, 1964）一樣，認為先前的空想思想家只能以回憶的方式記取人類史開頭美好的往事（初端），而不懂開創未來，追求至善、美好的新境界（末端）。只有馬克思才會提出「人的來源就是人的自身」，而追求人終極的解放（以末端來實現初端的理想）（洪鎌德 2004b：104-119）。屆時，人的現實與人的希望得以合一，實然與應然無所分別，人的自然存在變成人的存在，完滿的、完善的，是「人充滿的自然主義，也是自然的人本主義」（馬克思在 1844 年《經濟學與哲學手稿》所說的話）（FS I: 593-594; EW 348）。

　　當作全人類一分子的人（人類種屬的本質），在歷史過程中，創造典章制度，也型塑本身的經歷、發揮本身的專長（潛能）。他這種勞動、創造，不但改變外頭世界，也提升本身（馬克思說，改變外頭世界，必然也會改變人自身），從而把其理想、願望轉化為真實、現實。藉著工作、生產、創發，藉著與別人接觸、來往、溝通，顯示勞動與生產的過程中人成就自己，滿足他人，推動歷史向前發展。換言之，人的需要隨著時間的改變、歷史的變遷而逐步提高，但滿足人需要的才華與能力（科技）也跟著水漲船高。於是需要與能力的比賽競逐、攀爬升高，就是一種辯證的互動。最終人的潛在能力（潛能）終於在歷史的盡頭（尾端、終極）完全顯現出來、變成現能。人最終要達成「自我實現」的夢想。

　　馬克思認為推動歷史變遷至最高境界，非靠無產階級革命不為功，其實這種說法是受到黑格爾主奴說的影響。原因是資本主義社會中，資產階級的成員，尤其資本家，以廠主、公司的董事長、總裁身分出現，儼然是古代奴隸主的翻版。反之，現代工人雖領有固定的薪資，卻成為被約束的、被人勞動契約所綁住的奴隸（bond slaves）看待，換言之，也就是薪資奴隸（wage slaves）來出現。

　　此外，這種主奴關係還產生了其後馬克思對階級的看法。他認為凡在生產活動中擁有生產資料（資金、土地、人力、管理技術者）的人群，自動形成資產階級。反之，不擁有生產資料，或至多只擁有勞動力（勞心與勞力）者之群眾變成普勞（無產）階級[1]。資產階級對普勞階級的剝削關係是造成階級的經濟標準。不過階級不只是經濟，歷史現象也成為政治名詞，那是由於兩大階級之間的敵對、抗衡、鬥爭，而引發的。換言之，在階級鬥爭中普勞階級可能由在己階級（*Klasse-in-sich*）轉變為為己階級（*Klasse-für-sich*），從經濟階級轉化為政治階級。此外，人的社會性和凝聚性，也使具有相同背景、文化與價值的人群結合成一個群體，這是西馬與新馬理論家所強調：在先進資本主義國家中，新興階級（管理層階

---

[1]　*Das Proletariat* 過去譯為普羅階級，經筆者不斷的鼓吹，今改譯為普勞階級，亦即普遍勞動（主要以勞力者與勞心者的結合）的階級，符合馬克思視工人階級為全社會普遍的階級（*allgemeine Klasse*; universal class）之意思。

級）藉對生產過程與結果的控制，而獲得相對性的自主，進而造成現狀的繼續、資本主義體制的維持。是故目前的資本主義體制是歷史的非常態性、偶然性的因素造成了資產階級，也是導致資產階級與普勞階級的對立。

是故馬克思的唯物史觀不只在說明未來理想社會的出現之前瞻，更是新人類（無階級、無剝削、無異化、無疏離），變成真人（*eigentlicher Mensch*）的願景、偉景（vision）。

青年馬克思體會到主體性與物質客體性不可分裂的統一，遂致力於把主體性與客體性藉一個社會學的觀點把部分轉化為整體，使整體與部分的相互辯證關係加以聯結。這便是他承認經濟活動和意識形態具有內部相互聯繫的因由。

所有文化產品不過是社會主體的諸個人互動所組成。人創造的文化客體都是人以其獨特聯結的方法，也就是把意識形態、經濟活動和文化認知以及革命實踐結合起來，構成歷史的網絡而已。因之，馬克思無異把黑格爾所勾勒的文化世界用現象學的方式突顯出來，而予以闡述和引申。

六、黑格爾「承認說」對西馬和新馬的影響

所謂的西方馬克思主義（簡稱西馬）是 1920 年代至 1960 年代之間出現在歐洲，帶有黑格爾哲學意味濃厚的、批判性、非教條性的馬克思主義。這個西方馬克思主義是針對官方的、共黨掌權的蘇維埃馬列主義做出批判（雖然也讚揚列寧的革命策略之奏效）的歐陸左派思潮。至於新馬克思主義（簡稱新馬）則是 1960 年代至 1985 年之間（或以後）西歐、英倫、北美、甚至南美（解放神學）與北非（反抗帝國主義、殖民主義的左翼知識分子）所形成有關經典馬克思主義（馬、列、普列漢諾夫、考茨基等著作學說）之詮釋與引申[2]。

根據傳統的黑格爾及其信徒的說法，人生活的周遭，無論是自然的環

---

[2]　參考洪鎌德，《新馬克思主義和現代社會科學》（台北：森大，1995）一書。以及洪鎌德，《當代社會科學導論》（台北：五南，2009）第五章與第十五章。

境，還是人造的社會，都成為人活動的空間，構成了人主觀上的「實在」
（*Wirklichkeit*; reality）。實在並非自存的，並非先於人的認知、感覺、
意識、欲求、接觸，而自主自發的存在。反之，卻是透過人的意識、感
知才告存在。這點是西方馬克思主義另位先驅，義大利思想家兼革命者
葛蘭西的說詞。他說：「實在並不為它本身而自存，反而是在人們與之
發生歷史關連之後，經由人的改變而存在」（Gramsci 1975: 395; 洪鎌德
2004b：189-192）。是故人們固然受實在規定、制約，人也要改變實在，
這實在包括自然的實在、社會的實在、歷史的實在、客觀的實在、主觀的
實在。他接著說：「為了證明客觀的存在，必須將此實在牽連到人與歷史
之上」。我們也可以引申到為了證明人主觀的存在，人必須感覺、認知、
思想、反省，也就是笛卡兒所說「我思故我在」。人對外界存在的確認還
不只是個人的感知所產生，也是與其他人、別人的看法相同的緣故，也是
與別人來往、接觸、溝通的緣故，所謂客觀外在理性無疑地也含有人（個
人與眾人）活動的成分。更何況「人所以客觀認識〔外面的世界〕，乃是
因為這種認知〔知識〕對全人類而言是真實的」（*ibid.*），得到他人、別
人、所有的人之公認、之承認的緣故。

　　正像黑格爾把人當成勞動動物，馬克思把人當成生產動物，葛蘭西認
為人是一個能夠思想與實踐的動物。對他而言，人是一連串思想轉為活動
的過程。人不應當被視為個人侷限於身體本身，而是以集體的、群體的、
社會的見解來觀察人，把人當成「與別人以及自然世界發生主動關係之連
串生物」來看待。這裡他發揮了馬克思視人為自動的、主動的、能動的動
物，是自由創造世界與歷史的靈長類動物之說詞。人的自動、主動、能動
不僅應用於勞動、生產，也擴及體育、運動、休閒等活動之上。

　　對黑格爾重視意識的哲學，以及對青年馬克思的人性觀和哲學人類
學最感興趣的要數一度活躍於法國文壇與哲學界的存在主義大師沙特
（Jean-Paul Sartre 1905-1980），他也是法國西馬的健將之一。他首先強
調人的特徵就是在追求自由，「自由與人的實在無法分別」，「革命運動
及計畫是藉暴力把社會中由一個業已異化的階級轉變為自由得以相互承認
的階級」（Sartre 1967: 251）。換言之，人在爭取自由，並且與同獲自由
的他人相互承認自由落實之必要。另外，沙特也受到黑格爾的主奴說所影

響。他強調人的存在為爭取絕對的自由所做出的種種努力（決定、選擇等等）中。因之，指出人活在世上一天，便生活在與別人衝突、爭執中，原因是每個人都在求取「絕對的自由」，而企圖把別人化做「其他」、「他者」。換言之，把對手、他人轉變成「主體」的客體（Solomon 1985: 425）。他這種學說無疑地可視為黑格爾承認說與主奴說之擴大與引申。

抨擊沙特過分強調自由與主體的偏頗乃為法國現象學大師的梅樓・蓬第（Maurice Merleau-Ponty 1908-1961）。他一方面強調自由的主體之正當性，另一方面要吾人承認造成主體自由的客觀條件。不過他仍強調主體，而非強調客體，但連結主體與客體之間的聯繫卻是「相互的世界」（entre monde），在本體與外頭世界的結構之間便是人的軀體。人的軀體之結構支撐了「在世界中之實存」（being-in the-world）。人的身體並非多數哲學家所認為的被動事物，卻是能動的主體，也就是「身軀主體」（body-subjects）。它是在世界中能屈能伸、伸縮自如的東西。

在進行溝通中，一個身軀對別的身軀表達了意義和經驗，在認知、體會別人的身軀時，承認與證實別人的存在。身軀知覺之前的活動、表達、位置和動作（例如流汗、嘔吐、痙攣、緊張、輕鬆等等）證明它是能夠感知，也是被感知的主體。它是對外頭世界的開放，在我感覺到身軀是我的一部分之前，身軀會行動，也會反應，包括對別人的或外物的刺激之反應。

每個人（「我」）的自我感知必然不夠完全，因為我們不能理解自己的身軀對外頭世界在認知方面的開放。別人對我的感知，只能透過對我身軀的外觀而推想，而無視我獨一無二的自我意識。把我的身軀在感知之前對世界的開放，加上我對自己與別人的認知上之意識統合起來，就構成了我的存在。每一個個體（個人）是意識到的自我（conscious ego）與客體世界複雜的統一體。雖然沙特把自我實體化、事物化（reify），而刻意把它從實在（外頭世界）加以分開。真正的哲學卻會碰觸到生命「無可避免的混沌、模糊」（inescapable ambiguity）。換言之，有意識、能意識的實存體（人）無法永遠控制住他們的認同體（identities）。我們在知覺之前被丟棄到一個陌生的世界。因之，對我們本身有一部分是無法知曉，也無從知曉——我是誰？是難以充分掌握、理解的東西。

　　擁有反思的人類在主觀上能夠選擇他們的行動。在本體論上而言，我們是自由自在，但自由是依情境而定，也是現實的，而非全部是意向的、願望的。我「可有權力〔想像〕我要處在怎樣的地位……但我可沒有權力把我的願望與決定轉化成我所期待的地位」。

　　此外，身軀知覺前的開放意謂我們必然生活在更為主觀的世界中。社會是我的一部分，甚至在我體會到這一事實之前，社會提供我們客觀的意義，一如我們給予社會注入我們主觀的意義一般。人類是社會的主體，因為我們的身軀正處於社會中進行感知與被感知，我們的身軀在活動，也接受（感知）別人的活動。

　　人類一直處在歷史的情境中，人活在世界與其他之間，因之無法說清楚究竟歷史的力量從那裡開始，人的自由從那裡開始。到底人是環境與歷史的產品，但人卻要求從向來的歷史、環境所形成的典章制度之束縛下解放出來，形成不受階級壓迫的自由人。這種歷史與自由的問題成為沙特與梅樓‧蓬第等西馬哲人討論與爭辯的焦點，無異是黑格爾學說與馬克思人性觀的論述之引申。

　　梅氏指出在世界中的行動對歷史與社會都開放。存在遂包括了歷史與社會的因素，它們彼此穿戳，而構成一個極具韌性與彈性的總體。

　　談人的歷史與人的自由，梅樓‧蓬第比沙特高明，這是因為他有關自由的理論比較接近馬克思的想法，而越過沙特空洞的自由觀。梅氏認為自由是由已存在的、擺在人們跟前的情勢共同制定的。自由一直存在於阻礙、困挫當中，只有克服這類阻礙或困挫才會贏得自由。

　　馬克思的貢獻對於梅樓‧蓬第而言，主要為「人是具體的現象學」，也就是把黑格爾歷史現象論推擴到社會發展的資本主義時代。對梅氏如同對馬克思而言，人類的主體由於辯證的延續一直置身於相互主體的世界中。經由實踐的辯證世界不斷地建構著，在實踐中人通過他對物質世界的改造，他與物質世界的客體物，以及工具之關係而被界定。人這種關係既是主體的，也是客體的。物質進入人的生活中，也就是把人聯繫到世界之中的黏貼劑。某一既定的社會意識是從它的經濟實踐中產生出來。是故經濟與意識形成一個體系，而成為有意向歷史的一環。一個社會寄生在其生產方式，其科技、工藝、思想哲學之上，其哲學表述不過是經濟生產方式

的呈現而已。

不過，梅氏反對馬克思的經濟決定論，而是把馬克思主義轉化為相互主觀性充滿鬥志與反思的哲學。他分析的起點為人群被丟入自然界與歷史界的境遇。是故他極力批評結構主義與實證主義的馬克思主義。

其次，梅樓‧蓬第在《人本主義和恐怖》（1947），《意義與非意義》（1948）、《符號》（1960）諸作品中透露他反對科學的馬克思主義。他要發展一個詮釋的、辯證的、現象學的和歷史的馬克思主義，這一新的馬克思主義對蘇維埃的馬列主義極力批評，對西方的民主政治也無好感。假使人們接受馬克思對資本主義體制之批判的話，會對1950年代前後的蘇維埃馬克思主義大失所望。尤其是史達林的暴政和恐怖統治，完全放棄馬克思的人道關懷和人本思想。蘇聯共產主義的殘暴與西方個人主義的囂張、暴力的抬頭都遠離馬克思的人本主義。

梅氏認為 19 世紀開端，延伸到20世紀初的階級鬥爭，由於兩次世界大戰而喊停。他在《辯證法的探索》中提出問題：大戰業已結束，階級鬥爭是否會再現？就在這一問題提出之後，他討論了盧卡奇、列寧、托洛茨基和沙特的作品，因為這些人的著作中對普勞階級及其革命各有主張。梅氏發現上述諸人的理論都遠離了馬克思有關歷史辯證法的說詞。上述諸人的努力都是辯證法的歷險與探索，但都離馬氏的說詞甚遠。

最後，梅樓‧蓬第企圖建構他自己所理解的現象學的馬克思主義。他發展出一種人們生活過的辯證法，藉著這種辯證法可以預見自由是一種受到條件制約的可能性，既無法利用意識形態來預言其出現，也無法靠存在主義的理論而求取自由之獲致。這是一種重新返回馬克思，甚至黑格爾源頭的辯證法，也是胡塞爾和海德格對意識和實有的現象學，這是對20世紀人類的在場（存在）保證之學說。為此原因他反對沙特主張共黨與普勞的兩元說，蓋沙氏的兩元說無法掌握在歷史中互為主觀的在場（presence）。同樣梅氏也反對盧卡奇兩元仲介說。後者認為共黨最先仲介普勞與歷史，最後才由普勞發展階級意識之後中介它本身與歷史。在梅氏心目中，盧卡奇的主張會使共黨與知識分子成為歷史的最終裁判者、調解者，從而使歷史又要依靠其他人的介入與發展，也喪失了人創造歷史的馬克思之本意（洪鎌德 2004b：260-266）。

　　總之，上述各派的說詞都成為問題多多，原因都把共黨推到決定歷史的重要地位，而把馬克思所想像的未來社會擱置一邊。是故在結論上，梅氏說：「〔上述諸人的〕馬克思主義的失敗，將是歷史哲學的失敗」，接著說「所有容許普勞階級繼續存在〔而非把階級對立打破〕之社會是無法正當化、合理化的社會」（Merleau-Ponty 1973: 232）。馬派的辯證法成為唯一可能的方法，也成為一個夢想和一個希望。於是梅氏的著作從開頭的辯證法，繞過一大圈之後，又回到結論的辯證法。他有關馬派諸大師的學說、辯證的方法、存在主義的問題和現象學的說詞構成其學說之菁華，以此為中心放射出其學說之光芒，而呼籲哲學界促成人的自由之落實，當代的人正處於不確定，依賴各種情勢、問題重重的世界中，這個世界為人本主義與恐怖、貧窮與飢餓、關愛與自由、尊嚴與正義種種人類可能性發展之世界。馬派的哲學家必須迎戰這個世界、探究這個世界，使這個人類自我實現，達致自由與解放的夢想能夠成真（Denzin 1986: 295-299）。

　　對於上述西馬諸大家有關階級不平等的看法，新馬的新女性主義者如費菊珣（Ann Ferguson）卻有不同的說詞。她反駁生產的關係所造成的階級身分，使女性淪落為替男性服務、次等的人類。反之，是性／感情的生產方式（modes of sex/ affective production）創造了男人擁有宰制與剝削女性權益的不平等之社會，尤其是資本主義社會裡，這種不平等特別明顯。這種社會顯然不單單從階級宰制的反覆再生中得來的。換言之，不單單是階級宰制產生了男性的宰制，而是從性、下代的出現和男女的結合造成女性長期受到男性的宰制（Ferguson 1989: 348-372）。

　　對女性主義者而言，在當今資本主義社會中階級與階級之間的分別，不再是赤裸裸的壓迫，或是經濟上的剝削，而是建立在對工作過程的權威與控制之上，這就形成宰制階級（上司、經理人員、領班）與順服階級（下層不具專業技術的粗工、員工等）之分別。不明顯的宰制與順服關係也出現在醫師與護理人員，老師與學生中，卻也有隱性主奴的關係。這種關係也延伸到個人對其生產過程能否控制、能否當其產品的主人（像自由派作家、非被雇傭的技師、照相師等）之上。後者對本身的工作有獨立自主之權，但不一定對別人的勞力有所控制，這也是新興階級中享有逍遙、自主與獨立的人。與此相反的則為倚賴別人，本身喪失獨立自主的人

（*ibid.*）。由是可知黑格爾的承認說和主奴說衍生為現代階級對立說和男女不平等說等等西馬與新馬的論述。

七、「承認說」對運動競勝心理的應用與解析

　　黑格爾的生死鬥爭中產生的承認說對運動員在賽場上求勝爭雄的動機不但有常識上的應用性，更可說在學術上提供深度的心理分析。當然原始人、自然人求生保種的生死鬥爭和文明人、歷史人的公平競爭、爭取榮譽不可劃上等號，但兩者所追求的仍舊是別人對自己的承認。是故把兩者相同之處與差異之處做一個比較，有助於運動哲學核心問題——運動動機、競賽心態、求勝精神——的進一步之理解。

　　在相同的方面，是指無論是原始人、自然人（猿人、類人猿、部落成立之前單打獨鬥的半獸半人），還是文明人、歷史人（擁有過去的記憶，對當前的意識、對未來的瞻望、憧憬的、古往今來之人類），其行動的來源都是「欲求」。欲求需要滿足，這無異是中國古哲學家荀子所謂：「人生而有欲，欲而不得，則不能無求；求而無度量分界，則不能不爭」（《荀子》〈禮倫〉篇）的翻版。是故無論是為生存、為保種而進行的生死鬥爭，還是運動場上的競賽，都是在滿足承認與尊重（勝出）的欲求。當這項對方的承認，或公眾的承認成為可能之後，人際的關係才由仇視、敵對、緊張的心態下轉變為主奴、或競爭者之間的和平共處。

　　無論是原始人還是文明人，每個人的體力與心態都有強弱、堅柔的差異，而且每個人的耐力、毅力也有厚薄、久暫之分別。不過參與搏鬥、競賽的雙方人員一開始都有贏取勝利的信心。這是他們投入決鬥、賽局、遊戲、競爭的因由。蓋如沒有這個基本決鬥或競賽的信心，則一開頭就沒有兩人生死決鬥或諸人比賽的出現。

　　再說，鬥爭、競賽畢竟是一時的、短暫的、非常態的。可是依靠勞動、生產、或公開比賽的和平共處（不管是主奴的不平等，或競賽者平等，以及賽後的各奔東西）都是長久的、日常的、正常的現象。換言之，只因為雙方中有一方接受爭競的過程與結果，亦即對鬥爭與競賽之輸贏加以承認的話，則敵峙、對立的緊張關係很快地結束，人們恢復平靜的日常

生活，儘管勝利者稱雄稱霸，失敗者稱臣降服。

　　原始人、自然人的生死搏鬥與文明人、歷史人的競爭也有很大的不同。首先，原始人、自然人尚未產生自我意識，他只有排他感受，或最多只發展到自然意識的階段。反之，文明人、社會人不但有自我意識，還進一步提升到精神境界（由主觀精神邁向客觀精神，最終要抵達絕對精神），是故運動場上最高的美德便是公平競爭的運動精神之培養與提倡。

　　其次，原始人、自然人生死決鬥存在於兩個個體基礎之上，以及一對一的兩人之決戰。文明人、歷史人的競爭則是一人對眾人、眾人（社會人）之間的競爭、比賽。再說，原始人的決鬥沒有預先明言或確定的規則、目的可言；反之，文明人的競賽卻有明文規定，亦即遊戲規則、賽程、時日、地點、獎賞、紀錄、公認之輸贏等等機制、制度來規範比賽的歷程與結果。

　　再其次，原始的決鬥，是以生死作為最終可能的結果；文明時代的競爭卻在取得利益（金牌、獎金、獎項、獎勵金、廣告費等等經濟好處）、獲得價值（聲名、榮譽、財富、安全、快樂等）、求取認同（承認的最高境界）之上。可說動機彼此差異，手段與作法自然有暴力的、危險的與和平的、安全的不同。

　　最後，原始人的競爭只為個人軀體的保全、種族的綿延，是史前[3]人的動作，也是動物性存活的條件。但相爭的結果卻產生兩人主奴關係，導致原始人由自然狀態進入社會（兩人或兩人以上的人際關係）互動，由鬥爭而進入和平共處的歷史之開端。主奴之間的自主與依賴關係也從開始主人的自滿變到其對立面，成為主人要倚賴奴僕，而奴僕的勤勞、直接與自然和社會交往，反而成為自然與人事的攝理者、變造者，從倚賴主人的奴僕變成宰制事物、改變外界的勞動者、生產者。這種主奴之間的自主與倚

3　馬克思認為整部人類的歷史是開物成務、利用厚生，人類的能力與需要交互辯證
　　發展的紀錄，但真正的歷史之開展卻在人類從物質欲求束縛下，從向來典章制度
　　壓迫下得到徹底解放之後，才能讓自由人撰述的歷史，是故至今為止歷史仍舊屬
　　史前階段（洪鎌德，《從唯心到唯物》，2007:403）。不過這裡使用的「史前」
　　兩字則是人處於自然狀態下的歷史階段，文明與社會開始之前的通俗說法。

賴關係的辯證發展，無法出現在現代運動場、體育室的競賽者身上。不過競賽中失敗者贏取下輪勝利之心態，依稀可以看出他打敗對方，贏取公眾承認的決心與毅力，這也是導致他轉敗為勝的契機，也是承認說的反覆運用。

黑格爾（年輕）

　　無可否認的事實，有史以來人類在運動、在體育、在遊戲、在娛樂與其他日常生活的諸種場所中所呈現的不只是體力的優勢，也是意志的貫徹、求勝的堅持、與精神的昂揚。而這種競賽心態、取勝精神無非是公眾的承認、記錄的突破，俾為歷史增添新頁，為人類的體能創造新高，另一方面超越生理極限、創造新的體能紀錄，何嘗不是求取新的烏托邦之夢想。由是證實黑格爾的「承認說」無異是直窺競賽心態的內在面向與深層結構的透視鏡、顯微鏡。

恩格斯（年輕）

八、結論

　　綜合上面所說，黑格爾的承認說，和其相關的主奴說，不但影響到馬克思的人性觀（直接從事生產的人改造自然、營構社群、追求解放、創造歷

謝林（老年）

史）、社會觀（階級對立、階級鬥爭）、歷史觀（經濟活動中的生產方式決定社會的上層建築之典章制度、社會意識；階級鬥爭造成歷史發展；人的最終獲得自由；為人撰寫其後真正歷史的開端），更對西馬和新馬的思想家、理論家有深刻的影響。即便是社會主義、或馬克思主義的女性主義者，也在兩性平等的相互承認之基礎上，尋求對現代資本主義社會、父權社會和種族差別的社會之不同階級的鴻溝進行深入的解剖與新意的詮釋。至於現代運動選手爭勝求冠、打破紀錄、締造新績的表現，無一不是在獲取競爭對手與一般觀眾之承認。這點更可以看出黑格爾意識與精神學說對後世的衝擊之大，以及應用之廣，這是值得吾人加以檢討與省思之所在。

黑格爾的歷史觀與運動精神
的關連

一、前言

　　黑格爾在哲學最偉大的成就表現在他對人自我意識的探討。自我意識的形成，使人由感知，而獲取知性與理性。知性與理性構成個人與社群的主觀精神。在發展社會的典章制度中人的客觀精神得以落實與展現。在人類的文明與文化營構之最終結果，便是絕對精神的體現。這種種精神現象透過時間過程中辯證的提升，便是人類由蒙昧無知演進到知己知天，最後與上天的全知全能合致。是故一部人類的歷史，無異人轉化為上帝，或上帝從其創造物的人類及宇宙之生成變化中達到上帝自造自知的境界。人類的歷史無異神明的傳記。

　　正如原始人之蒙昧無知一樣，神明最先也不知自己是誰，甚至不知何以創造宇宙萬物。但上帝卻透過其所創造的人之在世間活動與演展，把祂的神蹟與神性顯露在人的作為與人性之上。換言之，對黑格爾而言，上帝不是一成不變的、超自然的力量，卻是以道成肉身的耶穌來經歷人世的痛苦患難，被釘死在十字架上，復活之後，回到聖父身旁，人與上帝重新合一。上帝的自傳開始於上帝無知與衝動（創造萬物的無知與衝動），但上帝的全知全能雖是在時間、歷史過程中最終的表現，卻又回歸到上帝這個主體的身上。換言之，最後的結果又跑回最先的起點（儘管由無知變為全知）。這便是黑格爾哲學由始至終、由終返始的循環演展說（Hegel 1975: 23; 2003: 10）。

　　這種精神辯證的進程與循環說便是黑格爾早年著作《精神現象學》

（*Die Phänomenologie des Geistes*, 1807）主要的內容與主旨。要談黑格爾的歷史觀，便需從他這部早年的作品說起，另外再引用他有關邏輯科學、宗教、文藝、法政思想，以及他有關歷史哲學之演講記錄和其他通訊資料。

　　涉及上帝（*Gott*; God）在歷史演變中實現祂自己的哲學之說法，便要回溯希伯來人之猶太教和後來基督教教義源頭的神明（the Deity）概念。在猶太教和基督教教義傳統裡，神明的自我顯現（self-actualization）到處可見。這是向來人們心目中想像的神明，乃為十全十美的超自然神聖力量之顯現。對這種十全十美神祇的看法，一開始便被黑格爾所排斥，特別是在《邏輯科學》（*Wissenschaft der Logik*, 1812-1816）中，他反對把上帝看做是永恆地完全的、完善的存有（超自然的事物）。因為在這種看法之下，「否定的作用」（*Negation*）便被排除，便不會造成事物的發展（否定、否定的否定）之推力。更何況他反對把上帝推到雲霄的彼岸（天堂）。作為泛神論的黑格爾，上帝存在萬事萬物和眾人當中，他是活在現世，而非活在「另外一個世界當中」。換言之，黑格爾認為上帝活在現世，也利用現世來實現祂的本身。只有在宇宙生成變化的最終時刻，被視為絕對精神象徵的上帝，才充分地變成其本身，完成上帝的十全十美。世界史成為上帝完整地變成上帝的過程（Tucker 1972: 45-46；洪德鎌2007a: 266-169）。

　　依據黑格爾對上帝的定義來看，上帝只有自知為上帝，或自我意識到祂是上帝之時，才算是宇宙的創造者、萬事萬物的塑造者、人類的主宰。創世紀展開前的上帝，是無知的上帝，尚未變成神明的上帝。只有在歷史過程中神明的創造，導致祂對所創事物（尤其是人）的認識，才讓祂產生意識、產生知識。整部上帝的自傳，也是人的知識之歷史，可謂為認知的過程。他稱呼歷史是「透過知識的生成（變化）之過程」。他說：「生成（*Werden*）的另一方面，亦即歷史，是一種進行知識〔認知、認識〕的變化，經過中介的變化，是精神外化在時間當中。這個外化同時也是精神自我的外化。否定也是它自身的否定」（Hegel 1975: 590; 2003: 475）。

　　但是上帝能夠認知、能夠意識祂自己的工具卻是祂所創造的人類，特別是人類的心靈、精神。上帝最先無知無識，其形狀就是大自然（也是祂所創造的），後來他創造有知有識的人類，上帝也採用人的形像容貌作為

祂的外型。是故人的心靈和精神的發展無異神明自知的過程。認知的歷程，是坎坷、彎曲、險象環生的「絕望」與希望互見之旅途，這便是《精神現象學》所描繪的人求知的過程。在此一過程的終點，人類將抵達「絕對知識」（*absolutes Wissen*; absolute knowledge）的境界。

二、上帝是空間的延長（自然）與時間的演展（歷史）

上帝是自然界、萬事萬物的創造者與主宰者，祂是至高的神明，也是無限的、絕對的存有（being）。更因為祂包天包地、包山包海，成為世界的擁有者、支配者，所以祂是掌握所有的、整全的事物（*das Ganze*），是全部實在（*Wirklichkeit*）的「實體」（*Substanz* 本體）。只有當祂把其實體透過主體（*Subjekt*）的活動，亦即把「真實的事物」（*das Wahre*）以實體的面目呈現，才達到實體和主體的合一。[1] 黑格爾的哲學在強調「實體就是主體」。實體應當不是一成不變、靜態穩固的實體化之物（hypostasis）。反之，卻在透過其生成變化的過程，能反思自知的主體。是故上帝一開始不知道自己是上帝，也不知其無意間所創造的宇宙與人是其創造活動的對象之落實。可是透過空間的延伸與時間的拉長，祂終於發現空間的伸展是自然界，時間中文明的出現和演展是歷史。只要上帝有空間的感覺，有時間的體悟，祂就慢慢走上自知之途。作為神明的產物，也是神明的工具，人類的出現是神明的化身。文化發展的巔峰便是絕對精神的落實，是人類知識發展至圓滿無缺的境界。人只要掌握絕對知識，則神明就抵達自我認識的最終境界。全知全能的神明仍舊回歸到上帝發展之前的開端，由是尾端又銜接到開端，黑格爾循環性的哲學說詞又找到一個顯例。

依據黑格爾的看法，上帝與世界合一，世界是由神格（divine

---

1 實體代表現實主義、實在主義（realism）對世界種種事物經驗性的看法。反之，主體則代表唯心主義、觀念主義（idealism）透過心靈的運作對世界之看法，前者為實有、存有（being），後者為觀念、思想（thought）。由是可知觀念與存有本來為一體的兩面。

personality），也是世界自身（world-self）出發的，為此黑格爾稱世界為精神（Geist），有時叫做「世界精神」（*Weltgeist*）。所謂的「精神」是指無限的，包括宇宙整全的世界自身，也就是上帝。

祂是主體的存有（subjective being），這個主體的存有在歷史漫長的歲月中透過人類文化的發展逐漸理解祂自身。這就是上段所指出的「實體」（*Substanz*）在其本質上乃是主體（*Subjekt*）的意思。在黑格爾《精神現象學》的〈序言〉中他指出「實體本質上乃為主體，此一真理在系統的形式裡，此一真理在概念中，顯示絕對〔神明〕是以精神來表達的。這是萬物最偉大的看法，也是一個適合當代的看法，也是其宗教〔的看法〕。〔是故〕精神是單獨的〔唯一的〕實在。祂是世界內在的本質」（Hegel 1975: 28; 2003: 13）。詳言之，上帝包攝物理世界的全部，就是實體，但這個實體卻是自我意識的精神，也是不斷「自我設定」（*selbstsetzen*）的運動（*Bewegung*）與發展，故也是一個主體（只有主體才會自我意識、自我設定、不斷運動，俾達到最終的自我認識）。總之，世界自身就是實體，活生生的實體就是精神，精神就是上帝。上帝就是一切生成變化的主體。

傳統的神學賦予住在天上（另一個世界）的神明創造的能力，祂遂以無比的仁慈創造世界（宇宙）。黑格爾心目中的神明卻是住在當下的世界，也與世界合一（泛神論）的世界精神，或稱世界自身。世界自身也具有創造力，特別是創造性的表達能力，其所表達的東西便是宇宙間的萬事萬物，這是自我表達的能力。正是世界自身的這種創造表達能力迫使它意識到自己的存在。「它自身變成它要達成的目的物（客體）正是精神這個唯一的目標。其結果就是世界史過程所要達致的目標。為達此目標，在地球的祭壇上多少世紀以來擺上祭品，這是犧牲的供物」（*ibid.*）[2]。

精神的創造力是一種自我生產的創造力，其產生的原因在於精神認識它本身的需要。這是一種「可塑性的創造力（plastic creativity）」，有如演員在舞台上扮演的角色，也有如雕刻家展現在其雕刻品上的藝能。

2　這段把歷史當成犧牲和祭壇的說法與後來視歷史為人類廝殺的屠宰場，或是殺死牲畜的桌子有異曲同工之妙。參考洪鎌德 2007a: 352-353.

這就是把藝術家身內的、內在的才華能力自我外化（*Selbstäusserung*; self-externalization）。精神自我外化的兩個場域為自然和歷史。它在空間上的自我外化就創造了大自然的有機與無機的事物；它在時間的綿延上就透過人類文明的興衰展現在歷史長河之上。上帝創造世上萬物，就符合了大自然生物與無生物的出現，這是基督教所強調的萬事萬物的起源之創世紀。至於人類對文明的創造，無非是創世紀的延長，也是各民族所形成的民族精神（*Volksgeist*）的次第出現與更替。諸民族精神衍生的種種文化無異是精神創造力在時間歷程上的爭奇鬥豔。從古代兩河流域，乃至古希臘半島城邦的文化、歐陸羅馬文化，及至黑格爾所處時代的日耳曼文化、盎格魯・薩克遜文化、法蘭克文化都次第展現為信仰、宗教、藝術、農業與工商的科技、哲學、藝術，乃至生活之道觀念，世界觀、人生觀種種的文明。要之，人類營造了各種各樣的文化世界（洪鎌德 2009a: 183-233）。

　　對黑格爾而言，自然和人是兩種不同發展程度的精神，也可以說是精神的自我創造、自我外化、自我表現的兩個不同的發展階段。自然是外化的精神，但卻是精神尚未發展到自我意識的程度。反之，人卻是精神變成對本身能夠意識的發展階段。人當做文明的建造者，當做文化世界的締造者，他在歷史的綿延中無異是精神在其創意的、自我外化的過程中不斷地向前、向上邁進。人具有認知的能力，遂變成精神自我發現的工具，也是精神走向自知之途的載具。人的心靈，特別是宗教的與哲學的心靈，是世界自身自我意識萌芽的種子，蓋世界自身的自覺使它變成主體性的事物（存有）。只是人的意識雖然遠遠超越自然的無意識，卻仍舊是有限的、不完全的，這是黑格爾何以把人界定為「有限的自我意識之精神」底緣由。

　　就知識演變的過程來觀察，有限的自我意識之精神最終要克服其有限性，而升騰到絕對的自我意識階段，到此終境也就變成了顯現的神明──人與神最終合而為一。

　　上帝無異是創造宇宙的主人，亦即在創世紀中精神外化為自然的首次創造動作之後，由於精神求知的欲望之驅使，遂在對心靈締造各族的文化，形成了歷史的遞嬗變遷。黑格爾指稱柏拉圖對世界好奇的驚訝，固然是人類心智的開啟，但人類對知識不斷地、不滿足的追求，才是推動文明

興衰、歷史演進最大的動力。

三、從自我外化到自我異化

　　顯然精神外化的活動是自我外化的舉動，藉由此一活動上帝找到身外的對象物、客體物。由是可知人的心靈之知識活動，究其實際乃是精神在意識裡重新掌握它自身（做為客體、對象物）的舉動。原因是認識、知識云云，莫非主體把外在世界有異於它，而又反對它（站在它的對立面）之陌生性加以清除，使認知的主體對外界事物不但不覺乖異，還進一步覺得順眼而又順心，這無異追蹤外頭世界從乖異到順心的根源——亦即主體的內心——之上。

　　由是可知，認知、認識是精神回歸其本身的動作。這個回歸是從外頭的世界回歸其內心，也是結束人的自我分裂、自我異化之過程。為什麼會有自我分裂與自我異化呢？原因是作為自我意識（人）的精神，碰見外頭的客體（外頭世界）的精神，造成主體精神與客體精神的分裂與對立。這種分裂與對立是黑格爾所稱為的「自我異化」（*Selbstentfremdung*; self-alienation or self-estrangement）。精神分屬主體與客體的分開與對立就是自我異化，這是由於在主客體的關係中，精神理解它本身所覺知、所創造之物是「外物」（*Andersein*; otherness），亦即客體被主體經驗為異物、或敵對的事物，這就像是與主體相對立、相對抗的東西。認知的活動，就是把客體的世界剝掉其乖異性、陌生性、異物性、敵對性，因之，乃為異化的克服、異化的清除。

　　拿康德現象人與隱象人的兩分化來比照黑格爾精神主體性與精神客體性的分裂（異化）倒是令人耳目一新的說法。康德認為現象人有情欲、獸性，不如隱象人有良心、有道德。兩者的爭執造成人類要靠實踐理性的指引，變成負責盡職、自由自主的倫理人。同樣黑格爾認為康德處在認識情境下的精神也具有雙重人格（神格）。客體本身，便是「外物」、「異物」、「他物」，一時之間難與當做主體的精神相呼應、相搭配。應用康德「在己」（*an sich*; in itself）與「為己」（*für sich*; for itself）兩分法的說詞，黑格爾把主體事物（存有）當成在己，把客體、對象，當成「為

己」，「為己」也是「非己」的意思。

康德現象人與隱象人之對立和兩分，變成了黑格爾現象的世界自身和隱象的世界自身兩者的對立和兩分。假使在康德那邊人是為了追求道德的完善而把自己分裂成兩部分，那麼在黑格爾這邊卻是為了追求知識的絕對（自知），而把精神分裂成兩截。康德天人交戰的良心衝突，無異黑格爾精神異化與異化的克服之搏鬥。大自然的成長是安靜的、緩慢的與和平的變化，但精神要達到其理想狀態的奮鬥，並非寧靜的，而是慘烈的、急劇的、暴力的廝殺。

有異於康德，分裂的人格藉人際交往、溝通而達致道德的善境，結束兩分化的異常，黑格爾的世界自身要克服其異化狀態不能靠人際交通的道德完善，而是靠知識的追求、絕對知識的達致。這點說明兩人哲學觀點的分歧。在黑格爾哲學體系中，異化的現象世界自身，不只是自身而已，也變成異化的、陌生的世界，甚至是「顛倒的世界」（*verkehrte Welt*; perverted world）。康德視人對抗自己或他人的衝突，變成了黑格爾人對世界的衝突。世界自身是有意識的主體，可是它卻在自然生成變化中與人類精神與其本身的戰爭表現在人類無休止地利用對世界的認知來克服，來征服世界，而被克服與征服的世界是在其客體性方面被人類感覺與經驗為異化的、敵對的世界。只有靠著把世界砭碎打爛，靠著概念、理念把它們重新組織起來，我們才會真正地認識到世界。

由此可知黑格爾所言認識意謂為「自我發現」。這是指賦予在某一有意識的主體之上的精神，對與它分開的世界之掌握、瞭解，從而達到絕對精神本身的認識、承認。認知、認識是對外在世界的一種「異化克除」（de-alienation）。這個外在世界其實是精神活動的產品，亦即精神在外化的動作下之產品。由此看出精神的外化、精神的異化和異化的克除是發展路程三種的不同階段。精神最先以「實體」（*Substanz*）、以客體、以非我等等樣式呈現了事物的外象（外觀），反映在人的意識裡，亦即精神變成了對人的意識。不過精神的「實體性」（實體所代表、所表現的本質）是虛幻不實。不僅如此，就是精神活動產品的乖異性、他者性也同樣是虛幻不實。人們對既存外在世界的意識，對外在世界有異於人們自己的意識、感受都是「非真實的意識」。是故知識、認知云云無非是對這種乖

異性、他者性的穿戳、刺破。知識在解除或剝掉客體（對象）之乖離的、異化的客體性。於是客體虛偽的意識必須讓位給它「私自」（*Selbstich*; self-ish）的真實意識。

為了瞭解客體從其客體性轉變為主體「私自」、「個己」的主體性之過程，黑格爾發明了「奧伏赫變」（*Aufhebung*; transcendence; sublation 華文譯為揚棄）一個新詞彙。他解說奧伏赫變包括兩個相生相剋的意涵：破（毀壞）與立（保留）兩項動作。被奧伏赫變（*Aufgehoben* 被揚棄）的客體，是指客體的乖異性、他者性、非我性遭遇破壞、消解，但仍保留其心靈的內容（這是由於客體是主體內在潛能的外化，但仍舊保有主體精神的部分心思、觀念之緣故）。

經過揚棄的世界是異化遭克除的世界。此外，認知的動作是舊主體與客體關係改變為新的主客體關係。在舊的主客體關係中，精神一旦承認外頭的世界是它的外化產品，是外化的精神，那麼精神只存在其意識當中，而以精神的「自我」呈現。如今在新的主客體關係下，精神的內外合一，等於精神，接著黑格爾說

> 精神會變成對象〔客體〕，因為這個精神就是運動，把本身轉化成他者，這就是變成了它自己的對象，〔接著〕把這個他者揚棄。同時這個經驗剛好變做通稱的經驗。在這個運動中直接的，沒有辦法加以經驗的〔事物〕，亦即抽象體；它乃是實有〔存有〕的被感觸，或者是被思考的單純之物。單純之物經過了異化，然後通過異化回歸其本身，這時才被描繪為實在、或真理，就像意識擁有之財產。（Hegel 1975: 38-39; 2003: 20）。

由是可見客體（客體的、外在的世界）已透過認識、理解的中介，精神從其自我異化的情況下回歸到它本身，這也就是「為己」的精神回到「在己」的精神，這是說在認識、理解之前的外頭世界被視為精神自己的外化、異化；如今則是外化轉向內化、異化遭受克除。到此地步精神表現給它自己是內外合一、主客體一致的精神，也是在家享受天倫之樂的精神。此時精神為「在己」與「為己」之結合（*Geist an sich und für sich*）。在《精神現象學》〈序言〉中，黑格爾說

看起來在它身外發生之事，會變成反對它的活動，其實都是它本身的作為，是它自己的活動；〔是故〕主體顯示它在實在裡乃為主體。（Hegel 1975: 39; 2003: 21）

在這段引言之前，黑格爾便指出在意識中自我與對象（實體）不平等的地位，兩者的相異之處在於「否定」（das Negative; negativity）。所謂的「否定」可以視為自我與實體兩者都有缺陷，都是造成辯證轉換過程之動力。原因是起初無意識的自我把內在潛能轉移到外界，產生了心靈的產品，卻視此產品是他物、是異化之物，這便是一項缺陷。其次，異化之他物、外在的事物又企圖返回自我心內，它也是另一種的缺陷。同時這也是另一種的逆轉，這種逆轉也是否定的過程。

就由於這種缺陷，所以產生兩者合而為一的逆轉動力，運動之精神。運動的動力或精神並非外在於自我之物，最多只能解釋為兩者之相異和不平等而已。如今心靈視此不平等與相異無非自己的作為，則其存在便與其本質合一，實體就變成主體，由是在時間流程上，精神進入自我分裂和異化的新階段；一旦精神再度外化而導致新的文化世界崛起之時，新文化產生新的認識、新的解說，這便是歷史上每一國度、每一時代有其新詮釋的因由。新的歷史型塑要在思想裡、哲學裡重新掌握，以概念來表述其精神面貌。是故歷史充滿了精神外化、異化與消除異化的循環圈圈，而對歷史的掌握也只有靠認知和系統的探索——黑格爾心目中的「科學系統」——才能落實（Tucker 1972: 51-52；洪鎌德2007b: 66-76）。

四、歷史是自由落實的過程

為什麼人類會把心靈與外界（特別是人所創造的典章制度之社會界、文化界）看成兩截？尤其把外界當成對人而言是敵對的、乖離的、異化之物呢？這就涉及黑格爾有關精神、心靈看待自己、本身、自我的想法、看法。黑格爾稱這種自我理解、自我形象是透過「概念」（Begriff; concept）而來的。在這裡我們首先又要比較康德與黑格爾的異同。康德與黑格爾一起談到「絕對」（the absolute），但兩人對絕對的主體卻有不

同的看法，康德認為絕對主體為隱象人、為道德人、為理想的人格；黑格爾則認為絕對的主體為神明，為具有認知能力的人，最終把自己看成上帝。這是他何以定義上帝為絕對的、無限的事物（存有），為世上實在的整體之緣由。

　　有了這種觀點，便可知道人如何經驗到異化，有意識的主體怎樣在其意識裡看待他所碰見的世界（外界）為敵對的、仇視的乖離之事物。由於有意識的主體自覺其本身為絕對的存有（事物），亦即感受其本身為宇宙的「整全」（das Ganze），則其外界的任何客體物都被看做，也被經驗為「否定的」、敵對的事物，成為有待加以攻擊、或消滅之事物。蓋外物之存在便構成對主體絕對性的否認、否定。這也就是《精神現象學》中第四章第二節第三目所談「懊惱（不快樂）的意識」，以及通篇所談的「異化」之所在。

　　對黑格爾而言，異化表示有限，有限化身為「綁帶」（bondage 束縛）。自我異化的經驗是來自面對陌生、敵對的世界之情況，則何異主體被綁帶、被限制、被奴役。這是一向自由與自主的精神面對外頭的世界（他者），必然造成受限制、碰到「疆界」（Granze）、碰到「阻礙」（Schranke）本身絕對有限的感受。於是這種被概念化（begriffen; conceived）的外界、對立體就會產生異化，不適的看法與想法。

　　透過認知、知識來揚棄客體遂成為精神對有限性的反抗，也是導向自由的突破。黑格爾遂視自由為自我意識的不受束縛，為限制主體活動的客體之消失（缺席、缺場），也是非己（非我）之失蹤。在《邏輯科學》中，黑格爾指出「自由意謂你所應付的客體變成你的第二個自我……所謂的自由就必然是我們沒有感覺到我們之外的他人在場〔沒有外物、外人干預之場合〕之稱」（Hegel 1950: 49）。

　　總之，作為絕對的精神之主體把其內在的才華外化成體外的客體，卻視客體的存在對主體的完整性、無限性是一種威脅，是敵對的、陌生的、乖離的。這也就是何以主體把客體當做其本性、本質的異化之原因。這也是黑格爾何以認為異化是有限的、是束縛的，也是精神自認尚未掌握實在的整體、總體的挑戰之因由。同時，這也說明他何以把自由當做衝破束縛、限制，不是異物、他者的共存之說詞底緣由。

透過認知，精神剝掉外物（客體）的乖異性、他者性，它（精神）又返回其本身，而感受到「存在於自己的本身之存有」（*Bei-sich-selbst-sein*）。這種感受正是黑格爾所稱呼的自由。他曾在《邏輯學》中言及「邁向開放的旅途」，視認識的基礎為「邁向開放的旅途，在此旅途的上空與路下沒有任何〔阻礙〕之物，而〔當成旅客的〕我們孤獨地與自己為伴」（Hegel 1950: 66）。

由是可知，在歷史當中自我知識的成長，可以用自由的感受之大小來說明。這就是黑格爾在歷史哲學講義中的說詞。在這裡我們必須記住他視「單獨與其自身相處的」概念便是他為自由所下的定義。這點與傳統西洋哲學前輩避免個人陷身孤獨的說法完全不同。亦即黑格爾認為哲學思維的開端、過程與結果都是個體在孤獨狀態下的自我發現。透過外化、異化與異化的克服，而返回孤獨中的自身之謂。

黑格爾哲學的承繼者、擁護者常把黑格爾的自由觀同其他哲學家的自由觀混同，以致誤認黑格爾著名的說法之真意。例如在《歷史哲學》中，黑格爾說：「東方自古至今知道一人是自由的；〔古〕希臘與羅馬世界知道有些人是自由的；日耳曼世界知道所有的人是自由的」（Hegel 1956: 104）。緊接著這句話的後頭，黑格爾指出三個不同的世界的政治形式：分別為東方的專制政治，古希臘羅馬的民主政治和貴族政治，以及日耳曼世界的君主政治。何以普魯士的君主政治體制下所有的人民都知道自由的可貴呢？這絕非經驗事實，而是黑格爾心目中意識與存有合致、主體與客體同一的哲學性自由，亦即普魯士的公民意識上感受他們與威權國家的存有（代表神聖的實體）合為一體，才會在其生活經驗上獲取替代性的（vicarious）自由經驗。換言之，他們之所以是自由，乃是由於參與到國家神聖實體的成員、分子之身分而已（Tucker, *op. cit.* 54）。

由是可知黑格爾的自由觀是全體性、整體性、絕對性的。這意指世界本身必須在存有的整體（*das Ganze*）中經驗到其本身才算是自由，亦即達到「自我認識的全（整）體」。在《現象學》的終篇談到「絕對知識」的中段，黑格爾說：「除非精神在其內在方面完成其〔認知的外在、異化與異化之克除〕自身，完成其自身為世界精神，否則它無法達成自我意識的精神之落實」（Hegel 1975: 583; 2003: 471）。精神只有感受其為絕對

的存有，為「全體」、「整體」、「總體」（*das Ganze*）之時，才能在意識中感受本身之存在，也經驗到自由，此時精神已化做世界精神了。

　　世界史要進入永恆、無限的境界，其發生點在於「哲學性的科學」之形式裡，從哲學家的心靈中出現了絕對知識的瞬間爆發出來。這裡看出黑格爾的學術野心與狂妄，以及個人的哲學代表西方哲學發展最高峰，也是世界精神的體現。這不僅是西方哲學的巔峰，也是西方哲學的終結（Williams 2000: 202; 洪鎌德 2007b: 279）。

　　為什麼黑格爾要談世界與西方哲學史的終結呢？原因是他認為發展到絕對知識的境界知識界精神，由於自我外化的關係而耗費掉其創造性的潛能，它外化的所有客體的世界之諸形式一一展現、一一含攝，亦即他有攝取其創造的世界之能力，也透過歷史上所展現的相續的歷史事件之認知，而完成自我發現之艱苦的歷程，走完公開的，也是絕望的，卻也是希望再現的旅途。是故絕對知識，就是「精神知道其本身為精神」，是世界精神認知其自我乃為絕對存有之境界。而且絕對精神已化身在黑格爾哲學體系當中，此一體系包含了「科學的」證明，證明自我就是絕對的存有，自我也在世界史的遞嬗演變中達成自我認識、自我發現。

五、上帝最終達成自知和自我實現，以及歷史哲學的解析

　　至此，上帝充分地、完全地變成了全知全能的上帝。蓋自我意識的精神要把自己完全成為世界精神，就要靠它對創造的世界當作是它的本身，這才會成為絕對的自我意識之精神。由於上帝「必須被定義為絕對精神」（Hegel 1950: 105），因之，本來是無知無能、或是知能有限的上帝，經由歷史長河波瀾的衝擊，變成全知全能的上帝，變成了包攝世間萬事萬物的主宰，變成了無人無物敢挑戰、敢對抗祂的絕對精神，這時祂已返回原初的自己，上帝返回其自身。

　　人本來是上帝創造的，是上帝外在創造歷程上的自我異化底產物，也是從異化、疏離返回其本身過程上的產品。人所碰見、遭逢的異化與敵對的世界究其實乃是上帝在異化狀態下面對的情況。人在黑格爾哲學中知道

世界是自我，正是上帝從異化回歸祂自身的時刻。「哲學性的科學」遂成為人類轉向上帝的落實之高點。在哲學上意識到自己是絕對的存有物之際，人乃知道自己就是上帝，這意謂在黑格爾的說詞之下，上帝達到完全的自知階段。「精神知道它自己本身」就是神明的自我認知、自我承認。

　　把這些解釋瞭然於心，黑格爾在柏林大學上歷史哲學最終一堂課上，以末世預言式的口吻說出下列的話：

> 世界新紀元已經降臨。有限的自我意識已停止當做有限。另一方面絕對的自我意識在告別其以往之後，已在實在〔實相〕中浮現。這是至今為止的世界之整個歷史，特別是哲學的歷史……之所以致此，其唯一〔的原因〕為它〔精神〕認識自己為絕對精神，這種情勢完全在哲學認識中才告完成……這是當今〔哲學界〕的〔認識〕立場……我茲向各位聽眾做一個誠摯的告別〔晚安〕。（Hegel 1955 [III]: 551, 552, 554）

　　綜合上面所說，黑格爾的歷史哲學之提出，是依循下面幾條論題，按步推理而得（Cohen 1978: 6）：

　　第一，近代歐洲的歷史，無異為各民族國家互爭雄長、力求表現的歷史。而事實上過去數千年的文明史，特別是近三百多年的歐洲史，顯示各個民族的風貌性格各有不同，而它們對歷史的貢獻還有差別歧異（此為一不可否認的經驗事實）。

　　第二，在整部人類史發展當中，進步是其特徵。後浪推前浪、後來者居上，不只是自然現象，更是人文現象。這種不斷進步的現象特別表現在文明與文化的發展上。但載運文明與文化進步的工具，卻為各個不同的民族與國家（這也是一項不容否認的經驗事實）。

　　第三，上述第一和第二這兩項經驗事實是不容辯駁否認。不過我們卻無法依靠任何經驗性的學說（譬如歷史科學），來解說第一和第二項現象，更不能說明這兩者的關係。這便指出經驗事實無法通過經驗科學來解釋，亦即科學並非萬能，科學也有其局限（這無法靠經驗科學，而該訴諸哲學來說明）。

　　第四，可是這項有目皆睹的人類整體性進步的歷史過程，卻與基督教

神學中，上帝開天闢地、造物造人，以及人的墮落、贖罪、拯救之教義完全符合。由是證明神學對宇宙生成和人生的歸趨有所指示、有所解答。神學可以濟科學之窮（神學也有其存在的理由）。

第五，然則使用神學來解答世界史，卻不是啟蒙運動以來重視人文、人本、人道的現代人所能接受。黑格爾遂倡導以哲學來解釋人類的進步史。他所提出的世界精神這一概念，既可以合理解釋上述第一和第二兩項事實，另一方面又與上述第四項神學的上帝概念相輔相成，不致扞格難容，反而達成解釋人類進步史實的目的（哲學解說可能性的貢獻）（洪鎌德 1995: 65-66）。

六、黑格爾歷史哲學對運動精神的啓示

黑格爾把人類的歷史視為神明由無知無識，經由創造生成人類的文明與自然的演變，最終返回到神明自身，達到自知自識的歷程，或是視上帝為異化的人，人是異化的上帝，最終上帝與人的趨同，天人合一的絕對境界。這種玄思、思辨的歷史哲學似乎離開運動精神和體育思維甚遠。

不過，我們如果細讀黑格爾《精神現象學》對心靈怎樣從無意識、或自然意識，走向意識與自我意識，知性與理性，再邁向精神的自我教育、自我養成（*Bildung*）之歷程加以考察的話，那麼箇中所述自我的形成的歷程，卻是每一位參與運動、訓練、競爭、比賽而落實體育的目標之運動員、體育家所要關心、所要留意之所在。

首先，實體就是主體。每個參與運動的培訓、競賽、實戰的體育員都擁有敏銳的心思與矯健的身軀。此外她（他）還擁有競勝的心態、健壯的體魄、拼贏的體能，這些都構成運動員的實體（substance）。是故實體代表鍛鍊者和參賽者最起碼的形式兼實質的條件、潛能。但在參賽前，這些條件並非一夕之間從無生有的狀態，而歷經發現、教練、培訓、淘汰、拔擢、拔尖的辛苦歷程才逐漸形成的。這說明客觀條件的選取與主觀條件的努力，才會把運動員的實體從其潛能中轉化為顯能來。運動員由內在的潛能轉變為外在的顯能是一種型塑的、教育的歷程，這也是德文 *Bildung* 的原意，此字不止譯為教育，也譯為文化，亦即「養成」的意思。在養成的

塑造與教育中，運動員逐漸從實體演化成能夠自我意識，知道自己在體育和運動上超乎常人的才華之所在。一旦人擁有這種自知自覺的意識，他（她）便成為擁有體育人格的主體。這合乎黑格爾所言，實體變成主體。只有具有自知之明的選手，才會在賽場上與對手競爭，而從頭到尾都是賽局的主體。

其次，運動員與體育者必須經常克己復禮、自反而縮，不斷檢討自己在體能上、技能上的缺失，隨時克服運動表現的異化現象，以趨向完善與完美之境。每個運動員都會把藏在身內的潛能做出最大的發揮，而落實在外頭的競賽記錄之上。這些表演、比賽的成績無異運動員或體育者外在的表現。但演出的、表現的顯能未必是運動者所樂見的最佳狀態、最高紀錄。是故這一時一刻的記錄只是選手內在潛能在某一時間與空間交匯之環節的展現。它可能勝過對手，也可能給其他對手所打敗，更有可能給自己未來的新記錄所超越，是故任何佳績對運動員而言，都是他者、異者，具有敵對和挑戰的異化面向。正因為如此，運動員不能滿意於目前所締造的成績，而需反躬自省，不斷自我改善。隨時移除勝利途上的種種障礙。換言之，秉持公平競爭，追求完善圓滿，應該是運動精神的旨意。

再其次，身體文化與與運動精神絕非靜態的、恆定的事物。剛好相反，這種文化與精神乃是時間過程中變化生成的產物，這就說明運動精神與歷史流程（process）之關係。這點與第一點的說明頗為相似，只是在這裡更強調時間性、歷史性的重要。就個人而言，人在時間的歷程中逐漸完成自己，這是個人生涯與傳記的點點滴滴。但在整體人類的開物成務、利用厚生的長期文明開拓與發展上則為歷史的記錄。體育運動從古希臘人對人身軀體之讚美，對體能與心能之開拓，因而有奧林匹克運動會之提倡，至近代文藝復興時代，人本主義的萌芽，開始留意到人神之別並非絕對，最終在近現代的啟蒙運動，所強調人的理性與社會的進步，都把人從宗教、教會的專斷中解放出來，遂有黑格爾泛神論者視上帝為自然與歷史之化身。上帝的完美可以從人的絕對知識中落實下來，整部人類文明史無異為神明的自傳。其對運動哲學的衝擊，在於說明時間歷程裡，歷史長河上體能的發揮。是故人受制於人身體所處空間與時間的條件（包括體能的極限）之限制，但運動精神卻是超越時空、無限的理想，將會是人追求更為

圓滿、更為完美的希望之所在。

　　最後，黑格爾把精神，特別是世界精神看成是時代精神、民族精神，在世界舞台上互爭雄長的表現。證諸近一兩百年的世界史，依稀看到其歷史哲學之展現。特別是在運動精神的培養與提倡方面，看出近代奧林匹克運動史上，表現最佳的各國，從英國、德國、俄國、美國，而及於最近的中國。可以說，強權的興起，不只表現在商貿的發達、軍事武力的強盛、科學文化的振興，更表現在運動體育的倡導之上。國家強權對體育運動的刻意鼓吹，不只造成全民運動與普化教育的推展和贏取國際比賽的金牌、銀盾、獎盃、錦旗、獎金的人數、次數，來判斷一國的國力之強弱，也是一項客觀的指標。

　　不過民族精神轉化為民族主義，尤其是擴張性、侵略性的民族主義，居然成為導致 20 世紀人類遭逢兩次世界大戰的浩劫之主因（洪鎌德 2004a: 292-295）。如何調整矯枉過正的民族主義，使其納入人類和平的國際運動之友誼比賽，也成為愛好體育運動者所宜注視的問題，畢竟吾人乃生活在一個禍福與共、彼此依賴的地球村當中。任何膨脹式的抬高民族優越論，極容易開啟戰端，都會造成千萬人的死亡與流失，這將是人類公平競爭之運動精神的淪落，更是人類的悲劇。

七、後語

　　黑格爾的歷史哲學是建立在康德、費希特、謝林等日耳曼唯心主義（觀念論）發展至高峰的精神現象學之上。他認為歷史是當成主體的精神，透過認知的旅途，經歷心靈所呈現在世界的種種樣態（樣式、形狀、模式 *Gestalten*），而達到精神返回其自身，把實體當成主體，而最終達成「自我實現」（*Selbsverwirklichung*; self-realization）之地步。換言之，歷史乃為心靈、或精神經歷險阻、困挫的心路歷程，而達成自我實現的記錄，它在個人形成自傳，在民族變成民族的文明，在時代構成時代的精神。這也是鼓吹人類變化生成的「理性之狡計」（*die List der Vernunft*; the cunning of reason）（Hegel 1953: 44）。由於理性在推動歷史的演進，所以整部人類的歷史無異理性追求自由的歷史。世界精神既然是絕對的、無

限的上帝，則人類史也成為上帝自我意識演展史，神明由無知返回自知，這是神明自我實現的傳記。

　　至此，我們似乎把黑格爾的歷史哲學當成神學看待，其實不然，他固然把上帝當成世界精神看待，但世界精神又化身成人類認知的活動，上帝要達成自知自覺非透過人類這個工具、這個載具不可。是故上帝的自知，正是人類知識達致絕對的境界。精神由主觀、而化為客觀，由客觀進入絕對，正是藉「科學性的哲學」達到宗教、道德和藝術的最高峰，屆時上帝與人不再區隔，上帝化為人，人化為上帝。由是可知上帝自我完成、自我實現之途，不僅在成己、成物（創世），更重要在透過人的認識過程，消除主體與客體的對立、主體與實體的分離。這仍舊是哲學的思辨，而非神學的闡釋。

　　黑格爾的歷史哲學是西洋哲學史上諸種史觀中，最為博大精深的偉構，雖被當代著名邏輯學家柏波爾（Karl R. Popper 1902-1994）斥為「歷史法則主義」（Historicism）（Popper 1964; 1966 [II]: 27-80），但它卻是體大思精、影響深遠的學說。

　　黑格爾的歷史哲學對馬克思的唯物史觀產生重大的影響，儘管馬克思是用唯物（人類的生產活動、經濟生活對社會典章制度的決定；階級的對立與鬥爭促成社會型態之次第演變）來取代黑格爾的唯心史觀（心靈與精神形成歷史的遞嬗演進），但卻保留黑格爾學說的菁華——辯證法。因此，瞭解黑格爾的歷史哲學，是瞭解馬克思的歷史觀、世界觀重要的途徑之一（洪鎌德 1995: 63-72; 2007a: 345-401; 2007b: 253-283）。

康德（老年）

　　黑格爾的歷史觀不只影響同一時代與後世大歷史理論的撰述，也對運動哲學有很大的啟示和激發，故值得我們加以探究與引申。

黑格爾（中年）

梅樓・蓬第

斯賓諾莎

萊布尼茲

謝林

耶穌

亞歷山大

凱撒

拿破崙

黑格爾論自我的輝煌和歷史的辯證發展

一、前言

精神要自我實現，必須透過歷史演變的過程，也就是必須從人類的意識或知識的歷史發展中去研究概念的發生之經過源由來探索（楊祖陶 2001: 275）。這種過程是認知的過程，也是把有限的框架、阻礙不斷衝破的過程。對黑格爾而言，人是有限之物，因此人的精神也變成「有限的自我意識」之精神。要把有限的精神化作無限的精神，甚至是絕對的精神，無法靠單獨個人（除非是道成肉身的耶穌）來完成，而必須靠眾人所形成的民族（是故民族精神），或各民族在歷史上所表現的文明之興衰（是故歷史精神）才有可能。要之，諸個人、諸民族在歷史上所形成者乃為世界。世界有其個我，稱為「世界自我」（world-self）。這個世界自我所表現的世界精神，正是從個人的有限走向人類的無限，也是由人變成神，最終造成世界自我的無限之歷程。其在時間長河上的變化——歷史變遷——就是克服有限，走向「自我無限化的過程」（self-infinitizing process）。

既然人——有限的自我意識之物——受其客體（外在於主體的事物）的束縛，他視外在事物為陌生的、綁手綁腳，甚至是敵對的「他者」，這時他就不覺自主、不覺自由，不覺自己是完全的、完整的精神。這種精神內含矛盾、內含不斷要支解它、否定它的勢力，就造成精神的不安，不時要設法解除內在的矛盾、化解否定的勢力之因由。透過認知的動作，精神不但知道本身是一個客體，或表現為客體的對象，還在這種客體性當中認

識到其本身、其主體性。由是可知認知的過程不但使精神排除外頭、客體的陌生、乖異、敵視、險阻，還進一步把客體異物吞入、含攝到主體當中，從而使主客體合一，內外融合。主體一旦掃除其身外的他者、異者、敵者，把這些乖異之物全盤吞入、包攝，那麼它必然感受其本身乃為實在之全體、實在之整全。至此精神通過有限性，打破各種阻礙，它超越了其本身，而感覺到意識本身是無限的、不受束縛的。

二、黑格爾的辯證法

　　由此可知黑格爾心目中的辯證過程乃是自我無限化（self-infinitizing）的過程，亦即精神藉不斷的矛盾衝突、不斷地把這些矛盾一一解決之歷程，這種矛盾主要地存在於精神本質上的無限性與現實經驗中的有限性之間。把有限性打破而提升到無限性事物轉化為對立物，在保存菁華（立）與擯除糟糠（破）之後，上升到新的情境之上，這便是辯證循序上升的過程。

　　黑格爾辯證法乃是內在矛盾引發而企圖消解矛盾的運動法則。換言之，是事物內在的衝突導致發展的機制（mechanism）、或格式（pattern）。康德曾經指出人的道德生活之核心，乃是義務對抗慾求的內心掙扎與衝突，這種衝突及其解決也是一種「自然的辯證法」。黑格爾的辯證法則是康德辯證法的變形。康德個人的自我轉變成為黑格爾的世界自我，個人的衝突轉變做世界的衝突。辯證法從個人的生成變化、抑制物慾成就德性（德行）轉化成世界自我（包括人類全體），從無知無能變成全知全能，神明也達致自我認知、自我實現的境界，這就是康德辯證法的擴大利用。

　　事實上，黑格爾心目中的上帝不但啟示為自然，也啟示了精神，更落實為「純粹概念」。真正的上帝、真正的神明是指體現著理念的現實世界（張世英 2001: 199）。為此黑格爾解釋他辯證的理念，那是指矛盾是世界運動（生成變化）之動力、之原則。

　　另一方面黑格爾的辯證法也有異於費希特之辯證法。一般都認為費希特是首先使用「正」、「反」、「合」三部曲辯證法的第一人（洪鎌德

2007a: 214）。費希特強調康德實踐理性的重要（超過後者純粹理性），實在乃是理念的活動。在種種實在當中以自我的存在為主要，因為這是理想的自我證實。是故他的辯證法開始於「大我〔大寫的自我〕設定其本身」，這是實在的自我處在自我證實的活動中，絕對和無限的活動為大我提供其言行之場域。接著「大我設定非我」這種設定不但無損自我的存在之證實，還進一步把自我與非我加以分開、分辨。在這個場域與特定範圍裡大我，在事實上受到限制，而變成有限。這裡也顯示在認知者與被認知者（主客體）之間存在著對立的關係。這是對無限的大我最終自我活動的界定（界定）以及限制。於是費希特為他的辯證法提出第三步：「大我設定一個有限的自我，俾對立於一個有限的非我」（洪鎌德 2007b: 27-29）。

費希特第三步，也可以稱為第三原則，所揭示的主觀上、主體上「有限的自我」是指經驗知識的主體而言，他永遠受到其認知經驗客體的非我所限制。限制是一種條件，俾它的確定性更能有所表現。不過限制卻也是一種「分裂」（Spaltung），亦即無限性大我在形而上學方面的一致性、統一性遭受分裂、破功。但靠知識無法把主體與客體的分裂再度彌平，是故客體（對象體 Gegenstand）便化作對立體、對抗體（Widerstand）。知識上我們無法把主體與客體的對立消除，因此康德認為要消除主客體的對立，只好依靠道德（倫理）行動，追求正義、公平是主體努力所展示的客體（觀）事件。在追求公義時，吾人努力克服不公不義，其行為表現就是自我暴露與自我證實。在道德行動中精神在抵抗自然（慾望）中，把自然馴服、型塑（把自然的獸性化為神性）。這麼一來自然也被叫醒而迎向精神，基本上自然與精神是同根而生的（Tsanoff 1967[3]: 194-195）。

值得注意的是費希特的辯證歷險是以主觀的主體的無限精神——大我——開始，由它設定自我（小我）與非我（世界）。黑格爾在《精神現象學》（1807）的開始卻是（自然）意識，然後為自我意識，在其後為理性，顯示黑格爾處理的議題首先從認識的客體入手，或至少重點在先討論感性、確定性、知覺、知性等認識的客體、客體的辯證，然後討論主奴關係、史多噶學說、懷疑論與懊惱意識等主體的辯證，跟著為理性的辯證、精神的辯證、宗教的辯證，最後殿以哲學本身就是辯證（Stern 2002）。

　　黑格爾認為世界乃是世界自我，而歷史乃是世界自我透過認知的方式達致自我實現的過程。矛盾遂提供世界過程運動的動力，也就是在認知、認識的情況下把精神分裂成反對其本身的對立物。原來精神在其「在己」（*an sich*）時內涵無限性，但在「為己」（*für sich*）時卻外顯為有限性，這就是精神的矛盾。只有靠認識這種矛盾，才會解決這一矛盾。是故黑格爾說，辯證法乃是「有限事物的辯證法」。他稱：「有限事物的辯證法是指有限的事物在其內涵上有超過其〔目前狀態〕本來的東西，它〔有限的事物〕是被迫超越它本身緊接著、自然的存有之外，突然轉化成其對立物」。再者，辯證法是一個靈活機動（dynamic）之物，其原則會導致「有限之物，變成徹底的自我矛盾，涉及對本身的壓制」（Hegel 1950: 148-150）。因此，我們也可以說辯證法是黑格爾所談精神的心靈動力（psychodynamics）。這一動力鼓舞精神從無知無識變成有知有識，甚至追求精神轉化為絕對的精神，這是由於精神最終知道它本身乃是像神明似的完美、絕對的緣故。

　　黑格爾聲稱有限事物的辯證法可以揭露「真正的無限性」之秘密，或至少靠有限的辯證法來瞭解無限的概念。為此他分辨了真正的與錯誤的無限觀。後者以康德和費希特為代表，前者則是他所持的無限之看法。康德認為無限是一種沒有止境的進展，從低賤走向道德完美的過程。費希特也擁抱康德這種觀念，認為無限是達不到最終理想的邁進，它只是接近（approximation）而已。對康德與費希特這種不斷前進，但無法抵達終境的說法，黑格爾斥為「懦弱與欠缺」，是錯誤的無限觀，是人無法抵達天堂彼岸，人與上帝分處兩岸（天堂與塵土）兩元觀的引申。對黑格爾而言，把神明擺在雲端，供人膜拜，而不把神明擺在塵土的這一端——人間，而把神明當成世界的整全，是不瞭解人神共通的一元論。是故黑格爾無限性的辯證法是對真正的無限性的理解，其出發點為動態的、理性的一元論。它不是達不到目的地不停邁進，而是從有限擺盪到無限反覆的動作，以致這個擺盪的弧形愈來愈大、愈來愈寬，這是有限與無限的辯證運動，透過一系列無限的接近狀態，而達到最終（「絕對知識」）的境界。對黑格爾而言，絕對知識、絕對精神就是上帝，是上帝在人的精神中的現身（鄧曉芒 2006: 117）。透過認知的行動，無限的情狀，或沒有限制的

存有，能夠不斷地達到。反之，能夠達到是由於具有意識的主體把其運動（進展）過程上所遭逢的各種客體之客體性（對象性、陌生性、敵對性）逐步解除、取消的緣故。

把無限的狀態加以概念化、理解化，無異透過認識、認知，對「非有限性」的否定。是故真正的無限之公式乃為否定的否定，這是黑格爾邏輯觀念的中心，也是他所認為的哲學之核心概念。任何的客體物都是有限的事物，它的內在充滿了沒有侷限的自我（本身），其後呈現為客體物便是它內在無限性的「否定」。自我（本身）處於有限的狀況下無異是自我的否定。客體物的奧伏赫變（*Aufhebung* 揚棄）便可以被描繪為否定的否定。換句話說，能知的主體透過辯證法把本身作為有限之物加以壓制、加以取消。因之它把本身否定掉，就是本身的否定。否定的否定是精神達致無限性的自我輝煌、自我榮耀的歷史過程之程式。

黑格爾說，人為了達成絕對知識的階段，必須進行漫長而艱苦的認知歷程，這也是人自我實現的一個否定性的辯證過程。靠著這種否定性，人才能一步一步地衝破危險阻礙、吞食各種對立面，不斷擴充自我，最終達成自我的實現（張世英 2001: 1）。

黑格爾強調否定的否定並非「取消」（neutralization 中立化），並非把否定性加以沖消，而是「證實」（affirmation 肯定化）。這意味著辯證的過程雖然在緊接的時刻呈現了破壞的情況，但造成的結果卻是建設性的，能破又能立。精神在通過連續的自我取消，把本身有限性取消之後，獲取本身當成無限事物的正面證實（肯定）。在一個業已揚棄的外頭世界中，精神發現它本身「與其他者〔外頭世界〕和平相處，有如在家中一般的舒適」。因為認知、認識外界而去其異化，世界如今證實能知的本身（自我）存在於其本質當中，也認識本身的看法就是一個絕對的存有。於是往前再踏一步，精神便會發現它由有限走上無限的自我提升。此外，它不再回歸早先所知所識的那個舊境界，而是在新的心靈過程中增益其所不能。這就是說否定的否定最終還是肯定、還是證實、還是正面。在著名的「正」、「反」、「合」三部曲中，既存世界的樣態——也就是精神創造性的自我客體化，把自身內蘊才華投射到客體（世界）——成為「正」；能知的自我視世界為陌生、異化、敵對的客體，這一步便是「反」；世界

被能知的自我重新擁有，成為能知的自我之心理內容，這便是第三步的「合」。

不過這套「正」、「反」、「合」的三個辯證過程並非黑格爾本來的說法，而是費希特的提法。在黑格爾的著作中涉及「正」、「反」、「合」三個辯證過程次數不多。反之，他更多使用「一般存有」、「規定存有」、「本質存有」；或「普遍性」、「特殊性」、「個體性」；或「在己」（*an sich*）、「為己」（*für sich*）、「在己與為己」（*an sich und für sich*）（洪鎌德 2007b: 66-76, 193-222）。換言之，黑格爾的辯證法是整體與部分互相對立、包攝、互動之關係。黑格爾使用否定並非吾人對此詞普通性的理解，並非把否定當成某一對象的否認（denial）、或不同意（disagreement），而是指「從頭反對」（standing over against）、或「有異於」、「有別於」（distinct from）的意思。譬如A變成 –A，或嬰兒變成小孩，原來的認同體（A，嬰兒的本質）並沒有變成另一認同體（A變成B，或張三變成李四），而是在經過否定的作用之後，原來的事物有了些許的修改（modification），或有所改善（improvement）而已（Solomon 1983: 216）。

三、認知與領土的擴大——擴張主義與極權主義的類比

黑格爾有限之物發展為無限可能的辯證法是自我輝煌、自我榮耀（self-aggrandizement）的動力說。這與膨脹性、外侵性國家不停對外侵略、併吞的「極權式動力說」並無二致，後者如不遭受阻止，又有不停擴張其版圖的野心，其最終目標在征服全球、在降服全體人類。這點柯爾生（Hans Kelsen 1881-1973）早便指出：「政治理論的主要問題為宰制方面主體與客體之關係；認知理論的主要問題為認識上主體與客體之關係。宰制的過程不亞於認識的過程，都是主體嘗試〔把客體降服〕最終做為客體的主人」（Kelsen 1935[1]: 15）。

黑格爾的歷史理論所涉及認知的過程就包含了知識的不斷要求、不斷擴張，而與政治上的不斷侵略、不斷擴張成為可以相提並論的說法。這種

說法可視為「認知論的極權主義」。辯證發展成為精神自我輝煌的過程，亦即藉由步步的認知，把精神瀰漫整個世界。這是在思想的層面上不受疆界限制的大肆擴張、大力侵併。尤其是黑格爾所強調的精神不征服世界誓不罷休。他賦予精神邪魔式的吞併性的大欲。務必把外頭世界的事物一一收納在其認識的範圍裡，才肯罷休。

對黑格爾而言，認知、能知是自我輝煌、自我榮耀的表現，也是對客體的侵略，甚至破壞。把限制、障礙加以清除、超越，乃是一連串的侵略行動，用來對付具有限制、阻卻作用的非己勢力。把客體當成他者、異者、敵者而予以摧毀的動作裡，精神佔有客體，把這個被它消滅的客體吸納入精神的內涵中，化做「自我的所有」（Eigentum des Ichs）。這種認知擴大的過程，基本上就是擴張性的、侵略性的。精神一旦否定客體、消除客體，它便會自大自肥、增益其所不能，而成為主體的內容，成為「精神的實體」（geistige Substanz）。這也是黑格爾一再說明奧伏赫變有雙重的意思，一方面是「破」，他方面是「立」。被否定的、揚棄的客體停止以客體的身分存活，停止成為異者、他者、敵者，但卻成為精神儲存的內涵，成為精神實體的一部分。

是故對黑格爾而言，能知、認知意謂精神無限的自我輝煌、自我榮耀，其代價便是客體獨立自主的性格之消失。精神在對外者、異者、敵者宣戰之時，把其本身輝煌起來、燦爛起來。當客體物的客體性愈來愈貧瘠、愈為喪失之時，主體的精神愈來愈神氣、愈來愈活躍。精神終於把世界佔有、把世界化做它的所有、它的財產。世界在精神的征服下，變成精神的附庸，這個過程就是世界的「精神化」（spiritualization of the world）。

黑格爾描述在歷史中人類知識的成長，是精神資本的累積。精神化基本上為一種狼吞虎嚥的併吞過程。在此過程中精神實體無限的財富都在世界心靈的寶庫裡不斷累積。精神創造力所製造、所生產的所有世界形態，都被貪婪的、能知的自我一一霸佔，充當精神的私產。

自我的生吞活剝併納各種事物作為其心靈之私產，這也表示了精神對權力的意志。把客體當成私產來佔有，亦即對該物擁有控制之權力，這也證明自我是絕對的。黑格爾說

因之,「佔有」基本上意謂我的意志對佔有物懷有優勢,同時也
證明該物並非絕對的……因之,自由意志是一種觀念論,不把事
物當做絕對〔的東西〕看待;但實在論卻是宣稱它們是絕對,就
算它們、就算這些事物存活在有限範圍內。連一隻動物也會超越
實在論的看法,因為牠也要吃東西,為的是證明被吃之物並非絕
對性自存。(Hegel 1952: 236)

是故佔有的意志是謀取權力的意志之表述。內在於自我實現化的精神
之趨向,是一種征服他者的趨向,企圖把他者的獨立自主加以剔除之趨
向,亦即把他者作為實在的本身加以排除。動物要把食物大口吞下,就在
排除食物擁有「絕對的自我存在的性質」。精神追求絕對的知識,可以視
作認知的意志,此種意志要降伏天下萬事萬物,要宰制整個世界。這是上
帝權力的辯證性回應,這種權力無往不利、無堅不摧、所向披靡。

精神這種極權式、全體式的動力機制之永恆的源泉,可以在其認知的
意志中尋獲,它要把所有事物當成自我,也就是認識它們都隸屬精神的自
我。因為自我這個概念乃為絕對之物、絕對之存有。一旦自我的概念為絕
對的存有(這點黑格爾認為是顛撲不破的真理),那麼外頭的客體會被
精神當成非我族類,其心必異、必遭誅滅。因為「他如果存在,則我非
我」。精神必須征服其身外之物,並加以吞併,它才能變成精神的本身
(自我)。只要有「其他」、「他物」之獨立存在,能知的自我不再感覺
其本身的存在。只有外物獨立自主的存在,精神無法證實、本身為絕對的
存有。它必須消滅「他物」、「他者」為的是證實它是絕對的,因之也表
現在它自身就是精神,征服他者、他物與外頭客體物的方法就是認知,認
知在表現精神本身是絕對的,其他一切則是虛幻的、不實的。

為了證身自我的存在把外頭客體征服和吸納,這種過程可以用「極
權式」、「全體性」(totalitarian)來加以形容,這是由於征服與併吞之
過程持續不斷,直到有限的意識之精神把全體外物完全吸納為止。只有
當精神變成世界精神之時,征服與佔有的動作才告停止。這是是對所有
實在當做自己的部分來感受之際。就像瘋狂的獨裁者、侵略家一樣,精
神被迫去擴張其地盤,必須把整個世界納入其疆界之內才肯罷休。屆時

它獲得證實其本身為「絕對的」、為「整全的」（*das Ganze*）。這也導致柏波爾（Karl Popper 1902-1994）斥責黑格爾不但是近世歷史規則主義（historicism）的元兇，還是新部落主義（New Tribalism）、現代極權主義（totalitarianism）的先驅（Popper 1966: 72-80）。

　　在自我輝煌、自我榮耀的過程中，精神的活動並無減少或歇息的跡象。只要認知的途上尚有遺留下來的「他物」，則精神必然視此為乖異的、敵對之物，是對精神本身造成威脅、挑戰、否定之物，也是與他事先設定的無限性相矛盾之物，故必須剷除而後快。認知的侵略擴張之行動一波跟一波地向前推進，直至認識途上再無任何他物、異物橫梗當中，直至全世界的事物都被知識包攝，都變成精神的實體，才會停止前進。是故其終境變為「絕對知識」（*das Absolute Wissen*）（Hegel 1975: 575-591; 2003: 463-376）。至此地步，精神乃能意識到它本身是全知、全能，也意識到它把所有的、整全的、實在完全佔有，變成精神之財產，世上再無任何東西以非己的方式存在。根據黑格爾的看法，他所處的時代已達到這個境界。

四、哲學家的角色與「理性的狡計」

　　關於人變成像神明那樣完全與完善的事物之論述，顯然不限於神學的職責，而是哲學家形而上學推論的一部分。因此有關自我的哲學性宗教之建立，對黑格爾而言，必須採取一種棄絕人寰、摒除世界的激烈手段才可望獲致。在其生命的晚期，黑格爾在論述哲學的性質時曾經評論這點。他說：「有些時候，具有高貴性質的靈魂〔之哲人〕被迫從現世遁逃進入理念的地域，為的是發現在這些地域中存有與本身相和諧之物，而這種和諧在現實的、不平靜的世界中早已蕩然無存、無從享受」（Hegel 1956: 69）。這段話可以說是夫子自道，也是回憶早年心路歷程的掙扎。青年黑格爾的心靈曾經是各種衝突的戰場，他曾經追求像神明一般的全知全能，謀求與自我的和諧舒暢。為此他從世事的紛擾中抽退，隱遁在一個充滿幻想奇思的世界裡。他當時已棄絕不和諧、冗雜的現世，而讓思想像脫韁的野馬，奔馳於「理念的地域」間。他忘情地耽溺於幻想裡，讓自我輝煌、

自我榮耀的人身自我幻變為全知全能的神明。他提出大膽狂妄的說詞，自稱見到神明如何在自知自識下，成全祂是上帝。然後他踏上更為激烈的步伐，把現世拋在身後，而一頭栽進理念的地域。他把幻想、狂妄當成真理的發現，並以此踏入他的歷史哲學中。

1800 年黑格爾在其早期神學作品中，主張人性與神性並沒有重大的分別、或鴻溝之存在。與此相關，康德心目中的道德人、隱象人擁有絕對的自我，不只表示人可以與上帝相似，簡直還可以說人就是上帝。是故對黑格爾而言，耶穌不只是道成肉身，上帝化為人；反之，卻是人變成上帝。這是他企圖取代正格化的基督教，建立新的宗教之始。可以說是他從神學「突破」為哲學的關鍵年代（1800）。他為此寫下〈體系的片段〉一文，在其中他不再強調人自我崇拜的德行宗教來對抗傳統基督教神學，因為他已經用辯證法把上帝與人合一，而是提出新的宗教觀：「從有限變成無限生命的自我之提升便是宗教」（Hegel 1948: 311）。換言之，宗教是一種行動，藉此人把本身提升為神聖的生命之層次上，把自己化身成神明。

在〈體系的片段〉裡，黑格爾這樣寫著：「哲學有必要建立新的宗教，在該新的宗教中，無限性的悲痛，以及它的不和諧之嚴重性得到大家的承認，但同時卻也平靜與單純地予以解決……控制這個世界及其各式各樣的文化達數千年的苦難與失和是一股力量，我們〔可藉新宗教〕來加以掌握，要掌握它只需哲學便足」（Hegel 1948: 38）。他遂在其歷史哲學中繼續去創造他的「新宗教」，這便是自我的哲學性宗教。這個自我被捲入於世界史當做自我實現的過程，且是這個過程化身的經驗。能做哲思的心靈是參與者兼旁觀者，他參與和目擊一場上帝內心粉墨登場的戲碼（作秀）。這個能做哲學思維的心靈參與到戲劇的演出，也從旁加以觀察和瞭解。思想家是這幕戲劇的主角，主角的動作只是思想的過程。救贖存在於哲學家的偉景與卓見，他看到發生的種種切切，他理解演變的來龍去脈。「無限的尾端〔歷史的終結〕只存在於把幻相移開，此一幻相造成〔劇情〕尚未結束的錯覺」（Hegel 1950: 351-352）。誠如黑格爾在早期神學著作中所言，參與「贖罪」的目的乃客觀地發生在世界史當中，其主旨在企圖認識「上帝乃是吾人真正的與本質的自我」而已（引自Tucker 1972:

31）。

　　儘管哲學家是這場心靈戲劇的主角，他的心靈變成了上帝自我意識的器官，但人群絕大多數不懂哲思的群眾在這齣歷史戲劇中也扮演相當的角色。為此黑格爾採用亞丹・斯密「看不見的手」，巧妙地創造了「理性的狡計」（*die List der Vernunft*），讓這些無知無識的通俗民眾也會對歷史發生一些作用。理性的狡計驅使歷史的製造者、締造者之「偉人」——世界性的個人——與國族扮演絕對理念——上帝——的執行者（agents, 代理人、經紀人）。歷史與國族的英雄們達成開疆闢土、揚威四方的創世大業，其豐功偉業不斷改變那些隨時看得到的歷史終境——把歷史目標不斷往前推動。他們常不知他們肇建的帝國、創造的文明所能產生的結果，更不知這些壯舉偉業在人類文明成就方面對人類歷史長河所造成的影響。他們的目標大多是追求一時的權力、榮耀、聲名、財富，亦即在「激情」（*Leidenschaft*; passion）驅使下、所追求的聲名和權力，但為此他們也得付出慘痛的代價，或早逝（亞歷山大）、或被刺殺（凱撒）、或被流放（拿破崙），大多數是悲劇的下場。他們的一生享受得少，受苦受難很多，但歷史這場大戲卻因為「理性的狡計」而高潮迭起、多采多姿（洪鎌德 2007a: 71-72, 357-358, 456）。

　　人群和國族在追求光榮中的自我犧牲，卻使精神知曉自己的目標達成。為文化創造的個人勞瘁與集體辛勞所以能夠繼續運作與發揮，主要是照顧自己的那份激情所引發、所支撐。顯然，偉人們的勞心勞力把精神的各種潛勢力客體化。勞動也提供精神以原料，俾化身為哲學認識者的精神有案可稽、有憑可徵，而完成自我知識所不可或缺的條件。黑格爾說：「激情的特殊趣味和普遍、寰宇的顯現是分不開的」。「並非普遍的理念〔神明〕捲入其對立面和衝鋒陷陣墜入危險中，〔反之〕它卻留在陣地的後方，不為〔敵人〕所觸碰、所傷害，這可以稱做是『理性的狡計』，它驅使激情為它效勞。透過激情它發展自己，繳交罰金和蒙受損失」（Hegel 1956: 33）。理念（神明）不費一兵一卒、不傷一髮一膚，而卻落實自我顯現（self-actualization）；反之，追求自我光榮、自我輝煌的人群（世界個人或國族）卻在勞瘁中夭折傷亡。理念——知道本身（自我）是上帝的理念——只需點燃自我輝煌之激情的星火，便可驅使偉人們和國

族赴湯蹈火、踴躍捐軀、死而無悔。黑格爾這種解說，使我們依稀看出邪魔式的神明（蒼天）為達到祂自知之明，不惜以萬民為芻狗，導致大批人群的毀滅。在此一場景下，黑格爾的歷史哲學並非神義論（theodicy，為神明的正義辯護、禮讚）而是一種魔惑論（demonodicy, 為邪魔的詭計、奸計解脫其罪過的說詞）。[1]

五、輝煌的意涵實為驕傲所做的辯護

　　不管是神義論還是魔惑論，還是理性的狡計之說詞，都很難解釋神明（蒼天）為達到自知之明，不惜以萬民為芻狗，以犧牲世人的身家性命來達到絕對理念的自知自識。曾任普林士頓大學史學教授的塔克爾（Robert C. Tucker 1918- ）卻提出驕傲之辯護（*apologia* for pride）來解釋黑格爾之歷史哲學。他說，黑格爾給我們人類自我光榮的圖像，人被迫不斷奮鬥追求，其最終的目標乃是人攀升到上帝之地位。作為能知的人受著浮士德的激勵，力求從無知無識變成全知全識，但作為歷史締造者的人卻是在世俗的方式下追求絕對的事物（絕對知識、絕對精神等等）。人作為種類動物，其心態、趨向是多層狂妄的。黑格爾必然清楚看出人這般瘋狂的追求會受傷、受害。人心中的邪魔勢力迫使人不斷追求絕對之物會造成人的毀滅敗亡。因之，黑格爾自我神化的人類乃是受苦受難的人類。在時間歷程中人類要踐踏之途，便是《精神現象學》所聲言「絕望的道路」（highway of despair）。歷史也是人類屠宰牛羊等祭祀神明的犧牲之木桌（slaughter-bench），歷史是人類流血慘死的屠宰場。因之，黑格爾說：「世界史並非快樂的劇場。短期的快樂在史書中大多是空白的頁碼，這是由於這一和諧的片段時刻，這是其相反之處〔不和、廝殺、戰爭〕皆被隱住不發之時」（Hegel 1956: 17）。

1　黑格爾一度佩服亞丹・斯密的行誼和學說。斯密指出經濟人（*homo oeconomicus*）「被一隻看不見的手所指引，追求一項他沒有意願要達成的目標」——公共利益。亦即經濟人只在追求私利，但人人追求私利之際，社會大眾把生產之貨物相互交換、消費，結果人人都蒙受交易之利。參考本書第 1 章，第 2 頁。

黑格爾認為快樂云云乃是人與其自身、自我和諧之意。反之，驕傲是對和諧的破壞，把人與他人置於艱苦的情境。他一方面擔憂種種限制（人生有限），他方面發現他要達成無限的企圖卻與有限的現實之間居然有這麼大的鴻溝無從超越。因之，他不停地尋找脫離這些矛盾與衝突的出路，想要藉一次又一次的自我榮耀、自我輝煌解除自己的渺小與無能。他遂走上一條無限化的路程。可是儘管他努力追求財富、聲望、權力、知識，但這些努力無法滿足他貪婪不滿的絕對性本身。其結果在自我戰鬥屢屢失敗之後，人仍舊得竭盡他的資源、耗盡他的氣力，最終甚至讓他結束生命，造成他的消亡。

既然上面慘痛的人類史實昭然若揭，則吾人似乎應當譴責由人變成上帝的奢望與驕傲才對。因為這股損傷人類的勢力如何會轉變成把人推向神明的自我輝煌的力量呢？從驕傲產生的自我輝煌、自我榮耀無異是人體癌灶，它畸形的成長最終奪取人命。可是黑格爾的哲學卻是建立在破壞力的道德肯定之基礎上。這個道德肯定的邏輯，所呈現的事實是把自我實現的過程用歷史的進展來加以推演。不像康德把各人的自我實現限制在每個人一生當中，當成是人身的、身分的戲碼。如今黑格爾卻稱全人類的歷史是累積的生成變化之過程，每一代的人類以接力的方式參與這個變化的過程當中，每個人的貢獻成為人類文明締造與變化最終的結果。黑格爾對個人或個別國族所發生的種種事件並不關懷，他只關心這些事件所造成的最終結果。驕傲、輝煌、光榮可能把歷史載體的人類當歷史的犧牲品折磨、勞瘁、摧毀，但這種虛矯、榮耀卻使人類完成偉大的計畫、不朽的功績，其涉及的場域廣達整個宇宙，或至少全世界。具有全球意義的歷史行動在執行其職務中，把人類的龐大活動與成就引發出來，俾達成絕對自我最終的實現，當它實現之時，也是世界史告終，而呈獻成績之時。由是可知即便是充滿破壞性、負面性的過程，最終也化成建設性、正面性的結果。這是黑格爾對驕傲的辯護之主要題旨，正是這些主旨成為黑格爾辯證理念的登峰造極。

在黑格爾的心目中，歷史的表面為人類不斷的悲劇之連續演出，但這種人類的受苦受難卻在人變成上帝的歷史終端得到解放、撫慰與救贖。歷史之所以擁有這些「快樂的結局」，乃是他早期所嚮往的「哲學性之宗

教」的念頭。因為哲學性的宗教必須接受人類苦難和傾軋，以及不和的史實，然後使人類從「苦難與失和」中昂首崛起，有如鳳凰的浴火重生。歷史變成精神的登峰造極，諸爬山者一一被登山的艱險甩掉、淘汰，最後只剩下少數幾人，甚至只有一人完成攻頂的壯舉，在巔峰上插上勝利的旗幟，上面展示了「自我便是上帝」的字樣（Tucker, *ibid.*, 67-68; 洪鎌德 2007b: 266-269）。

六、輝煌哲學對運動精神的啓發

在運動場上、在游泳池裡、在賽局中，任何與賽的選手都有一個自我（小我）。這個自我之所以參與競賽，其動機無非贏取獎杯、銀盾、錦旗、觀眾的喝采讚賞、社會的公認，打破過去（自己或別人）的記錄、創造新的歷史記錄等等因由。換言之，都在成就自己，輝煌其才華。這符合黑格爾所標榜的人追求無限、光輝、不朽的目標，也是人企圖成為上帝的驕傲。其實這點涉及的使人人的願望及其落實，而運動員、體育家更因為本身體能、技能的卓越、超群而顯得求勝心態更為突出，這點頗符合黑格爾自我實現的說法。

此外，自我實現必須在個人的一生中，或人類的歷史裡逐步從有限性轉化為無限性的過程中展現出來。這點也符合運動員前半生的訓練、培養、教育等歷程，這種歷程之充滿痛苦、勞瘁、煎熬，相信每位參與賽局的選手都心知肚明、體驗良深。況且並非所有參與比賽者人人都可以爭取第一。相反地，一將功成萬骨枯，很多參賽者都成為勝利者的陪襯、配角，這也符合黑格爾上述攀登極峰是很少的幾個人，或只剩下最後一人才能達成的譬喻。

再說，個人的潛力、體能、技巧常是有限的，要打破過去個人或別人的體育成績、刷新與創造記錄都是無限的美夢、無限的掙扎。雖然以有限追求無窮有時不免落空，但這仍舊是選手不肯罷休、不肯放棄的奮鬥目標。是故「無限化的歷程」（infinitizing process）的確為運動員、體育家、選手繼續投入心力的奮鬥歷程，更是一般世人熙熙攘攘、生生不息的生活寫照。

　　黑格爾心目中大我要抵達絕對知識、絕對自知之明的終境，對生命有限的運動選手而言，這是奢望，是不可能的任務。原因除了吾生有涯、而知識無涯之外，體能的活動不在求知，而在追求健康、完美。不過體能活動與心智活動也不是截然有別、彼此不生關係的活動。剛好相反，身體與世界的關係，是主體與客體的關係，更是自然與心靈的辯證發展的關係。藉由身體的健康、體能的增進、心智的發展才能健全。這也是體育，尤其是全民體育普遍倡導之主因所在。是以講究心靈、精神、意識為主的黑格爾之歷史哲學，無法只重抽象的、普遍的、寰宇的人類全體，更不能忽略個別的、具體的、現實的個人及其自我發展（尤其是體能的發展）。

　　最後，黑格爾重視精神活動，其追求的結果超過於過程。我們以運動哲學的觀點來把它的歷史哲學作一個修正，則指出結果雖是人類集體的光榮、炫耀，雖是歷史長河上人類文明的開花結果，但重視大我的人類奮鬥的結果，而忽視具體的個我之努力過程，把上帝與人之鴻溝打破，而強調神人合一，把各人命運交給歷史去裁決，是荒謬的、是無法被接受的，這是從祈克果（Søren Kierkegaard 1813-1855）和尼采（Friedrich Nietzsche 1844-1900）等人以來，至今的主張存在主義者對黑格爾歷史哲學之批評（洪鎌德 2007b: 345-349）。換言之，運動與體育的精神固然在追求完美、健康與自我實現，但不在認同人會化成上帝，也不再只重視光輝榮耀的結果；反之，卻在注重選拔、集訓、培養、參賽的過程。易言之，過程比結果更為重要。

七、後語

　　依據塔克爾的看法，黑格爾為著人的驕傲自炫所做的辯護，不但可以替個人所作所為之自比神明的心態有所辯解，也替個人對他人所作所為的傲慢歧視之欺凌作法有所辯解。是故從康德至黑格爾的過渡中道德價值的重估發生轉移的現象。儘管康德為黑格爾的學說鋪路，提出真正的自我是類似上帝那樣的完善、完美，但他視這種道德價值（德行）表現在人對人的正直、公平之上。對康德而言，正直的內容是希伯來（猶太）和基督教宗教傳統一路承襲下來的人身道德涉及的諸種傳統規範。但黑格爾卻在思

想體系中把道德放在次要和從屬的地位；反之，他把排除於世界史行動之外，為的是免除個人對規範採取任何的評價、估量，這是令人錯愕的。

黑格爾認為「私人德性的諄諄善誘」不足對抗世界史的行動，以及它的行動者（英雄人物、或市井民眾）。吾人對世界史的壯觀，不當用「道德精神的反省」、或「形式化的正直」來加以理解。人們也不當以內心的情緒起伏去觀察世界史的激情表演。「原因是世界史佔有更高的視界與高度，非含有私人性格的道德所能比擬、所能相提並論的」（Hegel 1956: 21, 66-67）。他在評論世界史諸個人（偉人、要人、強人）一心一意追求光榮之餘，指出「這些偉人們可能對其他偉大的，或甚至神聖的利益不當成一回事──〔他們〕這種的行為有可能造成他們在道德上遭受譴責。但〔這些人物〕如此強而有力的腳步或不免踐踏很多無辜的鮮花，或在其往前的途徑上把任何客體踏成粉碎」（ibid., 32, 67），但他們仍不失為世上的偉人、強者。他繼續解說：自私的激情是一種「瘋狂的貪求」，在求取權力、聲名、財富、征服，而這種激情是「行動最有效的源泉」。諸種自私的激情之具有歷史性（存在於人類世界史當中）是與它們的無道德性、非道德性緊緊綁在一起。造成歷史真正的動力存在於下列事實當中，即「它們一點也不在乎任何的限制，不在乎正義和道德所設置的限制。此外，那些自然的〔本性的〕衝動對於〔偉〕人有直接的影響，勝於人工的與令人生厭的規訓。蓋規訓傾向於命令、自制、法律與道德〔等規範〕」（ibid., 20）。

因之，對驕傲、狂妄的辯護擁抱了一種道德罪惡產生歷史好處之論述、之學說。黑格爾似乎瀕臨到把全部道德重新估量的境界，有如後來尼采之所為。他指出，凡是用道德的論述來譴責偉人們「主人式激情」為罪惡的人，本身的動機就是低賤的嫉妒與憤恨之奴隸心態。這些指摘偉人的「小人們」，是「心理學上的僕役、隨從」（psychological valets）。這種說詞表示驕傲的道德不只是從歷史的成果得到合理化、正當化，還把它內在的美與善加以輝煌化、讚賞化。尼采因此獲得一個結論，當他倡說「自我榮耀的道德」學說之際，這種榮耀立基於「對自己的驕傲，俾敵視與嘲諷『無私無我的』主張」（Nietzsche 1932: 202）。從這裡產生了著名的對照：亦即主子道德對照奴隸道德。前者為驕傲的道德，後者則為乖

順的道德，包括黑格爾所言卑躬屈膝、討好別人的道德，也包括希伯來
（猶太）、基督教教義的道德傳統在內。假使尼采對上述傳統大加譴責的
話，那麼吾人得到一個印象，黑格爾並未真正放棄他早期在神學著作中對
正格化（*Positivität*; positivity）的基督教之批判。反之，他在批判基督教
之上企圖建立他帶有哲學意味的新宗教，或稱新神學。

　　本章主要參考塔克爾所著《卡爾‧馬克思心目中的哲學與迷思》
（1961, 1972）之第三章寫成。另外參酌所羅門（Robert C. Solomon）、
史田恩（Robert Stern）等人有關黑格爾《精神現象學》之闡述，再由本
書譯述者把黑格爾的炫耀辯證之史學觀應用到運動精神與體育哲學之上，
而析述其意涵。整篇文章以譯述、補充為主，演繹和引申為副，俾就正於
讀者諸君。

祈克果

Hans Kelsen

尼采

Karl R. Popper

張世英

鄧曉芒

楊祖陶

Chapter 6

黑格爾青年門徒與「哲學的實現」

一、前言

　　黑格爾於1831年逝世之後,其徒弟分裂為左、右、中三派。左派黑格爾門徒,大多為柏林大學師生所組成的「博士俱樂部」（*Doktorklub*）的成員。包括當年尚未獲取博士學位的馬克思與未正式進入大學攻讀的恩格斯在內。他們服膺黑格爾著名的字訣:「凡是實在的,便是合理的;凡是合理的,便是實在的」之後半截訓示,而右派與中派則信持前半截的說法。

　　左派黑格爾門徒由於是當時比較年輕的柏林大學教員與博士生的組合,因之也稱為黑格爾青年門徒（*Junghegelianer*; The Young Hegelians）。他們最活躍的年代剛好是黑格爾哲學影響高峰的那十年間（1831-1841）。他們開始其思想活動的指標是有關宗教,特別是基督教的批評。至於有關政治的批評則要等待普魯士國王威廉四世登基（1840）之後才有可能。這是新王登位最初三年表現的開明心態,造成言論與學術自由的空窗期。

　　但 1843 年以後,政府對言論自由的箝制,不但使活潑熱烈的思想激辯轉趨尾聲、近乎消音,也使青年黑格爾門徒的影響力從此一蹶不振。取而代它的是流亡異域（巴黎、布魯塞爾、倫敦）的黑格爾青年門徒中馬克思、恩格斯和路格等偏激派分子而已。

　　在其源頭,黑格爾青年門徒是一種哲學學派,批判基督教,重現耶穌的行誼所代表的猶太社群精神（像施特勞斯所著的《耶穌平生》1835）。

顯然這一學派對宗教和政治的研究途徑卻是哲學的、思想的，而很少涉及行動的、實踐的。鮑爾、赫斯和齊次科夫斯基的「行動的哲學」（*Philosophie der Tat*）明顯地受到費希特的影響，而導致馬、恩引申與發揮為世界革命。但基本上，青年黑格爾派門生主要還是思辨哲學的推動，與對黑格爾哲學的批判（尤其是費爾巴哈的轉型批判說）。是故影響黑格爾青年門徒的思想源泉，首先是日耳曼經典哲學，其次是德國的浪漫主義，當年歐洲流行的啟蒙思想和法蘭西大革命，以及拿破崙的稱帝復辟、歐陸 1848 革命前夕社會的擾攘不安，普魯士社會、經濟、政治局勢的轉型等等。

對黑格爾青年門徒而言，就像對黑格爾一樣，理性是推動世局變化生成的主要動力。這股理性的動力及其變化過程最終會導向人類的大團結。不過在抵達和諧一致的終境之前，人類不免陷於分裂，這是他們的著作中含有預言式、末世論的論調，也含有最終獲得赦免、拯救的期待底緣由（McLellan 1991: 592）。

恩格斯曾經指出：「至今為止經常存在一個疑問：上帝是什麼？而德國的〔經典〕哲學卻解答這個問題：上帝是人……人必須以真正的人的方式，根據他本性的需要來安排所處的世界，屆時這個〔上帝是什麼？上帝是人〕迷團自然由他來解開」（*MEGA* II: 428）。從恩格斯的話，可以看出當時黑格爾青年門徒在黑格爾的學說裡找到人神格化的革命性福音。

由是可知，黑格爾青年門徒的思想運動中期出發點為宗教批判與對基督教神學的抨擊。他們批評性的攻訐是針對希伯來──基督教的傳統之基礎──把上帝與人分成截然有別的兩元之說詞。其主要的著作除了前述施特勞斯的《耶穌平生》（1835）之外，便是費爾巴哈《基督教的本質》（1841）各一本書。

前面所提施特勞斯的作品《耶穌平生》之所以產生震撼的作用，在於顯示這本黑格爾青年門徒的作品不再是路德教派神學的哲學辯解。它如果不被視為傳統基督教神學的破壞，至少可以當作舊神學的競爭敵手。福音中的基督是猶太人獲救熱望下所產生的神話。耶穌乃歷史上真正存在過的個人，不過卻披上基督的聖袍。除此之外，有關耶穌可以說出的話不多。人類才是真正的基督，人類是他們本身的救主們。就是這個最終樂觀的、

人本主義的思想，和宗教不相關的議題，使這本書的作者變成了黑格爾青年門徒之一。換言之，道成肉身不限於耶穌本人，而應推廣至整個人類。「人類獲取拯救的理想不該浪費在單獨個人身上，而對其他人吝嗇，拯救的福音應普施眾人。人與上帝的合一難道不是涉及整個人類，比單獨一人獲救更具高貴的意義麼？上帝的道成肉身乃永恆之事，難道只是某一時刻的表現？」（Strauss 1835: 734）。要之，青年門徒的黑格爾主義初期的主題，在於克服個人的異化，有意識地進入人群的共同體中，每個人都效法基督的作為，也使每個人成為基督，這是來世的基督教之現世化。至於費爾巴哈的大作《基督教的本質》，我們留到後面再詳談。

　　上述這兩部著作所形成的思想運動係圍繞著神性與人性一體的理念在打轉。這是黑格爾本人神學著作所激發的念頭，因為它內涵於黑格爾上帝與人的辯證互動一元論之中。當年黑格爾門徒之一的鮑爾所倡說的「批判」一詞，也是從黑格爾的看法中衍生的。因為後者主張知識的進程，乃是不斷地批評與擊碎認知過程中每一幻想不實的樣態（Gestalten），而向前發展。鮑爾解釋是透過對教條逐步的揭露，而使批判性的意識順序演展。換言之，他認為批判性的意識當前之職責在於揭穿上帝的幻象，而展示人是神明這一真理。

二、馬克思與黑格爾青年門徒

　　在黑格爾青年門徒中，最為偏激者像馬克思，居然宣稱他們的思想運動之特徵為「無神論」。只是所謂的「無神論」不是像普通否定神明存在的看法，而是含有特殊的意義。這種無神論卻在讚揚人是世上唯一的神明。換言之，「無神論」對黑格爾青年門徒乃為「上帝就是人」。馬克思把這種觀點在其博士論文的〈序言〉上表達出來。他說：「哲學不掩藏其秘密。〔古希臘神話中〕普羅米修斯的懺悔就是它〔哲學〕的懺悔。他曾經說過『總之，我痛恨眾神明』。這種說法是它〔哲學〕的自我懺悔、自我真言。這是它反對天上與地上各種神明的表述。原因是眾神明拒絕承認人的自我意識是最高的神明，在其旁邊不容其他〔神聖〕事物之存在」（FS I: 21-22; CW1: 30-31）。君王睡榻之旁豈容鼾聲，在人類的周遭也不

需其他神明。人只需崇拜自己是最高神明便夠了。

　　年當18歲的馬克思於 1836 年進入柏林大學，很快地浸淫在黑格爾哲學學派裡，而成為博士俱樂部一位年輕而出色的成員。由於腦筋敏銳、言詞犀利，很快掌握到黑格爾辯證法的神髓。並非單純知識上的衝動把他推向黑格爾哲學的深淵。反之，卻是他知識上的好奇、傲慢與追求無限知識的野心迫使他仿效黑格爾或浮士德一般，探索無限、求取全知。可是他擁有先見之明的父親漢利希・馬克思早便發現其次子（長子夭折，所以卡爾・馬克思由次子升為長子）的潛力與可能的發展，而令他老人家憂心忡忡。馬克思的傳記作者呂列（Otto Rühle 1874-1943）在描寫馬克思大學時代的生活時，這樣地描繪：「要成為上帝一般〔全知全能〕之熱忱與驅力塑造了他後半生的藍圖，也成為他所有活動的指引」（Rühle 1929: 379）。毫無疑問，他所以一頭栽進這種哲學體系的漩渦中，乃是由於「要成為上帝的熱忱與趨力」之黑格爾哲學，是以形而上學的方式來贊助與加持這種願望，甚至把人變成上帝成為這種黑格爾式世界史的動機與驅力。

　　馬克思發現黑格爾比康德和費希特還高明、還卓越之處為：黑格爾比起其前驅來似乎懂得如何把「實然」（Sein）與「應然」（Sollen）之兩元對立打消。在1837年致其父親的信上，青年馬克思寫著他正沈潛於哲學的探究裡，其中實然與應然的分辨、區隔成為觀念論的特徵。這種分辨與區隔正是康德哲學和費希特哲學的特色。同時吸引他注目的是黑格爾哲學對這種對立、區別之克服。在 1837 年春馬克思呈送其父的自作詩集中，曾有一節〈論黑格爾〉，敘述他發現黑格爾哲學思想之極高明與極深邃，縱然人化為上帝，但只要能夠緊握黑氏之「道」（字、話）便足矣。另外一段詩是這樣寫的

> 康德和費希特飛翔於藍天之上，
> 　追求的是遠方的樂土；
> 我卻嘗試去瞭解深邃而真實的事物，
> 　在擾攘不安的大街之上。（CW 1: 576-577）

　　就像其他黑格爾青年門徒一般，馬克思變成熱情奔騰、身段活躍的黑

格爾哲學之信徒。在柏林求學期間他對黑格爾這位大師之忠心耿耿、萬般禮敬，比起其他信徒來更為突出，儘管他只是接觸大師的著作以及其嫡傳弟子（像當年擔任哲學講師，後來升等為教授的甘斯〔Eduard Gans 1797-1839〕以及鮑爾兄弟）而已。甚至在馬克思後來的博士論文的附註上，他批評其他偏激分子貶抑黑格爾對普魯士政權當道之妥協，乃是完全用「道德」（moralisch）解釋來評價黑格爾的學說（FS I: 70; CW 1: 84）。

三、黑格爾哲學性的新宗教

在黑格爾哲學中最令青年馬克思震撼與激奮的是人與上帝同等的觀念。對馬氏而言，黑格爾學說是一種普羅米修斯懺悔與吐露真言（「我痛恨〔天上的〕眾神明」）的哲學。這個哲學的重大意義在於透露「人的自我意識」可以抵達神明的最高點，除此之外沒有任何最高超、更卓越的事物值得人群的崇奉或膜拜。這種說法是上帝的理念使他與其他的黑格爾青年門徒同聲稱呼黑格爾是一位「無神論者」之原因。這不是說黑格爾否認最高神明之存在，而是把人抬高到神明至高無上的地位。所以這個「無神論者」的概念是左派黑格爾門徒特殊的用法，與眾不同。在一本題為〈無神論者與反基督教者的黑格爾之蓋棺論定〉（1841）底小冊中，布魯諾‧鮑爾（Bruno Bauer 1809-1882）就這樣來稱呼黑格爾。馬克思顯然接受這種說法，甚至被視為這本小冊合寫人，儘管該小冊以匿名方式刊載。在黑格爾青年門徒心目中，黑格爾並非虔誠的路德教派信徒；反之，黑格爾被視為非保守主義者，甚至是一位危險性、偏激性的無神論者，他簡直被看做黑格爾青年門徒的同路人。

青年門徒強烈地自稱是黑格爾學說的嫡傳人士，這是由於他們的「宗教批判」是黑格爾自創的新宗教──哲學性宗教──之順理成章與邏輯推演的結果。事實上吾人發現黑格爾學說的神髓就是人性與神性的辯證統一。他把人類史、世界史當作人的自我實現，也當成上帝的自知自覺。換言之，這是人類在歷史長河中把其有限的意識轉化成無限的絕對知識──神明的自我覺知。馬克思把黑格爾解釋為「無神論者」，是從這種極端的結論中抽繹而來的。

　　另一方面，很明顯地，黑格爾如地下有知，絕對不願屈居於其左翼門徒的地位，把自己化作「無神論者」。這種似是而非，前題不對後語的困窘，要加以解釋清楚，有必要把黑格爾宗教哲學的觀念演變做一個回顧。他本人在早期（1800 年之前）神學著作中的宗教觀的確與其左翼門徒相似，否認基督教超越現世（彼岸）的上帝之存在。其後他把自己認同為活在現世（此岸）的上帝，從而產生他心目中上帝的概念。在他後期的上帝觀不免沾染保守性格與靜謐心態，這導致他企圖把基督教的真理吸納在其哲學體系中，其基礎為上帝與人同一的與自我的認同。很明顯地，一個自認上帝降臨在己身，讓他變成無所不知的人──黑格爾──怎麼會宣稱自己是一位無神論者呢？

　　黑格爾與其青年門徒思想運動必須在這種背景之下才獲得理解。黑格爾一旦突破傳統基督教狹窄的門牆，綁手綁腳的禮儀格式、教會制度、經文詮釋，亦即他所批判的「正格化」（Positivität）之後，他便可以闖開教堂限囿的空間昂首蒼穹，與神明直接溝通，達致無限之境界。由是可知在黑格爾的體系中，他建築了驕傲之塔，俾為傳統教堂的殘壁斷垣突顯新築。在這個新教堂裡，他大搞私人的宗教，其祭祀禮儀、祭祀名堂無非是黑格爾式的哲學思維，目的在掌握與展示自我乃為上帝的教旨。

　　與黑格爾搞新宗教的實踐相對比，其左翼門徒並非新宗教的實踐者，而是新宗教理念的忠實信徒。他們本身所體驗的，就像馬克思所言，是「變成神明似的熱望與希冀」。這點有異於黑格爾本人所主張的上帝降福與化身於哲學家充分的自我意識裡。他們雖然沈浸於黑格爾學說裡，卻排斥特殊的、身分的、個人的經驗，這種經驗導致黑格爾辯稱，一旦上帝自我完成，上帝與人合一，則世界完善、天下太平。顯然對黑格爾而言，私人的宗教（哲學性宗教）是天下難事之解決，是生活之道的開展，是靈魂救贖的落實。這種宗教觀是靜謐安詳的，而非大張旗鼓、囂張膨脹的。對黑格爾青年門徒而言，黑格爾學說並非問題的解決，而是一種哲思的計畫、理想的框架而已。他們從黑格爾那裡引申而得的不過是一個理念、一種人神一體的理念。因之，他們的世界觀、宇宙觀、宗教觀卻非保守、靜態、安詳，而毋寧為激進的、激動的，甚至革命性的。黑格爾的體系無異為一張地圖，可使青年門徒按圖索驥，找到人生的歸趨──神聖之物、崇

高之物、神明本身。問題是青年門徒還有待摸索、掙扎、奮進，才能抵達
神明之域。每個人成聖成神的奮鬥不能只靠黑格爾理念的指引而已，更需
兄弟登山、各自努力，在每個人的存在（生活現實）裡求取實現。為此原
因黑格爾青年門徒的座右銘為：「哲學的實現」。這句話正是黑格爾學說
的演繹引申，但卻也含有反黑格爾式、或非黑格爾式的表述方式。

　　黑格爾所實踐的私人宗教——哲學性新宗教——之境域，並不受到其
青年門徒的垂青、仿效，而有疏遠之虞，其造成的結果頗具爆炸性。誠如
恩格斯所言：經典的日耳曼哲學（觀念論）發現了「上帝是人」。這一發
現要求人開始體驗其平生，並把人生轉化成像神明一般的偉大。從黑格爾
的學說中馬克思引申為有關世界的革命之前提條件，同時也開始發展成馬
克思主義做為世界革命的學說，這說明了馬克思與黑格爾青年門徒思想運
動的瓜葛與淵藪。

四、馬克思與「哲學的實現」

　　在馬克思接觸當代社會主義和共產主義的學說之前，他因為同其他
黑格爾青年門徒的交往，而大力與仔細探討「哲學的實現」一概念。他
在 1839 與 1841 年當中涉及其博士論文撰寫的一系列註釋裡為哲學的「生
涯」（*curriculum vitae*）作出描繪。在哲學的發展史當中不乏幾個「關鍵
時間點」（key points），使精神的存在變成自由的，也使寰宇的思想界
得到豐盛與富裕。在這些關鍵時刻哲學家的心靈裡產生了思想與世界合成
一體的整合現象。偉大的世界哲學一度出現在古希臘的亞理士多德的體
系，以及當代黑格爾的思想體系。在歷史的生成變化之後，哲學採取實踐
的態度來對待世界，哲學在人類的歷史戲劇中以主角的身分登台，哲學
就是一種嘉年華會（carnival）。「在古代犬儒學派披上狗皮模樣，在亞
歷山大城學者穿上僧侶的道袍，伊璧鳩魯派哲人則換上香噴噴的春裝」
（*CW*1: 85）。這些哲人的打扮儘管不同，其本質卻是相同，都是對現存
世界的反叛。原因是每個關鍵時刻的情境，使「主觀意識」的哲學同現存
世界發生衝撞，哲學在反抗現實、對抗實在。

　　馬克思繼續指出：哲學家內心自我的滿足已被打碎。「內在光芒變成

消耗的火焰，向外燃燒」。馬氏接著寫：「其結果乃為世界變作哲學化，同時哲學變成世界化。它〔哲學〕的實踐同時就是它的喪失。它對外頭世界的鬥爭也顯示它內在的缺失……它所反對與它所對抗的〔事物〕永遠是與它本身相同」。精神的單子，在各方面都是受到觀念論的型塑，是無法接受現存的實在。「心理學規律指出理論的精神，一旦本身得到自由，便會轉化成實踐的能量，變成亞門提斯[1] 被地獄黑影覆蓋的領域轉身對抗地上的現實」（ibid.）。

　　總之，黑格爾的哲學理念轉化給他的青年門徒對抗世界、反叛世界的意志。馬克思說：「就像普羅米修斯，從天上偷得火種以後，〔下凡到人間〕開始〔在世上〕建築房舍，在地上建立〔成家立業〕自己一般，哲學在擁抱整個世界之後，卻也開始反叛世界的諸現象。如今這就是黑格爾哲學〔的本質、功用〕」（MEGA 1/1: 64, 65; CW 1: 30, 85）。

　　哲學反叛現世的背後「心理律則」究竟是什麼呢？馬克思的解釋是這樣的：哲學體系對現存世界的關係是一種「反映」的關係。這是由於體系的「精神載體」（哲學家）熱心期待把世界「哲學化」，也就是企圖把世界化成與思想融合和諧的東西。把實在融合於世界理念化的映像（看法）中，求取兩者的和諧，意味著哲學把外界轉化成思想。這是指哲學家企圖把「世上的實在」從其「非哲學的條件下」解放出來。事實上，哲學家是被迫去從事這種思想解放的工作，因為只有這樣做，他們才能解放自己。「把世界從其非哲學的條件下解放出來，同時〔哲學家〕也從哲學解放他們本身，這些哲學早以體系〔的規矩〕束縛他們」。於是「哲學的實踐之同時也是哲學的消失。這無異說，把哲學轉化為世上的現實（實在）」，或是把「現象的世界」轉變為哲學的意像（映像）係宣告哲學存在的終結，亦即作為思想世界的哲學之終結。「因之，它在某種程度之下轉化成為世界的哲學化和哲學的世界化。這個時刻既是它〔哲學〕的實現，也是它的消失」（MEGA 1/1: 64, 65; CW 1: 85）。

1　古埃及神話中地獄的名稱（Amentia）。

五、哲學實現與革命實現

　　馬克思接著說：「哲學的實踐之本身其實就是理論的，它是以本質來衡量個人的存在，是以理念來衡量個別的實在。但哲學這種『直接性實現』是在其最深沈的本質上含有諸種的矛盾。這個事實導致在其本質外露為現象時也含有〔矛盾〕，以及現象帶有〔矛盾的〕烙印」（*ibid.*）。

　　隨後馬克思對歷史（世界史與哲學史）的各個分期做出反思與省察。他指出人們不當為每個偉大的世界級哲學體系帶來的風暴擔心、沮喪。每個時代、每個思潮都充滿掙扎與奮鬥。現在該是另一個戰鬥的開端。須知世界是「分裂的世界」，世界被從內在嚴重的失和與傾軋所撕裂。在他的時代中，一方面是黑格爾哲學所呈現的精神世界，另一方面則為現象世界中非哲學的俗世現實（實在）。人類現在處於古代羅馬時代相類比的「鐵器時代」。精神上的鐵器時代可能是一個快樂的紀元，假使它的特徵是「龐大沈重的奮鬥」的話。當前情勢所呼喚者不再是「半途的心靈」（猶豫不前的心思），而是「整合的革命者、指揮者」，這些精神指導者不隨便向現實的要求低頭，不隨便向艱難險阻投降、不率爾輕易和解。

　　為著「哲學的實現」而向現存世界做出無限制、無條件的宣戰，是青年馬克思走向創造他自己的學說——馬克思主義——之途上重大的一步。儘管此時他尚未與恩格斯型塑馬克思主義核心觀念的歷史唯物主義（其實歷史唯物主義、辯證唯物主義都非馬克思本人使用的概念，而是恩格斯、普列漢諾夫的說詞，他使用的是物質主義史觀 *materialistische Geschichtsauffassung*），但他已產生了世界革命的念頭。他之擁有這種對現世造反的心意，可以說是受到黑格爾哲學的啟發，雖然他未曾親聆大師的教誨。精神同外頭、陌生的世界的敵對抗爭之映像，以及用精神來對世界進行革命性的改變，都是黑格爾哲學整合的部分、核心之所在。這種學說卻經歷了變形，而在馬克思的心靈中變成哲學同外在，陌生世界的敵對、抗爭。馬克思革命性的無上命令（要求），在其開端乃是把「世界哲學化」。這是立基於對現實世界「非哲學的條件」上之嚴重譴責與排斥。

　　一般人指出馬克思的思想生涯開始於黑格爾式的觀念論（唯心主義），但在其後走向馬克思主義的途中放棄了黑格爾學說的起點。不過，

我們認為上述的敘述卻證明這種說法不夠準確。馬克思確實以黑格爾學說之門徒作為思想工作的開端，不過他對待黑格爾主義的關係一開始便十分特別。假使稱呼他是黑格爾信徒是指他毫無疑義地全盤接受黑格爾的學說，那麼他一生中任何的時刻都不配稱為黑格爾信徒。造成他倒向黑格爾哲學的懷抱之動力便是黑格爾的訓示「哲學的實現」。這句訓示隱涵黑格爾主義並非真理，但應該可以成為真理。一開始馬克思不「相信」黑格爾主義是對實在所做真正的敘述，而僅僅是一個追求真實的計畫、藍圖而已。他之號稱黑格爾思想之門徒，只是在這種特殊的涵義之下所做的描述，而他的一生也以這種特殊意義下的黑格爾門徒自居。

在他撰述其博士論文的註腳之時，黑格爾的學說（黑格爾主義、或稱黑氏體系）就是一套偉大的幻思（fantasy）：人變成上帝的幻思，或稱人在歷史上使神明自我實現的幻思。黑格爾是哲學界的摩西，帶領人類進入思想的應許之地。他在想像中建立了一個宇宙、一個思想的世界，在其中人在歷史的遞嬗變遷裡明瞭自我乃是上帝。可是現存的世界尚未哲學化，現存的世界當中人尚未體驗到他自身有如神明那樣的自知自明。要把世界變成哲學化的理念早便在馬克思的腦海裡湧現，這是他早年要把黑格爾的學說在真實的人類歷史中加以落實的夙願，也就是把黑格爾美麗的哲學夢想轉化為現實（洪鎌德 1986:13, 58-59, 77-82）。

黑格爾青年門徒的慣用語便是「批判」，而馬克思在初期中便視批判為把世界哲學化的手段。他以及其他黑格爾左翼門徒（像恩格斯、鮑爾、路格、施諦訥、費爾巴哈等等）都把宗教批判的概念加以擴大其意涵。比起別人來，他走得更遠、更激烈。在 1843 年致其友人路格的信上，他大聲疾呼「對現存的任何事物採取無情的批判」。所謂無情的批判涉及兩層意義：這個批判不用畏懼結果之可怕，此其一；批判的對象有可能與當權者、當局有所頂撞、有所衝突（*MEGA* 1/1: 573; Tucker 1978: 13），此其二。在次年發表的文章〈黑格爾法律哲學批判導論〉，他進一步分析批判「不是執手術刀，而是手握武器。其對象是敵人，不再否認他，而是在摧毀他……批判所牽涉的對象是肉搏戰的批判……真實的壓迫必須靠〔深入心坎〕加入到壓迫的意識裡所造成更進一步的壓迫，羞恥必須靠昭告天下而使羞恥更為明顯、更為眾所周知……群眾必須被嚇到、必須把勇氣吹進

恐懼的地步，〔才能置於死地而後生〕」（*FS* 1: 491-492; *CW* 3: 178）。此時他卻加上這幾句話，認為批判的武器要輔助以「使用武器來做批判」，然後宣稱哲學已找到它「物質的武器」在普勞階級[2]之上（Tucker 2001: 77-80）。換言之，群眾的覺醒與團結便是推翻現存不合理制度的有力武器。批判已從動口轉到動手、從口號化成行動——革命的實踐。接著馬克思說

> 宗教的批判之終點為一種教訓〔啟示〕：人乃是對人而言最高的事物〔上帝〕，其原因為範疇性的無上命令在於推翻所有的宗教，在這些宗教的關係之下，人成為被踐踏、被奴役、被棄絕、可鄙之物。這種人際關係的描繪，可以用法國人企圖徵收養狗的稅收時所發的肺腑之言來突顯。法國人說：可憐的狗狗，他們〔法國稅官〕把你們當成人類來看待〔才會向你們的主子抽取稅金，人化作狗、人不如狗〕！（*FS* I: 497, 504; *CW* 3: 182, 187）

六、《基督教的本質》對馬克思的震撼

　　馬克思於 1841 年 3 月完成博士論文的撰述。幾個月之後費爾巴哈出版了《基督教的本質》一書。該書之出版為黑格爾死後十年以來最為震撼日耳曼思想界的一椿盛事。這標誌著黑格爾青年門徒思想發展的高峰，也是這一思想運動內部對黑格爾的反彈。次年費爾巴哈出版了《哲學改革芻議》（1842）以及 1843 年的新著《未來哲學的基本論旨》。這些作品在左翼黑格爾門徒的自我意識裡激起洶湧的浪花。

　　費爾巴哈著作的主題是圍繞著宗教與神學，以及對他們激烈的、無情

2　普勞階級為 *das Proletariat* 的翻譯，過去稱為無產階級、工人階級、勞動階級，或音譯為普羅階級，但在台灣街頭到處林立的招牌不是「普羅汽車」、「普羅牙科」，便是「普羅飲水機」，這是 professional（專業）的音譯。是故作者鼓吹使用普勞（普遍勞動、勞力大於勞心）階級來取代從前「普羅」的譯名。而且普勞更能精確把工人當成普遍階級（*allgemeine Klasse*）之真意。

的批判。費氏把宗教的現象定義為人的經驗投射與假定為人身外之超自然的力量，變成了人所崇拜的對象。費氏嘗試去指出，傳統的哲學不過是把一時、一地的社會經驗化作絕對的原則、教條，俾不論時間、地點、社會一體通用的信仰原則（Hook 1976: 221）。

對於費爾巴哈的作品陸續刊印，馬克思最先的反應是情緒高漲、興奮不已，他寫著：「我奉勸各位思辨的哲學家與神學家，早點甩掉身上古老的思辨哲學之概念與預思，假使你們要把現實中的事物，亦即真理，加以掌握的話。對你們而言要走上真理與自由的坦途除了通過『火溪』〔Feur-bach 費氏姓之本來意思〕之外，別無他路。費爾巴哈是我們這個時代中的煉獄」（*FS*I: 109; Easton and Guddat 1967: 95）。

但馬克思對費爾巴哈的讚賞在後期有了很大的轉變。對黑格爾的深切心服則保持原狀。例如1868年在致恩格斯的信上，他在猛批杜林與其他日耳曼哲學家把黑格爾的辯證法看成「死馬」是不當的，這要怪費爾巴哈的言行（*SC*: 233）。雖然馬克思怪費爾巴哈談宗教太多，談政治太少，但後者對前者的影響卻是龐大而深遠，尤其是後期費爾巴哈的人本主義，可以說是使馬克思徹底擺脫黑格爾的唯心主義，而走上唯物主義的關鍵所在（洪鎌德 2007a: 100-110）。費氏的影響力那麼大，我們幾乎可以說馬克思主義無異是費爾巴哈批判黑格爾經過了中介之後的黑格爾主義（Tucker 1972: 81）。

比起馬克思來，恩格斯所受費爾巴哈思想的震撼更深更大，影響也較為持久，這是因為馬克思的觀念（特別是辯證法）更接近黑格爾，而少受費氏的影響。反之，恩格斯未正式上過大學，不受黑格爾思想的學院式教研之薰陶，是一位自修自學者，比較容易接受未曾在大學正式執教的費氏之簡單而通俗的文風所傾倒（McLellan 1969: 95）。恩格斯在其晚年所寫小冊《路德維希‧費爾巴哈與經典日耳曼哲學的終結》（1888）中回憶他與其他青年門徒在閱讀費氏《基督教的本質》一書時感受的「解放之震撼」。他寫著，費氏在此一著作中將唯物主義再度「放置在王座」之上。他重估這本書的訊息與影響如下：「自然獨立存在於所有哲學之外。這是我們人類——本身就是自然的產品——成長的基礎。除了自然與人類之外，再也無〔更高〕事物的存在。宗教所幻想、所創造的更崇高事物只是

我們本質幻想的反射而已。狂熱魔咒已被打碎，〔黑格爾的〕『體系』也被爆破而棄置……〔對費氏的學說之〕狂熱是一種普遍的現象，我們所有〔青年門徒〕一時之間都變成費爾巴哈的門生」（SW 3: 344）。

　　不過早期的馬克思卻也抒發同樣的讚賞。他說：「只有費爾巴哈能夠欣賞與批判黑格爾，也就是從黑格爾的觀點來加以發揮。把形而上學的絕對精神化約為『真實的人站在自然的基礎』之上，費爾巴哈把宗教的批判發揮到最高點，同時高明地劃清黑格爾體系之批判與任何其他的形而上學〔的批判〕之不同」（FS I: 838; CW 4: 139）。1843年馬克思撰寫了一篇有關黑格爾法律哲學的批判，此時他已經從對費爾巴哈的宗教批判轉到黑格爾的法政思想的批判之上（洪鎌德、廖育信 2007），這證明了宗教的批判會走向法政的批判，最終也會到了經濟的批判，這也是成年的馬克思撰寫政治經濟學的批判——《資本論》（卷一）的緣由。

　　上面的引言顯示費爾巴哈的書文，尤其是《基督教的本質》對黑格爾青年門徒所產生的震撼效果。費氏並沒有步步為營，辛苦地從黑格爾迷宮式的學說裡跋涉出來，他只簡單地在黑格爾的體系之外尋找一個立足點。是故宣稱「真實的人站在自然的基礎」上，亦即活生生的人、自然中生活的人作為思想的起點。他選擇的是「真實的物質世界」，而非什麼「自我意識」、「主觀精神」等等觀念論的設準。他把自己定位為「心靈領域中一位自然的哲學家」，然後宣稱他哲學的第一個原則並非基督教神學的上帝，也並非任何此一上帝的化身、代言人，更非「思辨神學」（哲學），如黑格爾所創造的黑格爾式絕對事物（絕對精神）。反之，他哲學的開端為「真實的人」。青年門徒中各種活躍的人物，像馬克思、恩格斯、路格、鮑爾等在唸完此書之後都豁然貫通體驗了進入現實的突破。他們突然醒悟自己是馬克思在《經濟學與哲學手稿》中所描述的「主動、具有身體的人，站在堅實而圓形的土地〔地球〕之上，能夠吸進和呼出各種自然界的勢力〔氣息〕」（FS I: 649; CW 3: 356）。

　　這些說詞仍不足以指出馬克思從黑格爾主義轉變為馬克思主義轉換過程上費爾巴哈所扮演槓桿的重大角色。為澄清這一事實，有必要進一步探討費爾巴哈的學術觀點，以及他與黑格爾之關係。表面上來看，他與黑格爾學說的「體系」作了訣別。膚淺地，也是矯情地來論斷，他脫離了黑格

爾哲學的天地，而立足於現世、「堅實的土地」（terra firma）之上。不過黑格爾的幽靈卻不斷騷擾費爾巴哈「真實的物質世界」。在這種情況下，它（物質世界）乃是自然化的黑格爾主義。這便是瞭解費爾巴哈的思想對馬克之主義崛起的關鍵角色。

費爾巴哈與黑格爾的關係，可用佛洛伊德「顯示的」與「潛藏的」意義和內容之分辨來加以解釋。「顯示的」、展露的內容是物質表面的意義，是物質企圖展現的說詞。「潛藏的」內容是內蘊的、象徵的意義，是事物間接透露的消息。費爾巴哈分辨了顯示的與潛藏的黑格爾主義。顯示的黑格爾主義便是黑格爾體系之本身，而這部分費氏稱為「思辨的神學」而加以拒絕。另一方面他暗示黑格爾主義為潛藏的、內蘊的，甚至是「奧秘的」、「秘義的」（esoteric）學說。這一部分被費氏接納為為時代真理的啟示，這個真理涉及的不再是神明（絕對精神），而是你我這類凡人、真實的人。在他《未來哲學的基本論旨》中，他就指出「形而上學乃是奧義的心理學」。黑格爾精神的形而上學是一種深奧難懂的心理學真理、或人類學真理的啟示。這是發生在人身上實實在在過程的反映。它具有存在的承擔與載運──人的活動實狀──之特色（Tucker 1972: 82）。

依據費爾巴哈的看法，黑格爾思辨的神學是正常的、普通的神學之哲學性的引申。其目的在證清普通神學秘藏之意涵。黑格爾主義是有關宗教的真理之顯示，把宗教當成人之自我神化和造成的自我異化之現象。費爾巴哈主要作品的主題為基督教，這是他在諸宗教中，看作最具典型、最有代表性的宗教。不過，他把基督教的解釋置放在異化的觀念之上，這種異化概念卻成為黑格爾主義的基礎。他認為人的一生絕大部分過的是宗教的生活，而宗教（尤其是基督教）的本質是人從其本身乖離出來、異化出來。實在的心理是實在從黑格爾自我異化的精神暗淡地反映出來，這種事實究其深層意義乃是：人在宗教意識裡把自我當成神明的人之異化。在這種說法下，費爾巴哈遂把黑格爾主義加以自然化。把精神轉化為活在自然界中的人類。他立足於自然的基礎之上，真實人是一個異化的宗教人。他的「真實的物質世界」住滿異化人類之種屬、類屬（Gattung; species）（ibid., 82-83）。

所有這一切指出費爾巴哈有關黑格爾主義與基督教之關係的看法，同

鮑爾與馬克思在〈最後審判的號角〉一文中的表述大異其趣。他們兩人把「無神論」的黑格爾拿來與基督教神學作對比。另一方面費爾巴哈也同意黑格爾不是傳統的正規之基督教神學家，因為傳統的神學之上帝概念與黑格爾充滿矛盾、力求自知自明的上帝相去甚遠。但無論如何，費爾巴哈卻主張黑格爾主義與基督教的立場十分密契與投緣。在其最終的分析中，這兩者的對立或不同卻是表面的。黑格爾學說與宗教相衝突、發生矛盾之處可以「一般而言，一個發展的、有順序有結果的思想同一個沒有發展、沒有結果，從頭到尾徹底自我認同的看法之相互衝突」而已（Feuerbach 1957: 230）。

對費爾巴哈而言，黑格爾主義是一個靠辯證法展示的傳統基督教神學。黑格爾自我異化的上帝之肖像，其焦點為經常出現在宗教意識和傳統神學，並非把它們以理論的形式表述出來。就在這個基礎上，費爾巴哈聲稱黑格爾主義可以視為「理性的神秘主義」和「神學的最終理性的支持」，他繼續寫：「黑格爾的哲學是最後大張旗幟的嘗試，企圖藉哲學的助力把失落的，已成廢墟的基督教重加恢復」。在說到這些話之後，他緊接說「凡是不肯丟棄黑格爾哲學的人，必定無法丟棄神學」（Feuerbach 1950: 72-73, 122-123）。

由此可見黑格爾青年門徒對宗教的批判推到其高峰為對其大師黑格爾學說的批判。由是可知黑格爾批判之火點燃其激進黨徒的反彈與回槍反擊。不過無論如何他哲學的生機本質與主要成分卻具體而微地灌輸到其徒弟新學說的裡頭。這個新學說涉及的是自我異化的宗教人。這種異化的宗教人之論述就要倚靠費爾巴哈的哲學人類學了（Tucker 1972: 84）。

七、哲學人類學的要旨

費爾巴哈在《基督教的本質》第二部分，指出神明的特質，包括前瞻、未來的計畫、慈善、公平、愛心和神聖等等優良的德性都可以客體化為人類德行。是故在結論上說：「我們把上帝另一個世界〔天堂〕的、超自然的、超人類的本質化約為人的本質之特殊基礎。這樣我們又回到起初出發的原點。人是宗教的起始，人是宗教的中心，人是宗教的目的」

（Feuerbach 1972: xix *ff*）。上帝是人類所欠缺的完整性、完美性的幻想替代物。上帝的觀念成為人的創造物、創造者與被創造者等於主體與客體，如今把主體與客體來一個兌換、翻轉，我們便會發現神性在其現實中乃是人性。他遂說：「歷史必要的轉捩點乃是這個單純的懺悔和承認，承認上帝的本質無非是人類的意識」（Feuerbach 1959[IV]: 325）。正是人類的受災受難使上帝得以出現。

上帝是人自己投射的東西，就像黑格爾所稱世界精神是靠它在歷史的生成變化中把自我意識展示出來一樣，費爾巴哈認為人的精神不是直接意識到，不是在直接的反射裡頭看出人的精神，而是從人的精神中脫逸出來投射到外頭，然後才回歸到其本身的過程。只有在投射到外頭成為客體的形式，人才會感受到他自我的存在與樣態。就像黑格爾一樣，把上帝的精神在人類的歷史中客體化成為文明，而加以認知，費爾巴哈把精神客體化為上帝。上帝並非人轉向身外，被人對象化設定的超自然之物，靠著人的幻想力而化為「獨立〔於人〕之物」。上帝的正義，不過是人群公平的道德的感覺，上帝的仁慈無非人類的善良。「人對上帝的認知瞭解無非是人對自己的知識與瞭解」。

既然上帝是人心靈的投射，那們人應當把交給上帝的種種特徵、屬性回收到人自己身上。基督教所宣稱的上帝為人類受苦受難，應當轉為人為上帝而受苦受難。過去神學強調「上帝是我的第一個思想，理性為第二個思想，人本身為第三個思想」，現在要把神學化約為人學，人變成第一個我們想到的東西，其次才是理性，最後才輪到上帝。過去視上帝比人類高貴，現在要反過頭來指出人比上帝更高貴。人的願望只有在今世可以達成。因之，在反對宗教之餘，把希望寄託在今生、今世，這就是費爾巴哈哲學人類學的大要（Landmann 1964: 70-72）。

為了強調人與其他動物不同，費爾巴哈特別採用「種類」（*Gattung*）一詞，把人當成「種類之物」（*Gattungswesen*）。他說人之異於禽獸，在於人意識其自我並非只是個體，而是意識自我為人類（人的種類）之一分子。單獨的人無法自足，必須把不同的性質能力的人群結合起來才會變成「完整的」、「完善的」人。後期的費氏改倡用「社群」來取代「種類」，因之，人是社群的動物（McLellan 1969: 92）。

由是可知，費爾巴哈把人當做普遍的寰宇的事物（*univerrales Wesen*; universal being）、種類之物（*Gattungswesen*; spices being）、社群之物（*kommunales Wesen*; communal being）和客體關連之物（*Objektives Wesen*; object related being）來看待（Hung 1984: 12-18）。

八、黑格爾青年門徒的思想對運動哲學的啓示

黑格爾青年門徒諸家的說詞，主要在批判黑格爾的神學，形而上學、社會學說、法政觀點。更重要的是世俗化黑格爾的「精神」、「理念」與歷史的辯證發展。其中有幾個人的論述可以引申到運動精神與體育文化之上。

首先，青年門徒重視哲學的實現，這涉及運動主體的人在追求榮譽、勝利、聲名、承認等物質好處（金牌、銀盾、獎牌、錦旗、獎金）之外的精神上、抽象上的報酬。這些都是肢體動作發揮到極致所贏取的美夢之落實。此點與思想家、哲學家追求知識所獲得的滿意、快樂、成就並無重大的不同。哲學的實現與運動員在比賽中能力發揮的自我的實現，也無多大差別。

其次，青年門徒對耶穌一人「道成肉身」之基督教信條有所質疑，認為上帝要拯救的、不只是耶穌一人，而毋寧為全人類，也不限於一時一地的某一特殊人物。這就表示選手在運動場上的出賽，雖是個人才能出眾，一時被選出場的樣版。但運動、健身卻是人人有分，應推廣至全民、全國、全世界、全歷史之上的盛事。這與普及教育、全民運動的倡導有涉。

再其次，青年門徒崇尚行動，主張實踐，以免陷於理論的空泛。這點尤其與體育運動之劍及履及、實場訓練、熟練動作相關。是故運動員是實行家、而非冥想者。不過運動精神所牽連的恆心、毅力、拼搏意志、吃苦耐勞，則是心靈、意志之部分。運用計畫、妙算，估量利害得失，則屬理性的運用。是故贏的哲學包括身心的協同合作、靈肉的和諧一致。

最後，黑格爾青年門徒從批判黑格爾的神學、形上學，而轉向現世既存的經濟、社會與法政制度，透露著人的心靈活動所寄託之處就是大自然、就是社會（社群）。體育訓練和運動比賽不只是個人挑戰自己過去的

體能，改善目前的技術，更是與別人競爭、合作、磨合的諸多表現。尤其在團體的競技比賽上，在國族的榮譽追求中，團隊精神、公平競爭的風度才是運動要達致的目標。

由是可知黑格爾左翼門徒的作品，雖是哲學的、神學的、倫理的、社經的、法政的論述，但仍然可以在運動精神與體育文化上有所引申、有所啟發。

九、後語

關於黑格爾青年門徒的思想運動之期間與起迄，似乎有不同的說法。有人認為開始於施特勞斯所著《耶穌平生》（1835），而終於1844年底、次年春天馬克思被巴黎當局下令驅逐出法國，算是青年門徒運動的終結（McLellan 1969: 47）。有人則以費爾巴哈被忽視的作品〈關於死亡與不朽的想法〉（1830）為其起點，而終於施密特（Karl Schmidt）《知性與個人》（1846）一書的出版（Sass 1963: 200）。但嚴謹的說法則為歐洲 19 世紀初初葉與中葉兩次失敗的革命，亦即 1830 與 1848 年在兩次歐陸革命相差的這 18 年之間才是青年門徒活躍的時期（Stepelevich 1983: 1）。

黑格爾青年門徒的思想運動當然以大師的學說與遺志為其出發點，而黑格爾的哲學正是針對康德哲學的批判而建立的。黑格爾批評康德為推崇純粹的理性，而貶抑形而上學，黑格爾遂以形而上學的恢復為急務。其次，康德只關心批判的哲學，而忽視神學，黑格爾則企圖建立「新宗教」，以哲學來濟助神學之不足，等於倡說思辨的神學。再其次，康德以世界永久和平的國際觀來討論啟蒙運動以來個人自主、道德、盡責的個人主義、人權與公民權，黑格爾則以立憲君主的保守心態大談法律與公民秩序，以普魯士的王權為中心來討論官僚與公民社會。是故其青年門徒便針對 1. 形而上學的恢復；2. 思辨的神學；和 3. 批判黑格爾保守的社會理論、政治理論作為這一思想運動的目標。

在黑格爾逝世（1831）前幾年到施特勞斯《耶穌平生》出版的 1835 年之間，青年門徒主要辯論的對象是把黑格爾主義轉化為有關形而上學的研討。在 1835 年至普魯士新王威廉四世登基的 1840 年，門徒們注目的是

黑格爾體系中的神學意涵。1840 年初至 1848 年宗教的激辯改為黑格爾社
會學說與政治學說之批判。換言之，把黑格爾哲學（特別是形而上學）的
秘義──絕對精神，視為具有革命性的潛在力量，把這股革命力量運用哲
思加以揭露、加以透視、加以啟發。以上階段性的論述之主題的變化，便
是青年門徒這18年的志業（Stepelevich 1983: 2-3）。可是1848年之後除了
馬克思與恩格斯投身革命，致力科學的社會主義之外，其餘青年門徒連
黑格爾的政治學說、法律哲學、社會理論都懶得提起。這一長達 18 年的
黑格爾主義之新詮釋遂化為無形，在日耳曼的領土上這一哲學派系也告
星散。

　　美國學者胡克（Sidney Hook 1902-1989）指出青年門徒從一開始自認
為正統（orthodox）的黑格爾派學人。他們只是在強調在不斷的辯證改變
中，把黑格爾本人保守的法政觀點變成類似法國啟蒙運動的革命性哲學。
其超越法國啟蒙運動的理論優點為以歷史研究的途徑來探討社會的各種制
度，尤其是考察宗教。當法國的物質主義主利用「邏輯」來否決宗教與專
制國家之際，黑格爾青年門徒卻視傳統的宗教與政治制度在他們歷史發展
過程中變成非理性、非人性的事物（Hook 1950: 78-79）。

　　其實，費爾巴哈在 1828 年 11 月便把他的博士論文的版本贈送給黑格
爾，並附一封信。在這裡頭他讚美黑格爾的新哲學不但是學術的突破，更
是以世界史的高度把實在本身的寰宇精神宣揚給人類周知，黑格爾的哲學
不但是上帝第二度的創世紀，而且把理性推向事物的寰宇性表現。對費氏
而言，精神經過多世紀的發展，終於在黑格爾的哲學中顯現出來，靠理性
世界得到救贖。「這種來世的語調，這種歷史性革命的感受，是黑格爾青
年門徒所想像的形而上學之基本要素」（Brazill 1970: 56）。費爾巴哈的
信函所透示燦爛文體可以說是所有青年門徒活潑生動的文字之引導，這不
是老年（右派）門徒僵硬枯燥的評論可以望其項背。

　　但費爾巴哈引人矚目、爭議不斷的著作卻是 1841 年出版的《基督教
的本質》。該書把施特勞斯開端的上帝與人之關係，轉化為人（類）學。
從此之後，神學的問題轉變為人學的問題，神學的批判也被社會批判所取
代。在 1843 年馬克思遂指出：「對日耳曼而言，宗教的批判大體上已完
成。對宗教的批判是對其他事物的批判之基礎……身處天空中幻想的實在

之人，在那裡人追尋超自然之物〔神明〕，卻找到他的反射〔幻象、反映〕而已。人不再受誘惑去尋找相似的〔非真實的〕東西——非人之物。在那裡〔現世〕他尋找，也必須尋找他真正的實在」（*FS*1: 488; *CW*3: 175）。

　　就在 1841 年鮑爾指出黑格爾不但是一位「無神論者」、是一位「反基督教者」的說法，主要在指出大師是「恢復舊制（復辟）的哲學家」，本身卻是一位革命者。接著赫斯介紹給青年門徒普勞（無產）階級，力倡階級鬥爭，也呼應了齊次科夫斯基的「行動哲學」，這便是馬克思與恩格斯所嚮往、所鼓吹的革命實踐。最後加上這一青年運動的是路格，他要求青年門徒從哲學思維轉向政治活動。

　　總之，黑格爾青年門徒經歷了費爾巴哈激進（基進）的人本主義、鮑爾激烈的批判、赫斯的「行動哲學」，到路格的政治鬥爭。導致青年門徒放棄神學與哲學的乖順性之餘，進一步也放棄政治上的冷漠與屈膝。可是1848年歐陸的革命以失敗告終，接踵而來的是日耳曼從黑格爾主義步向社會主義與共產主義，也為後來的馬克思主義進行理論上與實踐上的鋪路工作。

費爾巴哈等黑格爾青年門生力倡「無神論」，驅趕「牛鬼蛇神」之神明崇拜

費爾巴哈對黑格爾哲學
之批判

一、前言

　　黑格爾批評他之前的哲學、或哲學體系，都是有限的、地方的、片面的、不夠周全的、不夠完整的、沒有泛宇性（普遍性）的。然後他宣布其哲學體系已找到絕對的理念（Absolute Idea），也找到絕對的認同，甚至把主體與客體的分別，也以辯證的方式加以絕對的揚棄。是故黑格爾幾乎狂妄到認為他已經站在哲學史的高峰之上。哲學已達到其目標（*telos*），這無異哲學的實現，或稱哲學的終結。對此費爾巴哈在 1839 年〈黑格爾哲學之批判〉一文中加以反駁與拆穿。費氏並沒有否定黑格爾哲學整個體系，只是拒斥其先決條件；他也沒有放棄黑格爾那套辯證法，只是把他抽象的、思想的辯證法加以擴充，成為費氏後期「社會辯證法」（social dialectics）。換言之，在這篇反駁黑格爾哲學的文章中，費氏認為黑格爾辯證方法中所指出的矛盾並非實質的矛盾，而是形式的、表象的矛盾。攻擊的重點為主體與客體認同的絕對主義。黑格爾的觀念論其實就是秘義的神學，是各種形式包裝的神秘之學，這種神秘之學的形而上學無論如何解說都非科學的、真實的，故應稱為「神秘的理性主義」（Wartofsky 1978: 137-138）。

　　黑格爾曾經投射理性的自我完成為哲學的本質，然後他大言不慚地宣示他的哲學是理性主義的巔峰，也是理性主義最完整的表述。這個業已達成的理性主義之形式要求是黑格爾所提出的，但卻以這種抽象的與形式的樣貌提出來，而其具體的實現只有在理性本身的「目的王國」中落實，亦

即只有在人類歷史中的理念「具體普遍化」之下達成。換言之，只有在人類史「終結」之時才有可能（*ibid.,* 138）。

　　費爾巴哈的著作，包括早期的文章〈黑格爾哲學之批判〉（刊 *Hallische Jahrbücher,* 1839）、《基督教的本質》（1841）、《未來哲學的基本論旨》（1843）、《宗教的本質》（1846）等。這些著作集中在揭露黑格爾哲學的矛盾，也揭發所有的宗教信仰「虛幻」的性格，以及他本人想要建立在人類學與生理學之上的「新宗教」。這個「新宗教」在為現代人提供自然主義與人本主義的倫理規範。他對黑格爾主義的批判為黑格爾青年門徒的思想運動提供主題、路徑與成果。在這個運動中馬克思和恩格斯成為重要的代表性人物（White 1967: 190）。

二、黑格爾主義的批判

　　費爾巴哈對黑格爾主義的批判並非源自「隱晦艱深的物質主義」（這是他總括牛頓的科學、經驗主義和實證主義之稱呼），而是他對黑格爾學說體系內在矛盾之發現。他相信一旦把黑氏體系內的矛盾加以解決，那麼「新哲學」可望建立。這個新哲學雖然是徹底的物質主義式，卻能夠與人類意識的活動之真知灼見相搭配，這一部分正是黑格爾主義對人類的自覺、自知有所貢獻之處。

　　費爾巴哈視黑格爾主義為現代理性主義發展的高峰，他相信黑格爾及其他理性主義者，尤其是「黑格爾的秘密」，存在於本質上為宗教的精神中。這個精神隱藏於對經驗的否定。這個隱藏的宗教因素說明了何以基督教對物質世界、人身（人的肉身）、人的感覺、感知之貶抑。這些貶抑也反映在黑格爾的形而上學裡，在其倫理學中，以及在其認知論當中。

　　在黑格爾的思想裡，存有各種手段與方式，把現代哲學中涉及宗教的殘餘掃清與超越。黑格爾嘗試保留知性（intellect）的優先地位，另一方面他又企圖把理性實現在物質之上，完成他物質的形而上學。但這兩者（知性優先與物質中實現理性）卻導致黑格爾體系的矛盾。事實上不僅是物質的形而上學與他的觀念論相左；此外，他以人為尊（人本主義）的倫理和感知的認識論也與其他觀念論有所差距。要之，黑格爾的物質主義

之形而上學、人本主義的倫理學和重視感知的認識論（亦即費氏所指摘的「秘義的心理學」）都是黑格爾企圖要建立的「未來的哲學」之基礎（ibid.），儘管黑氏的「未來的哲學」只聞樓梯響，不見人下來。

　　就像所有日耳曼觀念論一樣，費爾巴哈哲思的起點為誓反（基督新）教的神學。起初費氏大力推崇黑格爾及其哲學，但後來卻開始抨擊黑格爾的學說。這可從他在1828年完成博士論文〈論單一理性、寰宇性與無限理性〉（De ratione una, universali, infinita）之後，24 歲的費爾巴哈把其論文一份贈送黑格爾，並附了一封信。從信中不難看出這個年輕的學生，對黑格爾這位大師固然推崇備至，但也有相當不同的看法。首先他坦承其論文有所缺失，缺失之原因為，他雖然在黑格爾門下修習邏輯學、形而上學與宗教哲學，但反映在博士論文中的卻是費氏對黑格爾學說「活潑的」（lebendig）和「自由的」（frei）的吸收與應用。

　　在信中他強調「感性」（Sinnlichkeit）的原則，在於對現象的種種被規定性吹入生命的氣息，俾把理念（「來自上天的純粹理性」、「與本身〔自我〕完全一致認同」等等理念）化成為透視特殊事物的看法、感受（Anschauung）。純粹的邏格斯（Logos 道）需要化身成具體之物（道成肉身），理念需要現世化，需要實現。他認為現世化、實現化的需求，在於精神與時代的合一，以及世界由多回歸到一，都可以在黑格爾的哲學中找到理由、找到根據。原因是黑格爾的哲學不是只有形式的學派，而是涉及全人類可以適用的學說（Löwith 1978: 84-85）。

　　這裡不但顯示他有意把黑格爾的哲學，從神學化為人學，更顯示費爾巴哈有反基督教的心態。精神（上帝）現處於「世界階段」的開端。理念充分實現的意義在於把基督教創立以來統治世界的「自我」（Selbst），亦即「唯一的精神」（上帝）從其皇座上拉下來，從而化解感知的世界與超感的宗教這個兩元論。另一方面也消解教會與國家之對立（ibid., 85）。

　　也許是黑格爾及其繼任者對他的冷漠與輕視，以致1839年費爾巴哈在《哈爾年鑑》（Hallische Jahrbücher）上發表〈黑格爾哲學之批判〉一文，正式道出他對大師觀點的挑戰與抨擊。此時他堅決地反對黑格爾的認同概念與實在的認同；反對思想與實有（然）的同一，連所謂的

「絕對事物」、「絕對性」也被他視為「絕對事物的荒謬」（*Unsinn des Absoluten*）。絕對精神無非神學徹底排除的精神，卻成為黑格爾哲學中製造的鬼怪（*Gespenst*）（*ibid.*, 87）。

　　接著1840年費爾巴哈把他對黑格爾的關係作了一次的釐清，他自認為黑格爾的學生，把黑格爾當做老師去體驗這究竟是怎樣的一位老師。原來費爾巴哈有機會當到私人講師，面對自己的學生必須把每一大師的學說作一個客觀的、精確的析述。他說：「我講解黑格爾的哲學……首先講述他與其認同的對象〔學說〕，……因為這是他最擅長之處。然後〔我發現〕要去陳述那些與他的對象脫離之部分，俾符合歷史事實，也是為了對他有更好的瞭解之緣故」（Feuerbach, *SW*[1846] I: 388*ff*）。因之費氏不能算是虔誠的黑格爾門生，但卻是實質的門人。他要把思辨哲學最完整的部分表述下來。

　　二十年後的 1860 年費氏對黑格爾的看法與祈克果相似，兩人都認為黑格爾主義是自足的、專業的思想家，但卻受普魯士王國的供養，為此使其哲學失掉重要性。不過，平心而論，黑格爾曾經在講壇上得到世界史的光環，這是不容置疑的（Feuerbach, *SW* I: 256）。

三、費爾巴哈態度改變的因由

　　為什麼費氏對黑格爾及其哲學有這麼重大的轉變呢？在 1842/43 年一紙手稿〈改變的必要〉中，費氏表示哲學改變的時刻業已來臨。特別是從康德到黑格爾的哲學的發展都是「共同體」（*gemeinschaftliche*）式的一仍舊貫，都是思想上、觀念上的一脈相承或改變，而無法與世局相推移；是故這種思想的改變，乃是產自時代的需求，企圖保留過去的、傳統的思想體系（像黑格爾主義）已近乎反動，而不僅是保守而已。費氏主張把眼光投向未來，一如黑格爾青年門徒路格、施蒂訥、鮑爾、馬克思等之所為，他們不像黑格爾把當前、現在當成永恆，而視現在為走向未來的踏腳石而已（Löwith, *ibid.*, 88）。

　　要改變黑格爾式的哲思，便是費氏的《哲學改革芻議》和《未來哲學的基本論旨》兩篇著作的內容。在計畫改變的回顧下，費爾巴哈批評了黑

格爾。他認為當前的哲學正處在「自我失望」的階段。引發失望的困惑在於自滿自足的思想裡（而黑格爾哲學正是這種自滿自足的哲學之典例）。這種思想或哲學便是認為精神可以在其本身找到發展的根據，找到生成的理由，而自然（包括世界和人類）都是靠精神來設定。這種「唯心主義」（觀念論 Idealismus）與「精神論」（Spiritualismus）是一種在人類學上的先決條件下，一個作為思想家的思想被孤立隔絕的存在方式。把黑格爾從其學說之矛盾解開以後，他仍舊是一位絕對、激端的唯心主義者，他的「絕對認同」無非「絕對偏袒〔片面性〕」（absolute Einseitigkeit），亦即建立在他本身某種思想的單一方面。唯心主義的開端就是「吾思故吾存」，這種把其思想所處的環境、周遭等等「外界」、「世界」，僅僅當成他自己的「另外」、當成他「另一個自我」（alter ego），其重點仍舊擺在自我之上。當黑格爾把另外、非我當成自我的另一部分來解釋時，他便忽視了自然與人群的特殊的獨立性。他在「自我意識」、「純粹哲思」的觀點下，忽視了、錯看了哲學非思維的開端、非哲學性的原則。黑格爾的哲學遂遭遇笛卡兒以來新近哲學所遭遇的指摘。這種指摘就是與感性的直觀感知（sinnliche Anschauung）直接斷裂，亦即與哲學的直接前提完全斷裂。以科學的性質來認知萬事萬物不免也會把周遭隔斷，俾提升到抽象層次、概念層次、規則的層次。但哲學是要中介這個斷裂，要從哲學中脫出而做哲學的思維。

　　觀念論貶抑感知為生理的、心理的、自然的現象，其源頭乃為近現代哲學開端於基督教神學，重視「自我」所造成的結果。費爾巴哈批評黑格爾企圖把神學融化為哲學、轉變為哲學。「近代哲學的矛盾是在神學的觀點上對神學的否定，或說既然否定了神學，卻又變成了神學。這種矛盾之處，特別形成了黑格爾哲學之特徵」。「誰不肯放棄黑格爾，誰也不放棄神學。黑格爾的學說……實在乃是理念所設定的。這種學說無異是神學教條的理性表達，表達了自然……為上帝所創造」。費氏又指出：「黑格爾的哲學是神學最後的避難所，也是神學最終合理化的支柱」。就像聖多瑪等亞理士多德信徒用亞理士多德的學說來正當化天主教一樣，黑格爾的門徒是理性地以黑格爾的哲學來正當化誓反教。黑格爾的哲學是對理性主義的否定來恢復那個式微的基督教。大力吹噓讚賞的同一說、認同說（精神

與物質的同一、神性與人性的趨同、無限與有限的合一）等都是近世矛盾之揚棄，其實它是信與不信、神學與哲學、宗教與無神論、基督教與異教等等矛盾的解決，這是在形而上學的頂端企圖謀求解決矛盾之方式。黑格爾為了使這些矛盾消除、褪色，於是把否定、無神論化作上帝客觀的規定——上帝變成由主觀，而客觀，而絕對的變化過程。無神論便在這種生成變化的過程中浮現，由上帝來加以規定的事物（Feuerbach, SW II: 262）。

宗教與哲學裡頭的無限性、恆久性其實是有限性、暫時性轉化之物，亦即是被規定的性質，但卻是被神秘化的規定事項。換言之，這是變更了一個標準：沒有終境，不會抵達終境的說法。思辨哲學如同神學一樣，自己犯了一個錯誤，把有限的、終結的實在，企圖藉規定性的否定，把明明是有限的、暫時的、有時間性的現象轉化為無限性、永恆性的規定（Bestimmung）。黑格爾式的哲學從無限性中衍生出有限性，由無從規定的事物中衍生為規定性的事物，其結果對有限性與被規定性的真實地位與真正意涵無從獲致、無從掌握、無從瞭解。

在拆穿有限與無限之關係，等於把絕對的事物之無限性看作有限性，或所謂的無限性的實在設置了有限性，在在說明絕對性的哲學是一大矛盾。「真正的實證的哲學之開端，不再是上帝或絕對的事物〔絕對精神〕，也非正在呈現實有（Seiendes）的實有（Sein），而是有限的、有終結的事物，也是被規定的（Bestimmte）和實在的（Wirkliche）事物。嚴格而言，一個會終結的實在之物，主要的是會死亡的人類，對人而言死亡是肯定的〔可靠的、必然的〕」（Feuerbach, SW II: 264）。

為此費爾巴哈強調他的「新哲學」是以人為尊、以人為本、一個會思想的人，他是人、他會知曉，他也是具有傳統哲學的「自我意識」。只是舊哲學中沒有實在的抽象物，因為只有人類才是「自我意識」的化身（ibid.）。

以人類學的眼光來看待，必須重視透過感知來證實人自己的思想。感知認識的模式就是感覺的規定性和思想與意義掛鉤的感知（Anschunng），此其一。另外要看重證實我們思想的同仁（Mitmenschen鄰人、伙伴和其他人類）之存在，此其二。原因是同仁、另一個人是我們能夠對話、能夠溝通、能夠思想的伙伴。在注重這兩個環節——感知與對

話——獨立而能向前移動，前後相隨，而有頭有尾的思想才能置於客觀地開放與正確的地位之上。

第一個環節的感知、感覺不只是人的意義之感受的本質，也是周遭環境的自然之本質，更是活活潑潑、生氣昂然的存在之本質。當黑格爾在讚賞思想之際，費爾巴哈卻強調五官的感覺能夠發揮的作用。只有從感知、感覺中「存在」的概念才會產生出來。任何事物的存在是由於它透過感覺而顯現的，它不是憑空杜撰出來、想像出來，或僅僅是幻想的結果。

四、感知與對話的重要性

費爾巴哈的「感性主義」（Sensualismus）可以從他對黑格爾有關靈魂與肉體的辯證之批判中看出來。黑格爾的心理學是視靈肉一體，但誠如費氏對黑氏所提認同論、一體論之批判一樣，靈肉一體是黑格爾「一偏之見」、「片面性」的主張。

一個人為了照顧肉體的需要，不惜讓其精神生活貧瘠，以致真正人的自由無法落實。這種說詞被黑格爾排斥為空洞無稽。不過黑格爾的哲學卻強調精神只能藉下列途徑達到其自我存在，那就是它把物質之物一方面看做本身的軀體，他方面看做外頭（身外）的世界。把這兩種不同的東西對立起來，再揚棄其對立（矛盾）而後化成為單一之物，回歸到精神本身。在精神與身體之間出現了一個自然的連結，也就是精神與外頭世界連結成一體。

就像觀念論與精神主義的鼓吹者所倡說，一個靈魂所屬的肉體被思想家當成對象體看待，而不當成意志的根據或意識的基礎來看待。表面上看來，靈魂在指揮肉體，但肉體何嘗不控制靈魂呢？此外，自我意識的產生不能不靠與別人的來往、溝通、對話。可是伙伴的存在與實在卻是觀念論向來所忽視的，因為它太重「吾思故吾存」，太重視自己、個我，而忽視了他人的思想及其存在。因之，不是我，而是我與你構成生活與思想的基礎（Löwith 1978: 94）。

我與你的現實關係便是愛惜、真情的流露。「對別人的愛，正是向你說，你確實就是你〔你確實擁有你的實有〕」。從別人的自己，而非從我

的自己當中才能說出我們所見的真理。只有同別人對話、同別人溝通，理念才會從中產生出來。只有兩人（尤其是一男一女）碰觸在一起，才會生產物體方面的人（人生產人），以及精神方面的人（人愛上別人）。人與人的合成一體才是哲學第一以及最後的一個原則，這才是真理，這才是普遍性、寰宇性。人的本質存在於人與人之統一性裡。不過這個統一性、一體性仍舊建立在你與我不同的基礎之上。

　　儘管黑格爾後來用更為具體的方式來把精神加以規定，視精神為「感性的」、「感覺的」、「知性的」意識，或是「欲求的」、「反射的」、「宰制的」、「匍匐〔奴僕心態〕的」、「精神的」、「理性的」自我意識，但費爾巴哈卻堅持「愛」才是情緒的用詞，而不需再用其他形容語句、詞彙來加以界定、規定的人際關係。無論如何，「愛」成為他合一的雙重原則「感知」同「你」的具體表現。

　　費爾巴哈這個原則性的改變也涉及他認為哲學對政治與對宗教有其根本的不同立場。一言以蔽之，哲學應該轉變成政治，也成為宗教。哲學是一種「政治性的世界觀」，以取代至今為止宗教對世界的看法。「原因是我們應當變成宗教性，一如我們應當把政治變成宗教一般。一旦我們的覺知達到最高度，那麼自然會導致我們把政治化成宗教」（Feuerbach, SW I: 409）。

　　哲學一旦取代宗教，現世生活的人取代了基督，那麼勞動的共同體將取代祈禱的團體。就像祈克果認為基督教信仰一旦消失，取而代之為政治勢力對人群心思的控制，費爾巴哈也跟著喊出：把人信仰化為人的新宗教便是政治化的結果。他還指出向來的宗教對諸國家沒有凝聚的功能，反而產生國與國的分開、對立、鬥爭。只要上帝在主宰人類，人把其敬仰、服從完全歸向於上帝；如今宗教式微之後，人把希望、愛心、虔誠改成投向於人群。他進一步宣稱：「並非對上帝的信仰，或無助地向上帝求救，才會讓國家得以建立」。反之，是人對他人〔上帝〕視為上帝，才可以宣布國家的肇造。撇開基督教不談，世俗的國家乃為「所有實在的總和」，使人群的「普泛本質」之落實，也導致「人群的至福」。國家乃「人的擴大」，國家對待其本身才是「絕對的人類」。國家會逐漸成為實在，而對抗信仰是「虔誠的無神論，才是把諸國結合起來的紐帶」。「現在人群紛

紛投身政治，其原因為基督教把人的能力釋出來之緣故」（Feuerbach, *SW* I: 411）。

宗教改革僅僅把天主教摧毀，儘管1848年德國革命失敗，但人心思變，政治改革與革命的呼聲不停，大家都投入政治奮鬥中，目的在打破「政治的上下不平」（*politische Hierarchie*），而企圖鑄造民主的共和國。這也是壯年以後費爾巴哈對世局轉移的看法與省思。

五、人與上帝地位的互換——費爾巴哈的異化說

費爾巴哈的《基督教的本質》（1841）雖然大量分析基督教教義的獨斷、迷信、反哲學、反科學，但主要在批判黑格爾的哲學，尤其是其一體論（*Doktrin von der Einheit*）、認同論（*Identitätslehre*）。因之，此書的書名應該改為《黑格爾主義的本質》更適合主旨；儘管如果用了後面這個書名，作者可能會打退堂鼓，不再撰寫這本書——《基督教的本質》（Tucker 1972: 85）。在書中，費氏把黑格爾「基督教化」，但也以黑格爾用字遣詞、思想模式來解釋基督教。黑格爾哲學似乎為基督教的旨意作了開示、詮釋。這個解謎的提示在黑格爾隱藏的人與上帝一體的看法中。

一如吾人所知，黑格爾指出：上帝是人自我意識異化的產物，也是從異化及其克服下返回其內心，而使神明自知自覺的心路歷程。對此費爾巴哈的看法是：這是有關宗教的真理使用「神秘」的包裝所做的表述。其實對此現象真正的說法應該是剛好相反的情況：上帝是人處在異化狀況下的產品。換言之，宗教人乃是異化的人。黑格爾的上帝儘管在其意識中體驗了異化，覺得祂變成有限的人，其實正是相反的說法：基督徒或一般擁有信仰的宗教人在其意識的異化中經驗了他是全能的上帝。由是可以說黑格爾的形而上學乃是「秘義的心理學」（esoteric psychology），如果再精確地說，這是心靈創傷學（psychopathology）。與其像黑格爾所說人是上帝的自我異化，倒不如說：上帝是人的自我異化。黑格爾上帝的理念或絕對精神的自我異化之概念正是人的實際情況，人在現世的無知無能，而異化為上帝的全知全能（*ibid.*）。

為著達到正確的認識、達致真理，有必要把黑格爾的說詞來一

個顛倒的扶正，這種扶正的過程，費爾巴哈稱做是「轉型批判論」
（transformational criticism），也就是把黑氏的形而上學轉化成秘義的心
理學。這是對黑格爾主義真理內容的澄清。「〔要達到澄清的目的〕只需
把他的述語取代其主詞便足，這意指將他思辨的哲學頭腳轉換〔使頭仰
天、雙腳立地上之扶正工作〕。這樣我們便可以抵達沒有隱藏的、純粹
的、明顯的形式下之真理」（Feuerbach 1950: 96）。黑格爾神學顛倒、扶
正之後便可以顯示真理——有關人在宗教情況下的自我異化之真象。這是
費爾巴哈在其《基督教的本質》中有關宗教的哲學之建設性的公式。

　　費爾巴哈替黑格爾鋪述了「顯露的」（manifest）立場，認為人是顯
示的上帝，在人的身上神聖得以存在與步步發展顯示，上帝創造自然無異
其神性暴露在其身外，祂與自然的關係便為上帝與外物的關係。但上帝創
造了人，卻在人裡頭找到祂自己，也回歸他自己。人知道上帝原因是上帝
在人中找到自己，人不但找到上帝，還進一步感受到他自己是上帝。以上
黑格爾的主張在費爾巴哈看來應該是相反才正確。換言之，應當這麼說：
當人自認顯示為上帝時，馬上要翻轉過來說，上帝才是顯示的、外露的
人。他說假使人的感覺和願望，使上帝從一無所知變成全知全能，那可以
說人的本質是造成上帝的本質之主因，人是真正的上帝。人的意識中首先
產生上帝的觀念，是故人的意識便是上帝的意識。人對上帝的知識，是人
對自己本性的知識。是故黑格爾的說詞：人是顯示、展露的上帝，應當利
用主詞與述語的顛倒——轉型批判法——改變成費爾巴哈的主張：上帝是
顯示、展露的人。當做上帝本質啟示的人之意像要讓位給當做人本質啟示
的上帝。

　　黑格爾的錯誤，在於不肯以人類學的方法來處理人與上帝之關連，他
所使用的卻是神學的方法，以致把人與上帝的關係神秘化。換言之，他把
人的本質從上帝感受的思想流程中湧現出來。是故早於馬克思著名的說
法，費爾巴哈指出：「思想與實有真實的關係是如此的：實有是主詞，思
想是述語。思想從實有流出，非實有從思想湧現」（*ibid.*, 73）。

　　費爾巴哈質問黑格爾之處為，人並非上帝的思想流程之表述；反之，
上帝才是人的思想過程之表現。人乃是實有，上帝是思想。人是主詞，上
帝是述語。「只要意識到上帝，就會有上帝之實有，這個實有卻存在於人

〔意識〕當中」。

　　由是可知黑格爾異化的上帝變成了費爾巴哈人的自我異化。同時黑格爾視歷史是一種流程，其中神明藉人的思想來達到充分自我意識的地步。這種說法被費爾巴哈轉變為：歷史是一種過程，其中透過神明人達到充分的自我意識之地步。取代黑格爾所說人乃是覺知、為絕對的自身，費氏如今說：我們如今擁有絕對之物，它是人的自我投射到客體物之上的表述。取代黑格爾所言神明在認知的情境下自我分裂，費爾巴哈卻指出在宗教的處境下，人分裂自己。一個有意識的主體（真實的人）想像出身外、外頭的客體，或稱「他者」。只是這個主體如今要重新定義為人，而非上帝。至於在人的意識裡的客體，卻是上帝。「人——這是宗教的神秘性——投射他的實有到客體性裡頭，然後把自己當作他所投射的映像之客體，這個他的映像卻化成主體……因之，在上帝裡〔這個主體的〕人然後把他自己的活動當成客體……上帝本身居然成為人所放棄的〔這個主體的〕自我之化身」（Feuerbach 1957: 29-31）。換言之，人在幻想中、想像中把本身外化，這個外化之物便成為他早晚膜拜祭祀的對象——神明。

六、人的受苦受難與人的解放

　　在把人與上帝作對比時，費爾巴哈心目中的人並非個人，而是群體的、集體的，甚至全部的人類，因之他喜用「種類」（Gattung），視人為擁有特殊種類之本質（Gattungswesen）。種類是實質之物、之存有、之實用，個人是種類的一部分，或稱是一個例子而已。當作絕對自我的神明是種類正面特性、特徵之綜合。是故他說：「上帝是所有實在和完善之稱謂，這是為著有限的個人之好處、利益而描繪的縮影，也是分散在所有諸個人之長處的匯聚。換言之，在世界史中種類自我實現之全部〔美德、才華〕的簡述」（ibid., xvi）。總之，人良好的美德、才能都投射給上帝，人對上帝的膜拜、禱祝說穿了乃是人對自己的禮敬、崇奉。

　　其結果就造成人的自我異化。透過人自我外化成上帝，人把自己一分為二。他成為分裂之物、雙重的人格、兩個自己。他把種類之人——人類——當成上帝來禮敬、膜拜，把人類最好的才能、美德歸給這個想像中的

上帝；另一方面把貧乏的、劣質的、可鄙的惡德敗行留給另一半的自己。
「為了使上帝富有，人變成貧窮，上帝擁有一切，人一無所有」（*ibid.*,
26）。

　　所有的人的優點、長處一旦剝掉，而交給上帝，人為自己留下的都是
沒有價值的東西。這就是何以人在現世要飽受折磨、受難、受苦的原因。
是故異化的宗教人乃是災難重重、痛苦連連的受害者。

　　以上帝作為標準來衡量信奉宗教的自己，會發現自己一無是處、全無
價值，這就導致他要與神明齊等（齊天），甚至超越神明（勝天）的狂
妄。儘管把上帝投射為身外的實有，人卻同時把這個實有認同為他的本
身。單單這點便足以解釋為何把上帝與人的重大鴻溝加以意識會導致人的
沮喪、失志，甚至對異化的意識難過、痛心。費氏遂提出這個疑問：「假
使上帝與個我完全不同、完全無關，那麼祂的至善、完美干我何事？」在
另一個場合他又說：「上帝除了是人的典範與理想之外，什麼都不是。
因之，人應該是、也熱望是，或至少希望有時是〔上帝〕」（Feuerbach
1950: 110）。

　　再說，如果人們相信上帝是道德上最完善之物（存有、實有），這麼
一說，「則不僅理論上，內在概念上，甚至在實踐上，會號召我採取行
動，去力求模仿祂，以致把我置入拼搏奮鬥中，把我置入前後不一致中。
因為一旦宣布我要效法祂那般盡善盡美，應當像祂那樣完善，另一方面卻
指責我什麼都不行、什麼都不是，無資格與神明平起平坐〔，這豈非陷我
於不義、視我為無物？〕」（Feuerbach 1957: 47）。

　　理論上與實踐上人既無法達到與神明齊等、同一。人只有在有關神明
的做夢中，勉強找到慰藉，幻想自己虛假地達成自我實現。靠著幻想過日
子，夢想自己與神明齊等、同一，使得存活於現世的宗教人「為貧困的人
生找到補償」，也為「遺失的世界找到替代品」。「生活愈是空洞，上帝
愈是具體、充實，現實世界的貧乏與上帝的富有視同一幕戲、是一體之兩
面」（*ibid.*, 73, 196）。

　　費爾巴哈進一步指出人的活動性、生產性。他說「活動是人格正面的
意義……最快樂、最高興的活動乃是生產性的活動。閱讀是一件樂事、閱
讀物是〔靜態〕被欣賞之物，但生產出讓人喜歡的書文，則是令人快樂不

已的知識……因之，種類之物〔人類〕的標記乃是生產活動，卻賦予神明，把神明的活動落實與變成客體事實」（*ibid.*, 217-218）。這段把人當成生產之物，較之黑格爾把人看成勞動動物，可以說是神性轉化為人性可欲之處，為後來的馬克思人性觀之核心，也是導致馬克思歷史物質（唯物）主義的出處（洪鎌德 1997a: 220 *ff*）。

其實人就是生產、創造的動物。在想像中人把他的創造力之實現投射為上帝，視上帝為最高的創造主。其結果人卻無法落實他這個創造的活動，因為人的這部分能力投射給神明的緣故。由此得到的結論是，人的解放要從宗教的束縛中解脫出來才有可能。人要解除自我異化、去除苦難、折磨也只有通過對神明虛妄的放棄一途。人一旦從宗教美夢中覺醒，不再幻想自己可以齊天、勝天、與神明同一，人就可以從「矛盾的地獄煎熬」中解放出來（Feuerbach 1950: 159）。他將停止把自己割斷成兩截，不用再為無法達到意識中的神明，而憂悒、勞瘁、受苦受難。他將專心致志照顧真正的自我、放棄齊天勝天的神聖的另一自我，發展他的潛勢力，追求在物質世界中的福樂，實現他的理想。

不只心中分裂的兩個自我重新合併為一個真實的自我，他還進一步與別人，特別是鄰人、伙伴、同時代人或異代的人類來往溝通，為「人道主義」、或真正「落實的基督教」注入新內容、新生命。藉著愛心，特別是對同仁、同袍、同業、同鄉等之愛心建立起「我與你的共同體」。這時站立在人之前不再是虛幻不實的神明，而是有血有肉的他人、鄰人、人群。只有「你與我」的結合、協同之人乃為「共同人、共產主義者」（Feuerbach 1950: 196）。這種宣稱、這種公告，幾乎是1843、1844年左右馬克思與恩格斯等人的想法、說法之預言版。

七、異化的診斷與人的自我實現

費爾巴哈自認其使命為對宗教的批判，其目的在使人類掙脫宗教的羈絆，獲取自由。在展示人群宗教的生活是人自我異化之後，他要把人從宗教的羈絆中解放出來。他主要的作法是把上帝暴露為人的幻想、虛念，他要人承認超人的實有不過是人在想像中把自己投射到客體性之物的錯覺。

這種承認的動作目的在使人把投射到外頭的事物重新收回到身邊，等於重新發現這個「被放棄、被割捨的自我」。使用黑格爾辯證法的術語「奧伏赫變」（*Aufhebung* 揚棄），是把內含於主客體情境中的客體加以奧伏赫變（揚棄）而已。正如黑格爾在認知的情境下，主體之前化身為陌生、乖異、敵對、幻想之「他者」、「異者」、「敵者」加以揚棄、併吞、吸入一般，費爾巴哈要揚棄的是宗教信仰的情況下人如何擺脫對於把自己當做神明的錯誤意識。在這兩種場合中，異化受到認知動作的範圍，承認客體是投射到外頭、外化的自我。

　　隱匿在費爾巴哈這種批判與主張的背後是黑格爾歷史哲學的人類學新詮釋。歷史是自我發現的詩篇，其過程可用黑格爾三段式或三期說來加以說明：外化、異化和異化的揚棄。最後要達到異化的揚棄便要訴諸認知一途。但就費爾巴哈人類學的觀點來考察，在歷史中實現其本身者只有人類，人的「種類」（*Gattung*），而整個歷史牽涉著三個時期的流程。最先，人自我外化為上帝，這是人在宗教下的異化，這是有史以來人類的經歷，直至宗教批判之時。費爾巴哈自稱為對宗教批判最仔細、最認真者，這是脫胎於黑格爾歷史哲學的人類學之轉型。經過人的異化中產生上帝第一期之後，經由宗教批判的第二期，最後人取回被丟棄、被割捨的另一個（神明）的自我，人擺脫宗教異化，而進入自我肯定、自我實現的第三期。有關人異化與異化的祛除的三部曲，這部分留給馬克思在其後型塑的原始馬克思主義中以系統的方式來把黑格爾的說法加以詮釋。不過馬克思的說法，可以在費爾巴哈的說詞中找到預感性、先驅性的啟示（Tucker 1972: 91）。

　　費爾巴哈說法的架構是從黑格爾的論述中加以轉置、顛倒中產生出來。在這個轉型中道德觀有了重大的改變。費爾巴哈在自我的拼鬥中並不站在盲目的理性之一邊，不贊成、也不認同歷史演變中看不見的指揮操縱之手為「理性的狡計」（*die List der Vernunft*）。但談到受苦受難的人類時，他顯然回歸到黑格爾的歷史觀。黑格爾曾經指出人類史是一部災難頻傳、痛苦佈滿的記錄，這是由於人不停地追求在其自身實現了絕對的存有（精神、神明、至善）。他正當化人的受苦受難，使用的是拼搏、奮鬥最終使人類達成心願、抵達臻境。費爾巴哈指稱黑格爾的絕對存有無非是基

督教中的上帝，而人的受苦受難從歷史中找到證實，這是真實的人類悲劇。只是其泉源為宗教，因之，他對宗教反叛、反抗、反對到底。他認為人的受苦受難並非必要，也沒有任何正當性。他認為這一切苦難都是人在壓迫其存有（人壓迫自己、人也迫害他人）。由是在道德上費爾巴哈挺身出來反對絕對存有（上帝、神明），而站在人的這一邊。他反對災難，反對人為了神化而吃苦受難。他要聞聲救苦，把自我神化「種種矛盾的地獄式苦難」一掃而清，拯救生靈於水深火熱之中。這顯示他的哲學充滿了同情、悲憫。

所有這一切都是對異化診斷的重大轉變。假使黑格爾的上帝是從祂自己異化到人類尚未變成絕對事物之地步，那麼費爾巴哈的人之自我異化卻是由於他投射自己為絕對的實有所產生的結果。假使黑格爾自我神化之人最終變成絕對之物，費爾巴哈的人卻是尚未完成之人，是異化的特徵之人還生活在夢想成為上帝的想像裡。對費爾巴哈而言，人的自我神化既是異化的原因，也是異化的藩籬，它阻礙了人實現自己為完人。對異化診斷的改變會導致對歷史目標的界定之變化。對黑格爾而言，上帝在人當中的自我實現是歷史的目標；對費爾巴哈而言，人自我實現為人才是人類史最終要抵達的目的地。只有人變成充分、完整、無異化、無災無難的人之時，才是他所倡說的人道主義、人本思想、人文精神落實的終境。

八、費爾巴哈的宗教批判對運動精神的啓發

費爾巴哈認為上帝是在宗教生活中人異化的表現，上帝是人把其才華、最好的那部分交給超自然的幻想、美夢。因之，他排斥人可已變成上帝。這表示運動員、體育家、選手都是凡人，而非「天」之驕子。運動員、體育家、選手儘管有超乎常人的體能、技能，可以在賽場上出盡鋒頭，贏取讚美與承認，但畢竟他或她（他們或她們）仍舊是人，而非上帝，此其一。

俗世之運動場上與賽局中，固然個人或團隊在爭取勝利、締造新記錄、爭取聲名、榮譽、光耀，但這些體育文化上有形或無形的好處與價值是人體能和技能在合理的限度內所取得的成果。換言之，這是選手實現其自己有限

的潛能之表現。超越這個限度，企圖追求極限、超限的不可能之成就，便是企圖以有限追求無限，只會導致失望、幻滅、挫敗而已，此其二。

　　費爾巴哈重視「感知」與「你我組成的（我與你共造的）社群」兩個原則也可以應用到運動與體育之上。原因是運動員的選拔、焠鍊、出場、參賽、勝出主要是肢體矯健、感官敏銳、意志堅強者擁有較多、較大的機會。這表示純靠認知、辨識、冥思很難培養出優秀的選手。至於每次參賽，個人或團隊的取勝，非僅單靠選手一人、或團隊一組的特殊能力所能奏效、取功。反之，教練、經紀人、啦啦隊、觀眾的刻意支援、力挺、加持，對贏賽氣氛的醸造有所影響，此其三。

　　費爾巴哈談到靈肉的關係，強調熱忱、愛心、意志的基礎在人擁有四肢與軀幹之肉體，甚至強調心靈是寄託在肉體之上。導致肉體操縱心靈，而非心靈指揮肉體。這反映在運動與體育文化上頗為恰當，此其四。

　　費爾巴哈的異化說，雖然是是前人（盧梭、黑格爾）說詞的翻版，但他卻能推陳出新，指出近世以來人類因為飽受異化之扭曲，變成了受苦受難之動物。這點可以啟發運動員、體育家在持續追求有形的報酬（金牌、銀盾、錦旗、獎金、高薪）與無形的好處（聲名、地位、資歷、記錄、榮耀）之過程中，難免不遭逢挫折、失志，以及承受求勝與創造新記錄的的壓力，都成為現代文化（非宗教性、經濟性、政治性）衝擊下產生的新型異化症之受害者，此其五。

　　費爾巴哈企圖以「我你共同體」、或稱「我你的社群」之相親相愛來取代傳統宗教（特別是基督教）的「上帝愛世人」，這是一種「新宗教」，而非僅僅是「新哲學」，這對向來處於敵對競爭下的選手之個人、或團隊、培養友好關係之指導原則，這點絕不容我們輕視，此其六。

九、後語

　　費爾巴哈的著作顯示反基督教的態度與批判黑格爾哲學的雙重否定性。不過把基督教的上帝視同為黑格爾哲學中的絕對實有（絕對精神）卻是他的誤解，兩者有別、不能視為同一物，這是他企圖把基督教黑格爾化的結果。他把黑格爾自我當成了上帝之宗教觀，看作基督教、或一般宗教

的本質是一大錯誤。再說人的自我炫耀、人的驕傲，是造成人陷入自我異化的情況，費爾巴哈把宗教等同為人的驕傲，遂把對上帝的崇拜等同為對人自我視同為上帝的崇拜。他所揭穿的並非「宗教的神秘」，而是揭發了「黑格爾的秘密」（Tucker 1972: 93）。

費爾巴哈是一位理性主義者，但同時也是一位經驗主義者，經驗主義建立在人的感官的覺知之上。理性主義及其衍生的唯心主義（觀念論）是從上帝的理論中把精神（上帝）世俗化，從一神論轉化為泛神論，再從泛神論把精神溶解為無物（精神的自我消融）。觀念論無他乃是企圖拯救即將消失的上帝，把全部認知的權威賦予意識、知性、或理性，而犧牲感覺、感知的重要性。不過由於外表上世俗化，理性主義有必要解釋這個世界，須知這個世界是由於人的感覺來發現的。

費爾巴哈說，觀念論在其意涵裡，是把「真理、實在和可感知性認同為相同之物」，可是它卻在壓抑真理，為的是把可感知的世界隸屬於絕對事物（實在）之下，這個絕對的實有卻擁有人的自我之諸屬性，亦即具有意識和理性。這就是說絕對精神（上帝）等於具有意識和理性（人）之實有。這樣的主張造成觀念論聲稱絕對精神的思想是實在的、真實的；但有限的、知覺的事物的人，反而是非實在。根據黑格爾的說法，人的理性無非是絕對、實有對它本身的自我顯現、自我透露。是故費爾巴哈遂高聲宣稱「黑格爾把人典型的本質與存在異化出來、剝奪出來」（White 1967: 190-191）。

總之，費爾巴哈重視「我你組成的社群」，更重視身體對心靈的決定作用，使他躋身所謂人本主義的思想家之行列。他以人為尊、排斥神明的人本主義，也是另類的物質主義。後期他談到「人就是他所吃的東西之動物」（der Mensch ist, was er isst），更可以戲稱為創造了「老饕唯物主義」（gastronomic materialism）。後來馬克思所演展的辯證與歷史唯物主義便是在他放棄了黑格爾唯心主義而自創物質主義的關鍵之所在。是故費爾巴哈的學說是黑格爾主義與馬克思主義的中介與聯結。要理解馬克思主義，除了瞭解馬克思何以從唯心走上唯物（洪鎌德 2007a）之外，馬克思與費爾巴哈之間的關係還有進一步探討的必要。

Feuerbch

Stirner

青年時代的賀斯

馬克思在特里爾中學時代繪像

費爾巴哈的人性觀之剖析及
其對運動哲學的啓示

一、前言

　　費爾巴哈（Ludwig Andreas Feuerbach 1804-1872）雖然不能看做黑格爾的嫡傳弟子，卻是黑格爾在 1831 年死後，德國哲學界一顆閃耀的巨星，在 1828 至 1850 年這二十餘年中他的哲學成為日耳曼思想界、學術界、文化界的主導思潮，尤其 1841 年出版的《基督教的本質》（*Das Wesen des Christums*），標誌著德國傳統的觀念論（唯心主義）的高峰，難怪恩格斯指稱這是日耳曼經典哲學之終結、唯物思想的開端。儘管費爾巴哈對 1848 年歐洲爆發的革命並沒有參與，青年馬克思對他的人性觀、哲學人類學卻推崇備至。馬克思說費爾巴哈的姓氏可以譯為華文的「火溪」（英文譯為 "the fiery brook" 或 "the brook of fire"）。因之，當年的日耳曼哲學家與神學家「如要抵達實在當中的各種事物，非穿越『火溪』不可」。在馬克思心目中，費爾巴哈的著作為黑格爾《精神現象學》與《邏輯科學》之後，具有真正「理論性的革命」之產品（*FS* II: 508; *CW* 3: 232）。可以說，他的哲學代表正面的人本主義與自然主義之批評。

　　此外，在馬克思的《經濟學與哲學手稿》（1844）篇尾，對黑格爾辯證法和哲學的批判中有一句話，也值得我們玩味。他說：「費爾巴哈是採用唯一、嚴肅的、批判的關係來對待黑格爾辯證法〔的人〕，而且在這方面有嶄新的發現。因之，他可以稱為舊哲學實在的克服者。費氏偉大的成就與樸實的單純是令人驚佩的，特別是在與別人做比較時，他的表現十分卓越」（*FS* II: 639; *CW* 3: 328）。可以說，在馬克思心目中，費爾巴哈為

「新哲學」奠基者，應無庸置疑。

在很大的程度上，顯然馬克思的唯物主義是脫胎於費爾巴哈的人本主義（洪鎌德 2007a: 423-432; 2007b: 328-330）。費爾巴哈最重要的著作《基督教的本質》之〈序言〉中，他指出：「我的主要論題為基督教，這是宗教，宗教是人直接的客體，人直接的本性」（Feuerbach 1843, 第二版, S.xix *ff*; 1975a: xlii）。很明顯地，費氏對基督教的批評在於把基督神學化約為哲學人類學。把宗教當做「思辨的哲學」來加以批評成為費氏「新哲學」的軸心，也就是他有異於黑格爾及其門徒的舊哲學之新想法、新見解之所在。

二、費爾巴哈的宗教批評——人與上帝地位的互易

依據費爾巴哈的說法，人類（其實是西洋人）自古至今都生活在宗教的傳統、歷史當中。至於宗教，特別是基督教的本質乃是人從其本身異化出來的現象。透過宗教人從其本身分裂出來、疏離出來。其理由存在於這一事實當中：也就是宗教正透視人的真實的、直接的本性，是人將其最好的一面、最了不起的才能投射到上帝的身上，而不歸其本身的擁有，從而顯示上帝是人的異化，人是上帝的異化。是故他繼續論述：「神聖的事物無他，乃是人性的表現」，乃是人性純淨的昇華，是個人受限制的解除，也就是人性外化為客體的表現。換言之，是人本身被想像、沈思、敬重的那部分特質，一個有別於本身的他者。對神聖性質的種種規定〔描述、表明〕，說穿了都是對人性特質的規定〔描述〕」（Feuerbach 1975a: 14）。

神明的慈愛、智慧、善良、公正等等屬性的描繪，其實可以客觀化為人類的種種正面之特質。費爾巴哈在指出宗教核心價值的特徵時，卻指出：「為了使神明富有，必須把人類勾畫成貧乏；神明擁有世上的一切，而人類必須一無所有」（*ibid.*, p.26）。由是可知上帝為超自然之物、為十全十美的具體事物。反之，人類卻是毛病百出、瑕疵互見的不完善之生物。為了要批判宗教，為了要揭穿神聖之物的種種規定與描述，有必要把人在自然中的地位恢復起來。這種說法不啻為把人從其異化、疏離中解放

出來，使人更成為自然化的事物。

　　與黑格爾主張人是從上帝那邊湧現出來，人的本質在於有意識、能思想，費氏持相反的說詞，強調：「思想與存有的真正關係在建立在如下說詞之上：存有是主詞，思想是述語。思想是從存有產生出來，而存有並不衍生自思想」（Feuerbach 1972: 168; Tucker 1972: 87）。因此有異於黑格爾的說法，人並非神明思想活動諸種規定性（亦即「述語」）之表達。相反地，神明卻是人類思想的論述、表示。這種把主詞與述語做一個顛倒、轉變的方法，就是塔克爾（Robert C. Tucker）所指稱費爾巴哈式的「轉型批判法」（the method of transformational criticism）（Tucker 1972: 86），把黑格爾的形而上學轉變為奧義的、秘義的（esoteric〔少數內行人知悉的〕）心理學。

　　詳言之，在費爾巴哈心目中，黑格爾的哲學在描述當做神明的人，是上帝處於自我異化狀態下的人，也是人由上帝回歸人的經過。因此，黑格爾視人為上帝處於異化狀態下的人，可以轉變成上帝是人的異化。這是由於黑格爾的上帝是絕對的精神，而絕對精神的自我異化卻反映了人的現實性（Tucker 1972: 85）。把黑格爾的神學做一個顛倒，便可以得到人在宗教的自我異化條件下之生活真相。

　　利用轉型批判法，費爾巴哈把黑格爾論述「人是顯現的上帝」轉化成「上帝是顯現的人」這一新論題。也就是把上帝本體（substance）的展現轉化成：上帝是人的本體（substance）展現出來的形象。黑格爾所以要把人當成上帝的顯現，主要的目的在把人與上帝擺在無法解開的關連之上，最終卻在解開宗教之謎。不過人與上帝之關連經黑格爾的解釋反而更為神秘化、更為模糊不清，這是由於黑格爾用神學的觀點，而非人學的觀點來論述這種人與上帝關連的緣故。黑格爾把人的存有當成從神明湧現出來的思想過程，而沒有注意到神明的思想過程，卻是活在物質世界中的人湧現出來的東西。是故費爾巴哈乃指出「思想對存有的關係應為建立在下述的基礎上：存有為主詞，思想為述語，思想從存有發出，而非存有出自思

想」（Feuerbach 1950: 73）[1]。

　　不僅把人與上帝之地位互相更易，也就是利用主詞與述語的顛倒來指出人性與神性，人學與神學是一體的兩面，互有牽絆的密切關係。費爾巴哈還利用這種轉型批判法來批評黑格爾的思辨哲學。費氏說，對思辨哲學的批判無異是對宗教哲學的批判，都是把述語轉變為主詞，也就是把思辨哲學來一個顛倒與扶正，藉此我們會獲取隱藏〔在黑格爾學說背後〕的、純粹的、不被玷污〔抹黑〕的真理」（Feuerbach 1972: 154）。

三、費爾巴哈論人的特徵

　　那麼人性的本質是什麼呢？是什麼構成人類的特性、特質呢？這是擺在費爾巴哈跟前緊要的、基本的問題。這也就是他何以在其巨著《基督教的本質》引論的首章，先討論人的基本性質之原因。

　　費氏指出他所討論的人性與「遲鈍的物質主義」（obtuse materialism）的人性觀不同，後者宣稱：「人之異於禽獸是只有人類擁有意識，人是外加意識的動物」。對此，費爾巴哈提出疑問：「到底人的特性是什麼？難道他有意識便算是人，還是構成他人性的、有異於其他禽獸的特徵呢？」對於上述的問題，他的回答是這樣的：人有異於禽獸的特質為

> 理性、意志、情感。思想的力量附屬於一個完整的人之身上。思想的力量是人知識之光，意志的力量是性格的能源，感情的力量是愛心〔的表現〕。是故理性、愛心、意志之力造成完善——造成人的完善。不，不只如此，還是〔人〕最高的力量，是人作為人絕對的性質，也是他〔人〕生存的基礎。人存在的意義在於敢思、敢愛、敢要〔伸張意欲〕……真正的存在〔表現在〕理性、

1　這段話後來被馬克思所引用，在《政治經濟學批判獻言》（1859）之〈序言〉中提到：「並非諸個人的意識規〔決〕定他們的社會存有，剛好相反，是他們的社會存有規定了他們的意識」（Marx and Engels 1973; *SW* 1: 103）。由此可見馬克思的思想所受費爾巴哈影響之大。

意志、愛心之上……是故理、意、愛是構成人性的基本要素。
（*ibid.*, p.3）

對於上面人性的描繪，馬克思卻有所批判，他不客氣指出：

無論如何日耳曼人何必把他們有關人的本質的知識做這種聲嘶力
竭的張揚。因為他們有關人性的之事並沒有超過一般的描述，把
人的特徵歸納為知、情、意三項。這三種人性的特徵，從亞理士
多德和史多噶派以來已成眾所周知的事物。（*CW* 5: 511-512）

雖然馬克思對費爾巴哈人性觀有所批評，但前者卻同意後者把
人當作普遍的寰宇的事物（*univerrales Wesen*; universal being）、種類
之物（*Gettungswesen*; species being）、社群之物（*kommunales Wesen*;
communal being）和客體關連之物（*Objektives Wesen*; object related being）
來看待（Hung 1984: 12-18）。

四、人是普遍的、寰宇的生物

不像黑格爾把人當作主體上、主觀上的生物（存有）看待，費爾巴
哈持不同的看法。在〈黑格爾哲學之批判〉（1839）一文中，費氏指
出：「人的存有〔作為生物的人〕不再是殊異的〔特別的〕與主觀的，
卻是一個普遍的、寰宇的存有，這是由於人擁有整個宇宙，可供他不
斷地認識〔與征服〕，因此只有一個寰宇的人（*kosmopolitisches Wesen*;
cosmopolitan being），才會把寰宇（*Kosmos*; cosmos）當做他〔認識、或
征服〕的目標」（Feuerbach 1972: 93; 1975b [3]: 52）。

人作為寰宇的動物這種提法，在費爾巴哈 1843 年的著作《未來哲學
的基本論旨》一文中再度有所論述。費氏說：

人不像動物是殊異的存有，而是寰宇的動物，這表示他並非有限
的和不自由之生物。剛好相反，他是無限的與自由的生物。為著
人的寰宇性之顯示，不受限制的存有同自由是分不開的。自由
並非一種特殊的本事而已，不只是意志〔的自由〕，也就是說

這種寰宇性不只存在於能夠思想這一特別的本事之上。反之，
這種自由、這種普遍性、寰宇性還應用在人的整個存有之上。
（Feuerbach 1980: 268; 1972: 241-242）

就在這一段文字之後，費爾巴哈比較動物的感覺（官感）與人的感覺
（官感）之不同，儘管動物感覺比人類還銳利，但動物的行動還是受到限
制，這是牠只能針對特定的客體、或對象而進行感覺的緣故。他說「人不
擁有獵犬或烏鴉的靈敏，這是由於他的嗅覺可以嗅不出各種各樣的氣味。
這表示人的嗅覺是自由的、普遍的，而非殊異的、特別的。一旦感覺超越
特定的、殊異的事物，也不受特別需要的羈絆，他便能夠抬高到獨立自主
的層次，達到理論的高度和尊嚴。是故寰宇的感覺便是知性，普遍的、泛
宇的感受，也就是達致智慧、認識的境界」（*ibid.*）。

寰宇性和自由不只可以應用到人的整個存有，還可以進佔到人的種類
本性之中，這就引伸到人乃為種類之物。把人當成種類之物，可以說是費
爾巴哈的發現，也成為他哲學人類學的核心，而為同代思想家廣為引用。

五、人是種類之物

第一次提及「種類」（*Gattung*; species）一詞，倒不是費爾巴哈，
而是普魯士歷史學者列歐（Heinrich Leo 1797-1878）。他在批評黑格爾
的哲學時引用「種類」一詞，而成為青年（左翼）黑格爾門徒施特勞斯
（David Friedrich Strauss 1808-1874）大為引用的概念。在其早年費爾巴
哈對此說詞加以發揮，但真正把「種類」加上「存有」，而成為「種類本
質」的哲學家卻是黑格爾（Wood 1981: 17）。在抽象的寰宇性與生物學
上，範疇上的「種類」底名詞之間，放置一個中間的詞彙，亦即「種類概
念」（*Gattungsbegriff*; species concept），可以說是費爾巴哈早期哲學的
標誌（Wartofsky 1977: 162-163）。

在《基督教的本質》前半部，費爾巴哈指出，人之異於禽獸者在於人
有自我意識。人不只意識其本身為一個個體，而且還意識到自己為人類種
屬的一分子。當成特殊的個人，人明顯地遠離了完善的目標。因此，人的

完美與完善就存在於他的寰宇性和無限性，這就是人的種類。換句話說，個人的生命難免有瑕疵和不完善，但整體人類的生命卻是完美無缺，而且代代相傳、迄無止境。是故種類本質代表所有層次表現出來、或潛藏未發的人類之特質、人類之本事。

費爾巴哈說：「當成個體的人能夠，也必須──在對照禽獸時──感覺和承認自己的界限，這是在真實不過的事實。可見人能夠意識到其侷限、其有限，則是由於人還能感受到其種類的完善和無限之緣故。這是感覺的對象、良心的感受、或思想的意識促成的」（Feuerbach 1975a: 7）。

作為個體的人並非是一個自足的被創造之事物，並非一個完美、完善的人。只有人與他人聯合，形成人類的一分子，也是以人類一分子的身分進行活動，他才會意識到本身是人。他的親戚、朋友、同僚型塑了他的意識和提供他真理的判準。因之，費爾巴哈說：「種類為衡量真理最後的度量〔尺度〕……什麼是真，無非是與種類本質合致；什麼是假，無非是違逆了種類本質」（引自McLellan 1969: 92）。

要之，人類的特徵是真理性，其意志，以及其愛心。且不談意志與愛心，單單來觀察理性。理性的種種規定與規範無非人的思想與行為的典型模式。這裡不是單獨的個人，而是有史以來的人類，在時空中出現過的人之種類的全體（Hook 1976: 261）。

既然理性是受制於人的種類，亦即種類控制了個人的經驗，則合理就是真實的舊哲學說法，要改為新哲學的主張：是人在做思想，而非「理性」、「自我」再做思想。換言之，只有人類才是真實，只有人才會合乎理性。「人為理性的量度〔衡量標準〕」。真理云云不是任何你或我諸個人說好就算數，而是靠人類的種類的公決。不是此時此刻出現在我面前的東西便可以稱為真理。反之，它卻是人類的傳統、溝通和經驗所建立的結果，亦即形成的科學才是真理。是故「種類的衡量才是人絕對的量度、律則和標準」（Feuerbach 1975: 16）。

當然我們對費爾巴哈一再強調「種類」的概念，不無存疑，但卻能夠找到兩個理由來加以說明。其一，當時他正在尋覓一項有人與自然的哲學之科學基礎，「種類」這個概念比起抽象的人類，更附有生物學上的意涵。其二，在早先（18 世紀）瑞典生物學家林瑙斯（Carolus Linnaeus

1707-1778）對動物與植物進行分類。不過他有關生命科學的建立與發展尚屬草創時期，因之，「種類」一詞為當時當學界普遍使用的概念（Galloway 1974: 137）。

既然真理不屬於個人主觀的認定，而是社會的公認，是人類的共業，那麼費氏主張真理屬於人類的，而真理的證明卻是社會的這種提法，是緣於人的理念，是從人與人的溝通中產生出來。人際的溝通就要預設人擁有共同生活的社群，或類似社群的集體來往。由是費爾巴哈從人是種類的動物，引伸到人是社群的動物。

六、人是社群的動物

費爾巴哈接著提出一個問題：個人怎樣能夠認出他具有種類性質呢？答案是只有透過思想的運用才有可能。是故費氏說：「在嚴格的意義下，意識只能出現在存有〔人〕的跟前，當它〔他〕的種類，基本性質成為思想的標的物〔客體〕之際……人在進行思維，這就無異是他與其本身做對話……人對其本身而言，同時出現了我和你，也就是他能夠把自己擺在另一個他人〔對談者〕的地位上。由於這個緣故，他不只能夠把他本人的客體性，也把他的種類、他的基本性質當作他的思想的標的物，而不僅僅是把他的個體性當做思想的標的物而已」（Feuerbach 1975a: 1-2）。由是可知只有在他進行思想之時，人才會表述與認識他的寰宇性、他的種類本性。在思想活動中思維的主體——「我」——與別人、與別物合成一體，於是別人與別物都變成思想的客體，也就是「你」（Hung 1984: 14-15）。

為此費爾巴哈說：「在同一思想動作的過程裡，所有的人都是平等的，儘管在別的方面人人有其殊異之處。當做一個進行思想的人，我同其他〔與思想有關的〕人或物牽連在一起，我甚至與他〔它〕聯合成一體」（ibid., p.36）。接著費氏說：「當我在思想時，我就是『你』，或者說當我在思想時，變成了所有的人，這兩種說法實在沒有什麼分別。原因是寰宇性的概念意涵，一個人與其他人都聯合成一體，社群正是結合成一體

的眾人之謂」（*ibid.*, p.30）[2]。

在《未來哲學的基本論旨》一著作之結論上，費爾巴哈指出

當作「自己」的個別人並沒有「在己」的人之本質，既沒有「為
己」的道德上，也沒有思想上「在己」的本質。人的本質只好存
在於社群（*Gemeinschaft*; community）裡，亦即存在於人與人結
合成一體當中。這種一體性在其實在〔現實〕中，呈現了「我」
與「你」的分別而已。（Feuerbach 1975b [3]: 321; 1972: 244）

換言之，人性不出現在孤立的個人之上，而是只有出現在「我」與
「你」有所分別的社群裡。費氏繼續指出，所謂處於孤立中的個人，不但
在時間上短暫的、非長久的，而且在空間上也是狹小的、有限的。與此
相反的社群是恆久的、廣大的，也是自由的、無限的。「如果人只是為
己、孤獨的，那麼他在通常的看法下是一個人而已。與此相反的人和別
人，亦即『我』與『你』的聯合，那就不只是一個人，而變成了上帝」
（*ibid.*）。

費氏接著要揭開「三位一體的秘密」，認為「三位一體」乃是「『社
群的』與『社會的』生活。這是『你』對於『我』〔連結〕的必要性之秘
密。任何的事物，不管它叫做人或上帝、精神，我只要是單獨存在，只要
聲稱是真實的、完全的、絕對的事物都非真理。反之，真理與完善只存在
於人與人的聯合，兩個相同的本質的事物之一體性之上。哲學最高與最終
的的原則在於人與人的合一，其最重要的關係——不同科學的諸原則——
都是這個合一〔一體性的表述〕的種種類別和樣式。甚至連思想、作為
也只能從這個合一中理解出來和引伸出來」（Feuerbach 1975b: 322; 1972:
244-245）。

2　依據英國學者麥列蘭（David McLellan）之說法，費爾巴哈在《基督教的本質》
　一書出版以後，已不再使用「種類」，而改用「社群」，其說法也趨向於「你」
　與「我」之關係。參考McLellan, *op.cit.*, p.92. 不過本書作者發現在其《未來哲學
　的基本論旨》（1843）一作品中，還是使用「種類」一詞，雖然僅使用一次而已
　（Feuerbach 1975b [3]: 262; 1972: 189; Hung 1984: 15n）。

　　由是我們可以看出對費爾巴哈而言，人必須經營社群與社會的生活，人也只有在社群與社會中才能享受他的自由。政治社群，也就是國家，對費氏而言是「人群已實現的、已發展的、明顯的整體。在國家中人基本的性質和活動得以落實」（*ibid.*, 1975b [3]: 243; 1972: 172）。這種對國家的禮讚與黑格爾的政治觀完全吻合，都是普魯士國力昌盛時代的思想產品，或稱德國統一之前的擴張性國族主義的表述。

　　正因為深受黑格爾把人視為主觀精神的影響，也就是把人的活動當成主體，將內心的意識投射到外頭的說詞之影響，費爾巴哈在談到人是寰宇的生物、種類的生物和社群的生物之外，也談人是主體性的生物，是主體牽連到客體的生物。

七、人是客體牽連的動物

　　在《基督教的本質》一書的開頭，費爾巴哈指稱：

> 人如果沒有客體〔對象物〕就不算是什麼東西。人類過去偉大的典型，也就是〔歷史〕所呈現給我們知悉的那些偉人們，都用他們的一生證明上述這句話的真實，等於說凡人都要有個客體、有個目標。他們一生中主導性的熱忱在於實現一個目標，這個目標正是他們一生奮鬥的、活動的客體物。不過主體本質上必要上所牽連的客體，卻是主體自己的客體，也就是客體的主體上之本性。（Feuerbach 1972: 4）。

　　費爾巴哈進一步說，人只有在客體（對象）中才會深思熟慮，也在沈思中逐漸瞭解自己、熟悉自己。對於客體事物的意識才會轉變為自我的意識。只有人表現在外的客體，只有他對周遭、外在於他的事物持有什麼樣的看法，我們才會看出他究竟是一個怎麼樣的人，這就是說在一個人外顯的客體物上透露了他的本質、本性。

　　一個存有物（人）以及它（他）的客觀上之本性所形成的關係，也成為費爾巴哈後期要澄清的課題。在《未來哲學的基本論旨》開端中，他說：「任何一個事物〔存有〕之所以被人所知，是由於與它有必要的關連

之客體〔對象物〕的呈現造成的緣故。這個與它密切關連的客體可以說是它『顯現的』本質。譬如素食的動物之客體物為〔蔬菜水果類的〕植物，通過這個食料作為客體，使素食動物與肉食動物得以分開」（Feuerbach 1975b [3]: 252-253; 1972: 181）。

很明顯地，造成費爾巴哈哲學人類學與眾不同，而獨樹一幟之處，乃是他把人當做客體牽連之物看待。人的知識從感覺知曉（Sinnanschauung; sense-perception）而來，人是生活在同大自然不停的互動中。對費爾巴哈而言：「自然是一種與其存在無分的存有。反之，人卻是從其存在可以分辨出來的存有。與其本身的存在不分之物〔的自然〕，成為與其本身的存在可分的存有〔人〕之土壤〔基礎〕。是故自然成為人〔成長〕的土壤〔基礎〕」（ibid., 1975b [3]: 239; 1972: 169）。進一步費爾巴哈指出：「正是那個會思想的人本身，他不但是，而且還知道他是自然、歷史、國家、宗教等等自我意識的本質；同時這個人仍舊是，也知道所有主動的、被動的，心靈的和感覺的，政治的和社會的諸種性質之對立與矛盾底真實的（非想像）、絕對的認同體」（ibid.）。這等於主客、心物、國家與社會等等的對立之統一體、認同體。

費氏強調人的真實存有，以及人同自然的緊密關係，這點被馬克思大為讚賞。在《神聖家族》（1845）一書中，馬克思說：「費爾巴哈從黑格爾的觀點來完成與批判黑格爾〔的學說〕。他把形而上學的絕對精神溶解為『站在自然的基礎之上真實的人』。從而他成為第一位完成宗教批判的，在宏偉的和大師的作風下勾畫了黑格爾思辨〔哲學〕的批評，因之無異是對所有的形而上學的批評」（FS I:838; CW 4:139）。

正因為人是能夠把其內心、內在的能力，藉認識、慾望、愛心等的驅力投射到身外，進一步找出認知的、意欲的、熱愛的對象，把它們塑造成與人有密切關係的事物，我們才能看到主體如何把客體合而為一、本質與生存如何合致、精神和物質怎樣結合、人與自然如何互動、個人與社群怎樣互賴，它們之間如何共生與共榮。這些都說明了費爾巴哈的人性觀中所論述之項目，一言以蔽之：人是客體之物，人是與客體、對象牽扯的動物。

另一方面，費爾巴哈卻也把人描述為「承受苦難的生物」（leidendes

Wasen; suffering being）（Feuerbach 1980: 270）。其原因無他，「一旦需要喪失，人的存在就成為多餘的、浮表的存在……沒有受苦受難的存有變成了缺乏存在的存有」[3]。

顯然人要把其身內的才華、才能外化到自然界或社會的對象物、客體物之上，其所靠的動力就是慾望、需要、熱情。但慾望、需要、熱情的出現正表示人有所欠缺、有所不足，這種欠缺對主體的人而言，常構成一種傷害、苦難。是故人也是易受傷害、甚至常常是受苦受難的生物之因由。

另一方面人之所以受苦受難，在於自己最好的部分交給神明，亦即神明是全知全能的，人卻是無知無能。「神明擁有一切，人則一無所有」。這是信仰宗教的人自我異化的苦難意識。換言之，將上帝當成投射於人的身外之美好意像，會使人更形自卑自憐，人與上帝的差距之大造成自我異化的苦難意識。

人之受苦受難源於人擁有身軀（*Leib*; body）。因之，舊哲學（費氏以前的觀念論、理性主義、唯心主義都是屬於舊哲學）把人當成抽象的、只能思維的動物，把身軀從人的本質抽離之際，費氏新哲學卻要強調人是實在的、真實的，能感覺、能知曉的生物。「身軀隸屬於我的本質，對了，〔進一步說〕，身軀在它〔人的本質〕的全體中、整體中構成了『我』，構成了『我的本質』本身」（Feuerbach 1975b [3]: 302）。因為人擁有身軀，所以能夠感知，人只有在與其感覺和諧一致中才會事事如意、生活順暢，否則必然憂悒苦惱，甚至心身不寧，成為一個受苦受難的動物。

像費爾巴哈這樣注重人的身軀、人的感覺，而反對黑格爾絕對精神說，只重人的心靈、人的意識之「新哲學」，不但為此後日耳曼哲學界從泛神論的神本主義之窠臼中跳出，而邁向以人為中心的人本主義、物質主義，而且終於導致馬克思「認識論上的破裂」（法國哲學家Louis Althusser語），從唯心主義轉向唯物主義（洪鎌德 2007a）。這種把身軀感覺的重要性凌越於心靈意識的說詞，對運動哲學的衝擊必然是重大的。

3　關於客體牽扯的存有與受苦受難的存有這個概念，費爾巴哈所言不多，反而是馬克思把這個觀念加以發揮。參考洪鎌德 1997b: 119-143; 151-164.

　　說費爾巴哈的新哲學為一種的物質主義並不真確，儘管他把「實在」交付給人（「唯一能夠感覺的實在的、真正的存有」，「存在為主詞，思想為述語」）和人的意識（human consciousness）。他的學說與傳統的、向來的物質主義不同之處，便是把意識和知識推到本體論上和認識論上的首要地位。他的學說與傳統觀念論（唯心主義）不同之處，則是強調人立於自然的基礎上這一物質現象。不過人之異於禽獸，不只人有意識，還因為人對意識的醒覺，這種醒覺，使人大大改變（質變），而與整個自然有重大的區別。由於「質變」（qualitative change），造成人不只擁有意識，人還隸屬自然，而成為自然本質（這點與物質主義站在對立面），另一方面自然也屬於人的本質（這點與主觀的唯心主義站在對立面）。

　　是故對費氏而言，任何把人的本質加以特殊化、特徵化的努力，無論是指出人的形體、特質面來自人的精神性質，或人的精神、心靈來自於人的身軀、或物質性，都是錯誤的說法。是故新哲學所要解決的課題是人在其特殊境遇上（具有意識的那部分自然）透過人與自然之互動、人與社群之關係而追求其特殊的本質之顯露。人的本質，是「身體的整全所表現的自我，是我的存在之本身」。人的本質是透過他與其他人的聯合（union）所顯露的人際關係，也是「我」與「你」人格之不同所營建的共同體裡頭之互動關係。為了理解人的行動與思想，我們必須要明瞭人的能力。人的能力在於打破低級動物無法改變其環境的有限本事。

　　在人與自然互動中，顯示了人對環境回應的能力，此等能力，包括認識、慾望與熱情，其中尤其是熱情，是人行動與思想最重要的驅力。熱情中又以愛心的情緒導向人與人營構社群（人是社群動物），而使人與動物截然分開，也是人能超越動物而一枝獨秀的所在。創造社群、經營社會生活，是人共享愛心熱情的關鍵所在，也是人何以會促成思想與行動的源起。在人類的思想與行動中，想像一個超人群的絕對神明之存在，無非是人與他人結合的企求之昇華，也是「你與我合一」夢想的投射（White 1967: 191）。不難想像，費爾巴哈企圖以建立「你與我」的共同體，宣揚博愛精神，營建以人為中心的新宗教。

八、費爾巴哈人性觀對運動哲學的衝擊

當費爾巴哈視人類是普遍之物、寰宇之物時，他並非指人知識、認知的能力可以擴大至整個宇宙而言，也不是指人可以征服全世界、全宇宙，人達到黑格爾所說絕對精神之天人合一的境界，而是指人作為主體可以把他立身的自然、世界、宇宙當作我們知識追求的客體看待。人不可能超越他所處的時間與空間的限制，而達到永恆（無垠、無所不至）的境界。他所指的人是客體牽連的生物，與人是寰宇之物幾乎是相同的說法。在這種看法之下，馳騁在運動場上的選手無疑是活生生的、真實的個人（或任何比賽團隊的一員），也就是費氏所說的主體、行動的載體，和一句話中的主詞。作為主體或主詞的人，應有開廣的胸懷、宏遠的志趣，在與同僚、同志、伙伴進行比賽或競爭時，朝著為天地立心的雄偉志氣，把人類的體能與心能（意志、忍耐、毅力）推擴至最大的邊界、最高的限度，甚至到全球、全宇宙去。亦即追求宇宙間的完善、完美、健全，是運動家的氣魄與胸懷。

事實上，運動不限於身心健壯的參賽競勝，而應包括全民，乃至全人類的健身、培心、養生之廣義的活動。這意指除了選手、參賽者之外，所有的人類無分老少、男女、種族，都應投入體育活動當中，甚至連肢體或心智稍有殘障者，也應當與常人一樣積極投入個人、或團隊的養生——廣義的運動——活動。只有讓生命充滿活力，身體保持健康、心理得到平衡，生活才會充實，人生才會活得快樂、自在而有尊嚴。這樣費爾巴哈所強調的人是寰宇的動物也才能落實。

至於費爾巴哈所言，人是種類之物，在於強調人之異於禽獸的自我意識，包括認知、意欲、感情（愛心）。這點也反映在運動選手不只注意鍛鍊體魄、改善身軀有形的生理、物質之面向，不斷提高體力，增添比賽技巧，更不忘培養心靈方面的特質，特別是堅定必贏的信心，加強勝利的意志，防阻心身發展的失衡等等。換言之，體力方面的抬高固然重要，心力方面的增強也不容忽視。其中公平競爭、運動家精神的發揮，尤其是人異於禽獸之處，亦即禽獸只有鬥爭，人則在鬥爭之外，還存在著競爭，特別是和平的比賽與公平的競爭。

　　至於費爾巴哈所指稱的人是社群動物一項，其運用在運動場上、比賽場合上的意義為個別選手或集體的隊友，其個人或團隊的表現都是在人群集體的脈絡——社群與社會——下展示的遊戲、比賽、表演。個人單打獨鬥固然需要觀眾的加油喝采，團隊的比賽還涉及隊友之間的合作助力、對手的心服承認，以及觀眾的應援、支持。這都說明連遊戲、賽局、運動，都脫離不了人群的互動關係。雖然在競賽中個人與個人彼此之間、團隊與團隊之間為了爭勝取贏，不免有相互敵視，甚至嫉妒、怨恨的情緒表露，但賽事一旦完畢、勝負分明之後，彼此應該盡棄前嫌，恢復比賽前的友好關係。這種關係縱然不是「你」與「我」親密的共同關係之營造，但至少不應該視為敵對關係之延續，這樣才符合公平比賽、相互尊重的運動家精神。

　　此外，費爾巴哈所強調人無法脫離時間與空間的境遇，人的存有（本質）與其存在的分開與合一，人的心靈與身體之間的互動關係，都是哲學上討論的心與物之間、存在主義的探討、心與身之間關係之諸議題。這些關係可以延伸到運動哲學的探索之上，特別是後者對運動哲學、身體文化的刻意檢討，更使我們對費爾巴哈的哲學人類學有進一步研討的必要。

九、後語

　　近代影響世局推移最大的的思潮無過於馬克思主義。青年時代的馬克思不但受到黑格爾思辨哲學的影響，也受到費爾巴哈哲學人類學的衝擊，以致費爾巴哈的人本主義轉型為馬克思的唯物史觀。這種從唯心主義轉化為唯物主義的心路歷程固然是馬克思與恩格斯世界觀、歷史觀、人生觀的劇（遽）變，也是馬克思學說從「哲學的共產主義」改變為「科學的社會主義」之旋轉樞紐（洪鎌德 2007a; Tucker 1972），其關鍵人物毫無疑問就是費爾巴哈。

　　費爾巴哈的新哲學不只是對向來的舊哲學（柏拉圖、亞理士多德、聖奧古斯丁、聖多瑪、笛卡兒、斯賓諾莎、萊布尼茲、休謨、康德、費希特、謝林和黑格爾等）之挑戰與否定，還把神學化約為人（類）學，甚至把黑格爾的形而上學轉變為「秘義（少數人使用的內行話）的心理學」。

他一度說出：「人就是吃什麼東西的動物」（*Man ist was er isst*），這在於強調人的形體和心思合構成一個活生生、富有動力的整體。要對整體加以剖析，我們不能只訴諸抽象的方法，是故他注重具體的、能動的身軀之觀察，這是他的人類學之特色。把人分裂成「彼岸」（雲霄）的神明與「此岸」（塵世）的人身，是宗教、神學的錯誤。畢竟「真正的實物」（*das Wahre ens realissimum*）還是腳踏塵土，全心全意注視自己、世界和現時的當下之人。

以他重視人的心身合一之論述，應用到體育和運動之上，可以解釋競技場上的運動員不僅要強調身體靈活、體力飽足，更要堅定拼贏的意志，突破體能的限制，進一步擴大個人的識見、胸襟，發揮團隊與社群精神，

Feuerbach

Carolus Linnaeus

St. Augustin

Marx（青年時代）

Hegel（青年時代）

Plato

Chapter 9

費爾巴哈與馬克思的對話

一、前言

　　要瞭解馬克思主義的崛起,有必要首先探討黑格爾觀念論(唯心主義)對黑格爾青年(左翼)門徒思想的衝擊(洪鎌德 2007a,第三章),尤其是青年門徒中最傑出的費爾巴哈的學說。假使人們可以把黑格爾當成 1820 至 1840 年二十個年頭裡面日耳曼思想王國之君王的話,那麼自費爾巴哈在 1841 年出版了《基督教的本質》至 1848 年歐洲爆發革命的前夕,大約七、八年間,費氏成為哲學界主要的反叛者(arch-rebel)。假使黑格爾的哲學代表辯證法的「正題」(thesis),那麼費爾巴哈的批判可以解讀為「反題」(anti-thesis)(Hook 1962: 220)。

　　在很大的意義下,馬克思主義無異是經由費爾巴哈中介的黑格爾思辨哲學,或說是透過費爾巴哈轉型批判法,把黑格爾從其顛倒翻轉中加以扶正,直立(頭朝天、腳踏地)的新主張、新理論。我們在這裡似乎也可以說馬克思的思想代表19世紀中葉以後,德國哲學的「合題」(synthesis)。由是可知黑格爾、費爾巴哈和馬克思的三角關係,需要加以釐清、加以辨正,我們才能夠理解馬克思主義的思想淵源。

　　這中間又牽涉到宗教,特別是基督教的問題。黑格爾在其早年的神學著作中,批判了重視經文教條、教會權威,以及祈禱儀式的「正格化」(*Positivität*)的基督教。他固然對多神教轉為一神教的希伯來猶太傳統之基督教加以讚賞,把它當做世上諸種信仰體系中最為進步的宗教,但其心目中的上帝卻是變化生成,從無知到有知、到全知全能的宇宙最高主宰。他對上帝的看法雖也是基督教的三位一體之神明,但卻主張入世的上帝,而非遠居雲霄之外,居住在天堂的上帝,上帝活在世間、活在人群、

活在自然當中，是故此為泛神論的神明。他的青年門徒甚至把黑格爾當做
「無神論者」看待，這個無神論不是世上（或天上）不存在神明，而是主
張神明活在人心坎中、人的自我意識中的絕對精神。人在其意識發展到最
高境界時，自知為神明，或稱神明因人類文明發展至最高峰，由自知自
覺，而知道自己為上帝，上帝遂成為而顯示出來的最高知識、絕對精神。

費爾巴哈在青年時期熱心擁抱黑格爾的哲學，認為哲學比宗教更能
掌握人的經驗。他受到黑格爾討論「精神」的影響，認為精神的概念對
自然的心靈、自我與別人、個人與社群之人存在的緊張關係有解決的能
力。稍後費氏對黑格爾宗教哲學大失所望，不再認為宗教，特別是基督
教在其實踐中符合了黑格爾宗教哲學所強調的精神發展之階段。尤其黑
格爾講究認知的、理性的宗教，費爾巴哈卻強調宗教的感性（*Sinnlichkeit*;
sensuality），強調宗教信仰感情的面向。費氏視宗教是人群期待、企求、
嚮往的目的物，宗教既非道德，也非理性，而是感覺（Williams 2006:
55）。這個宗教觀更影響了馬克思對宗教（猶太教、基督教）之看法。

二、馬克思對費爾巴哈初期的推崇

與恩格斯及其他黑格爾青年門徒一樣，馬克思最先（在1842-1845）
對費爾巴哈推崇備至，認為所有思辨哲學的哲學家兼神學家都需要經由
「火溪」（費氏 Feur-bach 姓氏本來的意思）的焠鍊、洗禮才能瞭解存在
於現世真實（實在）的事物。恩格斯還說這個時候所有的黑格爾的左翼門
生都是費爾巴哈信徒。馬克思甚至在其《巴黎手稿》（1844）中指出費氏
主要的著作《基督教的本質》（1841）、《哲學改革芻議》（1842）和
《未來哲學的基本論旨》（1843）為黑格爾《精神現象學》（1807）與
《邏輯科學》（1816）出版後最具原創性的哲學著作，期間甚至含有「理
論性的革命」之重大意義。他甚至指出

> 費爾巴哈是對黑格爾的辯證法採取嚴肅的、批判的態度的唯一
> 〔思想家〕。費氏在這一領域〔辯證法〕做了真實的發現。事實
> 上他是舊哲學的征服者。（*FS* I: 639: Marx 1964: 172）

在馬克思這段 24 歲至 26 歲的青年時期，就像其他黑格爾青年門徒一樣，視費爾巴哈為隻手批判，甚至推翻黑格爾的體系，亦即黑格爾的「舊哲學」之大英雄。不但舊體系、舊哲學遭到致命的一擊，還讓其他左翼門生從黑格爾的緊身箍中解放出來。換言之，馬氏頌揚費氏是黑格爾思想框框的解放者。把青年門徒從心靈、精神、自我意識等思辨哲學的沼澤中、泥淖裡解放出來，讓後者可以面對現實的人間，視人類立足於賴以存活的大自然當中。就因為費爾巴哈拆穿黑格爾重視秘義的心理學（esoteric psychology），忽視現實的自然人（站在圓形的地球上，有血有肉、有軀體的、能夠感知的現實人），使馬克思對大師崇拜、折服的心態又有一時的改變。在其後與恩格斯合著的《德意志意識形態》（1845-46）一長稿中，他偶然會提到黑格爾的「世界精神」（Weltgeist）。不過此時他把這個精神當成「形而上學的鬼魅」看待，因之把後黑格爾時代的德國知識生活描繪為「絕對精神之腐敗」（FS I: 11, 42; GI 3: 39）。此時馬克思反黑格爾思辨哲學的態度愈趨明顯，可以說是直接受到費爾巴哈的影響之緣故。

費爾巴哈雖然一度反對黑格爾哲學，更反對基督教神學，但後期主張建立「你與我共同體」無異是另一套神學的翻版，等於又恢復了宗教的勢力。同樣地他雖是舊哲學的征服者，也是黑格爾哲學體系的破壞者，但其後期又把黑格爾哲學體系重新建立起來，也就是把黑格爾深藏人心的當成秘義心理學的形而上學挖掘出來，把神學化作人學。原因是這樣的：黑格爾認為發生在人心中、想像中的精神世界之種種生成變化，如今被費爾巴哈視為發生在你我現實世界、人的世界之上的種種切切。對費氏而言，黑格爾自我異化的神明無非是現實世界宗教人神秘化的圖像、描繪而已。在宗教中人忍受著自我異化的種種苦難，人確實是活在大自然（包括社會）中現實的人。要談疏離只有人的異化，而非神的異化。

對馬克思而言，這點才是費爾巴哈「理論性的革命」之新猷。在這個理論性的革命中，馬克思發現了黑格爾的哲學並非一無是處。剛好相反，它道出世間的真理，它含有真理的價值。人們只要把這套思辨哲學「顛倒過來」、「翻轉過來」、或「扶正過來」，便不難發現「沒有隱藏的，但卻是純粹的、顯示出來的」真理。這個人間的真理，被黑格爾神秘化、隱

藏化，逆轉化為抽象的形式。馬氏曾經指出有兩個敵對的世界彼此虎視眈眈、互不退讓。其一為黑格爾式哲學意識的思想之世界，這是一個主觀的、認定的偉大幻思，在其中自我知道它是上帝。另一個世界卻是絕非哲思的，而是俗世的、塵土的世界，這個現實的世界離哲學太遠、離理想太遠，必須依哲學的意像、映像來改造、來轉型，俾有朝一日實現為人理想的、大同的世界。人類只有達到這一地步，才是「哲學的實現」（*Verwirklichung der Philosophie*）。費爾巴哈如今聲稱和主張「塵土的實在」（earthly reality），或稱為「現象的世界」。具有哲學的意味是由於黑格爾賦予精神一種過程，從感知、知性、理性、（主觀、客觀與絕對）精神的步步高升。事實上是真實的人也經歷了同樣的從無知至有知的心路歷程。於是費氏接著說，黑格爾的哲學幻思必非單純的幻想，而是在宗教中處於異化狀況下的人之實在的情況，這是對實在情況下的幻想式的反映、反射而已，而其對現實世界的異化便隱含在這套也經歷了同樣的幻想裡。換言之，人心中的意識之變化成為世界變化的縮影、反射，如此而已。

三、理論性的革命與轉型批判法

所謂的「理論性的革命」在於費氏讓馬克思相信，事實上並不存在於兩個對立的世界，而是只有一個世界——現實的人的世界。另一個心靈幻思的世界並非真實存在。後者只是這個唯一真實的人間世之迴光反照——映像、幻相而已。而黑格爾的哲學意識的世界乃是一種思想的世界、幻想的世界。在這個幻思的世界中精神從其本身（自我）異化出來，而努力要打破這種異化。這種精神的異化與異化的克服正反映了人處於現世困難情境下的異化，以及人企圖要克服的現世之異化。由是可以看出精神的異化事實上是人異化的投射與反映。現世的實在中，人從其自我異化是真實的，無可置疑的事實，從而說明黑格爾的學說有其現世上、塵土上的根據。只要把「精神」的真理，只要應用費爾巴哈把主詞與述語做一個顛倒，像黑格爾說：「上帝是人的自我異化」顛倒過來則為費爾巴哈所言：「人是上帝的自我異化」。這種主詞與述語的對調互換，便是費爾巴哈的

「轉型批判法」。是故只要應用費氏轉型批判法來改變黑格爾的原來說詞，那麼現實世界的種種問題便告浮現。黑格爾用他秘義的精神現象學來隱喻現世的不公不義與災難，其描述與分析並沒有失實。

　　在這段時期費爾巴哈對黑格爾學說的轉型批判給馬克思的衝擊之大不難想知。這是後者何以強調此時的費氏為「火溪焠鍊的時代」之源由。顯然費氏對馬克思心靈轉變起了重大的作用。費爾巴哈把黑格爾主義「自然化」、「現世化」，也就是把黑格爾的上帝轉化為人，把唯心主義轉變為以人為中心的物質主義。這是造成馬克思主義崛起的轉捩點。

　　塔克爾（Robert C. Tucker）曾經把馬克思主義分成早年與成年兩個不同的體系。早期的體系可以稱為「哲學的共產主義」，成年以後的體系則發展為「科學的社會主義」。前者所關心的為「人的異化」，後者批判的重點則為資本主義制度下「階級的剝削」。費爾巴哈的人本主義可以視為黑格爾唯心主義與馬克思唯物主義的中介。但令人困惑與不可思議者卻為他雖治癒馬克思早年所患黑格爾狂熱病——對黑格爾哲學的盲目崇拜，但卻也使馬克思對黑格爾的思想（特別是辯證法）之眷念、之依附的宿疾無從根除。他使馬克思的心思從黑格爾體系之束縛中解除，卻說服馬氏相信這個體系對現世只有事實性、應用性，指出這個體系是人類的實在之翻轉、逆轉的描述，是人在自然情況下的實狀，只是這個實狀卻反映在哲學家的心靈裡。其結果是這位反對黑格爾的青年馬克思，把「世界精神」當成鬼魅的馬克思，在某一意義下，變成為更熱衷擁抱黑格爾哲學的年輕門徒。此時馬克思的思想歷程中受黑格爾主義薰陶、浸染的程度更形加深（Tucker 1972: 97）。

四、黑格爾哲學的神秘化

　　在接受費氏對黑格爾學說批判的同時，馬克思又回到黑格爾的作品《法律哲學原理》（1821）一書之上，遂利用他與新婚太太燕妮度蜜月的1843年夏天，把細讀黑格爾這本法政大作的邊抄邊註之手稿大半完成。換言之，應用費爾巴哈轉型批判法，把普魯士王朝統治下的民間實狀與黑格爾理想化的法律與政治制度作一個分析與比較，俾發現黑格爾對實然與應

然合一的想法與作法前後不一致。不過從這本大師的法政鉅著裡，馬克思
也看出黑格爾主義所關懷的是人在現世的存在，只是其表述的方式令人迷
亂，這點是費爾巴哈清楚指出的。這點二十多年後馬克思在致友人的信上
所指出的話可以獲得佐證。馬克思這樣寫著：「與黑格爾做一比較，費爾
巴哈〔的思想〕顯得很貧瘠。不過平心而論，它是在黑格爾之後，開創
思想新紀元的人物，因為在某些方面他強調那些對基督教意識不贊同的看
法，但這些強調對批判的進步有助，卻是黑格爾未能說清楚、講明白，半
晦澀、半昏暗的遺言」（*SC*: 142）。這裡指的是費爾巴哈把宗教當做人
的異化而言。換句話說，在馬克思心目中，黑格爾為思想界的巨擘，他一
針見血刺入真理的核心。相較之下，費爾巴哈只是一位批判大師的門生，
把大師沒有顯示而卻是潛在的意義揭揚，而使這個學說得以淑世救人。

　　在他將黑格爾《法律哲學原理》加以抄錄、註解、批判中，顯示馬克
思已能活用費爾巴哈的轉型批判法。他甚至指出黑格爾式的思想方法帶有
秘思（myth）的色彩，是一種「神秘化」（mystification）的思想，這就
是黑格爾哲思最基本的毛病。馬克思這樣說：「在黑格爾那裡一個神秘的
實體（substance）變成了真實的主體，而真實的主體卻被他描述為某些東
西，變成了這個神秘的主體之屬性〔述語〕」（*FS* I: 284; *CW* 3: 23）。
真實的主體之人類在黑格爾那裡變做「理念想像的內在活動」。因之，
「在思辨的想法裡一切事物都成為頭顧立地的顛倒現象」。「因為在實
在當中所有發展〔生成變化〕都發生在其外面（exterior side）〔身外〕」
（*ibid.*）。1845年馬克思與恩格斯合寫的《神聖家族》一書中，馬克思又
重提這個說詞。他寫著：「取代把自我意識當成人的自我意識——真實的
人，人活在真實的、客體的世界中，也受世界所制約，黑格爾卻把人當做
自我意識的人看待。他把人的頭顧倒立在地。為此原因，他居然認為只要
在人腦中活動，所有外頭世界的阻礙、藩籬都可以化解消除。如此一來無
法使阻礙、藩籬從真實的人之災難經驗中消失其存在」（*FS* I: 903; *CW* 4:
192）。

　　人並非「自我意識中的人」，亦即並非神明的現身。反之，黑格爾式
的自我意識乃是「真實的人」之自我意識。在這裡馬克思進行了心內的思
維過程，效法費爾巴哈把黑格爾翻轉過來、扶正過來。在前述《神聖家

族》中馬氏指出黑格爾的人本化事實上牽連到人的黑格爾的哲思化。「黑格爾的現象學，儘管是其辯證的原罪，卻在其很多的例子裡給予人際關係真實的描寫」（*ibid*., 193）。同樣地，在《巴黎手稿》中，馬克思強調任何一個思想家如要想接近現實，掌握實在，就要從黑格爾的抽象化當中抽離出來，以人的自我意識取代黑格爾所談的自我意識，因為黑格爾設定活生生的人為「自我意識」之緣故，以及人從其實體異化出來，人從其絕對的和固定的抽象裡異化出來，亦即人從宗教和神學異化出來之緣故（*FS* I: 639; *CW* 3: 329）。

五、哲學的實現

　　費爾巴哈不但批評黑格爾，他更反對宗教，特別是反對基督教。這方面反而使馬克思深信黑格爾的哲學具有人存在的重要意義。費爾巴哈曾經表示（或至少馬克思認為有這種的表示）「現象的世界」在黑格爾主義的感受裡具有真正的「哲學」意味。雖然並非現象界完全達成哲學家所願望的那個樣子，也就是說世界可以用哲學來加以理解和掌握，儘管至今為止哲學尚未完全實現。現象界具有哲學的意味主要在黑格爾主義的基本範疇——自我異化——可以應用到世界之上，它是人類異化的世界。因之，「哲學的實現」對馬克思而言，乃為人類異化的消除、異化的揚棄。要使世界哲學化乃是要造成一個沒有異化的世界，一個人可以自我實現的世界。

　　於是馬克思效法費爾巴哈，而把世界演展的目標重新加以界定，視歷史為人類的生成發展史，歷史的終境為人的解放，也是人本主義、人道思想、人文精神的落實與發揮。人類最終的目標，在使人自我實現，落實為真正的人。可是目前的人仍舊受到宗教迷信的羈靡束縛，人還生活在宗教幻思中，期待來生靈魂的救贖，而忍受現世的不公不義，人的自我實現不但受限於宗教的異化，也受到社會、政治，特別是經濟方面的異化。

　　馬氏這個觀點主要表示在 1843 年對黑格爾《法律哲學原理》的批判長稿之〈導言〉上。在導言中馬克思說，對宗教的批判是一系列批判的開端。「宗教是人類幻想的太陽，它圍繞著人在打轉，只要人尚未開始圍繞

自己〔真實的太陽〕在打轉之際」（*FS* I: 489; *CW* 3: 176）。馬氏說，對人而言，再也沒有比人更至高無上的事物了。人才是宇宙的太陽，其他事物如宗教、社會、法律、政治、文化、思想都應該以人為中心來打轉、來展開、來運作。

如何使人為中心而繞著自己打轉呢？依馬克思的意思，要使人能夠本其天性、實質、才華、能力來自我實現，而不是在宗教裡，或其他場合（政治、經濟、社會、文化等等）只求虛幻不實、假的、準的自我實現。幻想的生活、虛假的生活，都是假的、準的自我實現。在這種情況下，人並非過著實在的生活，而是在作白日夢而已。這是人存有（本質）的幻想之實現，在這裡人類並未擁有任何的實在。人既然活在宗教的幻象中，他就把「好像是」（seeming）當做「是」（being）看待。這種費爾巴哈式的想法後來發展成馬克思所言：「宗教乃是民眾的鴉片，是無助之人的呻吟」。這只是依據費氏在《基督教的本質》一書中的宗教批判加以引申而得。這並沒有說宗教是人群貧困的補償，而是非人性，取代人的安慰劑而已（Tucker 1972: 99-100）。

其次，費氏的宗教批判在於指出人所投射的幻想之物的上帝，其實是人企求、期待變成的事物，這也是讓人張開雙眼，可以追求，也必然要追求的巧思目標。「在天堂的幻想實在〔實相〕裡人追求的是超人（*Übermensch*）。〔是故〕，在現世他找到的卻是他的鏡影，只找到『非人』〔*Unmensch*〕，因之，在找尋、也必然尋找他的真正實在」（*FS* I: 488; *CW* 3: 175）。這種說法背後的埋怨無他，乃是在現世中人的實在是悽慘不幸的實在，沒有依照人的本質所展現的實在。人的目標在實現人的本質、落實人性之實在。就因為懷抱這種想法，馬克思說：「〔康德〕範疇性無上命令該是這樣的：推翻把人視為卑賤的、被奴役的、無助的、令人厭惡的受造之物（事物）之所有關係〔典章制度〕。這些關係被法國人在法國官署準備抽取狗稅時，驚呼為：『可憐的狗狗！他們〔官員們〕把你們當做人看待！』」（*FS* I: 497; *CW* 3: 182）。狗變成人，或說人不如狗，都是卑賤、可恥之事、之物。

可以說此時馬克思的思想之趨勢正受到費爾巴哈衝擊之大。他緊密地，也是十分認可地接受費氏有關人的處境是這般的悽慘無助之說法。但

卻以他（馬克思）本人的想法來加以引申和詮釋，並做出結論。他發揮費氏學說與精神之方向為他開始時自訂的方向。他一開始便存心要改變世界，讓世界變成為哲學得以實踐的場域。他這樣一路走來始終如一，就是要改變世界。不過這個革命的無上要求，卻因為吸收了黑格爾主義所受費爾巴哈的除咒化、去神秘化，而有所變異。現象世界所透露的乃是人異化的世界。因之，馬克思革命的最高原則逐漸成形，那就是以改變世界來終結人的異化。這個要求是說，人所存活的世界使人到處發現從本身異化出來，而到處發現的都是「非人」，都是夢想要成為「超人」的「非人」。因此有必要把非人的世界轉型為人本主義的世界，在這個新世界中異化被克服，而每個人都可以實現其人性、其本質、其才華。這種想法可以在〈費爾巴哈提綱〉第十一條上面看出端倪。馬氏說：「向來的哲學就只會解釋世界，但關鍵之所在卻在改變它〔世界〕」（*FS* II: 4; *CW* 5: 5, 8）。

六、對費爾巴哈的批判

在這個背景下，吾人可以知道何以馬克思在吸收費爾巴哈有關宗教的批判之後，轉身過來批判費爾巴哈的學說。他世界革命的大綱、規劃在涉及醫治異化理論方面可以說與費爾巴哈相似，但在實踐方面則大異其趣。原因是費氏只談宗教以及人從宗教中異化出來。馬氏則指出人在社會上、政治上，特別是經濟上所遭逢的異化。費氏只求人在思想上做一個轉變，尋求新的理論取向，也就是在認知方面有所改變。只要人從宗教幻相下認出過去接受知識的束縛，那麼人對自己以及其他人類的態度會跟著改變。對此馬克思的反駁為費爾巴哈除了宗教之外，不知人還有其他的社會關係（政治、法律、經濟、文化等等之關係）。費氏把人與人之關係建立在「你與我」的相親相愛之親情與友誼所形成的共同體中，而把它理想化。事實上，馬氏指出人從白日夢的宗教中覺醒過來，不再承認「我與你」的共同體存在。這只是接受既存、現存的實在，只想要把「正確的」意識建立起來，而卻忽視世間真實的、不幸的、苦難的實在。

換言之，馬克思批評費爾巴哈有關人的概念未免太含糊、太抽象，未曾把人的概念具體化。不過就費氏的哲學效應來觀察卻是言之成理，因為

他以優美的詞彙大談人的力量與美德，但對人在市民社會裡的社會與政治問題卻疏於作仔細的分析。因之，他的作品中最具強勢與優點的所在為人的非人化（dehumanization of man）。對人心理學過程他掌握得很完全，但對造成個人或人群心理學過程之社會結構、制度、組織，卻欠缺真知灼見（Hook 1962: 223）。

為了解決人的自我異化，費爾巴哈只轉向關心內心反省追求，而忘記要轉身向外，對抗不合理、不人道的世界。馬克思遂指出：要排除個人處境上的虛幻不實之要求，首先在排除造成這種虛幻不實的處境本身（FS I: 488-489; CW 3: 174-175）。導致人自我異化的責任應當放置在既存國家與社會的肩榜上，因為現存國家與社會造成人的生活情境。換言之，自我異化之責任應該放在「人的世界」（Menschenwelt）上。是故，人的世界之生活情境應當徹底地改變，俾人的本質、本性能夠落實，亦即把「非人」變成「人」。是故在〈費爾巴哈提綱〉第4條中馬克思說

> 費爾巴哈從宗教的自我異化之事實開始，將世界的雙重性分為一個宗教的世界和另一個現實的世界。他的工作在於把宗教的世界化解為現世的世界並立於後者之基礎上。可是事實上，現世的基礎所以會升揚其本身，甚至高舉在雲端〔天堂上〕建立出一個獨立的〔幻想的宗教〕，其唯一的原因為它〔現世〕本身的不和與矛盾。它必須在其矛盾中被理解，而在實踐中被革命。例如地上的家族〔人群、社會、國家等〕可以看做是神聖家族〔眾神明、諸上帝〕的秘密〔背後的真象〕。人們必須在理論與實踐當中摧毀前者〔現世〕。（FS II: 2; CW 5: 4, 7）

持這種立場，馬克思在〈費爾巴哈提綱〉第8條上指出：「所有的社會生活都是實踐的。所有神秘的說詞企圖把理論推向神秘主義，最後都會在人類的實踐裡頭找到解決之道，也找到這個實踐的充分理解」（FS II: 3; CW 5: 5, 8）。換言之，在「實踐」中、在革命行動中，改變了世界，自然也會改變對世界的哲思與理論。原因是所有的問題歸根究柢都是異化的問題，而異化卻存在眾人的世界之生活情境之上。實踐性的行動來改變這類情境可以說是整體解決之鑰匙。解決異化的辦法除了世界的革新改造

之外別無他途。原因是人處在非人性、非人道的情況下過著艱苦的日子。

由是可知，馬克思此時視這個「人的世界」是異化的場域。這點表示他並不背離黑格爾的說法，後者在敘述客體世界在面對意識裡的精神時，這個世界是被描繪為異化的、「顛倒的世界」。馬克思就利用這個名詞——「顛倒的世界」——來駁斥費爾巴哈理論立場之不夠完全。在〈導言〉中馬克思說，宗教是異化的「理論性」形式，在宗教之下或之後，卻隱藏各種不同異化之「實踐性」形式。假使宗教是「顛倒世界之意識」，那麼實踐性的形式是造成「顛倒的世界」本身的建構面向。因之，當前的職責是對實踐性的諸形式進行批判。「人自我異化的神聖〔宗教〕形式一旦被揭露，那麼在為人類歷史服務的哲學之下一個任務乃是揭露自我異化非神聖〔世俗〕的形式。對天堂的批判轉變為塵土的批判，對宗教的批判轉變為法律的批判，對神學的批判轉變為政治的批判」（*FS* I: 489; *CW* 3: 176）。

上述馬克思的陳述隱含了他企圖把人自我異化的概念推廣與擴大。費爾巴哈只注視人的宗教生活，把它當成人外化與異化的場域、氛圍。與其他門徒一般，馬克思認為異化不只是宗教生活的現象一項而已。典型的作法，他把這個觀念推到極致，他到處都看見異化。異化是人活在現世到處出現的現象，它出現在宗教、國家、法律、家庭、道德當中，尤其出現在經濟生活之上。

七、馬克思批判黑格爾法政學說

馬克思主編的《萊茵時報》被普魯士政權封閉以後，在其新婚妻子燕妮的娘家克羅茲納赫小鎮渡他們的蜜月，這是 1843 年夏天之事。在這個暑期度假裡，馬克思開始他對俗世異化的批判。他決定對黑格爾《法律哲學原理》（1821）一書有系統的閱讀，抄錄與逐段逐條加以批評，其動機不只是受到費爾巴哈開創新世紀的轉型批判法之應用所引發。另一方面也是普魯士威權統治下，對言論自由的箝制，對地主貴族階級之偏袒，對貧農小民之踐踏，都導致馬克思的義憤填膺，也造成他企圖揭露國家與政治之異化的原因。

　　作為費爾巴哈的同志與學生之馬克思並沒有進行經驗性、實證性的調查、分析，蒐集各種資據、訊息來找出時局變化的因由。反之，他就把黑格爾政治哲學置入於轉型批判法之下一一檢討。由於人在宗教生活下的異化，理論上靠神學來詮釋。因之，黑格爾思辨的神學提供給費爾巴哈解釋的關鍵。如今仿效費氏之作為，黑格爾的國家學說、法律提供馬克思來批評現世的法政之異化，儘管黑氏國家理論並非對普魯士政局之客觀分析與精確描寫，反而是披上了「神秘化」的裝扮。在這種情形下，馬克思研討《法律哲學原理》目的在於瞭解人群在國家範圍內過著怎樣的異化生活。他並沒有把全書從頭到尾做一個總體的評析，而是從第 261 條至第 316 條之間的析評，其中兩段分別以〈導言〉和〈論猶太人問題〉的篇名發表於 1843 年《德法年鑑》一刊物上（洪鎌德、廖育信 2007）。

　　黑格爾在《法律哲學原理》一書中視國家是人類群居生活中最高的組織體。國家是倫理道德具體而微的表現，也是世人參與神聖事物（divinity）的表示。國家是上帝在地面上的逐步前進，具有神明的實體，同時也是精神客體化的最高形式。國家是最高的社會實（存）有、絕對的精神，與代表客觀精神，而又使人需要得以滿足場合的市民（民間、公民）社會（*bürgerliche Gesellschaft*）。黑格爾稱民間社會為「需求的體系」。如果套用費希特對辯證法「正」、「反」、「合」三個階段的演進過程來投射到人間事務之上，則家庭為正題、市民社會為反題，則國家總結其成而為合題（洪鎌德 2007b: 223-251）。換言之，國家把家庭與社會之不足、之初階加以揚棄，而提升到最高的人群組織方式。關於市民社會一概念，黑格爾套用 18 世紀英法思想家如亞丹·斯密、亞丹·費居遜或盧梭等人的主張視為「經濟人」追求個人物質利益之競爭、奪取的場所，相當於今日以市場為活動主體的人群組合。事實上，在《法律哲學原理》中，黑格爾描繪市民社會為「每個人私自利益與其他人的私自利益發生爭奪、衝突的戰場」。「在市民社會中成員追求的是他私自的目標，其他事物〔公共事務〕則非他所關懷。當然也有例外，那就是與別人接觸時，他自己的目標無法包舉無窮盡的部分，這時他會把別人當成達成殊別的個人目的之手段看待」（Hegel 2003: 189, 267）。是故在黑格爾的心目中，民間社會是普遍的、寰宇的自私自利之經濟圈。

　　應用了費爾巴哈的公式，馬克思開始把黑格爾的政治哲學來一個顛倒的「扶正」工作。對黑格爾而言，社會是國家的表現，是政治組織的經濟、交易、貨務（貨品與勞務的）流通之表現。這種說法被馬氏斥為「秘思化」、「神話化」。這一說法應當顛倒過來、轉化過來，才是符合現世的實狀。於是新的說詞是：國家是社會的政治性表現、公權力的表現，甚至是社會畸生出來的怪胎。只有把國家翻轉過來、扶正過來，才會實現古希臘哲學家亞理士多德所倡言的「民主」（好的 democracy，或稱為 polity）。馬克思在評論稿上這樣地寫著：「黑格爾從國家出發，而把人當成是主體化的人。正如同宗教〔中的上帝〕並不創造人，而世人創造宗教一樣，政治體系並不創造人群，而是人群創造政治體系」（*FS* I: 293; *CW* 3: 29）。

　　集體的個人，亦即人群、人民，並非神聖的實體（上帝）外化找到國家裡頭的客體物。相反地，國家是集體的個人以權力行使的方式外化成國家、外化成政治體系。這種的政治權力追根溯源乃是人類權力分開出來的管理與服務人民的力量。在歷史上打轉的真實的存有是集體的個人、是社會，而非國家。取代黑格爾認為社會是國家形成中的表示，馬克思指出國家是社會正在型塑過程中的表達。國家是外化的個人在其實踐中的政治形式裡，這正像是上帝乃為外化的個人在其幻想中、理論中的形式裡。在塵土上人異化的現象就是國家，這無異於在天堂裡，在宗教中人的異化。「政治生活現代的意涵是國民生活的煩瑣……君主制度是這種異化完善的表述。共和則是在這種氛圍中〔異化〕的否定」。

　　在其他方面，這種政治異化的觀點完全是效法費爾巴哈的模型。依據費氏的說法，異化的人過著分裂的雙重生活，一個是在宗教意識光輝的幻想世界裡，在那裡他是上帝；另一個是在現實世界中人的生活，這個人居然是可悲的、卑賤的被造物（動物）。馬克思把人的雙重生活也應用到實踐之上。當做國家的公民，人類是一種「社群的動物」（*Gemeinwesen*），也是一種「種類之物」（*Gattungswesen*）。在這裡他作為人類的一分子，參與到社群的公共生活裡，成為與別人平起平坐，享有自主自由，充滿創意喜樂的公民。可是另一方面人卻要謀生幹活、交換生產的貨物（「商品」），俾滿足自己與別人的各種需要。這個民間社會

乃是「每個人對抗別人」（霍布士對自然狀態之下人人相爭的描繪），大家追求自私自利的場域，因之，是近代西方工商業崛起的「自私人」之社會，這種經濟生活、社會生活比社群生活、公共生活更貼近每個人，是現代人的寫照。是故，現代人的確過兩重的生活，他是一個分裂的人——公民與市民的雙重身分。在此情形下，當做政治社群的成員——公民——之自我實現，就如同在宗教幻想裡人只取得虛假的自我實現。馬氏寫著：「凡是政治國家達致其完整的發展形式之處，人不但在思想中，在意識裡，而且還在現實中，在生活裡，過著雙重的生活，一為天上的，一為人間的生活。在其政治社群〔國家〕中的生活，他承認自己是社群動物，但在市民社會裡，他卻以私人的身分從事各種〔謀生〕的活動，把別人當成手段〔而非目的〕對待，從而也把自己降格為手段，而變成外頭〔顯示〕勢力的擄物」（*FS* I: 461; *CW* 3: 154）。

　　上述簡單的摘要從馬克思〈論猶太人的問題〉中引述下來，在同一篇論述裡，馬克思嘗試指出政治異化的解決辦法。這種解決辦法也效法黑格爾和費爾巴哈的格式。政治異化的療治要靠國家的揚棄——讓國家消亡。換言之，要使人民將其外化為政治制度的社會勢力重加掌握、重加佔有。他說

> 只有當實在的個人從國家那裡賦給抽象的公民〔權利與權力〕取回到身邊，而當成個別的人取回這些勢力到他可以經驗〔親歷〕的生活，取回到其個人的勞動上，取回到他個人的關係裡，使他落實社群的動物之時，只有當人承認和組織其「自己的力量」（*forces propers*）為其社會勢力，而停止把社會勢力從其自身分裂成政治權力之時，只有這樣做的時刻，人的解放才有發生了作用。（*FS* I: 479; *EW* 234）

　　不過馬克思在結論上卻宣稱，與宗教的解放大為不同，人從國家的異化中要獲取解放，非靠社會革命不為功。

八、費氏與馬氏對話所引申的啓示

費爾巴哈主張宗教是現時的、現世的，而非未來的、來生的、天堂的，後者為基督教的、宗教的天堂觀。人只要靈魂而卻沒有感覺的存在的話，對費氏來說是毫無吸引力的說詞。他要把其注意力放在經驗性的個人以及當下的生活裡頭。他認為超驗、無限的、自由的天堂可以存在、可以嚮往，可以成為人類的理想，但這個天堂卻必須立基於感覺的，人擁有軀體的脈絡之上。換言之，他說：「真實的超越（the true beyond）是指天堂而言，那是個人可以從其自身所遭逢的規定性與侷限性中解脫出來，完全擺脫自我的束縛，而成為愛、感知、知識的場域，只有在愛、感知、知識中你才會得到無限」（Feuerbach, *Werke*, XI: 147）。只有再追求與佈施愛當中，人才會找到不朽。

在運動與體育中，人們所追求的卓越、拔萃、勝出、榮耀，都是超越常人體力、意志、技巧的要求之上，都是異常與超越的表現，這有點接近宗教界所推崇、奉祀、膜拜的神明的超凡能力。但運動是現世的，宗教是來世的。運動是以人為主，是人本的，宗教是以上帝為主，為神本的。費爾巴哈把人期待達成，而卻無法執行的挫折感投射到神明身上，而指出這上帝是異化的人，人也是異化的上帝。是故強調與其崇拜神明，不如注視有血有肉的凡人。不如把人的命運從上帝手中取回交代給「你與我組成的共同體」——人的社群。馬克思便受到費爾巴哈的影響[1]，排斥宗教羈縻人心，麻醉群眾的消極作用。從費馬兩氏的對話中強調打破異化的重要，也把神明的幻想改為真實人，有血肉、有軀體的人改善現世的生活條件，發揮人本主義的精神。這點落實在體育訓練與運動文化，把人的潛能發展為人的現能，都可以顯示運動與體育所以一度在古希臘、古羅馬璀璨文化發達下，以及近世文藝復興以降，人本主義重新抬頭，及至工業革命後，

---

[1] 在費氏《基督教的本質》出版的 1841 年，施特勞斯的《基督教的信仰》第二卷，和鮑爾《精粹福音的批判》（二卷）同時亦告出版，是故費爾巴哈、施特勞斯（之前出過《耶穌平生》）和鮑爾三人，都企圖把基督教神學與宗教意識化約為人類自我異化的心理學或歷史學的最高發展。是故三人被稱為黑格爾左翼門徒「無神論三劍客」（Toews 1980: 327）。

商業資本主義崛起，運動成為人謀生的勞動之外，休閒與遊戲中最佳的方式。這是入世的、社群的、強身、健族、富國一連串現代化背後支撐的最大力量。

　　是故只耽溺於拼贏、致勝、締造佳績、創造新記錄，無異忘記運動的主旨在健身、在公平遊戲、在消除人際競爭所產生的敵意，在增加人類群居的相互理解與尊重，都是偏離「你我共同體」的博愛精神，也違背費爾巴哈重視身體的、感覺的、感知的、現世的社群之想法。

　　運動與宗教同屬人類學、文化學考察的對象。費爾巴哈與馬克思的對話中，強調的是宗教文化的批判。但近年間西方資本主義宰制下，運動與勞動都受到資本主義的滲透、操縱與宰制，休閒、遊戲、運動、勞動、信仰都成為資本主義人對人宰制的種種手段之不同表現底方式，是故把馬克思主義、文化研究與運動哲學、運動社會學、運動人類學整合起來研究，對瞭解運動與體育在今日世界所扮演的角色必然會有所幫助（Carrington and McDonald 2009）。

九、尾語

　　康德雖然沒有像黑格爾、費爾巴哈、施特勞斯、鮑爾、馬克思等批判宗教，特別是抨擊基督教那樣激烈，但他在《宗教僅存於單純理性的疆界裡》（1790）一書已為日耳曼觀念論關懷宗教，提出新的神學觀點開創宗教批判與宗教哲學的新道路。對他而言，宗教離不開人的良知良識，與道德倫理都是人實踐理性的表現。康德哲學的「內在動力」（inner momentum）「是超越了上帝論證而推向自主的理性化（autonomous rationality）的解放理論」（Michalson 1999: viii）。費爾巴哈雖然沒有提到康德這本大作，但他對基督教的批判，大體上與康德的想法相同，只是他強調宗教，不只是實踐理性的落實，更是個人的覺知、感情和「你與我」的博愛心所營構的新社群。

　　由於費爾巴哈是從批判基督教的本質出發，把神明從雲端撤回塵土，把神學轉化為人學，把上帝的異化轉化為人的異化，因此強調以愛為中心來營建「我與你的共同體」。這點主張無異又返回神學、返回宗教的懷

抱。這種人本主義在馬克思的心目中嫌為偏頗的、為德不卒的人本主義。尤其把異化現象只拘束與限制在宗教的範圍裡，而沒有擴大到人在社會生活中，特別是法政的異化、經濟的異化，乃是受統治階級思想文化箝制之下意識形態的束縛之異化，都是馬克思所要打破、要克服、要揚棄的異化。

　　是故從黑格爾、費爾巴哈，以及其他黑格爾左翼門徒的宗教批判中，馬克思一方面排除宗教異化的侷限，擴大異化的範圍。另一方面把思想、理論的批判擴大到行動與實踐的現世改變之上，於是在解放人類的要求下，大聲疾呼世界革命，以及推動哲學的共產主義之理論建構，進一步鼓舞無產階級、普勞階級覺醒而推行教育、宣傳的工作。

馬克思（青年時代）

費爾巴哈

David Strauss

Bruno Bauer

Kant

恩格斯與馬克思

Hegel 授課中

Fichte

Adam Ferguson

人是世界的勞動與生產的主體
——馬克思異化勞動觀之初探

一、前言

假使馬克思早年創造一個哲學的共產主義，而成年之後完成另一個科學的社會主義的話，那麼兩個馬克思主義並沒有法國哲學家阿圖舍所宣稱的「認知論上的斷裂」，反而是一套中心思想，沒有前後矛盾反而始終秉持一貫圓融的主張。只是前期比較側重個人、異化、勞動異化及其克服、批判兼實踐的鼓吹，後者則注視分工、階級、剝削、階級鬥爭、世界革命的推行。重點儘管有異，但前後期的目標，都是消除典章制度對人的束縛、壓迫，力求廢除私產，而達到人全面的解放。

在馬克思前期創始的馬克思主義，即哲學的共產主義的思想來源，固然有亞理士多德的潛能轉化為現能，古希臘、古羅馬原子論者運動自由學說，康德道德範疇的倫理學，但最主要的是黑格爾精神現象學和辯證法理論，賀斯共產主義的宣傳，馮士坦普勞階級的強調，以及從恩格斯那裡得來的初步政治經濟學的知識。

二、黑格爾《精神現象學》

可是在 1844 年春末之後，失業兼待業在巴黎的馬克思在與恩格斯再度碰頭深談、研讀英、法政治經濟學原著之後，頃刻間恍然大悟，找到他哲學的共產主義，亦即創始馬克思主義的「生成原則」、「創立理念」，那就是黑格爾主義。它不但是「秘義的心理學」，更為「秘義的經

濟學」。黑格爾所說精神外化其本身至外頭創造了異化、敵對、陌生的思想，然後又讓這個思想對象重新返回精神本身的說法，給馬克思重大的震撼與啟示。取代黑格爾抽象的精神，乃為活生生的人類，取代黑格爾外化為思想客體（知識），乃為人生產出來的產品，包括商品、財貨、資本、私產等等。因之，黑格爾主義乃為本身潛在地含有歷史的意義，可以用經濟學來加以解釋的秘義。採用了黑格爾這套哲學觀點等於把他的唯心主義之秘義轉化為馬克思唯物主義的語言，其用以描述人外化與異化的過程及其結果，正反映了現世的實狀。馬克思因此斥責黑格爾的哲學所分析的世界是一個顛倒的世界、思想的世界，而非真正的世界、人的世界。這就是一種觀念、學說的「神秘化」，是故把黑格爾顛倒的世界及其理論扶正過來、直立回來，變成馬克思的當務之急。無論如何，黑格爾主義成為馬克思創造其第一個體系的生成原則、創思理念，乃無可置疑。

如果上述的斷言有效的話，那只能證明馬克思是誤判大局。原因是黑格爾的學說雖無涉及經濟生活的某些面向，但他的歷史哲學有關精神的自我實現無非歷史的細膩、絕妙之經濟學解釋。因之，馬克思所倡導的第一個體系——哲學共產主義——到頭來還是誤讀黑格爾著作的緣故。儘管近年間因盧卡奇在研讀早年黑格爾的思想找到亞丹‧斯密的《國富論》對黑格爾哲學體系的生成攸關。盧氏對黑格爾主義這種解釋——受英國政經思想的重大影響——頗難立足，卻為各方所普遍接受。原因是黑格爾雖採用斯密部分政經學說，但這並沒有造成他中心學說的失焦。特別是黑格爾式的辯證法強調精神在追求絕對性認知方面的自我外化與自我異化上，我們看不出這是經濟學的，而勿寧為心理學（Tucker 1972: 123-124）。

三、黑格爾青年門徒的詮釋

儘管事實上黑格爾的學說是思辨哲學，是討論「絕對性」（the Absolute）的精神哲學，馬克思卻把它看成是秘義的——專家、行家才能看透——經濟學。之所以如此，與黑格爾前後的哲學發展之心路歷程有關。自康德以來，日耳曼的思辨哲學既無法與代表工商進步、產業革命的英國，以及其理論——政治經濟學——相媲美，也與產生法蘭西大革命，

改造政制、變更社會與文化的秩序之法國社會主義的新理想相提並論。因之，日耳曼思想家只能在人的認知、覺知、感知等心理問題上鑽營。在日耳曼 16 世紀初曾爆發了宗教革命，產生了路德教派，亦即誓反教的基督新教，對抗天主教教義之僵硬與教會之專權，是故神學，特別是新教的神學一度主宰日耳曼的文化與學術達數世紀之久。在黑格爾青年門徒中，對黑格爾的哲學幾乎看成神學之現代詮釋版，只有費爾巴哈看出黑格爾主義是透過神學表述其哲學內容。不過在表面、展示的哲學裡，卻潛藏著人類學的蘊涵。黑格爾自我異化的上帝之概念，乃為宗教裡異化的人之寫照。藉著對黑格爾哲學解讀之鑰匙，費爾巴哈企圖解開所有基督教神學之神秘。基督神學不過使用自我異化的神明之神秘語彙來敘述有史以來人類生成與變動的異化情狀。

　　接著賀斯提出他的說法，指出費爾巴哈所指摘的基督教，其崇拜對象是神明，但在今日工商社會中崇拜的對象卻從神明移到物質基礎的金錢之上。金錢崇拜不再是精神的、理論的、抽象的，而變成物質的、實踐的、具體的。其學說理論不再是神學，而是政治經濟學。馬克思的推論，只是德國哲學進一步的邏輯發展，認為「世俗之神明」──金錢──的「神學」，究其實際乃是政治經濟學，是黑格爾主義「秘義的經濟學」而已。

　　事實上，黑格爾不時使用「勞動」、「生產」、「佔有」（「取得」）、「財產」等等概念，這難道不是馬克思所言：「現代政治經濟學」的觀點嗎？這便是馬克思對黑格爾學說的看法，也是誤讀。可是終其一生他並未放棄這種錯誤的觀點。

　　馬克思這個觀點與立場的前提是取自費爾巴哈分辨黑格爾的學說有其表面與底層。表面是展示出來、人人可見的哲學學說，底層是潛藏的、含蘊的、深入的人類心理之分析。費氏還藉由轉型批判法企圖把黑格爾底層的奧義、秘密挖掘起來、揭露出來。在這裡馬克思清楚他受惠於費爾巴哈之處良多。他談起「費爾巴哈對哲學本質的發現」又說：「正面的批判之整體──以及日耳曼對政治經濟學正面的批判──其基礎係由費爾巴哈的發現所建立」（*MEGA* III: 34-35）。但在讚美之餘，馬克思不忘也批評一下費氏，認為後者為德不卒，只侷限於「神學的批判」。他相信費爾巴哈並未完成他有關哲學本質發現之初衷。費氏在黑格爾主義裡僅僅看到人在

宗教的理論生活裡異化之表述，他未曾在其間掌握到它（黑格爾學說）也是秘義的經濟學。費氏未曾向馬克思更進一步描繪人在宗教的實踐生活——經濟生活——裡的異化圖像，未曾剖析金錢制度下勞動的經濟過程之實狀。

　　其結果是馬克思指出：「日耳曼思想界目前面對的必要任務乃為清算批判理論與其出發點——黑格爾的辯證法以及日耳曼整個哲學傳統」（ibid., 34）。他打算在《經濟學與哲學》手稿的最後一章來對黑格爾學說作個總清算，這便是手稿中標題為〈黑格爾辯證法及其全部哲學之批判〉一文，該文稿幸而未散失而得以保存下來。

四、《精神現象學》與《法律哲學大綱》

　　其實馬克思所言的黑格爾主義，並非黑格爾的全部著作，而主要的是黑格爾 1807 耶拿大學烽火間（拿破崙兵臨該城）匆忙撰妥，而出版的第一本重大著作《精神現象學》。這點有加以強調之必要，原因是很多美、法、英學者一般認為導致馬克思創造其第一個體系的黑格爾著作為後者 1821 年出版《法律哲學原理》。這是由於馬克思在 1859 年出版的《政治經濟學批判》的〈序言〉上，大談其走向政治經濟學之道，是經由黑格爾民間（市民）社會之「解剖」。而民間社會正是黑格爾這本法政大著中一個重大的分析對象。再說此書為黑格爾有關法律、政治、社會與經濟的描繪與解析，正符合成熟的馬克思主義是一部經典的社會學著作，可以看成兩者有相互傳承與發揮新義之情況。可是《經濟學與哲學手稿》的〈序言〉，以及殿居全稿之後的〈黑格爾辯證法及其全部哲學之批判〉一文，卻提示吾人馬克思的第一個體系——創始的馬克思主義，或稱哲學的共產主義——所引用借鑑的卻是黑格爾《精神現象學》。

　　在青年馬克思這些手稿中，他聲稱要總結黑格爾哲學的全部，有必要首先討論後者的辯證法。馬克思寫著：「讓我們注視一下黑格爾的體系。人們必須從黑氏的《現象學》著手，這是黑格爾哲學的產地與秘密之所在」（FS I: 640-641; EW 382-383）。最主要的是馬克思把黑格爾這本大作的內容與章節製成一表，並加以分析與讚賞，他把黑氏具有批判性

的部分拿來對照其非批判性的實證主義部分，以及黑格爾作品中不具批判性的唯心主義（觀念論）的另一部分。在這裡黑格爾提出初期的歷史哲學，為馬氏建構人的現象學之藍本，特別是人在勞動過程中的自我異化。換言之，黑氏首部著作大談精神異化、辯證的歷程，蓋精神云云，不過是人從無意識到有意識、從無知到有知的心理行徑而已。因之，不是黑格爾所主張的精神的外化與異化，而是活生生、活潑潑的人、或人群、或人類的外化與異化（洪鎌德 2007a: 164）。對馬克思而言，「《現象學》是隱匿的、本身未釐清、神秘化形式的批判理論。不過它如能掌握到人的異化，就能夠顯示人是以精神的外觀出現，所有的批判理論之要素都隱藏在其中，它們不時現身或展出，而超越了黑格爾的觀點」（*FS* I: 644; *EW* 385）。

於是馬克思著手把業已顛倒的《現象學》扶正過來、直立過來。他推論這是有關人真實的寫照之「隱匿面、之自我不清楚面、之神秘化面」。有異於費爾巴哈認為這是人宗教生活的異化圖像，因而只抨擊黑格爾的神學和宗教哲學，馬克思視黑格爾自我異化的上帝乃為顛倒過來的人，而人是經濟財貨、商品的生產者。他因此相信在《現象學》裡頭隱匿的神秘化的批判理論應當是針對「政治經濟學」而發的。精神在產生其本身──精神製造精神──之際，遭逢外頭的世界，一個陌生、敵視的世界，其實都是人在生產其自身──人的生成、變化、發展──之際，所遭逢的周遭環境，包括陌生、敵對的工作環境、條件和人製造的產品。是故黑格爾主義的秘密說穿了是涉及人的勞動過程。「黑格爾式的《現象學》之偉大處及其最終結果之偉大處──否定的辯證法當成推動〔事物發展〕原則與生成原則──存在於首先這一事實裡，亦即黑格爾理解人的自我生產乃為一個過程，對象化與解除對象化的過程，也是外化與超越外化的過程；因之，他能夠掌握勞動的本質，也體認客體〔對象〕的人，真實的人乃為其本身勞動的產物」（*FS* I: 645; *EW* 385-386）。換句話說，黑格爾掌握到人是勞動之動物（*animal laborans*），在勞動過程中人成長、發展、製造自己為人，這是有異於禽獸之人。

費爾巴哈認為黑格爾的哲學包含真理，是真理的載具。這個真理是涉及對宗教的批評，至少在其潛在的內容裡。至於黑格爾的哲學外觀當成神

學的擴張與引申，這點費爾巴哈倒不以為然。幾乎與費氏同調，馬克思在對黑格爾哲學進行總清算時，也持同樣相似的論調。一方面他把《現象學》當成真理的巨大載具、工具，亦即認為在它的自我異化的精神理論中潛藏著對政治經濟學之批判。假使以「人」取代「精神」的話，那麼黑格爾這個理論可以表達人的經濟生活乃為「異化的勞動」（*entfremdete Arbeit*）。這便是政治經濟學批判的鑰匙，因為「政治經濟學在忽視勞動者與生產直接關係下，把勞動的性質中所包含的異化加以隱藏」（*FS* I: 563; *EW* 325）。例如指出工資一旦增加，工人有錢多養育子女，結果工人人數增加，工資又告降低，導致了工資只好維持在生活必需支付的水平線上下移動之情況，這便是著名的「工資鐵律」。到此程度，馬克思自認本身正在加入拯救黑格爾哲學的陣列中，把這個即將僵化陳腐的哲學學說復活下來。他要拯救這個逐漸死亡的學說所靠的方法便是顛倒之法，或稱扶正之法，是費爾巴哈轉型批判法之活用，而這個方法的科學價值終告浮現。

五、馬克思批評黑格爾對勞動的誤解

　　但另一方面馬克思也開始攻擊黑格爾。他拒絕外顯的、明示的黑格爾主義，把它排斥為神秘化的產物，是對人勞動過程的唯心主義式的錯誤表述。原因是勞動過程是生產人群民生需要的物資、用品，是一種物質的過程，而非精神的過程。對黑格爾而言，心靈生產（生成變化）的過程只是思想生產的過程而已。它只產出精神的產品。「黑格爾唯一知道與承認的勞動只是抽象精神的勞動」（*FS* I: 646; *EW* 386）。那就是說黑格爾只考慮所有的生產活動和佔有（取得）的勞動都是神明精神活動的表述。其結果「他只發現歷史運動中抽象的邏輯和思辨的表述，而非當成主體的人之真實歷史」（*FS* I: 640; *EW* 382）。其後馬氏說：思想不可當做人實有的確定（認定）模式，需知人是有眼的、有耳（不僅有腦）的，而存在於社會、存在於自然界、存在於世界的實有。

　　這是馬克思對黑格爾負面的批評。顯示的、表現的黑格爾主義「只有精神是人真正的本質，而精神的真正的形式為能思的精神、能推理的邏輯

精神。自然中的人類以及自然本身是藉著〔不斷演變的〕歷史產生出來。人的生產物，成為抽象精神的產物，變成了精神的元素、思想的實有」（*FS* I: 644; *EW* 385）。進一步來說，「異化的主體與客體之關係如今卻出現在思想裡，變成了自我意識的人及其『抽象的意識』當做客體之間的關係。生產成為思想的生產；外化只是意識的外化而已；對客體的再取得〔客體回歸為主體〕，只是純思想裡、抽象裡在意識中進行的重新取得而已」（*FS* I: 644; *EW* 385）。對黑格爾而言，真正的歷史過程發生之變化移動不過是思想的變動（*Gedankenbewegungen*）而已。

其結果很明顯，對黑格爾而言，自我異化的揚棄、克服，先是思想領域裡的改變。它只是在人的思想裡把人異化的實有當成客體來佔領。黑格爾把思想與實有之關係加以顛倒，無法看出異化的意識「是在思想中的表達，也無法知道人實有的異化」。須知這種人實有的異化發生在其勞動過程中，因而無法靠知道、認知而加以克服。黑格爾是以一個哲學家的變戲法來揚棄、克服人的異化。人在政治、國家、法律中生活，但這個生活是人把其內在才能外化到身外的事物，追求這些外化之物成為人的真實生活，但這些說法在馬克思眼中卻看做是錯誤的實證主義之根源。以黑格爾的說法來克服外化反而是實證外化之存在。依靠思想、能思來克服外化與異化不是真正的、真實的克服。他對外頭陌生的世界、敵對的世界牽動一絲一髮，等於毫無作用。這也說明黑格爾的學說，既可以適應宗教，也可以與國家、法政、財產相互牽拖與妥協。因之，儘管黑格爾本人有進步的理念，但其作風卻是保守的。馬克思遂斷言，黑格爾本人「對宗教、國家等等的妥協是勿庸置疑，因為這個不實是他原則的不實之結果」（*FS* I: 655; *EW* 393）。

把對黑格爾的批評加以總結，馬克思指出黑格爾把所有的事物都加以顛倒、翻轉。他把人類當成是在其思想活動中的精神。要之，黑格爾能思的精神在其心靈反省中，應當是人心思的流動，尤其是人進行物質生產時真實的活動。黑格爾把人處於勞動過程中的真實異化理解為能思的精神，或理念對外的展示。究其實異化的黑格爾式理念僅僅是人在其經濟生活中真實的異化之反映。這些對黑格爾顛倒世界的看法，在其後 30 年間沒有再提起。不過 1873 年在為《資本論》第一卷第二版寫一篇後言時，馬克

思說：「對黑格爾而言，思想過程（它被他真正改變形狀變成了獨立的主體，並賦予它一個叫做『理念』的名稱）是實實在在的全能上帝，而對他來說，所謂的真實〔實實在在〕只不過是理念外頭的顯示。在我看來另一方面，理想之物無非是物質的東西，當它被移置在，以及翻譯為人腦內在之物時」。在這裡馬克思並沒有詳細解釋這句話的意思，只是神秘地加上這幾句話：「大概將近30年前，當時黑格爾主義為一時的顯學，我批判了黑格爾辯證法神秘的那一面向」（C 1: 29）。這便是指涉他 1844 年手稿中牽連到黑格爾的辯證法與全部黑氏哲學。這一手稿之存在當時並未為任何人所知悉。只有在手稿 1930 年代初刊載之後馬克思把黑格爾顛倒的世界重新翻轉、重加扶正才變成清楚明白之事。當他談到「理想之物」（或理念之物）係人腦中轉譯的「物質」，那是指黑格爾式能思的精神，或異化的理念，其實所談者乃為黑格爾的腦中所反映的人類歷史，這一歷史乃為人物質生產與異化勞動之過程。

六、馬克思看人的現象——勞動與生產是創造世界的歷史之動力

馬克思當時看出人的真正歷史乃是黑格爾歷史哲學中潛在的內容。在他的手稿中，他把人的自我生產的過程之看法，做了詳細的析述。他在手稿中勾勒出人的現象學，這是黑格爾主義所曾經預先想到，而未加闡述的部分。在這種作法下，他發展一套圍繞黑格爾思想打轉的哲學，這是嶄新的、非黑格爾式的觀點，本身帶有馬克思思維的印記。

這段馬克思新思維的主題為世界的歷史，是人類如何把自己從非人、低等的人製造成自由的人、完人之歷程。馬克思此時說人是自然的動物（實有），必須與其他自然界的各種有生命或無生命的事物經歷了生成變化，亦即發展的過程。人發展的過程便是世界史的動作、內容。這裡所指的人，馬克思是效法費爾巴哈之說詞，非單獨的、某一特殊的個人，而是人類，或稱人之種類。世界史的動作就是集體的人、種類的人之自我實現。這裡馬克思與黑格爾一般並沒有忽視諸個人是人類集體的部分或參與者。在他第一個思想體中所談到的自我發展之實有乃是大寫的「人」

字。換言之，集體的人類。「個人的生活和種類的生活並無分別」，原因是「被規定的個人〔譬如『現代』人〕也是僅僅是被規定的種類〔之一〕」。個人的生活是在種類的規模之上的小型（微小）單位。是故在手稿中所言的「人」必須理解為普遍人、一般人的意思。

馬克思把創造力賦予種類的人，其情況有如之前黑格爾把創造力從基督教的上帝轉交給世界自身。馬氏視人基本上是一位生產的實有，是一位創造者、發明家、製造者。種類的生活是一種「生產性的存活」（productive-living），在各種不同形式下的「生產性的存活」。在各種形式中，物質的生產是基本的形式，但人在非物質的生活領域中，他也是生產者，這種領域包括家庭、社會、國家、法律、藝術、科學和宗教等等，所謂的「生產方式」（Produktionsweisen）。就普遍性、寰宇性而言，人是產生各種各樣有形與無形的產品與勞務之動物，包括經濟生活中物質的經濟財，在家庭中的子女，在工廠與工作領域中的勞動者，以及宗教中想像為神明之信徒，或甚至可以齊天勝天的上帝。人自出生便秉賦了各種才能、本事、慾望（Triebe），這些尋覓其出路在生產活動之上，對於這些能力、才華馬克思稱為「本質力量」（Wesenkräfte）、「生命力」（Lebenskärfte）或稱「種類能力」（Gattungskräfte）。其後他乾脆稱之為「生產力」（Produktivkräte）。

馬克思認為工業必須被看做與人的本質有關係的社會制度，而不可以當做至今為止有益於人類生活的功利、便利之外面（在）關係。我們在工業裡頭要看出一大堆業已物質化的人類之生產力。工業史乃是「在心靈感受下，人類本質能力打開的大書」。它是人類本質能力的「明顯〔非奧秘〕之發展，在這種理解下自然中的人本質和人的天生本質才可以被理解」（FS I: 603; EW 355）。馬克思認為工具基本上不是客觀的客體的社會制度，反而是人類主觀上、主體上創造的人際關係。工廠、機器、運輸設備等等都是人類在生產活動中自我表現的物質化能力。他們是人類眼、耳、手、腦等物理上、形體上的擴大與延伸。

從黑格爾那裡馬克思找到暗示，他說生產的歷史是人類把其本身才能、本事外化到世界的「外化史」（Entäusserungsgeschichte）。一如吾人所知，黑格爾認為精神創造世界的力量。自然的世界和文化相續的世界

——歷史——是它創造力的客體化。所有這一切都是在馬克思的手稿中再
度出現，不過取代精神的，卻是人（人類）。創造世界的生產力量，如今
被目為主要是物質生產，其主要的產品為「人類學性質」的世界——工商
發達的世界把工業生產力當成創造力，以為機械、蒸氣機、工廠便是生產
力的具體表現——而忘記真正的世界創造者、文明建構者乃是你我活生生
的人，有血有肉的活人，和過去歷史上的前人。馬克思說，人生產的客體
物乃是人類能力具體的、外部的表現之物，是人消耗其腦力與體力在製
造這些東西花費的心血。「事實可以簡單的表明：勞動產生的對象物，
亦即其產品，以異化的本質出現在其跟前，變成一個獨立於生產者之權
力。勞動的產品是勞動固定於一個對象當中，把它造成事物，換言之，
把它對象化（*Vergegenständlichung*）」（*FS* 561; *EW* 324）。這些人造事
物，在經歷無數世紀的堆積、累積之後，形成了人造的環境，或稱「經
由歷史產生的自然」。它是最初級自然，或稱「感受的外界」（*sinnliche
Aussenwelt*）之上外加的人之努力。換言之，在最初級自然界的原料之
上，人加工改造變成開物成務以利用厚生之物。也就是在歷史過程上人為
自己製造了一個客體的世界。馬克思把人的歷史與世界史相提並論有哲學
上嚴肅的意義。人是世界的創造者，人的歷史乃為圍繞在他周圍各種事物
所形成的世界之製造史、創造史。馬克思說：「這個所謂的世界史無非是
透過人的勞動為人創造，生產的歷史，乃是自然為著人類而轉化、改變的
歷史」。「在人類發展下的……是人真實的自然〔本性〕，以致發展成工
業的那部分自然界，就算是帶有異化的形式〔大自然受到破壞、污染〕也
呈現了人類學的性質〔也受到人的傷害、剝削的結果〕」（*FS* I: 604; *EW*
355）。

七、人改變與創造自然——人類學中種類生物的意涵

　　這個人類學的性質當做人自我外化的概念，變成了馬克思思想的核
心，並未因為他後來發展第二套成年的馬克思主義而放棄。換言之，這不
是他年輕時代的幻想、異見。世界乃是人類生產力的客體化、對象化。自
然是人性表現在身外的物質形式。它是人類歷史過程不斷演化的結果，乃

是在時間增長裡一代一代的勞動工作者，將他們物質的創造物加深下人類成果的累積。世界經由人而生產正顯示人實現其本身、成就其才華的方法。這是人在其歷史變遷裡把其本身完全地轉化成完人的方式。馬克思說：「一個客體世界在實踐裡生產出來，非有機的自然被加工精製，是人做為有意識的種類之物的表達……就在致力於客體的世界加以營造之時，人首先真實地證明其本身乃為種類之物。這是種類之物，它把種類當做本質的事物看待，或是把本身當種類事物看待……人能夠根據每一種類的標準進行生產……因此人根據美的原則來生產」（*FS* I: 567-568; *EW* 329）。

馬克思把所有這部分的論述當做是黑格爾《精神現象學》隱含的、非明示的內容。把歷史當成世界創造的過程之概念，也就是當成人物質生產的創造過程之概念，也成為其後他津津樂道的物質（唯物）史觀。這個物質史觀被他視為黑格爾觀念含有科學的部分。

八、亞丹・斯密的貢獻和馬克思的世界史觀

在理論的脈絡上，我們可以批判性地來檢討亞丹・斯密及其他經典經濟學家所發展的、演繹的政治經濟學。經典的政治經濟學建立在勞動價值說之基礎上。根據此說，任何商品的價值相當於人工花費在其生產之上的勞動。依馬氏的說法，這意謂做為創造世界之人客體化（外化、對象化）其種類能力在生產的物質對象裡，而這個客體、對象體卻化身成商品。於是客體的世界變成商品的世界，變成了私有財產的世界。馬克思稱亞丹・斯密為經濟學界的路德，這是因為斯密的勞動價值論隱含私有財產的概念主體化的意味。馬氏寫著：「凡是人們談及私有財產時，他們相信所談的事實與人無關，可是當人們談到勞動時，他們便認為這與人直接關連。將問題如此提法，便包含了它的解決之道」（*MEGA* III: 93）。換言之，在談及勞動時，斯密把所有的政治經濟學放在去掉神秘化的黑格爾式的歷史理論裡。這意味把黑格爾的精神活動改為人的勞動、人的創造。整部歷史不再是精神追求認知、改變自然、發展文明的歷史。

世界史的動作、劇本、戲碼和表演都只是人當成整全的人、化為完人

的故事。這個故事需要終局，而終局便是最後一次的革命，這都是馬克思所認定的、主張的。在抵達人類歷史終局前的任何一點，這個過程都是以異化的面目呈現出來。「人類外化其才華的歷史，外化、客體化、具體化之歷程都是一部人類的異化史。人在歷史中物化其自身於客體的事物世界（*Sachenwelt*）裡。在這種方式下他變成他自己的客體。在他所創造的世界裡看到他自己」。他這樣地看待自己時，他外化其才華於身外之事物，卻以「異」物、外者、敵對的身分來面對他，這時他所看見所有事物的累積乃為「一個陌生和敵對的世界，以泰山壓頂之姿態來反對他」（*FS* I: 561; *EW* 324）。就如同黑格爾式的體系中，客體世界的經驗是既陌生、而又敵對，可以說是拘束、綁帶、桎梏的經驗，馬克思也善用「客體綁帶」（Object-Bondage）一詞，這是德文「對象體的奴役」（*Knechtschaft des Gegenstandes*）之英譯。從事操作勞動的人所看見他自己創造的世界便是一個龐大無比的牢籠。

在手稿中的「異化的勞動」一章裡，馬克思提出疑問，他質疑為何人所生產的世界變成對生產者的人那樣的陌生與敵視？他的回答與黑格爾同樣，問題的解答相異，儘管兩者在形式（精神使人外化其本質）上有一脈相承之處。在黑格爾的體系中現象世界的詭異性格是作為對象性質、客體性質所產生的作用（函數），這種對象性、客體性對精神而言，造成他受到限制與桎梏。原因是作為能知的主體之精神所追求者為感受其本身之無限性。於是可以說主體與客體（精神與外化的事物）之關係便是自我異化的關係。馬克思排斥這種的理念與說法。他說作為大自然實有的人，很自然地生活在有待改變的周遭環境裡。對外面的事物是回應人的需要，也是滿足需要之生存用品。「任何的事物其本性〔本質〕無法外化於其身外，不得謂為自然之物……任何事物沒有在其身外成為它的對象體、客體，不得謂為目的〔客體〕之物……無客體之物可以說是無物〔什麼東西都不是 *Unwesen*〕」（*FS* I: 651; *EW* 390）。

因之，對馬克思而言，人造的世界之所以陌生、詭異、敵對，並非該世界是客體性、對象性，而是下述事實：人在生產世界的行動下，以「非人性的方式把自己〔的才華〕客體化、對象化，造成與自己相對立、或敵愾」。因此，馬克思說，異化有其源頭，「在其生產活動本身裡頭」，活

動的結果所產生的客體（對象）世界不過是其「摘要」、「簡圖」、「履歷表」（*résumé*）而已。馬克思遂提出一個問題：「假使他不是從其生產的活動中先行異化的話，工人如何會把其活動的產物當做異化〔陌生、敵對〕之物來敵視他呢？產品只是他活動的簡要，生產的摘要……勞動客體的異化只大體在勞動操作中勾勒出異化、外化」（*FS* I: 564; *EW* 326）。勞動產品的異化性格，以及集體產品普遍的、一般的事物的世界之異化性格，乃是人在勞動過程裡自我異化之反映。異化的客體是人的一面鏡子，是他在生產他、創造他之時，他自己感受的經驗的異化之借鏡、之警戒。於是世界變成了異化的世界（*Entfremdete Welt*），原因是人創造世界的生產活動乃是異化的勞動之結果。

九、異化勞動與自我活動

「勞動」與「異化勞動」對馬克思而言，都是同樣的意思，也常常混用，這兩個詞彙指人在從其本身異化的狀態下從事的生產活動。他遂宣稱自有人類歷史至今所有的人人活動，都是勞動，都是異化勞動。任何生產存活的範圍，包括生產物質用品以供人存活的活動，都是異化勞動所牽涉的範圍，在歷史上所有人類的產品，不管它是怎樣的生產方式下產生的日用品都是異化的人之生產的結果。因此，至今為止人類從來未曾在其創造活動中完全是以人，以他感受的自己來自主、自由、快樂地創造。與此相反的卻是人的自我的活動（*Selbsttätigkeit*）。這是馬克思所謂的自由創造，在其中創造者的人徹底地覺得他舒適地、自由地、無拘無束地，就像在家一般地去動作，享受著對行動之自我決定，而自覺其活力充足、生機活潑、充分體驗其經歷之發揮。

人是種類動物，是自然的實有，是自我活動的生物，反映了馬克思受費爾巴哈深沈的影響。後者在《基督教的本質》一書中指出自由的、不受限制的生產活動是人類本質上的特徵，是有關上帝的神學清楚明白的主張。「種類的整體性格是種類的性格，存在於生命活動的性格裡。自由意識的活動是人作為種類性格之活動」（*FS* I: 567; *EW* 328）。低等的動物也有生產，卻是在迫切的生物學需要（飢、渴、寒、性等）之驅迫下

進行的。人的生產不受這種直接、密切的生理需要所左右，可謂是在慾望驅迫下的動作。自願的、自動的生產活動才是人之元素，人視此種活動有如藝術家之創作，目的在表現他自己。對馬克思而言，所謂勞動者云云，莫非是像藝術家那種自動自發的創造者，他懂得把客體內在的標準加以掌握，應用到其工作的對象之上，「把事物依其美之律則加以型塑〔改變形狀〕」（*FS* I: 568; *EW* 329）。這至少是人所樂意去進行的生產活動，只要這類活動真正的自我之活動，而非異化的勞動，被強迫、不自由、不快樂的操勞。

去除異化的勞動乃是自由、自動、自發的創造性活動，在此活動中的人得以實現他的本質、才華、能力、希冀。自我活動乃是這種的活動，在其中人覺得這是他本身樂意進行之活動，原因是生產過程乃是他本身潛藏的能力、力量之發揮。可是在資本主義的社會中，或更早的封建主義的社會中，人的勞動過程，不被工人體驗為自己的活動，而是「為別人辛苦、為別人忙碌，以犧牲自己的生活〔來進行為他人的好處而操勞〕生產的目的物、客體物是一種的失落，當成給予陌生的、異化的事例的這一客體物。把生產的結果白白地送給陌生人、外人」。在勞動過程中人自己的關係是一種異化的關係。「這種關係是工人對其本身活動的關係，有如不屬於他本人，而為別人之活動。這種活動是受苦受難的勞苦，消磨體力為衰弱的活動，取代生產創作卻使人疲累、勞瘁，工人之心能與體力盡失。他個人的生活——這還談得上生活嗎？它不過是勞累活動而已——轉而反對他本人，工作獨立於工人之外，不再隸屬於他」（*FS* I: 565; *EW* 327）。

十、勞動與生產對體育的啓發和教誨

如果馬克思說勞動與生產的特質是自由人的自我活動，也是他的種類本質，那麼自由人的自我活動中除了維持其生命、繁衍其種類的開物成務、利用厚生之外，最大的，也最重要的是他的休閒活動、養生活動、健身活動、遊戲娛樂，這包括體育的講究與運動的推行。就像藝術追求自由而富創意的活動一樣，人不管是體育家、運動員、選手、觀眾與一般凡人，沒有比身體的鍛鍊和運動的推行，再叫他們賞心悅目、舒展筋骨，表

現其主動、能動，以及與別人公平比賽、展示團隊、和諧、友誼、忠誠諸美德的動作了。

　　不過，如果運動表演、體育表現，只為資本家、獨裁者、經紀人、簽賭者獲取光輝、財富、聲名，以及宣揚「國威」、「民族優越」之虛名，則運動比賽是走向歧途末路，也是歷史上常有之事，這無異馬克思所言的「異化勞動」。換言之，不管是早先獨裁政權希特勒、史達林，還是今日資本主義盛行的國度，以運動做為個人成名捷徑、致富手段、打假球便利賭徒、投機者，甚至是全民簽賭的工具，都可以視為「異化的運動」。異化的運動有如異化的勞動一樣，對人性的戕賊、侮蔑，對公平競爭、發揮才華、文化交流、技術借鑑的傷害、破壞，莫此為甚。

　　是故作為能動、自動、自由、自主的本身活動之體育與運動，就應該擺脫異化的羈絆，而納入與推向人本身潛能、才華、體能、技術之正當發展程序中，才能符合馬克思對勞動異化克服之主張。

十一、尾語

　　正當自我活動是自動自發，又是自主自由之際，可是勞動的本質卻是被強迫的、不自主的，而更是不自由的。勞動與奴役幾乎是同義字。其性質說明勞動乃是「被迫的工作」（*Zwangsarbeit*）。既然是被迫的工作，那麼它「自我犧牲，或逼人於死的操勞」。是故異化的人乃是被奴役的人，在其生產活動中忍受種種折磨與痛苦。「他無法〔在其勞動中〕發展其軀體的、或精神的能量，反而卻勞瘁、消耗其身體、鈍化、毀壞其精神」（*FS* I: 564; *EW* 326）。於是馬克思為此下一結論，勞動不再是真正的人、完人的本質，它是與其種類性格完全矛盾、敵對的特徵。

　　但是馬克思是立基於什麼基礎之上，使他把歷史上人的生產活動一概當成異化的勞動呢？人如何可以說是從其本身受到泛宇的、普遍的、一般的異化呢？必須指出的是馬克思在這篇長稿中未曾把這個最重要的、關鍵性的問題做出明確的說明。不管如何，在其手稿中有其特定的解釋，是故進一步澄清草稿中的馬克思異化觀仍有必要（Tucker 1972: 123-125）。

Plato

Aristotle

Epicurus

Kant

Von Stein

Engels

Lukács

Adam Smith

Martin Luther

異化的哲學與政經理論之批判

一、前言

馬克思異化觀有異於前人或同代之處,在於強調異化現象存在於生活的各方面,不侷限於人的經濟生活而已。不過經濟生活中人的異化卻比起其他生活方面的異化更為基本,也更為突出。其原因無他,在經濟生活中人所生產的物質標的物變成了商品,也因為利潤的累積變成財產。是故馬克思最先認為私有財產這種社會制度就是各種各樣異化勞動的源泉與主因。他起初贊成這種說法,後來卻加以拋棄。他說:「分析這個〔私產〕概念,最先清楚地看出私有財產好像是異化勞動的源泉活水和因由。但事實上它卻是其結果,這正如上帝在其起始並非原因,而卻是人內心扭曲的效果一般」(*FS* I: 572; *EW* 332)。私有財產是異化勞動的函數、功能、結果,而非相反的說法——異化勞動造成私產。私有財產制度並非異化生產勞動的源泉;反之,是其後續與結果。異化勞動本身就是首先出現的事實,這是人存活的形式,俾把私有財產當成其成果來加以看待,它就像上帝一般,係立基於人的扭曲、迷失、混亂(*Verstandesverwirrung*; aberration)之心靈產品。

二、異化的來源——生活壓力抑金錢崇拜?

與馬克思這種解釋有點不同的假設,多少可以從《巴黎手稿》與其後作品中找到蛛絲馬跡看出。這是指出異化的根源在於物理需要的強逼性、迫害性。在手稿中馬克思曾經說,人之異於禽獸之處在於人是自由的、有意識的生產者,即便在沒有生存壓迫之下,人仍舊可以根據美的律則來生

產與安排他所創造的事物，不過人之必須生產日用品來滿足生存之所需，不正說明言殘酷的存活需要迫使人非勞動不可、非生產不可？馬克思曾經說：「勞動不在滿足一種需要，而是在滿足需要之外的一種手段」。他又說：「異化勞動，在貶低自願勞動、抑制自由活動之際，使得人的種類生活變成其軀體存在的手段」（*FS* I: 568; *EW* 329）。這兩段話可以用來佐證勞動不只在滿足人的口腹、存活之基本慾求而已。

把上述這段話仔細推敲、分析，那麼人之存活被迫去勞動，依馬氏的想法，不是異化勞動之源泉或原因，而是其他「表現」。這是由於他主張人有潛藏的、內蘊的本質、本事、才華，必須藉勞動來表現、表演、展示，將潛能轉化為顯能。一個生物自動自發地傾向於生產的勞動，只有存在於求生的表演中，體驗勞動所呈現的自我活動。因之，一位木匠從製造木器中找到其創造的滿足與個人的成就，同時也以匠工之職業為謀生的工具。很明顯地，為著生存而從事勞動的必要，並不能解釋這些勞動必然處在異化的條件下，也就是非馬氏所言勞動者被強迫去工作，有如夢幻者，被催眠者一樣地不覺不識。因之，在自我異化與求生而勞動之間不存在必然的關係。我們在仔細考察馬氏的說詞之時，也會同意他不致持此說法。當他說異化勞動是滿足「需求之外」的事物之手段時，這裡所指的種種需要是人追求存活簡單需求之外的其餘需求。

他對異化勞動的解釋，在〈論猶太人問題〉一文上早已說過：「金錢是人勞動異化的本質，也是人作為實有異化的本質。這個異化的實有統治他，還讓他崇拜它……只要人在宗教中盲目相信，那麼他會客體化其本質，把它轉為幻想的異化〔陌生、敵對〕的受造之物。如此這般在自私自利的需求宰制之下，他能夠在實踐的作法中，實踐性的創造對象體，這時他只要把這些產品和他的活動，隸屬於一個異化實有之權力之下，賦予它們一個異化物——金錢——重要的意義〔法定交易的媒介之作用〕」（*FS* I: 484-487; *EW* 239-241）。

在對政治經濟學作系統性的閱讀與批判之後，馬克思在手稿裡還認為他所討論的主題在本質上仍屬宗教的範圍，因而提到金錢的「崇拜」。由是引申政治經濟學為世俗的神學，他此時仍舊談到金錢是「異化之物」，是「世俗上帝」的崇拜，當做是人在其生產活動中，人從其

本身異化出來。

三、貪婪與財富瘋狂的追求

　　馬克思異化的人，是人「在自私自利的需要宰制下」從事生產的人。這是勞動過程「外化」的需求，而勞動過程是從屬於這種需求之下的。把自由創造的自我活動轉化為異化勞動的強制性乃是堆積財富的強迫要求。馬克思在其手稿中描繪這種強迫要求是佔有的偏執狂，是資本累積的偏執狂，是對創造的事物之世界擁有的真正狂妄與幻想，這就是金錢的瘋狂追求與佔有。他稱這種偏執狂與佔有慾為「貪婪」（*Habsucht*）。把這個概念列入政治經濟活動與學問中。「使政治經濟的機器單單得以開始運轉之掣動器為貪婪和貪婪者之間的競爭」（*FS* I: 560; *EW* 323）。亞丹·斯密的自利說，和其他經典的政治經濟學家所謂的「經濟人」（*homo oeconomicus*）[1] 在追其自己的利益的動機上，與馬克思在這裡所指的「貪婪」在性質上多少有分別。儘管馬克思把這個概念——貪婪——放入英、法政治經濟學裡頭，顯示他作為日耳曼黑格爾學派的哲學家仍不免沾染傳統德國對「熱情」、「不捨追求」作為生命驅力的想法（Tucker 1972: 138）。

　　因此，馬克思描寫貪婪是一種佔有慾、追求慾（瘋狂），在金錢裡找到對天下各種事物運用權力、加以宰制的手段。人崇拜金錢為「人類外化的潛勢力」，以及能給予擁有它的人無限權力之「最具權勢之物」。金錢是「上帝的力量（*göttliche Kraft*）」，可以推翻各種各樣的東西，「把忠實轉化為不忠，把愛化成恨，把恨轉成愛，把善轉成惡，惡轉成善，把奴僕變成主人，把主人轉變成奴僕，把愚昧變成聰明，把聰明化做愚笨」（*FS* I: 633; *EW* 377）。這裡馬克思還引用哥德和莎士比亞的話來佐證。

　　馬克思說把財富做無止盡的累積乃是隱涵在政治經濟學裡頭的「倫

1　關於「經濟人」可參考洪鎌德 1999: 250-262，洪鎌德、廖育信 2009，〈政治經濟學之『經濟人』的模型及其意涵〉，《台灣國際研究季刊》，第 5 卷，第 2 期，頁 57-78.；另外參考本書第 1 章，頁 13-15.

理」，其最典型的代表者為斯密《國富論》中所言：「資本是指揮所有勞動以及勞動之產品，這些產品流通在市場之上」。這裡最重要的關鍵詞是「指揮」。金錢就是一種手段指揮、或命令人的手與腦、所能生產之物，或是即將要生產之物。政治經濟學的道德訓示如下

> 你越是少吃、少喝、少閱讀，你越是少去劇場、少赴舞廳、少去公開場合、你愈是少思、少愛、少做理論、少唱、少繪、少鬥劍等等，你就更能省錢。你的積蓄、寶藏愈來會愈多、愈大，這些累積的財富不是蝗蟲、塵埃可以吞食──這就變成了你的資本。你本身變得愈少，你的擁有變得更多，你自己的生活表現得越少，你身外的東西變得愈多。你倉庫裡將會存更多異化之物。政治經濟學家從你那裡，包括你的生活與人性那裡，所取得的各種各樣之物，他還給你以金錢和財富。所有你的東西所無法辦到的事，你的金錢都會替你辦到。他可以吃、喝、上劇院、上舞所；它可以旅行、買到藝術〔品〕、學習、古董、政治權力──所有的東西它都可以佔有給你──它可以買所有這些東西給你，它是真實的才能、天賦。就算它是萬能，它只能創造它本身、購買它本身；原因是它之外的任何的東西都是它的奴僕。當我擁有一位主人時，我同時也擁有一個奴僕，而不需要它的奴僕。所有的熱情和所有的活動必須從屬於貪婪之下。（*FS* I: 612; *EW* 361）

四、非人的勢力之膨脹與工人之異化

貪婪所擁有的一切熱情（激情）在馬克思心目中是一個「全然乖異的權力」，是一種「非人的勢力」（*unmenschliche Macht*），全面掌握整個人的存在（*FS* I: 619; *EW* 366）。這是自有人類以來歷史過程的驅力。在這種像鐵那般堅定的驅力下，人在各個時代裡創造了他客體的世界，包括各樣文明與典章制度。馬克思這種勢力、驅力為「乖異的」、為「非人（性）的」，原因是他從中看出這般勢力把人從其本身異化出來，剝奪了人的自由，並使人成為非人──卑賤的、可悲的、失掉人性之人。在佔取

的激情之虐政（despotism）之下，人「發展不自由的軀體與心靈能量，不僅勞瘁其身體，還磨損其精神」。他的生產活動變成在「不自由」之下成長，而經驗到反對人、折磨人的苦刑。這種生產活動變成與生產者無關、獨立於他、不屬於他的活動。他在「非人的方式下」把自己內在的才華客體化成為外在的、陌生的、敵對的客體物，使他在其後進行生產的過程中，只記取痛苦、折磨，而未享受創作的喜樂。

　　在描繪人在奴役與犧牲中自我異化的慘狀時，馬克思經常記住費爾巴哈對宗教中人異化之分析。費氏曾言明，自我崇拜的宗教信奉者的心靈活動是上帝的外化，明明是人心的外化的活動，卻把神明看成與人分開，卻爬在人的頭上指揮、控制、操縱行為的命令者。同樣馬克思也大談現世的、實踐的宗教活動——勞動、生產、金錢崇拜、累積財富的經濟生活。他說：「正如在宗教裡，人想像的自我活動，人腦與人心之活動，其操作似乎是獨立於個人之外，被視為乖異的、神鬼的活動一樣，同樣地工人的活動不再是他自我的活動。他屬於別人，工人喪失他自己」（*FS* I: 565; *EW* 326-327）。換言之，工人經驗到其本身之生產活動不再屬於他自己之活動，而成身外之物，他努力工作的結果創造了別人的財富，成為別人的資本。

　　再說，費爾巴哈指出：人愈是把上帝想像得豐富、卓越、超能，愈貶抑自己為貧窮、無助、卑賤。馬克思也同樣描述世俗拜金者身心的殘缺不全。受著佔有慾、掠取狂的奴役，人類把種類力量的全部財富灌注於世俗之上帝身上，而使自己本身變成貧瘠、匱乏。勞動者內心愈來愈喪失價值，當「事物的世界」（*Sachenwelt*）愈來愈增值之際。「很明顯地，工人愈是勞瘁，他所創造的客體世界愈來愈有力，他內心世界愈貧困，屬於他的東西愈來愈少。同樣的現象可以應用於宗教之上。人把各種類好的形容詞愈加之於神明，他為自己保留的〔美德〕愈來愈少」（*FS* I: 561-562; *EW* 324）。

　　為此，馬克思企圖為費爾巴哈的說法做一個修正。這個修正過的話是這樣的：為了使世俗的神明（金錢）富有，人就要變得愈窮。為了使資本成為一切事物的主子，人什麼都不是。替代費爾巴哈所言，神明是宗教人自我崇拜的內心之客體化，我們如今有一個乖異的、陌生的、

敵對的客體世界，成為工人物質的另一個自我」（*alter ego*），這是工人在金錢崇拜下非人的勢力把工人異化的結果。勞動的實現，勞動客體化為貨務（商品與勞務），變成工人的「非人化」、工人的「非實現」（*Entwirklichung*）。這是工人能力之被剝奪，是他的喪失。從勞動過程生產出來的產物所造成的「事物的世界」（*Sachenwelt*）都取得宰制人的權力之性格。這個人締造的世界不僅是乖異的，還是敵對的。它以臭臉傲視進行生產的工人，而工人卻無力地在這種魔鬼式的緊握中討生活。工人回頭一看，其一生勞瘁之世界為此邪惡勢力所霸佔，都靠社會與國家的法政統治勢力合法化為「私有財產」。人環顧其周遭世界，都見到這股金錢崇拜所造成的私有財產在左右他、控制他。有了這種對世界的實在之深刻看法，導致馬克思強調哲學家不該只在解釋世界，而應當「改變它」。他要以誌明標籤之終審法庭（*Vehmgericht*）[2] 來給予這個看起來向群魔亂舞的貪婪世界、拜金世界宣判死刑，被判死的是一個罪有應得的資本主義世界。

五、異化勞動與輝煌資本的對照

　　不用說馬克思是從他本身的存有、實有來尋找創意，而用來描繪「非人的勢力」在今日工商發達的社會作威作福。任何一位思想家如果沒有經驗到成聖成賢、自我輝煌的迫切感，正如馬克思在其手稿及其以後的著作中所表述的那種沛然莫之能禦的正氣，就不會寫出這種「非人的勢力」的詞句 [3]。同樣簡單明白地這個概念的源泉潛藏在黑格爾的哲學裡頭，主導了他產生初期馬克思主義的念頭。從亞丹‧斯密及其他政治經濟學家那裡

---

[2]　*Vehmgericht* 與末日審判意思差不多。北歐的傳說中指出遭天譴的家門上畫了紅色的十字架，等候上天死刑的判決。參考 *SW* 1: 501.

[3]　馬克思傳記作者呂列（Otto Rühle）指出馬克思自從其學生時代開始便懷有大志，準備過一個充滿而輝煌的一生。他要征服世界、攀登高峰、追求卓越的心思控制他的一生，無論是做一位勞動者、作家，還是革命者，毫無疑問馬克思是一位工作狂者，是一位患有精神官能症（neurotic）的人。不過他卻沒有降服於真正的精神病患中，儘管其野心勃勃、自私自大，有時又自卑自賤（Rühle 1929: 379）。

馬克思得到「資本」與「勞動」等等名詞。他設定了黑格爾主義可以提供解開政治經濟學的秘密之鑰匙。馬克思繼續把這些名詞灌入黑格爾的理念內涵。於是「勞動」變成「異化的勞動」，「資本」則成為黑格爾式的精神，不斷追求擴大、無限之增生力量。我們知道當馬克思在撰寫其手稿之時，他再三沈浸在黑格爾《精神現象學》之中。他所提在人裡頭「非人的勢力」之概念，必須在這種思想背景下才能獲得理解。

在黑格爾的體系中，精神必須運作其創造性的活動，為的是降服於要達成理解其本身為一個「整全」（das Ganze）的驅迫之下。有限性的辯證運動是自我輝煌達致無限的動力——有限要轉往無限靠著這種不斷自我膨脹、自我擴大的辯證運動才有可能。假使精神一方面是創造力的力量與原則，那麼它另一方面也是走向無限的光榮、輝煌之動力與意志。其唯一能夠產生其本身為一個世界之動力，其後才能掌握和看到世界的自身。認知的過程是對其所創造的世界當做「自我的財產」、或「精神的實體」加以佔取、擁有的運動。換言之，認識精神所創造的世界便擁有該世界。精神這種貪而無饜認知要求便會把表面上實體的、客體的世界吸入其自身的容器中，而自我無限化的運動，在其過程中不斷地摧毀外者、他者、異者的客體物，其目的在於佔取所有的東西為其私有的財產。黑格爾陳述這一連串的併吞活動為佔取、增生的運動，也是富有、添加的過程，是「精神實體」累積的過程。他把這個過程當做是精神「內在的」，在思想裡發生的事件。這原因是認知、認識、體會都是思想的過程，而非軀體身外的動作（洪鎌德 2007b: 66-76, 125-132, 161-163）。

但是馬克思卻全心相信，這種佔取外物的心靈活動其實應當指涉到人身外之物。在他看來黑格爾秘義的心理學應當改變為秘義的經濟學，必須把這種佔取的活動用物質的、經濟的詞彙來加以揭示。黑格爾的邏輯應當是「精神的金錢」才對。於是有限的事物之辯證運動再度出現在改造的黑格爾主義中，它變成了用物質的名詞（金錢、財富、資本、私產等）來把無限的自我輝煌的動力重加描述。換言之，導致黑格爾精神自我輝煌而走向無限的方式是人類知識的增大、擴張，如今轉換成馬克思的主張：人藉金錢的攫取、累積而使其自我膨脹，走向無限的富有。黑格爾貪圖無厭的求知慾變成了馬克思心目中人的物質生產活動之不斷擴張。歷史中精神實

體的累積變成工商社會中資本的增大。只有在「資本」一概念中，黑格爾和馬克思之間的關連才獲得有系統的表述。

對於「資本」這個基本理念，馬克思在 1844 年的草稿中業已銘記在心。原因是這部馬氏生前未獲出版的著作中，他已把世界史的劇本（動作、戲碼）看成為人類自己客體化的過程，該過程的動機在追求絕對的富有。不只歷史上的人把自己物化——人創造財富，也變成財富的化身——就像黑格爾的體系中，精神之自我物化。他（人）自我生產的動作也同樣地表現在自我無限取得拼搏的驅迫之下。就像黑格爾的精神不停追求知識一般，馬克思設定一個人貪婪地追求私產的世界。黑格爾精神的兩面性，也可以應用到馬克思視歷史中的人為兩面性之生物。假使一方面他是內在創造性的生物，他的生產能力企求在生產活動中不斷地向外展示；另一方面他也是無限佔有之物，懷著佔取「整個」世界的慾望之佔有慾者。在這裡絕對的自己不再是一個絕對的事物之本身亮麗的看法。它變成了在人身內自主的、創發的力量，一種「非人的勢力」。就靠著這股非人的勢力左右了人的言行舉止，剝奪了人的生命能量，壓榨了他的生產力量。

六、黑格爾和馬克思對貪求無厭的不同詮釋

黑格爾建構一種佔取增益的運動，不過其運作卻在人心中，其最終停止於「絕對的知識」之盡頭。反之，馬克思也談及佔取、掠奪的運動，但它卻發生在人與人之間，是對世界的奪取，其驅力來自於追求絕對的物質富有。不過這點倒未必是兩種思想體系截然有別之處。關鍵之處在於從黑格爾到馬克思奪取的驅動之看法與評計的不同。黑格爾靠著認知的方式來佔取世界，這是由於自我的要達到自知之明，也是精神自我異化克服的方法，也是自我達致自由的途徑。對馬克思而言，情形剛好相反。爭取、奪取的努力是一股非人的勢力把人創造性的活動轉化成強制性的異化勞動，同時把人去掉其人身化（depersonalized）。這是造成人自我異化的理由與源頭。取代使人自由，它把人奴役了；取代讓人恢復其本身，它造成他自我的喪失；取代把他完人化，它把人貶抑為「非人」（Unmensch）。要之，黑格爾肯定為好的、善的，卻成為馬克思譴責為壞的、罪惡的，一個

完全異化的敵對自由的過程，在馬克思心目中都是人類走上桎梏、拘束、綁帶（bondage）之不歸路。這種道德觀點的改變是深刻的、沈重的，這對企圖瞭解馬克思主義者，以及馬克思主義對世界影響的理解者而言，都是頭等重要之事。

　　在這改變的背後隱藏著馬克思本身的思路特質，也與他所受費爾巴哈思想的影響有關。一如吾人所知，費爾巴哈反對絕對性之物，把它看成異化的自己。他還站在受苦受難的人的那一邊。這些受苦的人群乃是「理念」——絕對精神——求取實現的歷史性運動之受害者。馬克思也同意這種看法，而朝此方向推論。他重新裝扮「絕對事物」重新界定自我輝煌、自我榮耀的活龍活現之動力（dynamism），視它為罪魁禍首，導致人的受苦受難。他宣布那種驅迫人為追求金錢的絕對化人身為「非人的」，為「異化的」勢力。他認為人真正的自身如今受到創造性的奴役，是故他有解放勞力的想法，把勞力從桎梏、綁帶和貪婪的激情之下解放出來。他異化勞動的理論可以如上來加以描述、解釋（Tucker 1972: 143）。

　　馬克思對異化力量（勢力）之斥責，可以從他所揭示的普勞階級成員的意像、想像來獲得反映與表徵。這是馬克思主義核心議題之一。在這裡作為生產者之普勞分子所以倡言造反有理，係在對抗這股非人的勢力，蓋非人的勢力以其貪婪的髒手牢牢控制生產者與世界，勞動者本身就是「非人化」，因為他意識到他自己被貶抑為非人，而奮力取消其本身為「非人」。假使黑格爾心目中的人是追求絕對事物的自動自發之工具，也是甘心情願的犧牲者的話，馬克思心目中的人也是工具與犧牲者，不過在意識到這種不公不義時企圖奮身反抗這股暴政的勢力。假使黑格爾的人把自己加以分裂，俾努力去撕裂有限性桎梏的話，那麼馬克思的人是向自己挑戰，也是要撕裂桎梏，只是這個桎梏為自我無限化傾向的桎梏而企圖奪回被異化的生產力。這是「非人」與「非人勢力」之間的戰爭。在有關「異化的勞動」的那章草稿上，馬克思也把人分裂成兩半：種類人對抗非人。

七、異化與精神官能症

　　「異化」是一個西洋古早的名詞，意思為身分認同的喪失，或對身分

認同的感受。馬克思相當精確地用這個詞彙到他手稿中涉及人的部分之析述。特別是指他談及「自我異化的過程」（*Selbstentfremdungsprozess*）時，反映了此字的精確用法。這是心理學與心理治療（分析）學公認的現象。

　　自我異化的工人是一種人物，他喪失了自己。由於欠缺了自動自發性，他所有自我決定的感覺，都在行動中失掉，連同他存在與生活的意義也告失落，他已逐漸變成沒有人格、沒有身分感受的事物（存有）。到此地步，他變成對自己都是陌生的人，以致他的才能和活動對他而言，不再屬於他本人所有，而是屬於控制他的外頭、陌生的勢力。他所作所為都在這個外力的命令吩咐之下來進行。他所有的活動都屬於異化的活動。但他從其本身異化出來還不限於此，還不是全部。原因是他並非不知不覺，他也知道這種身不由己的困迫。因之，他對其情況萬分惱怒，卻毫無助力。他也承認這種情形是錯誤的、罪惡的，不自然的、非人的際遇與處境。他也想從這個困局中解放出來，重新佔有其本身之能量（才華、本事）和活動，重新找回自己。

　　站在醫學治療的觀點上來看，對異化人的描述和預診可謂真確。站在心理分析師的立場，一個人經歷了異化而呈現的病癥，如不獲治癒，有邁向精神官能失常之虞。一個官能失常的患者首先會感受他有像神明一般的理想的認同，但同時也體驗他經驗上有如陌生人的不完善自己。其後，要把他完善的、似上帝的自己加以實現之際，這股欲求在其心中逐漸發展為激動的勢力，而變成像暴君那樣驅迫他的勢力，這時他慢慢經驗到異化無孔不入的滲透力量。於是他變成喪失了身分，「從他自己那裡脫落」。這時他不再把自己的能量、才華、本事看作是屬於他自己的。他所有的活動都覺得是被迫的、聽命於別人（絕對性的自己）之指揮。於是自己不再受他的使喚，而受別人的驅使。

　　當然馬克思在這裡不會想到他正在進行工人的心理或精神分析，而是致力於政治經濟學的批判。他甚至相信他已掌握和分析經濟生活本身這個事實。馬克思在敘述工人從事勞動過程中所呈現的異化癥象之後，他說：「我們從政治經濟學的一個事實出發，這是指工人及其生產之異化問題。我們在這個事實之上，提出這個概念，異化的與外化的勞動之概念。我們進一步分析這個概念。因此，我們所作所為僅僅是分析政治經濟學的一個

事實而已」（*FS* I: 569; *EW* 330）。再說，「工人變得更為貧窮的同時便是〔僱主〕財富日增，其生產的能力與規模更為增大。工人創造的商品愈多勞動者變得愈來愈廉價的商品。人的世界愈來愈貶值時，相對地物的世界愈來愈增值。勞動不單單生產商品，也生產其本身和把工人變成商品。這個事實表達的不只勞動生產的客體——勞動產品——所遭逢的陌生的，就像獨立於生產者之外的一股力量……在這種經濟情況下，勞動的落實變成工人實現的失落。客體化變成客體物之喪失，變成它〔勞動〕之受束縛、受桎梏，佔有變成異化」（*FS* I: 561; *EW* 323-324）。

八、勞工是異化的受害者，資本家為加害人

　　就在這個概念提出之際，他質問自己，提出一個關鍵性的問題：外化和異化的活動究竟屬於誰？「假使我自己的活動不屬於我自己，那顯然是一個異化的活動，那麼這個活動究竟是屬於誰呢？」答案是「屬於我之外的存有〔事物、人物〕」。他接著詢問：「那麼這個存有是誰呢？」他的回答為「這個陌生異化的存有，這個人們勞動的產品得以歸屬的存有，為了它〔他〕的服務與享受，人們必須勤勞工作的存有，除了人之外還會是什麼呢？……〔顯然，這個存有〕不是神明，不是自然界，而只有人本身才會把這個異化的、外人的勢力加諸人身之上」（*FS* I: 569-570; *EW* 330）。因此，這個陌生、異化的存有〔事物、人〕，亦即異化人辛苦工作所服務者，除了此人之外照理不當是其他的人〔或上帝〕才對。但馬克思推論的結果卻是勞動者以外的他人。他說

　　假如他〔工人〕體驗到其勞動的產品，他客體化的勞動，變成異化的、敵對的、獨立於他本人之外的客體物時，那麼他體驗它〔客體物、工人的產品〕是在這種方式下為之：另外一位異化的、敵對的、獨立於他本人之外的人〔雇主、頭家、資本家〕自稱是客體物的主人〔之緣故〕。假使他本身之活動是一種不自由的活動，那麼他體驗他是為服務別人、聽命別人的宰制，在別人強迫驅使下的操勞，這時他與別人之關係就是這般〔主奴〕的關係。（*FS* I: 570; *EW* 331）

　　上述馬氏的話顯示人際，特別是雇主與勞工之關係有心理學上所呈現的實狀。一個在精神官能症萌發的過程之工人是一位從其本身異化之人。那麼他會體驗到其本身之活動「在為別人服務，聽命於別人的宰制，在別人強迫、驅使下的操勞」。只是馬克思不會認為他對異化現象的診治是心理學的精神分析，而是認為這僅僅是「政治經濟學的事實」，亦即社會事實而已。

　　這時他的口氣也把「似乎是」，改為斷然的肯定詞「是」。先前他說工人經驗到其活動好像是，似乎是替別人服務，受別人宰制、驅使等辛苦操作。如今他肯定這種發號施令的「人」之確實存在。他如今設定一個陌生、異化、敵對、有力的人之真實存在，這人活在工人之外，工人及其活動隸屬於他。這個人無他，乃資本家之謂，資本家為非勞動者（*Nicht-Arbeiter*）。於是取代一個「存有」（實有、事物、人等），在勞動過程異化之勞工以外，還多一個資本家來，變成兩個存有。早期所提的人、或人類，業已無影無蹤，取代人或人類，便是兩個不同身分的——工人與資本家。工人既變成非人，一位去掉人化，一位普勞分子——除了創造力之外，去掉人各種屬性的生產機器。另一方面，貪多無厭、索求無盡的資本家是在工人之外的異化力量——貪心的賺錢機器。他雖有血有肉，也具人形（一半的人形），但卻是金錢與資本的化身，同樣不是完整的人、非完人、非真人、非全人。

九、人類的分裂——「非人」與「非人的勢力」之抗爭

　　由是看出不協調、不一致的、異化的自我，在一個完整的意義下，可謂為人格的分裂。異化的人在對抗自己，同時反抗追求無限輝煌的暴君式之驅力。其結果就是人分裂為相互反叛性的生產力之勞動，另一方面化身為非人的勢力之資本。不過在分裂成兩個半人——工人與資本家——當中，比較具有人樣，也有希望恢復人狀的是勞動者。因之，人格的分裂把人類分裂為工人階級對抗資本家階級。於是馬克思式的自我異化之人本來是對抗自己，如今戰火延燒至身外，把階級鬥爭轉化為社會各方面的戰

場。對馬克思而言，無產階級、普勞階級便是非人的集體化身，那麼資本家階級，便是「非人的勢力」（*unmenschle Macht*）的集體化身。他看出，人類分裂成兩個陣營、兩股勢力，而歷史的戲碼便是這兩股敵對勢力的不停交戰。

在人與自己分手這一說法下，使我們不其然想到英國小說家史蒂文遜（Robert Louis Stevenson 1850-1894）所著的小說《化身博士》（*The Strange Case of Dr. Jekyll and Mr. Hyde*, 1886）。不斷的自我膨脹、剝削、奴役、壓迫別人的角色，對馬氏而言，乃為異化的、敵視的角色，在他的心目中變成「資本家」，以及其集體的「資產階級」；反之，從事生產者乃為勞工，以及其集體勞工階級。種類人自我分裂為兩個陣營，所進行衝突勢力使他們寄身於兩個分開而對立的集體認同之下。馬克思對這種分辨和觀察自認背後擁有科學的權威來支撐。在這裡黑格爾主義成為主要的嚮導。黑格爾在《現象學》中所討論的「主人」與「奴僕」（*Herr und Knecht*）是精神分裂成兩截，變作具有雙重性。因之，在手稿中我們發現馬克思把勞動變成「奴役」（*Knechtschaft*）之外，還把資本家與工人比擬為「主人」與「奴僕」。除黑格爾之外，費爾巴哈也算是權威的思想家之一，馬氏說，費氏的大手筆在於把人與人之「社會關係當成其基本理論」之所在（*FS* I: 639; *EW* 381）。他說這句話時是想到費氏提及人在與別人發生關連中才使自己變作實實在在的人。

十、從自我異化到社會異化

把人對自己異化的關係轉化為「人與人」之間的社會關係，對馬克思而言，最先不能不有所疑慮，還是他後來尋找證實這種改變的因由。他遂用普遍的、一般的真理之說法來證實這種變化。他說：「人的異化，一般而言是人對待自己的每種關係。這些關係首先的實現與表現是在人對待人的關係上」。於是他對自己這種說詞他不能不詳加說明。因之，他接著說

每一個人自我異化，從其本質異化都出現在他把其本身與其本質放置在與別人的關係之上，這個別人是有異於他本人的。是故宗

教上自我異化，必然出現在普通人與僧侶〔神父、牧師〕之間，
或是普通人與冥思者之間，原因是我們在討論知識的世界。在實
在的、實踐的世界裡，自我異化只能出現在與別人發生實踐的、
真實的關係裡。異化產生的手段〔通道〕正是其實踐本身。是故
通過異化的勞動，人不只產生了他與其目的物〔產品〕之關係，
而生產的動作也產生了與他為敵、陌生的異化的勢力。他也生產
了另一種的關係，在其中別人對他的生產與產品發生關係，這就
是一種關係，使他與別人關係密切。（*FS* I: 570-571; *EW* 331）

　　馬克思聲稱，基本的事實就是自我異化的關係，但是為著實踐性的目
的可以把它看成異化的社會關係。原因是人對自己的關係「首先實現與表
現在與別人的關係裡」。在宗教的氛圍裡，他異化對待自己像對待上帝的
關係。如今在實踐的現實形態下，他對待神職人員變成了異化的社會關
係。在經濟的領域，他對待自己當成生產者的異化關係；在對待人類學的
本質方面，他的產品也變成了與資本家異化的社會關係。於是人與人的社
會關係變成了人從自己異化出來有效的實在、有作用的現實，於是「自我
異化的過程」終於社會化了。

　　不過馬克思這種從個人的自我異化轉化為人與他人之間的異化和抗爭
之說法，在理論上似乎站不住腳。一個異化的個人有可能把自我異化的感
受投射到外頭，他也有可能體驗它是從別人異化出來，或體驗它是對別人
的心懷敵意。這種感受與體驗可能會在實際上改變他的人際關係為異化的
關係。因之，假如他決定認為「異化的、敵對的、有權力的人」必然是
「他以外的其他人」，從而對他之外實在的別人作出這種的態度，那麼敵
對的、不友善的社會關係就會自然地流露出來。如果是這樣，那麼可以
說，異化的自我關係顯示出異化的社會關係。但這種說法，無法確證、或
證成異化的自我關係變成了社會現象主要的性質。

　　人際的情況無可避免地保留為社會最主要的事實，而異化的社會只是
這個主要的、基本的社會關係事實衍生的一種事實，或稱生產的結果。理
論家如果無視於此一情形，那他本人便陷身於異化的個人之錯覺裡，誤認
異化是人外在本人之外的他人。馬克思對自己這種理論的脆弱性只朦朧地

意識到，原因是他在草稿上加上一個註釋：「我們必須審慎思考先前所做的聲明：人對其本身的關係首先變成『客體的』與『實在的』，當它透過他與別人發生關係之際」（*MEGA* III: 90）。但顯然他並沒有審慎地考慮這個重要的前提（Tucker 1972: 149）。

十一、馬克思異化觀與運動文化之關係

　　本章先談馬克思的自我異化觀，然後指出在工商業社會和資本主義國家裡，真正患有人格分裂、精神官能症乃為普勞大眾。因之，人之自我異化轉變為社會的異化，人的雙重人格轉變為勞動與資本家的雙種身分。勞動者成了異化的受害者，資本家成為異化的加害者。但資本家的貪婪無厭，也使他變成「非人的勢力」的囚犯，離正常人、完人的人之本質甚遠。是故資本主義基本上便是戕賊人性、非人的勢力主宰之制度。

　　運動家、比賽者、體育文化傳播者在今日工商社會上不屬於藍領工人，也非掌握財富、壟斷運動市場的呼風喚雨者。他們絕大多數為中產階級成員，靠專業的獎金、薪資、廣告收入，或其他職業的薪水以維生。當然傑出的運動家、出名的選手，其累積的財富不亞於明星、藝術表演者（包括藝術家、作家等），不過這種出名的體育明星人數有限，不能與廣大的從事運動之參與者相提並論。

　　一般運動家與體育者都是四肢發達、頭腦清楚、意志堅定、軀體矯健的，有異於常人之少年人、青年人，其身心之健全似乎離人格分裂、精神官能症甚遠，所以談不上有自我異化的問題。不過長期的鍛鍊、甄選、拔尖、參賽所承受出頭的壓力，則數十倍於常人，是故這些體育界、運動界的菁英，儘管毅力、忍耐、抗壓性超過常人，卻也是在求勝不得的情形下，容易沮喪、受挫、失志的人。這些人的運動挫折感、失落感、異化感隨著工商社會愈趨發達繁榮，資本主義腳步愈緊快，而變得愈形嚴重，他們有時必須靠鎮靜劑、迷幻藥，甚至最新的麻醉品來舒緩精神的壓力，更不必談其他刺激藥品增強比賽時之體力。其結果運動員或選手的異化感之嚴重性，服藥不當之違紀、犯法的問題，都成為大家必須嚴肅以待的運動醫療與運動社會學的主題。

　　站在運動社會學的立場，則對運動員或選手栽培教育的問題、薪資獎金授受的問題、體壇權力結構的問題，以及運動產業化造成的拜金問題、搶錢問題、假球的問題，都要嚴加矚目，以免經紀人對選手壓榨、財團對球隊剝削成為資本主義制度下，工人與資本家社會化的異化關係再度重演。

　　要之，今日運動界、體壇充斥明星崇拜、金錢崇拜的歪風要使運動文化成為社會群眾健身補腦、正當娛樂與休閒的運動還有待政府施政（運動與體育政策）與民間監督的緊密配合，特別是學界對運動產業的析述與批判乃為當務之急。

十二、尾語

　　馬克思在手稿中談到人的宗教異化、政治異化、社會異化和經濟異化。其中宗教異化是基本，而經濟生活的異化則是現實社會，也是人社會的存有與實在中最嚴重的異化。原因是每個人的生存和生存方式絕大部分都靠著其職業和工作來表現。偏偏佔人類數目中最多的直接生產者——勞動者，其勞動明顯地是不自主、不自由，而受強迫的勞動，是故普勞階級的成員成為人類歷史的創造者、世界的締造者，卻是受害最大、受害最深的文明發展的犧牲品。

　　在手稿中馬克思以哲學的方式來檢討人類的政治經濟活動，以及表述這個活動的政治經濟學。這個號稱經典的政治經濟學在馬克思的眼中是對現實制度衛護的、正當化的社會科學，是故成為他激烈批判的對象。但批判經典的政治經濟學之餘，馬克思認為這個英法的顯學，未能揭露經濟人自我膨脹、自我輝煌的毛病，而對私產制度、資本累積與資產階級的貪婪，盲目追求利潤，還以學理加以掩護，尋找合理化、正當化。經典政治經濟學除了是財富、資本與物質生活的禮讚之外，他方面也留意勞工在生存線上的掙扎、討論勞工的貧窮與對其薪資之壓抑（「工資鐵律」），是故被稱為「憂悒的科學」（dismal science）。這些經濟現象、社會問題，都是促成馬克思以日耳曼式的哲學方式加以省思，這就是何以其手稿被後人定名為《經濟學與哲學手稿》之原因，儘管它也被稱呼為《巴黎手稿》

（洪鎌德 1999: 51-16；79-85）。

手稿中談及經濟生活異化的四種表現、樣態，其一為勞動者從其產物中異化；其二為勞動者在生產過程中從其操作的危險、困難、煩瑣、重複中異化出來；其三，為了爭生存勞工不但與雇主發生糾紛，也與同事、同僚處於競爭敵對的狀態下，是故從其工作伙伴中異化出來；其四，勞動不再是賞心悅目的創作活動，也非工人表現其內心、本事、才能的表達方式，這也是人從其種類之本質、才華中異化出來。顯然得很，第一種與第四種的異化比較是直接從人類本身的特質異化出來，故比較接近黑格爾式的自我異化。至於第二種與第三種的異化則為勞動過程之間或人際之間的社會化之異化。

如何來克服擯除、揚棄人的異化，特別是普勞大眾的異化呢？對青年馬克思而言，只有通過無產階級的革命、世界範圍的革命、歷史終結的革命，進入共產主義之時，這一切人間的悲苦與慘狀才可望徹底掃除，是故我們將在下一章討論馬克思第一種體系的哲學共產主義之內涵及其實現之道。

人類分為資本家階級與普勞階級的對立，連孩童也要下礦坑做粗工。

William Shakespear

Wolfgang von Goethe

Adam Smith

Ludwig von Feuerbach

Robert Stevenson

Jean-Jacques Rousseau

Otto Rühle

馬克思與哲學共產主義的湧現

一、前言

　　一般的說法是認為馬克思與恩格斯在 1845-46 的長稿《德意志意識形態》中，不但超越了黑格爾的唯心主義，也批評了費爾巴哈以感覺、覺知為基礎的人本主義和自然主義，更揚棄了其他黑格爾青年門徒對宗教的批評，而展示他們唯物史觀的灼見，為馬克思主義中的辯證唯物主義和歷史唯物主義揭開序幕。在很大的程度裡，這本長稿成為馬克思主義誕生的標誌。

　　但真正的馬克思主義，或稱成年以後的馬克思主義，卻是建立在對資本主義制度，以及此一制度的經典政治經濟學之理論的批判之上。在這種成熟的馬克思主義是接近經驗的、實證的、歷史的社會主義諸種學說中的一種，其特徵為應用科學的、辯證的方法探討資本主義的崛起、運作、發展和預言其崩潰、消亡。是故成熟的馬克思主義又名科學的社會主義。是不是科學的社會主義代表與包攝全部的馬克思主義呢？塔克爾（Robert C. Tucker 1918- ）不以為然。反之，提出青年馬克思（1843-1845）的哲學的共產主義（或稱創始的馬克思主義），來對照成年馬克思的科學的社會主義（或稱成熟的馬克思主義）。

　　換言之，在批評黑格爾法政學說和抨擊青年（左翼）門徒的思想運動中無論是馬克思還是恩格斯都是以哲學，特別是思辨哲學的辯證法，費爾巴哈的轉型批判法，來揭發人間的異化問題，以及其克服之道。馬恩兩氏同意異化，不只是宗教的異化，更應推擴至法政、社會、觀念（意識形態），特別是經濟生活（物質）的異化之上。要徹底摧毀世上各種異化的現象，最終還要靠普勞階級的覺醒、團結、奮鬥，要靠普勞的世界革命來

達成共產主義的誕生。為此在 1843 年《德法年鑑》發表的〈論猶太人問題〉（兩篇）中，馬克思公然倡說哲學的實踐就是共產主義的落實。另外在〈黑格爾法律哲學批判獻言〉（1844）一文中，他說：「正如哲學在普勞階級中找到其物質的武器，普勞階級也在哲學裡找到其精神的武器」（*FS* I:594; *CW* 3:187）。普勞階級需要哲學的灌輸、教育、鼓舞，才會意識階級鬥爭的重要與必要，才會團結奮鬥，推翻資產階級，少數人的統治，甩掉身上的鎖鍊、桎梏，而使人類獲得最終的解放。於是在共產主義落實下，社會沒有階級對立、沒有階級剝削、沒有生活異化，而只有和樂、只有自由發展的新型社會最終會誕生。

二、哲學的共產主義之崛起

　　儘管在1843年在〈論猶太人問題〉（第二篇）中青年馬克思正確地指出民間（市民）社會中經濟生活是「人自我異化極端的實踐表現」（*FS* I: 432; *CW* 3: 170），但到此階段，他尚未致力政治經濟學的研讀。他有關政治經濟學的初步知識，絕大部分來自黑格爾對英國蘇格蘭啟蒙運動幾大家（特別是亞丹・斯密和亞丹・費居遜、休謨等）對市民社會的析述，少部分來自恩格斯的慧見（可以說恩格斯比馬克思更早接觸與學習當時的顯學——政治經濟學）。1844 年馬克思開始積極鑽研經濟學，目的在於尋覓處在農業轉型為工商業的近現代社會裡，人在生產生活中遭逢的物質異化之鑰匙。這把鑰匙也是哲學的表述方式，或是從哲學轉型為科學的表述方式——理論探討現實、解剖現實之手段。要證明馬克思是透過黑格爾的哲學來認識政治經濟學，可以從他在 1859 年《政治經濟學批判》一書的〈序言〉上看出：

> 我的考察導向以下的結果：法律關係和國家形式〔政制〕無法從他們本身、或所謂人心一般的發展裡頭得以掌握，而只能從他們的根本，亦即生活的物質條件中去尋覓。這就是黑格爾在效法 18 世紀英法〔思想家〕諸人所使用的綜合名稱「民間社會」。可是要解剖民間社會就要靠政治經濟學。（*SW* 1: 503；Tucker 1978: 4）。

　　這段話顯示對黑格爾政治哲學的批判是導致馬克思其後從國家、法律、政制的批判，進入更為核心的經濟批判之因由。把經濟生活的生產與流通視為物質現象，以對照思想、觀念、理論，甚至宗教的精神現象，也是促成馬克思歷史唯物論浮現的緣故。因之，馬克思主義有其典章、結構、歷史的實證面、科學面，也有其心靈、文化、批判的辯證面、哲學面，這大概是古德涅（Alvin W. Gouldner 1920-1981）所稱呼的兩個馬克思主義的來源（Gouldner 1980）。

　　可以說在 1843 年年底，馬克思尚未走向以物質主義和經濟主義成熟的馬克思主義（科學的社會主義）；反之，這個青年時代的初期他正在醞釀其哲學的共產主義。在這段時間中，馬克思受到青年門徒中一位暱稱為「共產主義的傳教士」賀斯（Moses Hess 1812-1875）的影響甚深。恩格斯在 1843 年的一篇文章中便推崇賀斯是德國哲學共產主義的原創者。他指出日耳曼是一個哲學的民族，無法放棄共產主義，原因是共產主義建立在良好的哲學原則之上。共產主義是日耳曼民族從康德到黑格爾哲學傳統最佳的部分之引申。他說：「除非日耳曼人把該族最光輝的美名之偉大哲學家揚棄，否則他們非採用共產主義不可」（CW 3: 406）。在次年（1844）馬克思的《經濟學與哲學手稿》（一稱《巴黎手稿》）終於撰述完成，雖未出版，卻標誌了「哲學共產主義」理論的出現，這便是恩格斯視為日耳曼哲學必然的發展與成果。恩格斯的文章明白地承認賀斯是青年門徒中經由「哲學之途」走向共產主義的第一位鼓吹者。更重要的賀斯是把尚未來往深交的馬克思與恩格斯皈化為共產主義信徒的「師傅」。透過《萊茵時報》馬、恩兩人在 1842 年和賀斯相識，當時馬克思是該報的主編，賀斯則為撰稿的通訊員。在科隆（柯恩）該報社辦公室中三人經由長期的商談對話，使馬恩磻然改信共產主義是人類本身未來發展的最佳狀態與最終目標。兩位信徒中，具有革命情懷的恩格斯，很快地變成熱情的共產主義者，倒是深思熟慮的馬克思反應較慢，改信的步伐稍嫌遲鈍。他接受共產主義的新信仰要遲到 1843 年批判黑格爾法政哲學時，才發現民間社會中的經濟生活是人類自我異化的根源。

　　這時的馬克思是費爾巴哈熱情的擁護者。因之，他所建構的哲學共產主義之學說是費爾巴哈人本主義的延長。費氏在《基督教的本質》中指

出：「生產活動」是人類有異於禽獸的特徵，卻被神學家影射為上帝的創造力。人類的生活之理想狀況為合作的、共營的生產活動，透過此一活動人客體化其生產能力（*Produktivkraft*）於各種各樣的有用的物質對象之上。可是人卻活在現代自私自利的世界中。是故人不懂與別人共同協力合作進行民生需要的生產與交換，俾滿足全體人群的福祉，反而把人類的生產能力佔據為己有，轉化為金錢和私有財產。現代「商業國家」是與共產主義對立的「顛倒世界」，在其中人類的生產力變成少數人的財富，特別是那些崇拜金錢、自私自利的少數個人之私產。賀斯把這種觀點以一篇題為〈論金錢的本質〉（仿效費氏《基督教的本質》之篇名）投稿於馬克思與路格編輯的《德法年鑑》之上。由於這一刊物只出了第一期與第二期合訂本，便遭普魯士政權查禁，所以該文遲到 1845 年才在《萊茵社會改革年鑑》上刊出。

三、蒲魯東與賀斯論財產、剝削與異化

賀斯早年沈浸於同代法國社會主義與共產主義的著作中，其中一本法文著作，也就是蒲魯東（Pierre-Joseph Proudhon 1809-1865）的《什麼是財產？》對他印象尤深。這本 1840 年出版的書，一度轟動全歐洲，原因是蒲魯東回答其書名「什麼是財產？」，居然是聳動聽聞的一句話：「財產就是偷竊（偷來之物）」。這種解釋並非表面上看來的偏激。原因是蒲魯東對財產或私有財產的定義另有一番見解。他把財產與私產同個人合法使用與佔有某些貨物（包含資本財）作了區別。亦即他贊成符合權利的佔有。是故「財產」是資本財擁有者為增加其財富而合法合理雇用別人的勞動。但「竊取」、「竊佔」卻是對別人勞動力的搾取、非法的佔有。是故蒲魯東早於馬克思，把資本與勞動關係解釋為「人對人的搾取、剝削」。蒲魯東說；「從最具強勢的人之權利產生了人對人的剝削、的桎梏」（Proudhon 1902: 257）。

蒲魯東曾經指出影響他的思想觀念最主要的來源為黑格爾、亞丹·斯密和《聖經》。他在上述 1840 年出版的書中，曾以經濟為主導來闡述歷史哲學，師承了黑格爾「正」、「反」、「合」的辯證發展，他認為歷史

可以用三階段的變化來加以分期：首先是原始的共產主義，接著是漫長的私有財產時期，最後則為人類達致最終「自由」的時期。他譴責共產主義，抨擊社群擁有共同的物質與人員，認為這種制度否定個體性，把各人的傑出才華砍削為平凡庸俗，而導致絕大多數人在壓榨少數菁英。他因此指出「共產主義是壓榨與奴役」，是對「現社會的最大危險，導致沈船悲劇的礁石」（*ibid.*, 249, 251）。

蒲魯東解決社會問題的處方籤為「壓制財產而維持佔有」，其結果將出現第三種的社會形態，這叫做「自由」。這是歷史的正題（共產主義）、反題（財產）與最終的合題（自由）。自由把共同擁有與人剝削人兩項缺點加以排除。目前私有財產的制度將被個人小型物質佔有者的合作或生產制度所取代，俾個人持有其生產資料與勞動成果之合法權利得以保留。這才是「人類組合〔成群結隊〕的真實形式」（*ibid.*, 248, 271）。

對賀斯、恩格斯和馬克思而言，蒲魯東的這本著作代表法國共產主義諸種作品中最具哲學意味之作，馬克思甚至在《神聖家族》一書中讚美它是「法國普勞階級科學的宣言」，即便是他後來與蒲氏翻臉，卻始終讚賞其著作。他們所以一致稱讚這本作品，是由於蒲魯東能夠預先萌發共產主義，或社會主義與黑格爾歷史哲學的結合之念頭。賀斯甚至打算接受蒲氏「人類組合的真實形式」之「自由」，認為這是賀斯把蒲氏私有財產的概念吸收於費爾巴哈異化理論中，而主張了經濟生活的異化與財產之私有之間有所關連。他指出顛倒的商業社會中，人把其內心的本質與才華外化為金錢，成為蒲氏特別界定下的「財產」──竊取、不當佔有──之概念。在這個顛倒的世界裡自私自利的人為聚斂金錢不惜剝削與壓榨工人的勞動。他認為兩種人之間的壓榨關係都是彼此之間的異化。因之，「金錢是彼此異化的人之產品，它是外化的人」（Hess 1921: 167）。在未來的共產主義或社會主義體系中，人類將致力於自由合作的生產，俾落實人際「你與我」的關係，大家都是自主、自由、相親、相愛的生產者。至此共產主義不再是蒲魯東負面的社會，而是充滿正面內容的人本主義。

在表述哲學的共產主義底學說之後，賀斯做了費爾巴哈有關你我共同體的宗教生活與商業社會中人追求自利的相似之比較。他也比較了基督教教義與宗教生活（自私自利的理論、邏輯）和世人追求金錢（金錢之崇

拜、自我富裕之追求）兩者所隱含的理論上與實踐上相似的心態——對神明與金錢萬能的盲目崇拜。他說：「金錢變成了崇拜的實踐之客體，特別是我們信基督教的商人和信猶太教的基督徒」（*ibid.*, 165-166）。因此「金錢的本質」是「基督教的本質」，都是崇拜的難兄難弟，這等於說自私的人在心理上外化自己為上帝，另一方面在物質上他外化自己為金錢。賀斯又說：「交易與金錢的現代社會之本質是基督教本質的落實。商業國家……是應允〔允諾〕的天堂之國度；反之，上帝成為唯一理念化〔唯心主義化〕的資本，天堂也變成理論性的商業世界」。從這一論述他寫著：「國民〔政治〕經濟學乃是世俗〔屬土〕的科學，就像神學是天堂〔屬靈、屬天〕的科學一樣」（*ibid.*, 170）。賀氏所指德國學界所推行的國民經濟學（*Ntionalökonomie; Volkwirtschaftslehre*）是英國人與法國人鼓吹的政治經濟學，是討論資本的學問，這是揭露人在經濟生活中的實踐性的異化，如同神學對費爾巴哈而言，揭露了人在基督教裡頭理論性的異化，這都是同樣的道理。

四、馬克思與哲學的共產主義

正如前面所述，馬克思在〈論猶太人的問題〉一文中，曾經觸及經濟異化的現象，這篇文章形式上的目的在針對布魯諾・鮑爾在 1843 年初所發表涉及猶太人的問題之辯駁。反駁鮑爾所言，猶太人的社會解放繫於他們的宗教解放，馬克思認為猶太人真正解放之望，在於全人類從國家的桎梏中解脫出來。這是把政治的解放視為宗教解放的先聲、的根本。

有關經濟的異化之論述卻出現在這篇文章的尾端，似乎為 1844 年初補寫的〈後言〉之一段。在這裡馬克思提出犀利的觀點，指出經濟的生活在於「自私自利的國家」中，它是實踐的金錢崇拜之表現。他給予宗教的相似性一個與眾不同的解釋，稱它為實踐的猶太教（*Judentum*）。這個名詞的出現可能與上述賀斯使用了「我們的基督教商人與信奉基督教的猶太人」有關。這與德文「猶太教」另一個意思是「營商」、「市儈」的意思有所牽連。為此原因馬克思描述猶太教為「營商」、為「市儈」的準宗教行動，在這些生意場中金錢乃為上帝。「猶太人現世崇拜之物是什麼呢？

乃是錙銖必較的殺價活動。誰是世俗的上帝呢？其乃金錢之謂」。進一步馬克思寫著：「金錢乃是以色列嫉妒的唯一之神明，在祂的附近沒有任何其他的神明可以與祂平起平坐。金錢把人所信奉的其他神明趕下神桌，把祂們轉化為商品。金錢成為泛宇的、普遍的所有事物的價值，為獨立的價值之最。因之，它剝奪了人與自然整個世界的價值。金錢是人工作與實有的異化本質。這個異化的實有統治他〔人〕，也讓他崇拜它〔金錢〕」（*CW* 3: 172; *EW* 239）。

效法了賀斯的說法，馬克思把實踐性的宗教（人的商業交易活動）當做是人自我異化的物質形式，這與費爾巴哈把理論性崇拜上帝（人的宗教行為）看做人自我異化的精神形式是相似相通的。「販賣、求售的動作是外化的實踐。正像沈浸於宗教思維的人一樣，他把他的本質〔才華、能力〕轉化成其幻想的、異化的產品〔映像〕。人一旦在自私自利的需要驅策下，他也在其實踐中，創造了符合實際的產品〔貨品、勞務〕；把這些產品及其活動置入於陌生的、異化下的本質之權力〔金錢〕下。進一步賦予這些產品以異化之物——金錢——的重要性〔意義〕」（*CW* 3: 174; *EW* 241）。換言之，馬克思把金錢當成人本身才能、本事外化成身外之異化物，而這個異化物反過身來統治、宰制、凌虐人本身。

在這個基礎上馬克思論述在現代商業社會中，人被普遍性、全面性的自私自利之需要所宰制。就其實踐面來說，商業社會無異為猶太教（市儈）活動的社會。「一開始基督教徒便是懂得理論〔進入理論的思維、思辨〕的猶太教徒。〔反之〕猶太教徒便是懂得實踐的基督教徒，而實踐的基督教徒再度變成更進一步的猶太教徒……基督教是猶太教更為精緻的思想。猶太教則為低下的〔世俗的〕基督教。不過此一〔這兩者的相互〕應用成為寰宇性、普遍性。只有當基督教已完全發展為宗教時才有可能，亦即它理論上完成了人從其本身，以及從自然中徹底異化之後，才有可能」（*CW* 3: 173; *EW* 240）。

馬克思這個立論完全是引用賀斯的論點。如前上述，賀斯把基督教與商務活動簡述為自私的人之異化。它有兩個面向，基督教代表理論面向（形式），商業代表實踐的面向（形式）。在結論上馬克思指出不管是猶太人，還是其他人，亦即全人類，如果企圖要獲取解放，則非從「猶太

教」——自私自利的生產、交易，牟利的活動——中解脫出來不可。要達到此一地步，有必要把社會重新組織，亦即創造一個沒有不公平交易的商業買賣、沒有市儈氣息（huckstering）之新世界。

前面指出馬克思對其共產主義的接受比起恩格斯來速度慢、疑慮深，其原因在於當時的他尚未找到皈依的據點 [1]。但賀斯把商業世界的市儈主義當成自私的人自我異化的實踐方式點破後，馬克思欣然接受這種論點，也正式擁抱共產主義或社會主義的主張。直到 1842 年年底他才著手有系統的研讀法國人有關這方面的著作。這時他發現大部分有關社會主義和共產主義的法文作品頗多涉及未來共產社會組織的藍圖之設計。對這些作品馬克思的反應是負面的。1843 年 9 月他在致路格的信上斥責共產主義的「體系」跡近烏托邦，對「未來的設計」只是「抽象的教條」。要發現未來新的世界必須無情地、苛酷地批判目前各種制度才可望達成。不過1843 年年底至 1844 年初，馬克思所接受的共產主義之概念是賀斯所提綱挈領的日耳曼之共產主義的哲學，或稱哲學的共產主義。但很明顯地，他要追求與宣示的共產主義卻是馬克思本人特別觀點下的哲學共產主義。他加添給賀斯共產主義觀的新要素為普勞階級以及這一階級要扮演的角色。

五、普勞階級與馬克思

馬克思對普勞階級的認識與尊崇，並非他與勞工或無產階級有所接觸、有所觀察而掌握的經驗性知識，也不是他閱讀政治經濟學所得的理解，更非他悲天憫人對弱勢人群的同情與關懷。他真正接觸到勞工群眾最早的時刻為 1843 年秋天，當他與燕妮遷居巴黎之後。不過當時他早已有普勞階級的觀念，只是對普勞階級與共產主義的關係尚沒有進一步的思考。正如前述馬克思走上其共產主義之路，是哲學之道，他所受的影響到1844 年之前，尚非法國的社會主義，或英國的政治經濟學，而為德國的

---

[1]　在此之前的一兩年間，他在其主編的《萊茵時報》之社論中，曾指出共產主義的理念尚不合時宜，原因是它欠缺理論的有效性。不過當時馬克思也坦承他對共產主義瞭解有限，無法再進一步加以討論（洪鎌德 1997a：52）。

哲學，特別是黑格爾、費爾巴哈和賀斯。取代自我意識（黑格爾）人（費爾巴哈）和「商業世界」（賀斯），是他心目中發展的普勞階級。

在他的心目中，普勞階級被視為無私產（無產）的階級，是現存世界中異化狀態能被看見又是最典型的代表和顯示。自我異化的人類之形象變成了異化的人類活生生、能呼吸，但也是受苦受難普勞之形象、之顯示。同時普勞被賤視、侮蔑、摧殘、壓制，也是古代奴隸的現代版。古代奴隸在忍無可忍之下導致大規模的造反，馬克思有意煽動現代奴隸──普勞階級──也起來反抗現存制度之不公不義。這才是異化的人抗議加在其身上不合理的生存條件。在 1843 年底〈黑格爾法律哲學批判引言〉中，馬克思首次提到普勞階級。

在該文中他談到人類的本質，不具有真實的實在性，人活在現世是以「非人」（Unmensch）的形式苟存。在文末他說出：「哲學在普勞階級中找到其物質的武器」。他解釋革命需要「物質的基礎」，這是指社會傾向「實踐兼批判活動」的元素而言，因為只靠思想無法改變社會，無法把哲學付諸實踐，「實在本身〔總有一股勢力〕驅使其走向思想〔理想〕」（FS I: 499; CW 3: 183）。當前的實在中，具有驅使力量的元素，儘管尚未意識到，但卻邁向思想與理想者的無產階級。它不會安富尊榮，享受現實，而思改變現狀，達致合理的理想之狀態。這是一個階級，帶有「激（基、急）進的目標」，一個不想永久保留其本身當成永世不翻身的階級。這也是一個靠其本身的消亡，而使其餘的階級同歸消失的階級，這是一個寰宇（普遍）的階級，原因是其災難（受苦受難）是寰宇性，是社會總體錯誤下的犧牲品。假使這個階級無法使社會其他部門、其他氛圍獲得解放的話，它本身也不得解放。要之，普勞階級所代表「人的全部喪失，因之，它可以藉人的全部復活（再起），而重新掌握其本身」（FS I: 503-504; CW 3: 186）。人的「全部的喪失」意指人的全面異化。

馬克思何以會達到普勞階級這一哲學概念呢？依據胡克（Sidney Hook）的說法，在 1830 年代日耳曼知識界瀰漫了法國社會主義的理念，也引進了普勞這一概念，不過他們所談的普勞只是法國思想家所談的那一個階級。因之，有人甚至宣稱「普勞階級就是人類」（Das Proletariat ist Menschheit）（Hook 1962: 191）。馬克思就像其他當代日耳曼知識分

子都在吸收法國書本上來的知識，更諷刺的是影響他對普勞階級的認識居然是一位擁護君主制的德國作家兼政治人物的馮士坦（Lorenz von Stein 1805-1890）。後者在 1842 年出版了《今日法國的社會主義與共產主義》，這是一本反社會主義與反共產主義，而宣傳黑格爾式保守主義、甚至反動思想的書。但共產主義和社會主義的訊息卻經由此書而傳播給日耳曼青年學子之間，成為家喻戶曉的新觀念。

這本受普魯士政權委託調查 19 世紀上半世紀法國極端思想以及流落巴黎街頭日耳曼僑民的反政府行動之報告，多少採用黑格爾的理論方式來描繪法國政治界與思想界之實況，討論18世紀巴貝夫（Franços Noël 又稱 Gracchus Babeuf 1760-1797）以降的法國偏激者之言行，對普勞在法國大革命之後進入政治舞台之角色與意識形態有所觸及。這些無產群眾，首先出現在法國與英國，以及歐洲其他工業新興國家，曾企圖創建「貨物共同體」（*Gütergemeinschaft*）。其主張帶有歐洲傳統社會加以徹底推翻的企圖，傳統歐洲社會建立在以人物（人格 personality）和財產（property）為基礎之上，忽視了廣大的底下階層之小老百姓的悲慘命運。這個新而富有革命精神的階級的命運成為其後共產主義或社會主義反對財產制度的主張之濫觴（開端）。有意或無意間，其後出現的社會主義和共產主義之理論都致力於為普勞階級演展一套細膩的、精緻的世界觀，亦即「勞動力對抗資本」的人生態度。這也就是說任何的世界觀包括了人生觀、工作觀、社會觀、歷史觀和自然觀。可以說馮士坦的這本書以及其主題的型塑成為其後革命思想、造反有理的依據，也為「群眾的反叛」鋪路。

在《法律哲學原理》中，黑格爾曾經指出在現代的民間社會裡有一個危險的趨向值得注意，及「財富不成比例地集中在少數人的手中，這是一端，以及「貧窮的愚民形成」的另一端。這等於社會走上兩極化，聚斂富有的少數菁英對抗掙扎在生存線上浮沈的廣大貧民。黑格爾在這段話的下面有一個附註：「所謂的賤民之產生是在貧窮之上出現了的心向，包括對富有者、對社會、對政府採取怨懟憤恨的情懷」（Hegel 1953: 150, 277）。黑格爾的這番話剛好成為馮士坦書的第一章標題：「普勞階級與社會」。馮氏以黑格爾的口吻指出現代的普勞階級是貧窮的賤民。他堅稱人們應該嚴分普勞階級與貧民。在社會中常常存有貧困的人民，但普勞階

級卻是新出現的社會階級。他們不僅貧困無助，卻是一群傲慢敵視的貧民，就因為對社會的不滿怨懟，所以充滿反抗的情緒、批判的態度，而逐漸形成一個階級。他們既不擁有財產，也未曾受過教育，總之與他們的命運無法妥協。因之，這是一個階級「它可以稱為〔對抗社會的〕危險分子，其所以是危險在於其人數眾多，常製造事端表現其小智小勇；其所以是危險在於它有團結一致的意識；其所以危險在於它的感受，感覺只有透過革命才能達成他們的目標，完成他們的計畫」（von Stein 1848: 9）。

六、馬克思與馮士坦觀點的同異

　　馬克思在1840年代中期的各種著作，幾乎與馮士坦的著作相當神似。儘管他從不明白地坦承他不少觀念取自這位保守的黑格爾信徒，同時也是充當普魯士政權密報德國在巴黎「異議份子」的活動之駐外間諜（抓耙仔）。後來馬派人士——馬克思的徒子徒孫——都認為馬克思發現了普勞階級之存在有如牛頓發現萬有引力定律，是對實在（社會和自然的實在）的慧見。但無論如何，馬克思在馮士坦的著作中「發現」了普勞階級一概念是千真萬確。馬克思對普勞階級的概念係在《黑格爾法律哲學批判》（導言）裡提及；對這個新興階級的特性描述正是馮士坦觀察的景象。它是傲慢的、憤怒的、挑釁的，擁有革命的勇氣，敢於當面挑戰其敵人，而大聲嫉言：「我什麼也不是，但我將擁有一切！」這一階級本身攜有堅強革命反叛之種子，將對社會現存秩序加以摧毀。「在宣布現存世界秩序解體之時，普勞階級僅僅是把它本身的實有之秘密做了一點透露，原因是它是世界秩序注定的解體者。在要求私有財產否定之際，普勞階級僅僅是把本身抬升至社會的一個原則當中，亦即社會必須進入其〔公平、正義〕原則裡」（FS I: 504; CW 3: 187）。這些說詞幾乎都是馮士坦的話之翻版[2]。

2　胡克提出不同的看法，認為馮士坦預言普勞階級不會出現在日耳曼，原因是取代普勞變天的責任在於德國人（黑格爾預言）的世界精神（Hook 1976：199）。但這段預言無法阻卻馬克思採用普勞階級這個概念。把普勞與世界精神作一個連繫並不減損馬克思對馮士坦有關普勞的理論之興趣。反之，更促成他發展把普勞置放於人類解放的世界革命之理想可能性（Tucker 1972: 116n）。

　　在評價馮士坦與馬克思兩人時，觀點會大為歧異。如果說普勞階級的崛起意謂歷史性的歐洲社會將會崩潰時，那麼持此說法將會出現兩個相反的結論，端視立論者對現存歐洲社會的態度而後定。保守如馮士坦者會視此為危險的、嶄新的歷史現象。激進而主張革命的馬克思則在歡呼新時代、新社會的降臨之際，把普勞階級看做哲學的物質性武器。馬克思回應馮士坦所稱共產主義是普勞階級的意識形態，這點與賀斯相反。賀斯及其同好排斥這種理念。他們控訴馮士坦污衊社會主義或共產主義，把普勞的主張連結到這兩種主義之上。將這兩種理論、學說、主義牽連到一個單一的階級，只連繫到普勞階級的物質利益而已，這只關懷「腸胃的需要」，而忽視或無視「真正的社會主義」。這樣做會把社會主義或共產主義關懷整個人類的用意模糊掉，也會把人的自我異化（而非僅粗俗的物質需要之滿足）之解除、揚棄、朦朧化。馬克思完全接受後面這兩種不同的看法，不過並不認為馮士坦有關普勞階級的論述與他們有何不相容之處。原因是他在普勞階級一概念中看出比馮士坦與賀斯更多的意涵。普勞階級要以取消其本身（打破各種階級的界線）來走向革命，必然以取消私有財產、或把私產化作全社會的共同擁有——私產的社會化。這種主張馬克思看出是強而有力的人之異化及其揚棄。

　　暫時他尚無意放棄哲學共產主義的主張。他把人的異化和普勞階級這兩個概念鎔鑄成一個、新而富創意的理念，那就是現代的普勞階級為人的異化最高的表現。他所看見的普勞階級的確為一個階級。但人類卻逐步沈淪於這一階級中。社會溶解唯一個特殊的階級，意味「非人化」（*Entmenschung*），也是人類將意識他們不再是人，而追求如何阻卻這種惡化、這種沈淪。這種非人化的情況等於人「一無所有」（*Nichthaben*），不只物質貧乏，精神也欠缺。「一無所有是最無助的精神主義〔最糟糕的精神狀態〕，是人整個的非實在，是非人的實在」（*FS* I: 703-704; *CW* 4: 36）。

　　要之，人把自己最佳、最好的本質（才華、本事）外化到他所生產的東西（產品）之上，但由於「竊取」（偷拿）的關係，而使真正生產者一無所有，成為無恆產、私產的普勞份子，這種普勞份子變成了異化的人之典型。如今工商社會卻產生了普勞階級、產生了反叛社會的窮苦群眾，這

證明了異化的人最終覺醒必須奮身推翻造成他異化的社會秩序、社會制度。是故共產主義雖然表面上是普勞階級一群人的意識形態，卻不只在為此一階級物質利益效力，而是命定為人類寰宇的、普世的精神需要，其最終目標在於結束人的自我異化。

　　普勞階級的崛起或存在之發現不但絲毫沒有撼動馬克思對哲學共產主義的信仰，反而加強他對這個概念的有效性與急迫性的確認。此刻他更深信異化不只是黑格爾哲學想像的靈光一閃，而是現代社會真實寫照的堅確事實。特別是在工業市鎮的每個角落裡，到處都有悽慘的普勞分子從早到晚像奴隸一般地勞瘁其身心，把其本身置入於世俗的上帝（金錢、財貨、資本）之祭壇上當牲禮。普勞的反抗與騷動只是顯露的訊息，是人類反抗非人化大暴動的反面徵象。是故在〈導言〉中，他宣稱：「假使無法讓普勞階級從世上消失，哲學便無法實現其本身；沒有哲學的實現，普勞階級要取消其本身，也沒有可能」（*FS* I: 595; *CW* 3: 187）。

七、政治經濟學和哲學

　　上述馬克思論普勞階級與哲學之關係，是他在 1844 年初達致的結論，也是他新觀點的建立，他已抵達了馬克思主義理論的初階，或稱門檻。塔克爾認為此時之馬克思幾乎把他創始的馬克思主義（original Marxism）之主要成分湊集在一起，所缺少的東風，便是把各個部分組成一個完整的體系所需的原理——創造理念與組織卓見。每一項原創性與有勢力的思想體系都需要有這種創造動作來作預先的設準。這是統合體系各要素不可或缺的綜合性見解（卓見、慧識）。像黑格爾的創建便是把上帝當做異化的人，把神學化約為人學，把涉及宗教神明的形而上學化約為秘義的心理學。在賀斯那裡金錢的崇拜是神明崇拜的精神理論之現世物質的實踐。

　　至 1844 年初馬克思尚未找到他最先體系（創始的馬克思主義）之生成原則。他只把其最初思想體系的各種構成要素陳述在《德法年鑑》兩篇文章中。假使他沒有繼續尋找或演繹生成原則的話，那麼這兩篇文章充其量只是黑格爾青年門徒思想運動之理論史中的一個波瀾而已，談不到是後

來捲動世界的巨大思潮。

他頗有自知之明，因之在 1844 年著手要撰寫一本可以自成思想體系的完整卷袟。在〈導言〉中他稱，哲學在為歷史服務的下一個職責便暴露「非神聖的」、世俗的人之異化。這點他在批評黑格爾法律哲學中業已把政治形式的人之異化有所揭露。但這時他也發現比政治形式的異化更為嚴重的人之經濟異化。這時他也從賀斯那裡得知政治經濟學提供瞭解人群經濟生活異化所需之資料，這種情況可以比美費爾巴哈藉神學之批判而瞭解人的宗教生活之異化。對政治經濟情勢與理論之批判成為哲學（思想、文化）下一個階段的急務。這一努力和營構之實踐可能性可以從恩格斯在受到賀斯激勵下所撰述而投稿《德法年鑑》的文章〈政治經濟學批判大綱〉一文中看出。馬克思對此文極為欣賞，這也促成恩格斯於 1844 年 8 月造訪身在巴黎無業的馬克思夫婦與路格之因由。從此以後，馬恩交誼更為熱絡，而成為兩人終身伙伴關係的肇始。

這也是造成馬克思終身致力「政治經濟學」批判的開端。在準備過程中他開始閱讀亞丹·斯密的《國富論》，薩伊的《政治經濟學論集》。這是他首度認真接觸與研讀這類有關經濟學的著作，並勤加抄錄、製作筆記。大概只花幾個星期或幾個月的功夫，他便可以把這方面的知識應用到歷史的解讀之上。他把抄錄下的筆記片段插入他的手稿中。在手稿的前言裡他指出目前工作的重心為政治經濟學的批判，這是他未來龐大計畫和體系的一部分，一俟政治經濟學批判完成之後，緊接著為法律、倫理、政治等等的批判，是對整個人類現世生活之異化的各個領域之批判，將以系列的小冊一一出版。這種雄心壯志導致馬克思一生都是未完成、未出版的草稿一大堆，徒增晚年的遺憾（洪鎌德 2007a: 340-343）。

馬克思在這段巴黎羈留時期雖奮力思考與寫作，但仍未找到他最初思想體系的組織原則，軸心紅線——貫穿整個學說所需的生成理念（generative idea）。此時整個思想的背景是「經濟生活的異化」，這一主題盤據他的腦子。事物的異化是人自我異化的實踐，這點他在〈論猶太人問題〉一文上已提及。人外化其實有、本質（才華、能力、本事）於外頭而取得了金錢的形式（外觀）。這種說詞，人是財貨、商品、勞務的生產者與交換者，藉此商貿活動，而賺取利潤、累積財產。這種說詞正是黑

格爾所言，能夠自我意識的精神外化其本身至體外，由於認知的作用，將其外化、陌生、敵對的客體重加掌握，成為精神的對象，亦即知識，知識也變成了精神的財產。馬克思對上述幾行字，亦即黑格爾相似的思考模式細細咀嚼、沈思再三，突然在 1844 年的春末或夏出的某日恍然大悟，有如醍醐灌頂、當頭棒喝，而徹悟箇中的玄機：黑格爾主義雖是哲學思想，基本上則為涉及經濟生活的隱喻。馬克思遂稱：「黑格爾擁有現代政治經濟學的觀點」（*FS* I: 646; *CW* 3: 333）。

　　費爾巴哈一度把黑格爾哲學的形而上學當作秘義的心理學看待，馬克思如今又加上一項新發現，它是秘義的經濟學。黑格爾精神哲學潛在的指涉是稱人的生活乃是經濟生產者與交易者的活動。是故黑格爾主義提供政治經濟學批判所需必要的啟示。有了這種想法原創的、初期的馬克思主義漸具雛形。在其後的數週裡，賦閒在巴黎的馬克思振筆疾書撰述那本他死後近半個世紀才出版的《經濟學與哲學手稿》。

八、哲學共產主義的運動啓示

　　表面上看來原創的馬克思主義與成熟的馬克思主義都與體育運動無直接的關連。這是指青年馬克思會接受黑格爾人異化之觀念，只是把宗教的異化擴大到社會各方面的異化而已。

　　在運動場上選手與其他參賽者爭勝拼贏、奪標之心態，表面上無關宗教與神明，但卻是人追求理想，打破體能極限之努力。須知西方古代體力運動、參賽都與神明的祭祀有關，是故乃為宗教活動的延伸。近代體育者和運動員的參賽已拋開心中對神明的禮敬，但卻默禱上蒼賜福與助力，俾有燒香有保庇，能夠使賽局順利，本身有傑出的表現。但賽場除了講究本身意志的堅強、體力的矯健、技能的突出以外，有時不能不講究運氣的好壞與觀眾的反應。後面這兩項是客觀的條件，對助長或減低前面數項主觀的才能有所影響。進一步來說，人的本事、才能、體能技巧的出眾，是黑格爾心目中以有限追求無限的表示，也是人藉由自知之明達到上帝的境界，或稱上帝因為自知之明而成為絕對精神的緣故。

　　由於不是每一位參賽的運動員都能打破舊記錄、締造新佳績，因之選

手的挫折感比起常人來更頻繁、更深刻，這就是選手的異化感。講究現實人站在自然土地上擁有軀體表現自我的費爾巴哈之人類學與馬克思的生產者、勞動者之異化論，也可以引申到運動員與體育家的身上。比起常人、凡人來，參賽者更重視本身身體的狀況，不但在其一生中最佳體能表現的青壯年期內，注重營養、衛生、保健、增能等圍繞在身軀周圍的養生之道，就是培養心靈的健全、耐力的提升、技巧的抬高、意志的堅定、識見的深邃等有關運動精神之激發、揚升也要認真考究。

嚴格言之，運動員與體育家也是勞動者、生產者。他們在活潑其四肢、靈活其軀體時，所消耗的體能，絕對不亞於一般的勞動者。他們在產生新成績、締造新記錄、表現其競賽體能給廣大的觀（聽）眾讚賞喝采之際，何嘗不是生產娛樂的效果。更何況一個運動明星的出現，帶動運動產業的蓬勃發達，更成為資本主義社會養生、休閒、娛樂產業部門的主軸。由是可知與體育、運動有關的文化產業早已把運動員當成搖錢樹，其為超級的勞動者、生產者毫無疑義。

但正如馬克思所言，在資本主義社會中不管你是超級生產者，還是低層普勞群眾，你的異化，包括從你的產品（運動佳績）和生產過程（鍛鍊、參賽、鎩羽而歸）中異化出來、從同儕中異化出來，都是運動員的宿命。如何打破異化成為當前運動哲學、心理學、人類學、社會學的迫切議題。

不錯，運動員與體育家所以傑出、所以拔萃，在於有異於常人、眾人，是故他們對齊頭式的哲學共產主義興趣不大。不過共產主義如果是指異化的克服、個體性的發揮，則沒有理由擯棄這種人類發展的終境。觀察舊蘇聯、東歐共黨集團和今日的中國社會主義對運動、體育的大力倡導，不難想像共產主義一旦實現，體育與運動不但不會消亡，反而會更昌盛發達。這說明馬克思第一個思想體系的哲學共產主義，不在排斥運動，反之，更在助長和發展全民運動、倡導體育文化。

九、尾語

假使我們接受塔克爾和古德涅有關兩個馬克思主義的說法，那麼有異

於阿圖舍排斥青年馬克思所受黑格爾唯心主義
的影響，只注重後期馬克思科學的、結構主義
的社會主義的話，則創始的馬克思主義，無異
為哲學的馬克思主義，其對人類異化問題及其
克服之說詞，值得留意和矚目。

　　這個哲學的共產主義是師承黑格爾人的異
化，經由費爾巴哈把人與上帝異化的轉型批
判說，結合蒲魯東、賀斯有關對共產主義的贊
成與反對，加上恩格斯的政治經濟學之批判，
由馬克思拼湊綜合而成。他這早期圍繞經濟生
活異化的說詞，表面上受英法經典的政治經濟
學之衝擊，事實上則未脫離黑格爾辯證法的影
響。換言之，黑格爾早年吸收了英法經典的政
治經濟學學說，卻使用康德、費希特「正」、
「反」、「合」的辯證模式來理解人的內心世
界，特別是人的認知論。這個被費爾巴哈稱作
「秘義的心理學」，如今成為馬克思所瞭解的
「秘義的經濟學」。就靠這個日耳曼的國民經
濟學做主軸，做貫穿第一個思想體系的紅線，
馬克思才在 1843 年至 1848 年間大談哲學的共
產主義。

　　但要進一步瞭解創始的馬克思主義
（original Marxism），亦即哲學的共產主義，更
為深刻的內涵，則非析評 26 歲的馬克思所完成
的《經濟學和哲學手稿》不可，這是一本馬克
思逝世後長達半個世紀才重見天日的早期著作
不可。這一著作對西方馬克思主義、新馬克思
主義和後馬克思主義衝擊之大，是西方世界學
術界與文化界公認的事實。

Moses Hess

從軍時的 Engels

Bruno Bauer

Arnold Ruge

馬克思是現代的、科技的普羅米修斯（古希臘神話中的英雄）

馬克思就像古希臘神話中的天神普羅米修斯偷竊天上的火種到人間嘉惠
人類，卻被最高神明處罰，綁在岩石上讓兀鷹食啄其肝臟，此為馬克思
辦《萊茵時報》遭普魯士政權查封報社，受到迫害而也是被兀鷹啄肝，
巧合的是馬克思因肝臟病變而逝世。

Chapter 13

哲學的共產主義與人性復歸

一、前言

　　馬克思一生奮鬥的目標便是在追求共產主義的落實，因此，被目為共產主義實現的理想者與實行家。不過有異於其他把共產主義視為人類最高理想的烏托邦式主張者之看法，他初期的共產主義的理念是經由哲學的反思與歷史的投射，而為人性的返回諸己，特別是異化現象的消除。他後期的共產主義則為政治經濟學分析與批判的結果，是現實革命情況（例如巴黎公社）、或政治鬥爭（社民黨的《哥達綱領》批判）的邏輯引申，也是歷史唯物史觀與階級鬥爭等所謂「科學的社會主義」之落實。

　　當人們期待馬克思為共產主義之理想藍圖做出經濟的計畫、詳細的描述、妥善的安排時，我們卻從他的嘴巴中聽到：「我不為未來的廚房開出菜單」這種嚴峻的話語。終其一生對未來共產主義的社會之遠瞻，只能依稀得到綱領性的朦朧概念，像「直接生產者之自由組合」、「在集體聯合的基礎上發展個體性」、「各盡所能、各取所需」，或是沒有階級鬥爭、沒有社會分化，分工與私產都歸消失的社會，以及未來社會中人各種潛能得到發揮，人成為「完人」（*ganzer Mensch*），人成為「真人」（*eigentlicher Mensch*）等等含糊和抽象的概念。

　　是故期待馬克思會把未來社會的政治組織（他只希望最終會走入「國家消亡」）、經濟運作（只描寫共產主義的社會是每人依其興趣早上釣魚、下午打獵、黃昏餵飼牲口、晚上從事文藝批判活動，這樣，不受單項職業羈絆的自由人）、財富分配（他只提及「各盡所能、各取所需」的字眼）等等有所擘畫的人，一定要大失所望。更何況他在後期，除了把共產主義當做階級鬥爭與世界革命的目標之外，對共產主義抵達的社會、政

治、經濟、文化之可能狀況更避免詳談。這點作風與其早年的說法顯示突出的對照,難怪塔克爾要以「哲學的共產主義」來標誌馬克思的前期思想,而以「科學的社會主義」來總括馬氏的第二個體系(Tucker 1972: 165-176)。

二、黑格爾、費爾巴哈與馬克思論異化

早期馬克思在深受黑格爾歷史哲學,特別是後者所著《精神現象學》(1807)的震撼下,深信理念、精神所以會變動、發展,當然首先是受其內心矛盾所激發的否定之否定底辯證運動所驅使;其次是把這個理念從人內心外化為身外的事物,亦即客體化、對象化,而導致自我的外化、異化,以及其後的外化與異化之擯棄,人再度掌握外化與失落的自己。由是可知黑格爾式精神異化三部曲為

精神——異化——異化的消除(揚棄)

費爾巴哈批評黑格爾精神現象學是神學的翻版,這種哲學中的形而上學其實乃是「秘義的心理學」(esoteric psychology)。是以把人拿來取代黑格爾的精神,強調人把其內心之才華、本事外化到世界上,而變成了人的異化。人最後把異化克服與擯棄,而為異化之揚棄。我們可以用下列公式來說明其看法:

人——人的外化與異化——外化與異化之揚棄

馬克思把這三部曲應用到人的發展方面。就像黑格爾原來所敘述的「精神」一般,馬克思敘述了「人」,對他而言最先人是生活在共同體、社群(Gemeinschaft)中,不受分工和私產所分化與桎梏的人。可是分工與私產把人類分裂為有產階級與無產階級,不僅造成兩個階級的對立、分裂、敵峙、鬥爭,也破壞社群或生活共同體之下的人性。是故馬克思在《巴黎手稿》中談到「要把私有財產的『理念』消除〔揚棄〕,那麼共產主義的『理念』便足夠了。不過為了把實在的私有財產消除,則一個『實在』的共產主義運動大有必要。歷史會帶動〔人們〕抵此〔共產境界〕,我們在『思想』裡要改變、消除〔私產〕的運動,在經過長期和艱困的過程中會成為現實〔令其實現〕」(FS 618; EW 365)。為此我們得到一個

與上面黑格爾三部曲有所不同，但卻異曲同工的三階段變化模式

　　社群本性的人──私有財產（人的異化）──共產主義

　　早期馬克思主張人本身的分裂，人雙重化為真人與異化勞工，這種人的雙重性，後來在成熟的馬克思主義中便化為人類的自我分裂：普勞階級對抗資產階級。如果說青年馬克思首先注意到人分裂為兩個自己的相爭，那麼成熟的馬克思卻看到兩個敵對階級的鬥爭，以致他與恩格斯在《共產黨宣言》（1848）上公然指出；「至今為止的人類歷史乃為階級鬥爭的歷史」（*FS* II: 817; *CW* 6: 482）。不錯，早期的手稿中也提到「整個社會崩解為兩個階級，資產階級與無產的勞動階級」，也提到有產與無產之矛盾，轉化為「資本與勞動」的矛盾。這種矛盾引發的階級鬥爭，乃至世界革命變為他成年以後所專注致力的目標。

三、馬克思共產主義概念的來源

　　馬克思對共產主義的瞭解最早是賀斯的說法，其次是恩格斯的開竅和法國社會主義者的空想。但他對私產否定而成的共產主義必然發展，卻是黑格爾的辯證法理念。換言之，他首先考慮到私產的廢除，就要靠共產主義的理念轉化成共產主義的革命，之後才把革命後的狀態看做共產主義，但這個共產主義並非一種穩定的、靜謐的狀態，而是本身仍舊變動不居、自我發展的「運動」。

　　一如前述，在手稿中馬克思不談未來共產社會的計畫、貨物與勞務的配當、公共服務與政府機關的組織，共同生活的安排等等瑣屑的事物。他之所以避談這些未來社會的狀態，特別是財貨的分配與管理，主要的原因是他深信，人類強迫性勞動一旦取消，私有財產制度廢除之後，以人的生產力發展之合理與衝勁，社會財富充盈，人心貪婪消失，各盡所能、各取所需將不再是一個空洞的口號。

　　青年時期的馬克思對共產主義的看法是哲學的，或者稱為宗教的。它是屬於世界史哲學重要的部分，甚至歷史哲學的終境。其在手稿中的呈述（雖僅佔原稿 12 頁，但已是馬克思一生中談共產主義最詳盡的著作）差不多採取黑格爾《精神現象學》的模式。假使對馬克思而言，歷史是人的

發展史，是種類的生成變化之過程，那麼共產主義將是確確實實的存有
（事實、實有）之狀態，一旦共產主義駕臨人間，人類的歷史也告終結。
共產主義是人類在地球上進入史後之階段，相似於基督教神學所談人類
進入另一個世界（天堂）的史後之階段。它也相似於黑格爾精神達致絕
對知識之終境。我們似乎可以把它（共產主義）當成人靈魂拯救的神學
觀念之變化歷程。對馬克思而言，共產主義的革命乃是人自我改變之革
命，而共產主義本身遂成為人類本質重新掌握的新狀況。設使透過歷史的
演出人一直存活在異化的狀態下，在非人的條件之下，那麼青年馬克思
界定共產主義為這種異化、非人的情況之克服。這是人重新掌握他本身
（*Selbstgewinnung*），是「人的重新整合〔其自己〕，回歸到他本身，人
自我異化之揚棄」（*FS* I: 593; *EW* 347-348）。就在這種脈絡之下，馬克
思暢談了他心目中的共產主義（洪鎌德 1986: 20-21）。

　　上面我們大部分指出馬克思在受到費爾巴哈影響之下，把人類的發展
史看成本來是社群（原始公社）生物的人，因為分工與生產的關係，分裂
為兩大階級、兩大陣營一分子的異化人，人最終在克服外化與異化之後回
歸到共同體的一分子，變成了共產主義下的人。這是在世界史長河中洪汛
氾濫的幾個重大的變化階段。

四、人類發展的歷史——創造眞正人類史以前的「前史」

　　對馬克思而言，整部人類的歷史其實是人類的「前史」
（*Vorgeschichte*），是人尚未成全人，人尚未以自己的意識去創造與發展
之歷史。正因為是前史，所以在這段漫長的時間中人要靠自己的努力與
奮鬥來成就自己、實現自己。這段與黑格爾的精神之遭逢、改變完全不
同。黑格爾的精神在漫長的歷史過程中不斷變形、轉化成為各種「樣態」
（*Gestalten* 形式），俾經常在實現其本身，它也經常把其客體的存有重
加取得，吸入精神本身中。在馬克思這裡，人是生產者，他只靠勞動來實
現其自我。他只是把他自身的才能、本事外化到身外，而變成了異化的、
敵對的，不斷成長的異己力量。自頭到尾人類的前史是異化的歷程。

　　是故歷史（人的前史）是創造世界而喪失本身的故事。與歷史相偕

進行的掠奪、佔取之運動變成了生產者的人被剝奪、被佔便宜的運動，也是他辛辛苦苦勞動的成果喪失給異化的、陌生的、敵對的非人勢力之過程。這種惡勢力不但宰制他、剝削他，還剝奪了他的自主與自由。人的前史（歷史）不是自由的、非意識之進展，而是綁帶（bondage, 拘束、桎梏）、壓制、剝削和受苦的進逼。它顯示的型式是不斷增加的異化，或是後來馬克思所言的「悽慘（貧困）增加之律則」（law of increasing misery）。在這段受苦受難的過程中，人創造了世間各種各樣的物質性之必需品，以及增加人異化、悽慘所需之條件，但偏偏沒有讓人實現人的夙願、恢復人的本質、回歸真正的人性。人受苦受難的結果的確創造世界的財富，但這些財富不歸直接生產者所擁有，卻隸屬於極少數的非直接生產者——資本家及其同伙。因此，整部人類史，是受薪（獲得工資）與未受薪奴隸的勞動史。

　　不過在敘述前史（歷史）的終端時，馬克思的看法又與黑格爾的思辨哲學匯合。對馬克思而言，共產主義的革命是人類自我改變之革命，是人類實現自己最後一仗、最後一次的大轉變。在想像共產主義革命的情景時，馬克思不忘跟隨黑格爾哲學的心靈模型，在該型模或模式中，能知的主體（精神）依賴吸取其身外之客體物（其創造之典章制度），而達到克服自我異化的地步。換言之，面對陌生、敵對、異化的外頭世界，心靈改變其本身，靠的就是外面的世界透過認知過程，吸收在其內心中，完成心物合一。在對外面的事物加以取回之後，精神最終實現其本質。

　　同樣的理念再度在馬克思共產主義革命的理論上出現。雖然馬氏有異於黑格爾，視歷史上世界佔取的掠奪運動是人類再度實現自己的方式，但最終他卻返回黑格爾的結論，那是指人在創造世界時，雖然把自己遺失給本身的貪婪，但仍舊需要再演一次「再奪回〔再取得〕」（Wiedergewinnung）的戲碼為的是改變人的本身。這齣戲碼無他，乃是在其青年時代所界定的共產主義革命，或普勞階級革命之謂也。

五、從貪婪自私中解脫出來——共產主義革命

　　他認為生產者唯一之途為取消這種取得、掠奪的運動，把自己從貪婪

的夢魘中解救出來，從而結束他本身的異化。換言之，通過一次的、偉大的、暴力的、全球性的掠奪性的剝削，俾把私有財產的異化世界從非人的勢力下搶奪回來，宣布財產制度之取消和崩潰。在其實際上，這意指從資產階級手中奪回所有人類有史以來創造的財富，因為資產階級乃是馬氏所言「陌生、異化、敵對的非人勢力」之化身。重新奪回人類的共同財富，是勞動者從其本身的異化解放出來的最大動作，馬克思稱它為「共產主義行動」（kommunistische Aktion）。

　　值得注意的是此時的馬克思擁有共產主義的觀點，認為只要一次、單獨而重大的一擊，把異化的世界奪取下來，人類便可以獲得解放。這是世界範圍裡普勞的轉型行動，也是對私有財產制度致命的一擊，可謂為「私有財產的奧伏赫變」（Aufhebung des Privateigentums）。不像黑格爾式的精神在人的思想裡，把心靈外化於世界的客體藉認知重新吸入精神本身，而完成異化的揚棄，如今馬克思要藉物質勢力的普勞階級，以造反、暴力、革命的方式把外化、異化給資產階級之人類財富奪回，並宣布私有財產制度之取消。在手稿完成後所撰述的《神聖家族》中，馬克思說：「在群眾身外的進步之敵人正好是群眾生產出來的產品，這種產品是自我作賤、自我物化、和自我異化的產品。這些產品一開始便擁有獨立的本質，有其本身的生命。於是群眾挺身對抗他們本身的缺陷，也就是對抗其自我作賤的產物，正如同人對抗上帝的存在，對抗他本身的宗教性。不過當群眾的那些實踐的自我異化存在於實在的世界，且是暴露在外頭之際，群眾也必須以外在〔身外〕的方法來加以對抗。群眾絕對不可把它們的自我異化之產物當成僅僅是觀念的幻想物，不可看成僅僅是自我意識的異化。同時〔他們〕不要以為純粹靠內在精神的行動便可以把這種物質的異化消除」（FS I: 762-763; CW 4: 52）。

　　馬克思顯然在這裡假定了黑格爾對現代政治經濟學擁有一定的理解和認識，他甚至在其下意識的心坎底持有共產主義的觀點。精神的形而上學不只是秘義的經濟學，它甚至是秘義的共產主義之念頭。黑格爾認為在思想裡精神佔取世界、認識世界，這是一種神秘的譯述，會變成馬克思所期待的有關普勞階級取回世界的隱喻。黑格爾的錯誤主要是把具體人類的、現世的東西簡化為人「內在的、精神的行動」之創造物。把他涉及精神

的、意識的、唯心的觀念的說詞改譯為不再靠認知來改變世界，而是靠普勞行動的共產主義之革命來廢除私產和改變世界。如今重新取回世界無法靠思想（認知）活動，而是靠採取實際行動，把物質客體的世界奪回。是故馬克思以費爾巴哈轉型批判法把人作為主詞，把思想作為述語，亦即翻轉黑格爾的理念，而型塑共產主義革命主角之念頭。

依據黑格爾主義，客體世界的佔取靠的是認知的行動，其方式為「否定的否定」之辯證運動。「能知的主體取消其本身為有限的存有〔東西〕，這就是以其本身的否定來否定自己」。馬克思把這個「否定的否定」辯證法應用到世界革命的定義之上。在創造世界的異化勞動中，勞動者僅以普勞階級一分子的「非人」之方式存在，這等於對他真正的本身之否定。是故，他重新佔有私產的異化世界，乃是他把自己當成普勞的自我取消，或稱為對他自己的否定之再度否定。在這種推論基礎下，馬克思界定共產主義的革命是「否定的否定」（*FS* I: 608; *EW* 358）。

六、否定的否定與粗鄙的共產主義

有異於黑格爾，馬克思不認為「否定的否定」即為肯定。原因是黑格爾認為精神在否定其本身為有限之物時，這種認知的行動產生了正面的、肯定的意識，亦即意識它本身為無限之存有（物）。但對馬克思而言，共產主義取得世界之行動無法造成人肯定自己為人的意識。這裡他讚賞費爾巴哈的說法，後者說否定的否定之破壞過程，不致造成肯定的結果。因之，馬克思在緊接共產革命取消私產之後，尚不會達致人的自我實現之正面效果。在鉅大的世界革命之後，人類暫時之間生活在沈淪之域。原因是人的否定之否定產生了「不思想的」、「粗鄙的共產主義」（*der Rohe Kommunismus*），在其中人將比過去更停留在自我的否定裡。這是世界革命後過渡時期的險狀，為後期馬克思所描繪的「無產階級專政」時期埋下伏筆。

蒲魯東曾視共產主義為每事每物的共同佔有，是「壓迫奴役」的狀態。這與馬克思「不思想的」、「粗鄙的共產主義」相當。其實馬克思這個粗鄙的共產主義的念頭卻來自馮士坦（Lorenz von Stein 1815-1890）的

說法。馮氏不但把普勞階級的概念介紹給日耳曼激進分子知悉，還讓馬克思產生「襤褸的工人階級」與「不思想的共產主義」這兩個新詞彙。其實粗鄙的共產主義一詞是馮氏所發明的，也是他所下的定義。他指出法國有些共產主義者並不在致力改善社會的境況，而在唆使社會不同階級之間的紛爭。這種粗鄙的共產主義只知道要造成社會的動亂，而不知道這樣做會導致何種的結果（Von Stein 1848: xv）。這裡所提的粗鄙的共產主義正是巴貝夫（François Noël Gracchus Babeuf 1760-1797）的暴力陰謀，而為卜納洛提（Filippo Buonaroti 1761-1837）的所宣揚，但在馮士坦心目中這僅是共產主義下的一個知識或觀念之小派而已，這代表普勞階級群眾最低層、最貧窮，也是最受壓迫的一群。這是把齊頭式平等觀念注入在廢除私產、破壞財產，把財富與妻妾化為共有混亂中之極端作法。

從這種粗鄙不文的共產主義引發了馬克思「不思想」、「不思維」的共產主義之念頭，它是在世界革命爆發之後，馬上出現之現象。由是可知粗鄙的共產主義是所有私產雜交式的共佔化、社會化。不只私產為大家共享，連婦女──古代視婦女為私產之一──也為大家共有。這意味不只是共產的社會，也是共妻的社會。馬克思寫著

> 在同樣的作法下，女子的放棄其婚姻，而成為眾人共嫖的娼妓，因之所有的財富之世界，人類的外化、創造之對象物也得放棄其原來歸屬於一個雇主，而變成了全部社群人人可以濫用之公物。
> （FS I: 591; EW 346）

很顯然馬克思對「不思想」或粗鄙的共產主義之描寫遠遠超越反共作家的馮士坦。他說，粗鄙的共產主義不是私有財產的真正揚棄，而是私產的普遍化；它不是貪婪的取消，而是私慾的一般化；它非勞力的取消，而是把勞動推擴到所有人的身上。這只是新瓶裝舊酒，把私產的惡毒披上新的外衣、新的形式。它「表達所有的嫉妒與慾求化成等同的層次」，它是對人格的徹底否定。「在徹底否定人的性格之際，這種類型的共產主義在其實際中什麼都不是，除了是私有財產邏輯的表達而已。普遍性的嫉妒，建構其本身為一種力量，這是貪婪另一種形態的化身，也就是貪婪再度挺身而起，用別種的方式來滿足其本身……在把婦女當成戰利品來處理，當

成共同的性慾之發洩品來接近，就顯示〔這種粗鄙的共產主義〕無限地貶抑人作為人的存在〔價值〕」（*FS* I: 591; *EW* 346）。這些生動的描述是馬克思在《巴黎手稿》中所想像的，評價後革命時代的種種現象。大概因為這些令人失望、厭惡的未來情況導致馬克思為未來的廚房開列菜單興趣冷淡，這也說明他其後對共產主義一詞，只當口號使用，而不肯仔細闡釋其意義之因由。

七、自我改變的革命──歷史之謎的解答

　　共產的世界革命對馬克思而言，是自我轉變的革命，是藉一次的大動作，人得以結束其異化，恢復他對自己喪失的諧和，而把他落實為人。可是我們熟讀其手稿之際，發現他並沒有直接地用自我變化一詞。原因是自我改變並非世界革命的馬上後果。他或難免想到革命本身是一樁重大的貪圖，一時好處的暴力行動，導致革命、參與革命的誘因，除了人的理想、前瞻、卓越之外，有很多人是在貪婪、嫉妒、痛恨和憤怒的心情下陷入造反、反叛、破壞、殺戮中。為此原因他重新返回理念裡，思考世界革命為其後自我改變的先驅。問題是世界革命也是一種取得、征服之戰。任何一個取得、征服的行動如何來結束向來全部取得、征服的行動呢？貪婪的非人勢力如何能被一個具有同樣性質的反勢力所推翻、所摧毀呢？對於這個問題，馬克思從未給我們一個圓滿的、令人信服的解釋，更不用說答案了（Tucker 1972: 156）。

　　馬克思視粗鄙的共產主義為人類無限度的降格與沈淪，這是人從異化中自我提升、自我升揚的轉振點，為通過煉獄之煎熬，往上提升的過渡時期，蓋人類最終必達歷史之後（或稱真正人創造的歷史之開端）的最終之共產主義。這種人類發展最終的共產主義被他描述為「正面的、積極的人本主義」，或被他稱為人類的成人化（humanization of mankind）。當作否定的否定之共產主義將讓為給更高階段的共產主義。這是「當成私有財產的正面取消，人自我異化之取消，也是通過人和為著人而事實上對人性的掌握〔佔有取回〕」。至此地步，馬克思以黑格爾式的行文作風，聲稱最終共產主義的來臨，乃是「歷史之謎的解答，它本身知道這就是一個解

答」（*FS* I: 593-594; *EW* 348）。

　　上面這段話的假設，或稱伏筆在於指出，到此地步人將從其強迫性的、貪圖無饜的驅力中解放出來，這種勢力宰制了歷史上的人類生活，並把他們轉為異化之人。人自我異化的正面取消對馬克思而言，意指在一個嶄新而不佔有的生活中人得到全面的自由，而視非佔有、非掠奪的生活是個人可以享受的自我活動。過去被奴役的內在生產力一旦重新取回與擁有，加上取回一度遺失的外在生產力所創造之世界（它物質化的表現正是蓬勃發展的工商業文明）。至此地步人可以從其異化勞動的受苦受難中解脫出來。勞動本身，將變成歷史上之名詞，是人類受強制、受迫害的生產活動。如今轉化成從生產機器變成自由人的遺跡，人最終不為財富的聚斂累積而拼搏，人不為勞動所拘束、所限制，但也不至於耽溺於普遍性的怠惰裡。與此相反，人第一次享有自主與自由，成為有意識的生產動物，而名實相符，實現他作為人類的本質，展現了他人類的性格（*Gattungscharakter*; species character）。

八、生產是創新的、自由的活動——異化的克服

　　一旦抵達人類前史的終站，生產活動將是賞心悅目、快樂享受的活動。人將自動自發地生產那些提供給他的全然爽快的事物，也會讓他發展行動中的多采多姿之潛能，讓他回應與培養他在各方面的敏感、感受。他將停止在物質生產的生命活動中之自我分裂，而不再體驗這種活動是分別的、陌生的、敵對的、有權勢的他人而作牛馬的奔波。其結果，他生產的成果，乃是他本身外化到世界的客體物，不再以陌生、異化、敵對的姿態來面對他。這些人造物反映給他的是自由之自我活動，而非異化的勞動之憔悴折磨的經歷。當他面對鏡子反身看到他所創造的世界，那麼他所見所聞的世界不再是一個異化的天地。於是馬氏說，私有財產的正面取消意指客體世界異化性格的消滅。

　　這是他襲上了黑格爾的灼見（insight）。因為後者把揚棄的動作看做是客體的運動，通過此一運動主體可以把異化的客體再度吸收於自身當中。亦即外化、客體化常呈現異化的現象，透過異化的消除可以把客體物

重新「取回」（appropriation）。這是有關人在其真實生活上的異化，透過對客體世界異化性格的摧毀，可以把他客體物取回，亦即透過其存在的異化方式之揚棄。「正如無神論對上帝的揚棄而出現了理論性的人本主義一樣，共產主義是私產的揚棄而維護真正的人本主義。無神論是通過對宗教的壓制而使它本身得到中介。共產主義是通過私產的取消而中介它本身。只有我們把這些中介加以揚棄之後，則正面的人本主義可以成立，也就是在正面的情況下誕生」（*FS* I: 658; *EW* 395）。

但是人的自我實現，對馬克思而言，不只是指人從物質生產的運動中之異化勞動回歸到他本身而已。他還顯示各種次要的生產方式之揚棄，在這些方式下，人在前史中經歷了各種各樣的異化，這包括「宗教、家庭、國家、法律、道德、科學、藝術等等，都屬於特殊的生產方式，而受到一般的律則之規約。私產的正面取消，是人類存活的取回，全部異化的正面取消，是人從宗教、家庭、國家等等回歸到他人性的，亦即社會的存在裡頭。宗教的異化產生在人意識的領域，人內心生活的領域裡。但經濟的異化卻發生在真實的生活底領域裡」（*FS* I: 595; *EW* 349）。

馬克思接著寫出：至今為止所有生產方式的「一般性律則」都是異化的律則（規定）。異化的勞動是人類生活的全部領域中廣泛的生產方式，其中又以經濟的領域最為基本。經濟異化的終結表示對國家、家庭、法律、道德等等異化的次級體系之終結。「社會的」人是人從歷史上公認為社會的裡面回歸自己而言，所有社會上主要的典章制度都是為了異化的生產之存活而建立的方式。

一旦異化的生產方式，以及其次要的典章制度都被取消之後，留下來的東西最主要的為科學和藝術兩項，這兩項人的行動將被擴大運作。馬克思對最終共產主義的看法基本上具有美學的性格。他的烏托邦是未來人與自然之關係的美學理想。這種關係是建立在人的藝術創造和人造環境的美麗底欣賞之上。歷史上貪求無厭的異化之人將被史後──前史之後──的美學人所取代，這種美學人也是「富饒的人」。其財富是精神的、物質的和知識的、才藝的新意義下之富有。馬克思形容新人類為「深刻地又豐富地擁有所有感覺之富人」（*FS* I: 601; *EW* 354）。

在馬克思的心目中新人與自然的關係乃是藝術家與藝術品之間的關

係。人會落實他天賦的才能來安排萬事萬物。這種安排是根據「美的律則」。經濟活動會轉化為藝術活動，工業、工藝、科技成為創造的最高表現。地球將成為新人類藝術工作品與展覽之地。異化的世界將讓位給藝術的世界。

因之，馬克思在手稿中所描繪的共產主義主要為處理美學的問題。他宣稱：「把人的五官加以培養是至今為止整個世界史的工作」（*FS* I: 601; *EW* 353）。只為滿足粗陋的實踐或存活之需要所發展的感覺是「被限制的感覺」、「一個人在憂慮與需要的困擾下，不可能會出現精彩遊戲〔包括運動、體育、競賽〕的感覺……人本質的客體化不論在理論上還是實踐上，都有必要，俾人的感覺得以產生，也創造了對於人類與自然財產〔能夠享受〕的人之感覺」（*FS* I: 601-602; *EW* 253-254）。

在這段話之後，馬克思提到富有之新人擁有深刻與豐富的感覺，這是經常的實在。由是「主體主義與客體主義，精神（唯心）主義與物質主義，主動與被動〔包括受苦受難 *Leiden*〕失掉他們互相反對的性質，這種兩分與對立之存在只存於〔階級〕社會中。這也表示理論的對立只有在實踐化解。要化解這種對立無法靠理論的推演，而必須視生活的真實問題〔來解決〕。過去用哲學把此當成純粹的理論問題看待〔是錯誤的〕」（*FS* I: 602; *EW* 354）。

九、私產的取消與佔有的去除

私有財產的正面取消將使人類前史的工作告一段落。它意指人類感覺的解放，使他懂得欣賞人造的各種客體物。這裡新人類欣賞的是人造物的本身之美，而非只供使用或據為己有之物。這種據為己有的感覺乃為「佔有的感覺」（*der Sinn des Habens*）。這是一種自私自利的需要，是驅使人去佔有事物的不當需要。在共產主義中人從異化解脫出來，顯示人的生產活動不在只降服於自己佔有的欲求。人在對世界知識的活動、感知的活動上也同樣對佔有的欲求下解放出來。蓋人的感覺具多種模式來佔取外界的實在。可是在未來新人類出現後，這種佔有的感覺要從貪婪中純化出來、抽繹出來，也就是去除過去的貪婪惡習與敗德。馬氏說

私有財產造成吾人愚蠢與偏頗，認為只有我們擁有之物才屬於我
們。於是把它看成為我們存在的資本，或我直接保有的東西，可
以吃、喝、穿、住。總結一句，只有我們可以使用者，都是我們
的……就一切身軀的和精神的感覺，因之，佔有之感覺，這乃為
一切前述的佔有之感覺的單純異化，必須至此告終而被其它〔新
的感覺〕所取代……私有財產的取消因之是所有人的感覺與屬性
的徹底解放。他們與事物的關係是為著這些事物而產生的關係。
但事物的本身是與它本身乃至與人處於客體關係中，或是彼此互
換位置。這時需要與享受喪失了它們自私自利的性格，於是自然
也喪失它僅僅是提供有用性而已；反之，變成人們在使用自然
〔與自然和諧共存〕。（*FS* I: 599; *EW* 351-352）

　　上述這段引言在於突顯馬克思所描繪的新人類──「社會主義人」。
這是人回歸自己為「社會的，亦即符合人性之人，完整的、有意識的，也
在發展至今完全財富中〔之新人類〕」（*FS* I: 593; *EW* 348）。人所以會
變成「社會」人、或「社會主義」人，主要的原因是他夠與周遭人造的世
界做事實上的溝通，也能夠根據美的律則來安排事物，更因為五官的訓
練、感覺的培養，不把事物當成功利品看待；反之，視事物為其客體創造
物的緣故。他稱「共產主義為充分發展的自然主義，相等於人本主義，而
充分發展的人本主義相當於自然主義。它是人與自然的衝突，人與人衝突
的解決，更是存在與實有之間、客體化與自我肯定之間、自由與必然之
間，個人與種類之間的衝突之真實解決。這也是歷史之謎的解答，而自知
此為解答」（*FS* I: 593-594; *EW* 348）。

十、新人類的人性復歸──社群人的出現

　　這位自由創造而睿智的新人，在明鏡之前看出他的本身活動，便會發
現其創造的、外化的事物可以肯定與證實他本來的特性、才華，他所面對
的世界，不再是陌生、異化、敵對，而否定他存在的外界。馬氏續說：
「所有的客體物對他而言，變成了他自己的客體化，變成肯定與實現的

個體性之事物，變成了他的標的物〔客體物〕，他本身都已變成這個標的物……因此，人在客體世界的證實不只靠他能夠思想這個動作，而是他具有全部這些感覺」（*FS* I: 600-601; *EW* 353）。

　　馬克思對未來共產主義社會中的新人之看法，反映了他所受費爾巴哈的影響。這是所謂哲學人類學中把人的本性當做種類特性的客體化看待。他把亞理士多德所說人是居住在「城邦的動物」（*zoon politikon*），轉化為費爾巴哈的「我與你的共同體」（*"Ich-und-Du-Gemeinschaft"*），再轉化為「人與人」之社會（或稱社群）關係（洪鎌德 2000: 386-417）。而他視共產主義為「自我之取回」（*Selbstgewinnumg*），意指異化的世界之本身，以及異化的人內在之本身底重新取回。我們可以說，對馬克思而言，共產主義標誌著人與其另一自我（alter ego）的客體世界在自我關係中建立了美學的共同體（社群）。因之，人與自然合一，人本主義與自然主義和諧乃為其主張。至此，人將進入「我與你的共同體」，這種共同體也是人性的表示，只是存在於人身之外而已。

　　這種存在於人身之外的共同體是人的另一個自我，是馬克思稱呼的「社會」、或「社群」（*Gemeinschaft*）。共產主義是社會或社群的出現，成為未來追求美學的新人類和他們去掉異化的世界的溝通關係。「在這裡他第一次把其自然的存在，而自然〔人性〕對他而言也變成了人。因之，社會〔社群〕將是人與自然完全本質的統一體，是自然的真正再現〔復活〕，是人完全達致的自然主義，是自然完全達致的人本主義」（*FS* I: 596; *EW* 349-350）。

　　馬氏最終之共產主義的全部概念，只有在瞭解黑格爾《精神現象學》的背景下才能知悉。馬克思在手稿中幾乎從頭至尾追蹤現象學的主題，而完成他的第一個體系。使用黑格爾的詞彙、公式，他視共產主義乃是最後階段，在此階段上，人與其「他者」、「異者」合而為一、和諧共存，有如在家一樣的舒適欣慰。這是人與其創造世界能知的特殊關係。不像黑格爾的能知、認知，他是徹頭徹尾的佔有、保留，甚至像狗一樣要吃別物，無法靠本身不食不喝而能夠存活；馬克思的能知、認識卻是有節制的、共享式，而非獨吞的霸佔。他的能知是對事物科學的、感官的欣賞。儘管師徒兩位有這樣重大的歧異看法，馬克思把共產主義的概念重加製造時，卻

是以黑格爾歷史的目標為取向。取代精神在「絕對精神」的階段上知道其本身，我們卻在共產主義中找到人知道自己究竟是誰，也知道自然（人性）乃是道道地地的人。

十一、哲學共產主義所牽涉的所有權、佔有慾之問題

當然馬克思也充分認識到，人知道自己，和自然是人，並非事件的狀態，可以隨便貼上「共產主義」一個標籤，原因是「共產主義」一詞含有誰佔有、誰擁有、誰所有（ownership）的意涵，至少要隸屬於全部社群（共同體）之共同所有，才能服人。是故共產主義的概念無法與公共財產、公共資產、公共佔有分離，但馬克思卻感受它是人類的目標，其目的卻在消除或揚棄私產的佔有、擁有、所有，特別是涉及人及其身外之物的關係。事物之歸屬某人，只限於能夠滿足他所培養的官感，而「擁有」、「有」只限於感覺上的、認知上的擁有。是故人最終的生活條件必須在所有之外，財產原則（「權利」）之外。在此一意義下，人最終的生活條件，甚至應在「共產主義」之外。由於有了上面的疑慮與想法，馬克思在結論上說：「共產主義是處於否定的否定之據點上，因之乃是人類解放的真實瞬間〔環節〕和人性的再征服，其目的在為未來歷史的發展。共產主義是緊接的未來必要的形式和能量的原則，不過像它這樣的共產主義並非人類發展的目標，也非人類社會的形式」（*FS* I: 607-608; *EW* 358）。

最後這段話所提的共產主義，可能不是最終的共產主義，而為前面所提「粗鄙的共產主義」。另一方面這句負面的話，也可以解釋為共產主義無法被視為人類發展的最後階段，也可能被更富裕的、更高的階段所超越、所揚棄（*FS* I: 608; *EW* 358n）。

塔克爾認為把這段話解釋為粗鄙的、平頭式的共產主義，如1956年手稿之俄文翻譯版註釋者所為是錯誤的，因為蘇維埃的共產主義理論者，未超過全民族的國家所有權（*всенародная собственность*）的訴求之範圍，等於忽視馬克思超過財產的、所有權的原則之外，人類還有更高的發展理想之訓示，這等於默守共產主義的陳規，為智者所不取（Tucker, *ibid*., 161）。

馬克思在晚年曾經說，在社會主義降臨之時，社會分配的原則是「各盡所能、各取所值」，只有在更進一步發展至共產主義時期，才會應用「各盡所能、各取所需」的原則。是故列寧師法馬克思分辨社會主義與共產主義之不同，前者為普勞階級完成推翻資產階級的初階，後者則為進一步高階的發展，是人類未來最終的理想狀態；中間短暫的轉型時期，則採用馬克思「無產階級專政」之說法。東歐、中共、北韓、越、寮、柬、古巴也跟隨列寧建立共產政權，但其國號採用人民共和國之稱謂，除此之外還特別標誌為社會主義的國家。換言之，共產黨一黨專政或執政的國家只達到社會主義的階段。在中國趙紫陽一度倡說「社會主義的初階」，鄧小平則在倡導改革開放之餘，定調為「有中國特色的社會主義」。由此可知共產主義還是未來遙遠的夢，縱然有古巴在卡斯特羅執政期間，企圖闖入共產主義的領域，也因經濟發展的遲緩，以及美國帝國主義的包圍孤立，只好退回社會主義建設階段。

十二、哲學共產主義對運動精神與體育文化之啟誨

偏偏上述所謂共產黨統治之國家，卻是傾全國之力進行大規模的全民運動，增強體育訓練，加深肢體文化，其目的除了健壯其國民身心之外，最大的企圖則為進行國際宣傳，宣揚社會主義人民體能之優越。是故在冷戰期間奧運會的傑出表現多歸舊蘇聯、東德、北朝鮮、中國（中共）等稱雄。在很大程度下，資本主義的美、英、法、德、日、加拿大等偶而可與爭鋒，但西方體育界的個人或團隊所受國家之栽培、訓練、支持之程度還不夠全面，而流於資本主義商品交易的形式，僅僅把體育和運動當成休閒活動的一部分，也是勞動之外的健身活動、娛樂與比賽所導致的群眾商業行為。

反之，在共黨統治的各國政府所推動的體育政策，不只在強調全民的健康、衛生、優生，還企圖藉各種各類的國際比賽，來展示國力的強盛、文化與科技的優越，成為國際宣傳、國內鼓舞的最有效利器。奧運與區域比賽的奪標獲勝成為愛國主義、民族主義昂揚的手段。在此情況下共產主義的理想，隨著運動政策的推行、意識形態的灌輸表面上深入民心。不過

由於現存社會主義國家、階級社會的性格並未消失，掌權者、執政者，及其忠實的護衛者（黨幹、公安系統、軍、警、特，甚至大學教授及其他專業人士、私產擁有者、私產經營者）所形成的權力與利益交集的「新階級」之崛起，導致體育選手和運動明星也晉身於特權階級中，他們不只是收入來源、名利雙收，還擁有名車、別墅、豪宅、度假山莊，以及與眾不同的生活形態（life style）。對他們而言，共產主義只是口號、符號與象徵，與他們奢豪的生活，相差豈止萬里。

這更不用談及西方或第三世界的體育明星所受的優遇與所享受的榮華富貴。在運動與體育文化終於變成文化工業、文化商業之後，少數傑出的選手與運動員儼然成為社會最高層的光環與附庸（所謂「附庸風雅」）。在環球資訊傳播下，不亞於歌星、明星、富豪，既聲名遠播，擁有龐大的財富，成為社會資本與文化資本的擁有者。對他們而言，馬克思的清除私產，財富歸公，無異為痴人說夢，無人肯予接受。顯然東西方運動明星的好名好利，表示馬克思所斷言的人之貪婪還深植人心。這是人的異化之部分，而異化並不限於資本主義社會中人的勞動之異化。連社會主義發達的中國也有異化的問題，而成為 1980 年代中改革開放剛起步時期中共思想與文化論戰的主軸之一。

不過撇開東西社會這些少數人中的少數、菁英中的菁英不談之外，絕大多數對運動精神與體育文化關心的廣大百姓會留意到馬克思標誌的共產主義名稱之背後的實質內涵。那就是有史以來人類所追求，而尚未被落實的理想——人如何把求生的活動，不再視為痛苦的勞動來推行。廣義的運動包括選手的表演與觀眾的聲援，是身心健美的動作及其欣賞，是人的體能與五官經過培養的結果與享用，是勞動之外人的休閒、娛樂、遊戲的活動。當然馬克思期待有朝一日把勞動轉化為自我活動，包括轉化為運動、娛樂、休閒、遊戲、藝術等等活動，這是人最大的夢想，雖然其實現似乎是遙遠的、未來的、烏托邦式的空想。但有夢最美，至少是截至今日為止，尚活在異化中的人類的一絲希望。

是故馬克思的哲學共產主義並不因為「蘇東波的變天」、中國的「和平崛起」、全球的金融海嘯、反恐戰爭的牽拖，而失掉其意義。剛好相反，強調人是自然的一部分，鼓勵人們重視站在大地之上的軀體得以大力

發展的馬克思去掉異化之說詞，其回歸人之本性本能的主張，更與運動精
神之昂揚，體育文化之提升有相得益彰之美。

十三、尾語

　　共產主義一詞最先出現在 1830 年代中期巴黎的工人與無產者的秘密
團體中，含有兩重意義，其一為資本主義社會勞工階級的政治運動；其
二，這些秘密社團鬥爭、造反要達成的未來目標。在 1848 年的《共產黨
宣言》中，馬克思與恩格斯強調共產黨人無意在普勞階級中另組政黨，而
是把共產主義運動視為普勞階級的共同利益與事業。我們這裡所談的哲學
共產主義則屬於第二層的意義，亦即青年馬克思在《巴黎手稿》第三部分
第二節標題為〈私有財產與共產主義〉的那一段。其中馬克思說

> 共產主義是「私有財產」的「正面」取消。因之，乃為「人自我
> 異化」的取消〔揚棄〕。因之，也可以說是為了人，也通過人而
> 使「人」性真實的「取回」〔佔有〕。它因此可以說是人返回其
> 本身、返回「社會」〔的自我〕，它是人變成真實的人之本質。
> 這是完全與有意識的回歸，俾把以往發展的財富重新吸收〔收
> 回〕。（*FS* I: 593; *EW* 348）。

　　後來馬克思與恩格斯在《德意志意識形態》中，說明要建立共產主義
的社會必須把階級取消，也把分工取消為先決條件。馬氏認為工人必須重
新控制物質力量（生產力），以及取消分工。為達此目的建立社群乃屬必
要。目前建立在階級敵對與剝削之社會，成為獨立於工人之外，卻桎梏工
人之社會制度，而真正的社群中諸個人在通過他們組合中獲得自由。「在
這個組合中每一個人的發展成為全部人自由的發展之條件」（*FS* I: 843;
SW 1: 127）。這是指涉人類早期部落社會沒有分工、沒有階級的原始共
產主義（原始公社）而言。與過去原始的共產主義相對的是未來的共產主
義之社會（社群），那將是（聯合者之社會）（《資本論》第三卷第 48
章），在未來社會中，經濟生活的自由存在於下列事實中：「社會化的人
類〔組織中〕，組合的生產者，以合理的方式規定他們與自然的互動，將

它置於共同控制之下，取代被它所統治一如被盲目的勢力所統治一般」
（C III: 820）。

　　總之，青年時代的馬克思在接受與駁斥賀斯、馮士坦、蒲魯東等人的
共產主義概念以外，包括對聖西門、傅立葉、歐文等人主張的社會主義之
批判，可以說是他排斥烏托邦共產主義的時期。其後所以大談哲學的共產
主義，是受到黑格爾思辨哲學與歷史哲學的影響。稍後他又倡導人是種類
人、社群人、受苦受難之人，則是承續費爾巴哈的轉型批判說，可以說是
一種人類學的共產主義。他後期以經驗的、歷史的、實證的辯證科學所要
建立的，則是透過言論否定、揚棄之後的政治經濟學之共產主義。

Lorenz von Stein

Aristotle 亞里士多德

Moses Hess 賀斯

Proudhon 蒲魯東

Fourier 傅立葉

Owen 歐文

中年黑格爾

Feurbach

Babuef 巴貝夫

Buonaroti 卜納洛提

Saint Simmon

華文翻譯之《共產黨宣言》，上有周恩來簽名

馬克思的人性觀之析述及其意涵

一、前言

　　除了受黑格爾把人當做「勞動動物」（*animal laborans*）的看法所影響，也受到費爾巴哈強調人是「種類存有」（*Gattungswesen*）的說法之衝擊，馬克思的人性觀可以說是亞丹‧斯密的看法所型塑。有異於經典的政治經濟學諸大家（司徒亞、李嘉圖、詹姆士‧穆勒和約翰‧穆勒等）、或社會契約論的思想家（霍布士、洛克、盧梭等）主張人類文明社會之前身為自然狀態，斯密卻從人的本性（properties）、性向（disposition）來解釋人類社會關係的緣起。在《國富論》第一卷第二章中，他指出人類交易的性向、癖好（trucking disposition）是人有異於其他動物之所在，它是建立人際乃至國際商貿的基石，也是人所以會分工的理由，甚至是法律與政治契約締定的動力。這種交易的癖好、性向之原始固然可以在人類懂得使用語文、人類具有理性等理由中找到，但真正的源頭是自愛、自私、自利。其原因為磋商、講價、交易的過程之動機並非在利他、或彼此共利互益，而首先在追求本身的利益。是故經濟上的好處（economic beneficence）是源之於自利自愛。在其早期的著作《道德情操的理論》（1759）中，斯密認為一個人懂得謹言慎行（prudence），懂得自尊自愛，乃是人諸種道德中主要的德目。在《國富論》中，他進一步說明人群對公共福利的關心基於謀取眾人公共利益的成分少，基於純屬個人的好處之成分多。儘管個人追求自利，但在上天那一隻看不見的手之指揮操縱之下，大家的互換、交易之結果卻使社會全體獲得了公益、眾利。斯密政經

學說的特色，就是他有關人性作為他的理論中明顯的哲學基礎。

斯密這種追求自我利益的「經濟人」（homo oeconomicus）之概念，成為他勞動價值說的起點。在《國富論》第一卷第六章中，他指出在漁獵社會中，人們殺死一隻海狸比殺死一隻鹿要多花一倍的勞力（力氣），是故一隻海狸可換取兩隻鹿。這段說詞成為其後李嘉圖以及其他政經學者的複述與引申。斯密有關資本主義中交換關係立基於人性的自利之解釋，卻受到馬克思的批駁。馬克思指摘 18 世紀的思想家對人性的看法之偏頗，在於只從生物學的特徵引申而出，卻忘記人性是社會關係的總和，是歷史變遷中的產品。

正如馬克思在〈費爾巴哈提綱〉（1845）第 6 條所言

> 費爾巴哈把宗教的本質化約為人的本質。但人的本質並非內在於每個人身內的抽象物。在其實際上它〔人性〕乃是社會關係的總和（das Ensemble der gesellschaftlichen Verhältnisse）。費爾巴哈不肯就〔人〕實在的本質深入探討，反而被迫〔做出下列兩項結論〕：
>
> 其一、從歷史的過程中抽象化〔抽離出來〕，而把宗教情操單獨確定，而預設一個抽象的——也是孤立的——人類整體；
>
> 其二、〔人的〕本質只能看成是「種類」的〔事物〕，當成身內的、沈默的，對諸多個人具有「自然上」〔生物學上〕拘束的普遍東西來理解。（FS II: 2-3; CW 5: 4, 7）

從這段話看出青年馬克思反對以生物學、自然界中的人的種類特質來界定人性。

在《經濟學與哲學手稿》（1844）中，馬克思對人原始的本性之概念，更顯示他與其他經濟學者與哲學家看法的不同。他顯然受到黑格爾對斯密批評的影響，不贊成把自利與自私等量齊觀。他反對自利不但於己也沒有好處，於公更有問題。這並非由於青年馬克思是一位道德理想主義者之緣故，而是他受到亞理士多德以來古希臘人追求自我實現理念的洗禮。在批評 17 與 18 世紀社會契約論者的經濟人概念與自由派的個人主義之後，馬克思強調人的自私自利之觀念（egoism），含有自我異化的性質。

他認為人之異於禽獸，在於人轉化獸性與物質上的需要為整體發展的社會性——人為住在市邦的動物（*zoon politikon*）。也就是透過說話、語文、自我意識、理性等等人類合作的經驗與文化，提升人性——人之異於禽獸的特質。這回歸他視人性不但是社會關係，也是社會合作、社會成就（social accomplishments）之總和底說法。

馬克思也就此觀點總結地說，對別人的愛護、關心是自我實現的條件，其目的不只追求個人的自由，也是促成人類的解放，以及無異化、無階級、無剝削的社群之建立（洪鎌德 2000: 419-451）。

馬克思認為建立在人的自利動機上行動理論，將會導致人群為了滿足本身的需要，而展開稀少性、匱乏性物資的爭奪，造成人際、群際之間不斷地、慘烈地鬥爭和好戰貪婪的惡性循環。作為個人自私自利活動的寫照之「經濟人」概念不免要陷身於自我矛盾、自我擊敗的窘境中。自我利益的追求，必然導致以人為手段、為墊腳石的惡性競爭，這是與康德以人為目的，強調人的主體性之倫理學說相違背的。這會造成個己的私人與公共領域之彼此排斥。但基本上，人的私自面與公共（社會）面是一體的兩面，蓋社會離不開諸具體的個人之集合和累積。私有財產便與公共財富相反，也與人必須同他人連繫，共享的想法相違逆。是故未來共產主義的社會是充分發展的社會。在該社會中有必要消除私產，才會落實真正的人性——平等、自由、創思、開發的人性。這也是在一個直接生產者組合裡實現個體性（individuality）的真正人性。現存的社會係站在諸種個人的頭上，不把諸個人看做社會存在的要件，這點與馬克思強調的個體性不同。只是馬克思卻認為只有未來的社會主義和共產主義社會才會內含強大轉變的力量，企圖把現存社會的典章制度作一個徹底的轉變，俾迎合人性之所需（Hodges 1974: 7-10）。

二、黑格爾、費爾巴哈和馬克思人性觀的同異

早期影響馬克思人性觀最主要的思想家除了亞丹·斯密之外，還包括古希臘亞理士多德所強調的「人是住在市邦（社群）的動物」。此外，黑格爾所主張的人是勞動動物，以及費爾巴哈所使用的「人是種類動物」之

看法。這些人性的描繪都是青年馬克思拳拳服膺的。

首先，馬克思讚美黑格爾超越前賢之所在，為有關人類基本的性質以及相關的事實之體認。其一為人的自我創造；其二為人存有的異化。當作勞動動物的人類，是懂得操勞、使用工具的生物。在早期的著作裡馬克思說：「黑格爾瞭解勞動，視勞動為人的本質」，這就是「他〔黑格爾〕理解人的勞動本質，理解客體〔人把勞動落實為身外產品的客體〕的人——真實的人、實在的人——當成是人自己勞動的結果」（FS I: 645; CW 3: 333）。

其次，馬克思也承認黑格爾對異化一概念倡用的貢獻。前者在其1844年《經濟學與哲學手稿》中提到：「黑格爾認為人的自我創造是一個過程，認為客體的喪失是一種客體化，而客體化無異是異化，以及異化的排除〔揚棄〕」（FS I: 645; CW 3: 332-333）。

在讚美黑格爾對勞動的基本人性觀和異化概念之後，馬克思對黑格爾也有所批評。馬克思指出：「黑格爾只發現歷史過程中一個抽象的、邏輯的和思辨的表達〔方法、名詞〕，而非人真實的歷史」（FS I: 640; CW 3: 329），原因是黑格爾在其《精神現象學》中把人當成精神的出現、或「自我意識」的出現（FS I: 644; CW 3: 332）。馬克思認為把人用這種抽象的方式加以表述，是對人的誤解，人乃為「實在的、有軀體的人，是把其雙腳站立在堅實的土地上，能夠呼吸自然各種勢力〔的人〕」（FS I: 649; CW 3: 536）。

費爾巴哈也談人性、談人的異化。只是他的人性觀早期多少反映黑格爾精神說，後來轉化成以人的身體、軀幹，甚至人的「食品」、人的「我與你的共同體」等物質面向的看法。有關人的異化費爾巴哈卻偏重宗教方面，強調人是上帝的異化，上帝是人的異化，而無視於人的經濟生活、社會生活、政治生活的異化現象。是故馬克思說：「一旦人的自我異化底神性的形式〔涉及宗教、神學、哲學方面〕被揭破之後，便要揭開異化非神聖的形式。是故對天堂的批判要轉入對塵土的批判」（FS I: 489; CW 3: 176）。

青年時代的馬克思曾經受著黑格爾的影響，認為整部人類的歷史便是人類自由史，也是人的解放史。人的特質為勞動，是勞動的動物（animal laborans；*homo laborans*）。與黑格爾不同的是，馬克思認為所有歷史的起點、社會的起點是人，而非黑格爾所強調的精神、國家之類，更不是普遍的、寰宇的體系。黑格爾喜談普遍性、寰宇性，彷彿把那個龐大的體系當作宇宙的重心。但對馬克思而言，整個宇宙的重心就是人——具體的、真實的、個別的人。他早期思考的對象便是人、整全的人、人的現實，亦即正面的人本主義。

那麼人究竟是個什麼樣的動物？只稱人是理性的動物、合群的動物、勞動的動物夠嗎？對此，馬克思顯然受到費爾巴哈的影響。後者視人為寰宇的動物（*Universalwesen*）、為種類的動物（*Gattungswesen*）、為社群的動物（*Gemeinwesen*）、為客體的動物（*gegenständliches Wesen*）（Hung 1984: 12-18）。

然則，在探討人究竟是什麼樣的動物時，一個更重要的前提疑問便是：人性是什麼？馬克思在後期並不像青年時代以哲學的觀點奢談人性，而是以政治經濟學的方法來剖析人性之常，亦即一般性，以及人性之變，亦即特殊性。因之，他說：

> 要知道什麼對狗有用，就要研究狗性。這種性質並非由功利的原則上抽繹出來。應用到人之上，凡藉功利原則來批評人的各種行動、運動、關係等等的人，都必須討論一般的人性和歷史上各時期經過修改過的人性。（*Capital* I: 57n.）

儘管馬克思並沒有對人性之常與人性之變做過系統性的分析，我們不妨稱人性之常為其生物學上的人性觀，而人性之變則為其歷史過程上的人性觀。

在生物學上，青年馬克思視人為自然的、客體有關的、異化的、種類的動物。這是時不分古今、地不分東西的所有人類所擁有的通性。在歷史模型中，成年的馬克思視人為社會的、歷史的、被剝削的、或被貪婪制約的生物。換言之，人是在不同的社會和不同的時期，受其本身自我創造（self-creation）之產品。

馬克思對人性之常和人性之變的說法同黑格爾和費爾巴哈有異，都是建立在「真實前提」之上，這正是他與恩格斯合著的《德意志意識形態》

（1845-46）一稿件上所指出的：「我們出發的前提絕非任意隨便的，也不是教條，而是真實的前提。在此前提中，任何的抽象只存在於想像裡……我們的這個前提是可以在經驗裡得到證實的〔那麼這個真實前提是什麼呢？〕它們乃是真實的諸個人、他們的活動、以及他們生活的物質條件……」（*FS* II: 16；*CW* 5: 31）。

因之，我們在討論馬克思的人性觀時，不妨先考察他怎樣看待人與自然、人與人類（種類）、人與社會、人與歷史等幾個主題（Hung 1984: 20-38）。

三、人與自然

人是自然的動物（*Naturwesen*; natural being），自然是人「無機的身體」（*unorganischer Körper*; *unorganischer Leib*; inorganic being），原因是自然提供人生存所不可或缺的直接資料或手段。自然也是人活動的物質、對象和工具，也是人展現其才能的舞台。人與自然的交往，無論是形體上或是精神上的接觸，都是「自然與其本身的聯繫，因為人也是自然的一部分」（*FS* I: 566; *CW* 3: 275-276）。

作為自然一部分的人，亦即自然的動物之人，是擁有自然的力量、生命力。因之，人乃為能動之物。這種力量存在人身上，成為他本性本能的一部分。由於人擁有軀體和感覺，他必須靠外物來滿足他本身新陳代謝的需要。因之，人也是一個有限的、受苦受難的生物。這是說滿足人類本身欲求所需的客體物存在他身體之外，而他又需要靠這些客體物的滿足才能存活。因之，這些客體物成為他基本的、必需的對象，對這些對象與客體物的攝取，成為人基本能力的展現與證實（*FS* I: 650; *CW* 3: 336）。

凡是不靠外頭的對象或客體而存在的事物，對馬克思而言，是為沒有客體關連之物，亦即非物，亦即幻想的、不實之物、抽象之物。換言之，一個事物的存在必是人的感官可以感受其存在的事物。不僅靠感官感受外頭世界的存在，人還經由勞動而改變，亦即改變自然界與社會界周遭的事物，進一步塑造他本身，可以說人改變環境，同時環境也改變人。有異於黑格爾把人當成精神的事物，馬克思（如同費爾巴哈）視人為具體

的、能感受外界事物的存在，乃為感覺的動物（*sinnliches Wesen*; sensuous being）（洪鎌德 1997b: 120）。但感受也是能接受、能忍受，被動的意思，故人類除了是主動的、能動的動物之外，也是一個被動的、受動的、受苦受難的動物（*FS* I: 651; *CW* 3:337）。

　　黑格爾把自然看做精神之外的事物，是一種徹頭徹尾抽象之物。反之，馬克思是認為人在自然當中，是自然的中心，與自然應當合一。人在生存方式、意識樣態中可以表現的事物，也可以透過人類全體或透過別人而應用到自然之上。這種說法表示意識和心靈都隸屬於物質，心物的互依，也顯示人與自然的契合。

　　馬克思認為黑格爾把思想從自然的人那裡割開是不對的。須知思想是作為自然主體的人心靈的活動，而人是具有五官，活在社會、活在現世、活在自然裡頭的動物。在此吾人可知青年馬克思浸淫在德國浪漫主義的思潮裡，視自然主義與人本主義是一而二、二而一的東西。

　　馬克思對自然的理解，依據法蘭克福學派第二代重要思想家舒密特（Alfred Schmidt 1931- ）之說法，並非單純是主觀主義的，或是絕然客觀主義的，也非採取物質的、或觀念的化約之理解方式。他強調馬克思理論中自然與社會的相互穿透。舒氏對正統馬克思主義者與新馬克思主義者有關馬克思對自然的理解都有所批評與辯正。他指出正統馬克思者視馬克思早年的著作為受到黑格爾觀念論影響下的執迷不悟，強調成年後重視經濟的馬克思之自然觀才是正確。反之，新馬的理論家卻強調早期馬克思的哲學著作才是馬學可以傳承、可以發揮的基礎。舒密特確認為馬克思重大的貢獻在於中年與後期有關政治經濟學的批判，以及資本主義的商品生產之批評上。不過他在強調馬克思《資本論》的結構性與科學性之餘，卻提醒讀者認識該一重要著作的包含歷史與哲學的意涵（Schmidt 1971; 洪鎌德 2004b: 234-235）。

　　其實這種看法早便為盧卡奇所倡說。盧氏指出：「自然是一種社會的範疇。這是指社會發展任何的階段上，凡被指為自然的〔事物〕，自然與人及其活動涉及自然的形式，都是自然的形式、自然的內容、自然的範圍、自然的客體化。這些涉及自然所有的事項都受到社會所制約〔規定〕」（Lukács 1971: 234）。

從上面舒密特與盧卡奇的說法，可以看出馬克思心目的自然是脫離不了人的需要及其滿足，也是人發展其本身才華，透過社會的生產、交換、消費，而成為人化的自然，或稱自然的人化。因此，我們接著討論馬克思怎樣看待人與人類的關係。

四、人與人類

馬克思早期的著作中一再出現費爾巴哈哲學人類學（philosophical anthropology）的用語，特別是種類本質（*Gattungswesen*; species being）、種類生活（*Gattungsleben*; species-life）、種類活動（*Gattungstätigkeit*; species-activity）等等名詞。藉著這些名詞，青年馬克思企圖界定人社會的性格和社群的（communal）性格，也界定人生產的活動。其最終的目的，在說明未來理想社會是社群的集合體，其中人如何重獲失去的自由，達到真正解放的願望。

在《經濟學與哲學手稿》中，馬克思指出：

> 人是種類的動物，不僅是因為在實踐與理論中，他採用人類（他自己和其他人）當成他的客體物……並且還因為他看待自己是真實的、活生生的種類〔人類〕，也是因為他看待自己是一個普遍的〔寰宇的〕動物，亦即自由的動物之緣故。（*FS* I:566; *CW* 3:275）

> 就像其他動物一樣，人要靠無機的自然存活、要靠自然的產品維持其生存。不過與動物相異的是：動物和動物的活動是合一的，動物無法從其生活中分別出來。動物就是其生存活動的全體。人卻把其生活當成他意志和意識的標的物，他擁有充滿意識的生命活動。有意識的生命活動把人從其餘動物的生命活動中直接分辨出來。就因為如此，他才是一個人類的本質，或者說由於他是人類的本質，他才是有意識的動物……他的生命成為他的客體物。（*FS* I:567; *CW* 3: 276）

換言之，有異於其他動物，人類是一種特別的生物種類——靈長類，

不但擁有理性、能夠思想，並藉語言和符號彼此溝通。人還能根據事先的想像，畫出藍圖，而造就其生存所必須的條件。人是唯一懂得勞動，把勞動當成展示個人才華特質的第一需要，是一個生產創造的動物。正因為人無所不知、無所不能，其活動不限於某一特定範圍，而是展示他樣樣都能精通、行行都能出狀元的寰宇性動物。只有人類不受本性本能的束縛，可以自由進行各種活動，這是人有異於禽獸之處，也是人為自由的動物的意思。

人的生產活動是人類營生、也是繁衍之道，亦即一個生命生產另一個生命的活動。這種活動的特質是作為人類的人自由與有意識的活動。生產勞動首要的目的在滿足人的需要，俾維持其生存。因之，勞動被視為「一種人與自然共同參與的過程，在此過程中人本身發動、調節和控制人與自然之間的物質反應」（*Capital* I: 173）。

藉由他的運作，人勘天闢地、開物成務，既改變自然又利用自然，以達厚生的目的。人改變了自然，也改變了本身，改變了人的天性。「他發展那隱晦沈睡的〔生命〕力量，強迫這些力量聽從他的方式〔意志〕去發揮」（*ibid.*）。

人透過實踐的、生產的活動，透過對無機的自然之型塑，創造了一大堆文明與文化的典章制度。這種創造正顯示人是有意識的，也是自由發揮的種類之物。人之創造世界，改變世界，根據的就是美的原則、美的律例。人在尚未創造發明之前，早就在其腦海中便構思各種圖案、程式、藍圖。他「不僅對他使用的材料之形式有所改變，他還實現其本身的目的，使其操作方式符合規律，甚至他的意志也要配合這種規律的要求」（*Capital* I:174）。

事實上，人有異於禽獸之處為人自由的、有意識的、開創的、生產的勞動，這些特質的勞動合在一起就叫做實踐（*Praxis*）。實踐使人與動物分開。實踐是人改變環境，跟著人本身也起變化的人類活動（Petrovic 1967: 78-79）。

儘管早期經常使用費爾巴哈「種類本質」、「種類生活」等詞彙，可是到了 1845 年，馬克思終於揚棄費氏哲學人類學的玄思。他在〈費爾巴哈提綱〉第 8 條不僅批判費爾巴哈把感性（*Sinnlichkeit*）只看成為省思

的偏狹，而不知感性含有「實踐的人類感覺的活動」之意。此為馬克思指摘費氏把人的本質看做存在於個別人內心的抽象物，「當成內在的、靜默的，把諸個人自然聯繫在一起的普遍性」，亦即看作人的「種類」（*Gattung*）。同時在這裡馬克思宣佈「究其實際它〔人性〕乃是社會關係之總和」（*FS* II: 2-3; *CW* 5: 4）。

這一改變，使馬克思放棄以本質論（essentialism）方式討論人的本質、人的本性。取代這種看法是研究人在「社會關係」、「生產關係」、「階級關係」的作為。換言之，在〈費爾巴哈提綱〉之前，馬克思大談人的自然的種類本質和社群本質。由於人的本質與人的生存發生重大矛盾，再談本質，而忽略其生存的方式——勞動、社會關係、階級關係——是違反現實，也是與積極尋覓科學（政治經濟學）來理解人與社會的成年馬克思之心願相左。

五、人與社會

在《德意志意識形態》長篇手稿中，馬克思與恩格斯強調生產了生存所需的資料是人異於動物之所在。生產是人活命的手段，可是生產不能排除社會的影響，蓋為了生產人人必須來往，這便發生社會的互動。馬、恩這樣寫著

> 為生活而進行的生產含有兩層意思，其一為靠勞動去幹活；其二人的生殖後代之新生命的製造。這種生產活動〔營生與生殖〕以兩重的關係展示出來：一方面是自然的〔開物成務、利用厚生〕，他方面是社會的——所謂的社會是它指涉勞動必然是數位個人的合作，不管是處於何種條件下，以何種的方式，或為何種的目的進行合作。（*FS* II：30；*CW* 5；43）

顯然，在此馬克思強調物質連繫作為社群從事生產活動的基礎之重要性，而不再像早前論述人種類的自然結合。因為他接著說：「很清楚明白的是一開始人與人之間存有物質的連繫，這種連繫是受到他們的需要和生產方式所規定的。這種連繫幾乎是與人類出現在地球之日一樣古老。這種

連繫卻不斷改變，而經常披上新的形式，而自具『歷史』。不管政治上或宗教上無聊的話題之存在，後者認為人的成群結黨是靠政治或宗教的力量」（*ibid.*）。

換句話說，並非宗教的信仰體系、教義、教規，或政治上的典章制度、意識形態，使人類過群居集體的生活，而是人的物質連繫把人群緊緊綁在一起。所謂的物質連繫並非一成不變，它本身也受到人的需要與生產方式的規定。談到生產時，馬克思說：「生產是個人通過或在特定的社會型態下對自然的佔有（*Aneignung*）」（*Grundrisse* 9; G 87）。至於什麼是社會呢？馬克思在《政治經濟學批判綱要》（1857-58）中指出：「社會不是由諸個人所組成，而是表述了諸個人相互之間形成的關係、關連之綜合」（*Grundrisse* 176；G 265）。

換言之，只有在社會裡頭人方才能夠發展，也方才能夠表現他的能力與需要。是故馬克思說：「人所以是一個嚴格定義下的『市邦動物』（*zoon politikon*）[1]，並不因為他是一個群居的動物，而是一個只有在社會中使自己個體化的動物……自外於社會孤獨的個人進行生產……是荒謬的，其荒謬的情形何異於個人們不住在一起、不相互交談而能夠發展出一套語言來」（*Grundrisse* 6；G 84）。

要之，自古以來，人人必須經營集體生活，成為住在市邦的動物、社群的動物，這並非如費爾巴哈所說是由於「種類」在發生作用，人擁有種族的本質，這種種類的本質自然地把個人們連繫在一起。反之，此時的馬克思則認為是由於人類為追求生存、追求繁衍，不能不從事生產活動，而生產活動及其關係——生產關係——把人推向社會或社群裡，使他們過著集體、群體的生活。

但社會的關係、社群的關係卻非固定不變，而是隨著社會與經濟的形構（socio-economic formation）和歷史階段的變遷而變化。因之，社會關係乃取決於社會型態與歷史遞嬗，在《政治經濟學批判綱要》（簡稱《綱要》*Grundrisse*）中馬克思指出

---

[1] *Zoon politikon* 是亞理士多德對人類的稱呼。過去譯為政治動物或社會動物都不甚嚴謹，應該譯為住在市邦（*polis*）的動物，或簡稱市邦動物。

> 這是愚昧的觀點，去把僅僅是外觀的連繫看成為內存於諸個人之
> 間自動自發、自然的特徵，而無法與自然分開⋯⋯這個連繫是諸
> 個人的產品，它也是歷史的產品⋯⋯普遍〔向各方〕發展的諸個
> 人，他們之間的社會關係，正如同他們社群的關係，是隸屬於他
> 們社群的控制，〔因之〕這些關係並非自然的產品，而是歷史的
> 結果。（*Grundrisse* 79; G 162）

　　假使人性是在社會關係中呈現，而看作人物質條件的產品，那麼再談
人性之常或一般的人性便非妥善。因之，馬克思不再言經常不變的人性、
一般的人性，而改談在歷史過程中人性的變化與修正，這也就是成年馬克
思在具體的、實際的歷史情況下討論具體的、真實的人群及其關係。換言
之，他討論了人性的歷史變遷的兩個面向：人怎樣發展需要，以及發展滿
足這些需要的能力（LeoGrande 1977: 144）。

　　至今為止的人類歷史顯示，人的需要在量的方面不斷擴張，在質的方
面不斷提高。為了滿足這種持續增大的人類需要，人也不斷改善其生產能
力，從而生產能力也水漲船高、節節跟進，一部人類史可說是人的需要與
能力的交互競爭和辯證發展。是故馬克思說

> 正像野蠻人必須與自然搏鬥，俾滿足其需要，保持其生命與繁衍
> 其後代，同樣文明人必須在各種社會形構中與各種可能的生產方
> 式下進行同樣〔謀生〕的活動。在他發展中，人的能力的必然擴
> 大，這是他需要擴大的結果，可是在此同時滿足這些〔擴大的〕
> 需要的生產力也增長。（*Capital* Ⅲ：144）

　　利用人的需要與勞動生產力這兩種概念，馬克思在其後期的作品中，
描述資本主義時期市民社會真實的人（工人）的實際性格。在資本主義體
制下，人的本性是被異化、被扭曲。資本主義的關係阻卻人發展他真正的
能力，同時也損害人從歷史演進以來的真正需要。這何異說資本主義社會

的基本矛盾為生產力與生產關係的衝突，而表現在資產階級與普勞階級 [2] 之間的階級鬥爭。

　　資本主義社會的矛盾表現在資本家對工人的剝削、壓榨。剝削的出現乃由於社會分工與私產制度，它允許資本家在交易過程中搾取勞工剩餘的價值，這也是成年馬克思多談剝削而少談異化的緣由。當成一項社會事實，根植於特定的社會經濟形構，亦即資本主義的體制，要克服剝削，只有透過取消私產與化除社會分工一途，亦即訴諸普勞階級的革命來推翻資本主義。一旦私產制度和社會分工消失，那麼人將重獲自由，也真正得到解放（洪鎌德 2000: 388, 413-417）。

六、人與歷史

　　馬克思對社會的看法是動態，而非靜態，因之他的社會觀同他的歷史觀是分不開的。德國著名的馬克思學專家費徹爾（Iring Fetscher）就指出在討論馬克思的人性觀時，一個不容忽視、而事實上十分重要的面向，便是馬克思講究人的「歷史性」（historicity）（Fetscher 1973: 454）。事實上，馬克思就說過：「歷史〔人文史〕本身是自然史真實的部分──有關自然〔人〕發展為〔文明〕人的史實」（*FS* I: 604; *CW* 3: 303-304）。那麼人怎樣由自然人變成文明人呢？那莫非人開物成務、利用厚生，藉由勞動與生產，把無機的自然轉化成有機的組合──社會、社群。因之，馬克思接著說：「對信仰社會主義的人而言，所謂世界的整部歷史，莫非是透過人的勞動由人所創造之歷史。也莫非自然為人類演變的歷史，人終於擁有可資目擊與確證，亦即透過他本身而生成的記錄，這就是他的崛起（湧現）過程（*Entstehungsprozess*）的記錄」（*FS* I: 607; *CW* 3: 305）。

　　同樣馬克思便視近世文明發展史，特別是一部實業史，是人類展示其

---

[2] *Das Proletariat* 過去譯為普羅階級、無產階級、工人階級。由於台北街頭的招牌多的是普羅汽車、普羅牙科、普羅飲水機之廣告。這是由英文 professional（專業）翻譯而成。是故本書作者主張以普勞階級來翻譯 *das Proletariat*，含有普遍勞動（尤其是勞力重於勞心）的意思，更包含了「普遍階級」的意思。

「本質能力」（*Wesenskräfte*）翻開的書，也是一部可以感受得到存在的人類心理學著作（*FS* I: 607; *CW* 3: 302），論述實業對人類帶來的外表功利與內心創傷的實況。

顯然對馬克思而言，人所以成為人的歷史過程，是透過逆反、否定、異化，經由痛苦錘鍊的歷程而回歸到人的本質。換言之，在歷史過程中，人的本質與存在由早期的合一，變成其後的分開，而展望未來的再度合一。只有當未來共產主義實現之後，本質與存在的矛盾、客體化與自我確認之矛盾、自由與必然的矛盾才可以解開，屆時歷史之謎也才可以破解（*FS* I: 593-594；*CW* 3: 296-297; 洪鎌德 2009a: 184-185）。

這種把人類的生成變化當成歷史來看待，是青年馬克思仍受到黑格爾觀念哲學與費爾巴哈哲學人類學影響下之觀點，當他進入成年時期後，已揚棄哲學的思辨方式，而宣稱至今為止的人類歷史都不是人類有意識、按照人的理想所創造的歷史。因之，只能當成人類的「前史」（*Vorgeschichte*）來看待。根據《政治經濟學批判》（1859）的〈前言〉，在「前史」中由於「經濟的社會形構」（*ökonomische Gesellschaftsformation*）之有異，人類的歷史可分為亞細亞、原始公社、古代奴隸、中古封建主義、目前資本主義等不同的社會發展階段。馬克思認為資產階級的社會之形構，將為人類社會的前史譜上句號，而宣告前史的終結（*SW* I: 504; 洪鎌德 2007a: 403）。

的確，歷史是人類所創造的，但馬克思卻指出：「人類創造歷史，並非按照其喜歡來創造，也非按照其選擇的情況來創造，而是在直接面對的情況、給予的情況，以及過去所傳承下來的情況下，從事歷史的創造」（*CW* 11: 103）。換言之，在前史中人類無法按照其心願、理想而創造一個富有人性、人道的歷史。要創造這種理想的歷史——有意識、有計畫、符合理性，為人們所開拓、所原創、所營構的活動及其記錄——只有在資本主義體制被推翻，而代以社會主義以及更高階的共產主義之落實後才有可能。

不過，共產主義理想一旦落實，會不會是人類歷史的登峰造極，而不再向前向上發展？不再變遷，真正造成「歷史的終結」呢？對這點馬克思所持的看法是非常特別的。他不認為共產主義是人類的最終目的，事物最

後的狀態。原因是共產主義並不是一個靜態的社會、不是一種理想狀態，而是變動不居的對現存狀態的取消之真實的運動（*FS* II: 37; *CW* 5: 49）。

　　馬克思固然承認黑格爾之功勞在發現歷史運動與產生的原則是「否定的辯證法」（*Dialektik der Negation*），但卻指摘後者用心靈、精神之生成變化來解釋歷史的遞嬗。馬克思說

> 黑格爾的歷史觀……莫非是把精神和物質的對立、上帝和現世的對立之基督教與日耳曼教條，加以玄學的表述。這種對立之出現於歷史意味少數知識菁英對抗著廣大的人群，亦即對抗著當成物質的沒有精神〔無知〕的群眾。黑格爾的歷史觀預設一個「抽象的精神」，或稱「絕對精神」。這個精神的發展使人類成為或多或少意識的群眾跟著跑、跟著變化。黑格爾把經驗上可被認知、外觀上可以闡明的歷史，轉化成玄思的、內蘊祕義的歷史。於是人類的歷史變成人類「絕對精神」之歷史，因之，這種精神也就變成與真實的人群遠離渺不可測的彼岸精神。（*FS* I: 766-767; *CW* 4: 85）

　　把黑格爾頭腳上下顛倒的辯證法重加扶正，馬克思不以精神為歷史探索的出發點。反之，他以活跳跳、生機活潑的真實個人及其社會與經濟的條件為人類歷史的前提與基礎，而追蹤人所生活的場域——階級社會以及造成階級社會的條件，亦即生產方式——之變遷，其結果得出「至今為止存在的社會之歷史乃為階級鬥爭史」的結論（*FS* II: 817; *CW* 6: 482）。從而強調至今為止的人類「前史」，都是社會必須分裂為兩個相分離、相敵峙、相對抗的階級（奴隸主階級對抗奴隸階級；地主階級對抗農奴階級；資產階級對抗無產階級）。人一旦隸屬任何一個階級，便無法同時為另一對立階級之成員，其結果就是人的割裂。在今日資本主義盛行的時代，資產階級與無產階級的對抗不啻為資本家與勞動者的對抗，都標誌著人類的分裂、不統一。

　　號稱「歷史唯物主義」的馬克思之歷史觀，是指出引發社會改變和歷史變遷的動力來自社會的經濟基礎的變化。作為經濟基礎的生產力突破了生產關係，造成經濟力量的湧現（透過科技應用，以及管理技術突破，資

本的累積、擴大、流通，使經濟力量膨脹），從而導致社會上層建築的典章制度、社會風氣、時代精神（亦即所謂的意識形態）跟著變化。換言之，社會所以轉型和歷史所以變遷都是拜受生產方式的物質因素變化之賜。不僅經濟、生產、勞動、人的營生勞動是物質力量，就是人群形成群眾，形成階級，尋求改變現實的活動，亦即改革或革命的實踐，也被視為是物質的力量。是故，推動歷史變遷不是精神力量，而是物質力量（洪鎌德2007a: 403-422）。

　　依當代一位著名的馬克思主義者柯亨（Gerald A. Cohen）的解釋，一部人類的歷史就是人怎樣改善生產力來克服匱乏（scarcity）的歷史。馬克思的唯物史觀討論歷史上幾個主要階段中，人類生產方式的起落，由原始、而古代、而中古、而現代，每一個取代前一階段的生產方式都代表了人類生產力的節節上升。透過生產力的提昇來對付匱乏，才是人類自我實現（self-realization）之途。但匱乏的存在卻經常挫敗人自我實現的努力。歷史進展的動力乃是克服挫敗的勇氣與堅持，亦即不斷尋找有利於人自我實現更有效的方法、更佳的環境、更好的世界。在充滿匱乏的世界中，人只要存心達成自我實現，不能不使盡各種手段方法來改善生產力。當有朝一日富裕取代了匱乏（即馬克思憧憬的共產主義社會實現之日），人對改善環境、改造社會的生產力之抬高的興趣，會轉向本身的發展，清除阻卻個人發展的障礙。為何普勞階級最終要推翻資本主義制度，就是由於資本家到達後期的發展階段，只關心其公司、行號、階級的利益，而無視於個人求取自我發展、自我實現的關懷之故（Cohen 1978: 302-307）[3]。

　　此外，柯亨還指出，馬克思所理解的整部人類歷史，乃是「辯證的過程」。他把馬克思的歷史觀作出簡單的三分法：前資本主義時代、資本主義時代和後資本主義時代。在前資本主義社會中，人處於「不分別的團結」（undifferentiated unity）之階段；在現時資本主義社會中，人處於「分別的不團結」（differentiated disunity）之階段；在未來共產主義社會中，則將處於「分別的團結」（differentiated unity）之階段。換言之，

3　參考洪鎌德 1996〈馬克思社群觀的析評〉：國科會專題研究計畫成果報告第 72
　頁註十之說明，也參考洪鎌德 2000: 414.

人類的勞動就經歷了「不分別的統一」、「分別的不統一」和「分別的統一」的三個階段（Cohen 1974-75: 26-27, 29, 235-261）。這三階段辯證的發展過程與黑格爾歷史哲學三階段之變化生成完全一致（洪鎌德1995：72）。

要之，馬克思相信人的發展史是愈來愈使個人形成他的個性，是個人化的過程（individuating process），也是人解放的過程。所以他有關人的個人化演變的三個階段為「無異化－異化－異化的克服」，也是「無剝削－剝削－剝削的揚棄」，人的「倚賴－獨立－自主」。這就是說明馬克思的人性觀與歷史觀息息相關，無法分開的道理（洪鎌德 1996：79）。

七、馬克思人性觀對運動精神的啓示

馬克思很少談休閒、娛樂、運動、競賽等體能方面的運動（sport），更少談及體育（physical education）。但他在青年時代對擁有身軀（*Körper*），能動（*tätiges*）、主動（*subjektive bewegendes*）、自由（*freies*）、覺知（*sinnliches*）的人之本質（*menschliches Wesen*）卻著墨不少。這是由於他把人當成自然的一部分，是具有自然的本質看待。此外，人又是特殊的生物種類之一，故擁有種類特質，更重要的是人是社會動物，擁有社群本質。最後人的創作發明，改變環境、締造文明、創造歷史、改變本身，人擁有歷史的本質。由是可見人對自然、對種類、對社會、對歷史都產生了關係，這是人與世界的關係。

人是以完全的方式，亦即完人（*totaler Mensch*; a whole man）的身分來掌握人與世界的各種關係、全面關係。馬克思說：「人與世界的每一個關係，他的視、聽、嗅、味、觸、思想、觀感、感受、意欲、活動、愛心；要之，他個體性的官能，這些都是直接以社群的器官之形式〔呈現〕，都是與對象體的關係，也是諸器官與對象物之關係，亦即〔這些關係〕是以對象物為導向的，包括了對象物含攝、佔有，也是人的實在之佔有。他們取向於對象物，正是人的實在之表述、展示，這些都是人的活動，也是人的受難，原因是以人的角度來看受難也是另類的人的自我享受」（*FS* I: 598-599; *CW* 3:299-300; 洪鎌德 2009a: 184-185）。

　　人並不消失在他的對象物之內，這是由於他把對象物轉變成適合人的需要，能為人提供享受的客體物，這些客體物無異人內心能力外化到外頭世界的人造物，這種人造物常常是人際共同生產與交易的東西，因之，也是社會的產品。社會不只是諸人群共同生活的場域，也藉著人人生產不同的貨物，經過交換的過程，而讓每個人來加以享受，這時社會便化作這個生產、交易、消費的客體呈現在每個人之前。人的對象物（客體物）對個人而言，不啻為他的個體性之證明與落實。是故一個活生生，而有所動作的人，他要證實其存活於客體的、對象的世界中，不只人會思想，還要顯示人擁有各種各樣的感官，能夠體認世界。是故人的感受能力也要透過訓練、教育，而在主觀上能夠認識客體，並藉著認識、享受而得到滿足。除了五官之外，尚有心內的感受與實踐的感受（意志、愛心等等）。這些五官的官覺與感受都與它們的客體有關，而人類至今的歷史正是這些官感的形成與養成之過程。工業史和工業的客體存在無異是人本質能力的公開書。

　　在馬克思強調人的五官與內心感受與實際（踐）感受的重要之時，我們會聯想到在運動場上身軀矯健、精神集中、求勝志堅的運動員，這是這種官能蓄勢待發的人群代表──選手。他們如何選擇其單項或多項運動項目對象體、客體──發揮內在的潛能，表現出外顯的才華，締造亮麗的成績，都成為大家矚目與希望之所在。尤其是馬克思強調人類如何地把其本質能力經由長期的栽培、養成，從鍛鍊、煎熬、受苦受難、拔尖參賽，到最後展現完成，而享受勝利的果實，可以說是人自我完成、自我實現最佳的寫照。

　　馬克思認為人是自我創造、自我生成、身心齊一的靈智運動。一方面藉大自然作為其表演舞台，他方面人也利用自然界有機物與無機物改善與維持其生活。人之所以是自然界特殊種類的原因在於其有意識、有計畫的勞動與生產，而生產和勞動。不僅是集體的操作，更是社會上的合作與互換。換言之，只有在社會或社群中人才會把身內的本質能力外化身外，成為社會共享互利的生活資料。社會的變遷、歷史的遞嬗、文明的興衰，都是人作為自主、自由、主動、能動的生物之傑作。向來社會的典章制度由於私產所保護，與分工的倡導，造成階級的對立與鬥爭。在未來的社會中

階級的對峙與鬥爭終歸泯沒，全人類不但會重獲平等與自由，人的個體性終會在新的社群——共產主義社會——中發揮出來。這不但是至今為止的歷史之終結，也是人真正創造歷史的開端。

馬克思這種人性觀不僅是綜合前賢（亞理士多德、康德、亞丹·斯密、黑格爾、費爾巴哈）的精華，還加上他人本主義、自然主義、浪漫主義的體認，使其人性觀更為周全細膩。

在強調人的主動、能動方面，以及人改變世界，世界也改變人，教育家也要經常接受再教育，這種說詞有利於運動者、體育家的動心忍性，增益其所不能，藉由長期的培養、再教育，將其體內之健能繼續蓄養、栽培，而在賽場上作最大的發揮。

馬克思重視人的軀體，把身體放在首要地位，然後把心靈擺在次要的地位，這顯然是他受到費爾巴哈以人身為尊的人本主義之影響。他的物質主義（唯物主義）也是人開物成務、以利用厚生為出發點，認為人的物質生活（存活、繁殖之生產與再生產）制約（*bestimmen*）人的精神生活。因之，這種唯物主義、自然主義、人本主義勿寧與運動界、體育界所倡導的健身、活力、公平比賽（fair play）、團隊精神（team work）更為接近。至於運動員在賽場上爭取的不僅是錦標、獎牌、金杯、銀盾、打破記錄的佳績而已，而是展現本身內在的潛能，化潛能為顯能，落實自我實現的理想。這種自我實現的偉景（vision, 願景），是馬克思一生中哲學思想的主旨。

八、結語

影響馬克思對人與人性的看法最主要的思想淵源，無疑地是黑格爾的觀念論，或稱唯心主義，也是費爾巴哈以人為中心的人本主義。這由馬克思的反覆使用「勞動」、「異化」、「種類」、「社群本質」、「需要」、「力量」等名詞可知，可是馬克思雖受到兩位前輩哲學家學說的衝擊，卻不是盲目接受，誠如法國哲學家波提傑利（Emile Bottigelli）所說：「馬克思從黑格爾那裡得到人在歷史演化中的理念，從費爾巴哈那裡取得唯物主義，具體的人和『人本主義就是自然主義』等等概念。可是他

並非把兩位前輩的說法揉合，而有他特定的看法。他是用原創性的方法把這些思想的元素貫穿揚棄，儘管他使用了激發他思想的前輩哲人之語言字彙」（Bottigelli 1962: lxix）。

事實上，馬克思以哲學家身分首次接觸經濟問題時，大部分是受到費爾巴哈的唯物論對黑格爾哲學之批判的影響，但其後他又回歸黑格爾，利用黑格爾的歷史和社會觀來批評費爾巴哈空洞的哲學人類學（Mandel 1978: 154n.）。

儘管歐美馬克思學（Marxology, 不含共黨意識形態的客觀性、科學性之馬克思思想之研究）中傾向於指出馬克思早期與晚期的思想並無斷裂的現象，但我們仍可參酌阿圖舍的說法，就馬克思理論結構的變化對他思想加以分期（Althusser 1977: 31ff., 35）。涉及到馬克思的人性觀方面，我們可以說：他早期偏重於把人當作種類特質、異化的動物看待，後期則視人為社會經濟動物，為一個歷史性的、被剝削的勞動者。早期著作中的人之異化的理論，強調的是人的本質與人的存在這兩者互相悖離。這一異化概念稍後為馬克思棄置不用（或說少用），那是由於他開始批評費爾巴哈「種類」一名詞的抽象、含糊，牽連更多的自然屬性，缺少關鍵性的社會關連。要之，此時馬克思已擺脫「本質主義」（essentialism），不再奢談人的「本質」，社會的「本質」，國家的「本質」等等，這些涉及本質的推論是一種靜態的理解世界之方式，須知哲學本身也是變動不居的文化與歷史之一環。因之，無法為瞬息萬變的實在提供不變的基礎（West 1991: 2）。

後期的馬克思少談異化，多談剝削、物化、「商品拜物教」。他這種改變表示他與費爾巴哈的人類學決裂，而回歸到黑格爾的歷史哲學。更重要的是成年馬克思的人性觀是由於他掌握了政治經濟學的知識，深切瞭解人在階級社會裡的無助境況，而思考怎樣來幫忙人獲得解放。

馬克思人論和和人性觀有幾點缺陷，值得吾人加以檢討。首先馬克思雖然批判了黑格爾「糟粕」的純觀念論，卻保留後者「精華」的辯證法，亦即對辯證法毫無批評地全盤接受。當然黑格爾的辯證法早經費爾巴哈利用主體與客體的「翻轉」（inversion），由精神的辯證變成人的辯證。費爾巴哈把基督教的上帝和黑格爾的絕對精神轉化為人異化的意識。有了費

氏這個「轉型批判法」，馬克思便可以把「翻轉」、「顛倒」、「扶正」的方法之應用，從宗教、哲學推擴到政治、社會、經濟等方面，由是精神的辯證法變成了物質的辯證法。於是人的意識，人的心靈遂與自然、與社會、與歷史統合起來。換言之，人與自然、心靈與物質、本質與存在都合而為一。人的歷史變成自然歷史的一部分，這是由於自然終於發展為人類的緣故。至此馬克思企圖對物理客體（自然）進行哲學的思考，把隨機變化、條件變化（*Kontingent*; contingent）的現象附屬於哲學辯證法之必然範圍中（後來導致恩格斯索性演繹一套《自然的辯證法》），把哲學附屬於科學，把實然同應然統一。這一切造成其跟隨者和批評者之困惑，這是馬克思人學引起的第一個困擾。

其次，由於馬克思對黑格爾辯證法深信不疑，使他在考慮人和人性時，視人的生成變化為整個變動不居的過程中的一部分，不斷地產生矛盾、否定、綜合（正、反、合），而沒有一點正面、肯定、積極（positive）的性質可言。這麼一來必定會把外頭的自然和內心的天性看做是人類的社會產品，有朝一日可被人類徹底掌握、完全吸納。其結果是成年的馬克思對人性的特殊性質加以忽視，而把人只當作社會關係的反映，或社會關係的結果。因為馬克思後期思索探究的現象，其潛在的實在不再是人，而是社會之緣故（Kamenka 1972: 131）。

再其次，馬克思人性論的瑕疵，表現在從人的種類自我異化，轉變到工人階級受到資產階級的剝削之上。把個人的自我異化轉變為人受到他人的剝削，是由於馬克思理論結構從注視個人轉到形成階級的眾人之故。早期談到異化的人去除異化的努力，含有個人爭自由、爭解放的道德意涵，可是後期談到被剝削的工人要掙脫身上的枷鎖時，強調的是推翻現存的資本主義體制，亦即改變人的處境，以為環境的改變自然會影響人的改變。於是後期中馬克思有意無意間解除了無產階級工人的道德職責。這種說法是基於他後來的主張，主張人內心的自由與統一可以擴張到未來社會與自然的重歸合一，在未來理想的共同體中人類將由必然的領域躍進自由的領域。但個人的自由與社群的自由卻是兩碼事，前者在強調人本身的一致（能力與表現一致，本質和存在一致），後者卻要求分歧（人人按其本性本能來發揮，社會充滿多才多藝的個人，也形成多彩多姿的蓬勃氣象）。

因此，像馬克思那樣存心藉「革命性的實踐」，由人本身的自我實現轉
變為社會整體的劇變，不但會使社會遭到損害，也可能造成個人的解體
（Chamberlain 1963: 316-320）。

　　儘管有上述的瑕疵與問題，馬克思涉及人的哲學、人的概念仍舊是相
當博厚與精深。他視人在與自然接觸、在與人群來往中為一個自我活動、
自我意識、自我創造和自我解放的動物的觀點，標誌著西方人本主義傳統
中最富創意、最能引人遐思的理論。此外，他對人類經由主動、自由的勞
動，以及經由批判、革命的實踐來揚棄異化與剝削的說法至今仍舊憾動人
心。在此評價之下，馬克思的人本主義仍舊有其研發開拓的價值（Hung
1984: 38-41）。至於馬克思的人性觀強調創造、發明、改變、自我生成、
自我更生，更有利於運動精神之養成與發揮，這點是研究運動哲學的人應
當特別注意與思考的問題。

Adam Smith

J. S. Mill

James Steurt 司徒亞

Georg Lukács

Louis Althusser

早期與後期馬克思主義的演變
——兼論哲學、意識形態和科學之轉型

一、前言

假使我們把青年時代與成年以後的馬克思之思想看做是他心路歷程的兩個階段的話,那麼前期的思想可謂為創始的馬克思主義(original Marxism),亦即哲學的共產主義。後期為成熟的馬克思之學說,可以說是「科學的社會主義」。科學的社會主義其實受惠於日耳曼經典的唯心主義哲學之影響。在恩格斯 1874 年的著作中可以看見。他說:「沒有日耳曼的哲學,它先行出現,特別是黑格爾的哲學,日耳曼的科學的社會主義——唯一曾經存在的科學性社會主義——將永遠不會誕生」(*CW* 24: 458)。

這個說法是指 1845/46 年醞釀,而於 1848 年《共產黨宣言》刊佈後的唯物史觀(後來被普列漢諾夫與恩格斯改為「歷史唯物主義」),是成熟的馬克思主義之奠基。而這項史觀與經典的日耳曼思辨哲學的觀念論(唯心主義)站在對立面的物質主義,卻是科學的社會主義所不可或缺的轉捩點。取代人類內心的認識、思維、醒悟,如今放眼現實的世界,以觀察、實驗、行動、實踐來解釋世界和改變世界。其中人內心活動、心靈覺察的精神現象學,轉化為勞動者,生產者如何在社會的關係中、階級的對立中、改變自己的同時,更要改變環境。是故歷史觀將不限於黑格爾式的心靈辯證的發展,而是人開物成務、利用厚生,以及人藉由階級鬥爭與普

勞革命來達致人從不合理的制度下解放出來之社會化歷程。是故這一成熟馬克思的史觀，多少與黑格爾視歷史等心靈進步史、知識發達史，人變為上帝的精神變化歷程有關，都是人自由追求的目標，人解放落實的理想。科學的社會主義，亦即成熟的馬克思主義的基礎建立在創始的馬克思主義之上（Tucker 1972: 107）。但追根究柢則歸功於經典的日耳曼思辨哲學，特別是黑格爾的歷史哲學。

二、早期與後期馬克思主義的比較

我們不妨列一個簡表來比較前、後期兩套馬克思思想體系的不同之所在。

■ 表 15.1

前後期馬克思主義的不同		
兩套體系	創始的馬克思主義	成熟的馬克思主義
另外稱呼	「哲學的共產主義」	「科學的社會主義」
主角	泛稱的「人」或人類	階級、社會
主要的理念	人的自我本身之理念（the idea of self）	社會兼經濟的形構（socio-economic formation）
人性	人或人群擁有的內在潛能與才華；自我取回	人際的關係、社會的關係、階級的屬性
引發的問題	人性的自我「異化」	社會分工、階級的「剝削」
要求的目標	人的自我改變、人性復歸	環境（社會、制度）的改變、新社會的建立
財產、私產、工業	是人主觀主義的現象；生產活動的客體化	是客觀的制度；生產活動的奴役，非生產者的不當佔取
勞動者	自我異化之人；人格的自我分裂之犧牲者	階級對峙與剝削的犧牲品；社會分工的受害者
世界史	人喪失自我與重獲自我的道德故事；人揚棄異化之過程	人戰勝自然與環境，打破階級社會的理性努力
共產主義	人的救贖	人類的解放
思想淵源	黑格爾的現象學與歷史哲學、費爾巴哈的批判法	日耳曼經典哲學、法國社會主義與英國的政治經濟學

資料來源：Tucker 1972: 165-167. 由本書作者增刪，並重加詮釋與比較。

　　在馬克思和恩格斯在生之日，及其後列寧建立蘇維埃政權，創造歷史上第一個社會主義的國家，乃至其後毛澤東的中華人民共和國、朝鮮金日成、越南胡志明等等成立的共產黨政權，這些所謂的官方馬克思主義者只看重成熟的「科學的社會主義」，而無視於早期馬克思的人異化之學說。即便在 1932 年馬克思早期的著作包括《巴黎手稿》出版以後，官方的、執政的共黨對馬氏早期作品視為浪漫情懷下，黑格爾陰魂不散下的馬氏不成熟的草稿。反之，在西方文化界、思想界、學術界則開始熱烈討論馬克思早期著作的意義，法國的馬克思主義者追隨盧卡奇、寇士、葛蘭西與早期法蘭克福社會研究所（後來的「法蘭克福學派」）的前輩，大力闡述馬克思的人性觀、存在主義、現象學、解放神學，以及相關的心理學或精神分析。法蘭克福學派流落於美國的馬孤哲和符洛姆尤其大力講述黑格爾哲學對馬克思學說的影響，特別是闡述與宣揚《巴黎手稿》的意義。一時之間西方學界瀰漫一股青年馬克思析述熱潮（洪鎌德 1986; 2000; 2004b; 2009a）。

　　雖然官方馬克思主義激烈批評西方學界對早期馬克思著作的大肆張揚，而西馬重要人物的馬孤哲也勸人們把早期思想當做成熟的理論體系之前階，但不必過份強調其重要性。因之，我們大可不必採用阿圖舍結構主義的馬克思主義之說法，完全貶抑早期的作品，這種作法與官方的、教條的馬克思主義沒多大的分別，都在強調馬克思主義的科學性，而犧牲其人本主義的精神，忽視其批判世局與理論值得發揮的作用。

三、前後期馬克思主義的轉換與貫穿的紅線——黑格爾的歷史哲學

　　不過究竟是早期還是後期的馬克思學說才是真正的、真實的（real）馬克思主義呢？對此問題塔克爾的回答是：這兩套思想體系都是真實的、真正的，而且影響重大的（significant），只有在考察它們之間的關係時，我們才能把這個問題做事實上的解答（Tucker 1972: 169）。

　　對於這個問題的態度，我們可以從馬克思與恩格斯的權威說法得知梗概，兩人不曾說有前後期不同的馬克思主義，從《巴黎手稿》（1844）到

《資本論》第一卷的初版（1867）都是一致的、單一的馬克思主義，原因是他倆沒提到那份早期未得出版的手稿。不過馬恩兩人在結束其生命之前都曾提及與黑格爾主義之關係。這表示他們無意把早期所受黑格爾哲學之影響，排除於馬克思主義整個體系之外。接近晚年馬克思有意對黑格爾的辯證法寫一篇簡單的析論，並把它與其思想之關係作一個結算。在1858年致恩格斯的一封信上，馬克思說，他要把黑格爾方法中最具理性的部分，但卻又被神秘主義包圍的那一部分寫成二、三張可以印出的版頁（SC 93），但迄未著手寫下來。我們僅能在 1873 年《資本論》德文第二版的後言上看到他所寫的涉及黑格爾方法論的幾行字：「對黑格爾而言，思想的過程（它實際上是把孤立的主體加以轉型，而給予『理念』這個名稱）是真實的事物之萬能主宰。對他而言，真實的東西只是『理念』的外部表現。在我的看法裡，理想〔念〕的事物不過是物質的東西，當它移置到人腦中、或轉譯到人腦裡而已」。接著我們讀到馬氏下面的說法：「在黑格爾的著作中辯證法是倒立的〔以頭抵地、雙腳朝天〕。你必須把它頭腳置換，假使你想要在他神秘化的裝扮下發現他合理之內核的話」（C I: 29）。在這段引言裡，馬克思憶述30年前，他曾批評黑格爾的辯證法為顛倒的、神秘化的方法論之說詞。

　　假使我們回想到這30年間馬克思的確藉政治經濟學的研讀與批判，而對黑格爾的方法論採取系統性的批評時，那麼《資本論》第二版的〈後言〉所提供神秘化、顛倒之扶正便可以瞭然。以物質的經濟詞彙，馬克思批評黑格爾的《精神現象學》究其實際，不在探討精神生成變化的歷險，而是把精神通過知識的辯證發展來表述人類的「生產歷史」（Produktiongeschichte）。把黑格爾的歷史辯證運動加以翻轉是建構創始的馬克思主義之第一步。如今在1873年馬克思描寫它是成熟的馬克思辯證法建構的動作。其包含的深意為馬克思視 1844 年的草稿是後來成熟的馬克思主義之出生的發源地，是科學的社會主義的活頭泉水。

　　值得注意的是馬克思使用「辯證」（辯證運動）與「辯證法」是指涉辯證的實質及其方法論的意思。「辯證」或「辯證運動」對黑格爾和馬克思而言是指歷史過程的一般看法。至於「辯證法」則涉及對歷史的看法中特重其辯證的模式、方式。馬克思與恩格斯敘述的轉型是指把黑格爾歷史

看法中的辯證模式轉為馬克思的看法。前者視歷史為生產的精神過程，後者則視歷史為生產的物質過程。前者為後者「意識上的反射〔反映〕」，遂被神秘所包圍。換言之，黑格爾的歷史哲學是歷史的經濟解釋之神秘化，這是誕生馬克思主義的胚胎。為此原因恩格斯在其著名《路得維希・費爾巴哈與日耳曼經典哲學之終結》（1888）的結論上說出：「日耳曼工人階級的運動是日耳曼經典哲學的繼承者」（*SW* 3: 376; *SW* II: 364；*CW* 26: 398）。

四、馬克思與恩格斯的「科學」觀

　　馬克思與恩格斯所稱呼的「科學的社會主義」之「科學」兩字，與傳統的用法不同。傳統的西方的科學是指透過觀察、實驗，有系統的經驗性之資料收集、對比、檢驗、證實來建立現象因果關係的發展通則。馬、恩則是藉對黑格爾歷史哲學的轉型批判法，來超越後者，把黑格爾哲學「揚棄」（*Aufheben*, 奧伏赫變）超越而獲得嶄新的詮釋。對馬克思的這種用經濟學觀點來闡述黑格爾歷史哲學之作法，在恩格斯的心目中，便是其了不起的歷史與科學成就。

　　恩格斯在1859年評論馬克思新作《政治經濟學的批判》時，大大頌揚黑格爾重視歷史發展之貢獻。儘管後者在討論世局的流變（世界史的生成變化）之際，不忘把並行的、同時出現的思想之遞嬗用觀念的與抽象的方式加以表述與測試，是他有異於其他哲學學派之處。如果在形式上黑格爾頭腳倒立，需要翻轉扶正的話，其內容可以堂堂正正進入各種哲學的領域，可以說是思想史上最絕妙者，這都應歸功於他對歷史的真知灼見，把心靈變化史轉變為物質史觀是破天荒的壯舉（*SW* I: 372, 512-513）。

　　由是可知黑格爾的哲學表述了世界史的「真實內容」，儘管是在頭腳異置的形式下的表達。對黑格爾歷史哲學採用批判性的轉型便得到馬克思「科學的」唯物史觀。

　　其實所謂的「科學」，對馬、恩而言，可以用兩種意涵，其一為聲稱馬克思主義本身為科學的；其二，馬克思主義企圖要加以解釋（甚至加以改變）之努力。前者是一種規範、一種價值；後者則為研究與考察的題

目。在前者內在（intrinsic）中馬克思主義涉及也設定一套知識理論，亦
即知識論；後者外表上（extrinsic）它是一套有關歷史的社會學。由於傳
統的科學包含各種各類（經驗的、實證的、理論的科學）其範圍又大於馬
克思主義內在的疆界。另一方面馬克思主義又把科學之外的社會實踐也以
科學的說法加以圈入，是故其外表上的範圍，又大大超越一般所言的理論
性科學。是故談到馬克思主義的科學問題時，其所引起的紛擾，就是未釐
清科學的內在與對外（外部）的兩個面向。過度強調上面第一義會導向科
學主義，把科學同社會與歷史事實脫鉤。同樣只接受上述第二義而犧牲第
一義則會掉入歷史主義、唯史主義（historicism）之陷阱，等於把科學的
概念化約為歷史過程及其造成的相對主義之後果（Bhaskar 1991: 491）。

　　顯然上述馬、恩對黑格爾哲學之讚賞，以及恩格斯對馬克思發現的唯物
史觀所採用科學性的解釋是在重視第二義，而又不放棄第一義之下的說法。

五、前後期的馬克思之思想仍舊可以看做一個馬克思主義的早晚不同之表述

　　從上述馬克思與恩格斯後期的敘述裡，我們可以看到 1844 年的《巴
黎手稿》不失為原始的、開創的馬克思主義之源頭，儘管恩格斯所強調的
「科學的」唯物史觀要遲到兩人合寫的《德意志意識形態》（1845/46）
的長稿中馬克思才首次提起。無論如何，兩人把創始的馬克思主義當做成
熟的馬克思主義之開端，以及用哲學，而非科學來處理史觀和初期的政
經、法政之觀察。以此觀點來說，我們似乎只擁有一個馬克思主義而已。
另一方面我們也可以說擁有兩個馬克思主義，這是指成人與小孩，或成人
與青年畢竟是兩個不同的人身之發展階段，也可以是為兩個不同的人。對
馬克思與恩格斯而言，作為胚胎的黑格爾之《精神現象學》，已在 1844
年誕生了馬克思早期的思想——哲學的共產主義。早期思想之帶有哲學的
稱謂與意味，可以視為思想的臍帶，把新生孩兒聯繫到其哲學的母體——
黑格爾的歷史觀。在這種解釋之下，成熟的馬克思主義無疑地是創始的
馬克思主義——思想的嬰兒「寶貝」（baby）——長大成人。在這層解釋
下，創始的馬克思主義最終要發展為成熟的馬克思主義，這種說法是恰當

的（Tucker, *ibid.*, 172）。

　　儘管 1844 年的草稿在馬、恩在世之日未曾出版，其存在也未為當時的世人所悉，但兩人仍在不同場合屢屢提起與此有關的題目，其結果造成他們的追隨者或批判者無法瞭解他們屢次所提科學的社會主義出自日耳曼經典的思辨哲學。馬克思與恩格斯彷彿在說夢囈和謎語。假使黑格爾把辯證運動加以神秘化，這種神秘化是針對後人與後代而言。他們所談到的馬克思主義的誕生是確如真言，尤其所談之話更涉及創始的、早期的馬克思主義之源起，只是所涉及的秘密、謎語仍留在馬克思書桌的抽屜裡，而尚未出梓。是故早期的跟隨者與評論家只能費力猜測，他們兩人把黑格爾哲學頭尾對調的翻轉與扶正，究竟是說什麼。

六、馬恩對早期哲學著作不肯詳言的後果

　　為何馬克思在世之日不把它隱藏的文稿公開呢？明顯地，他體認到公開這些手稿，對於世人而言所引發的爭議與迷惑比澄清事實更為明顯。正如恩格斯所敘述的馬克思主義一般，它不涉及「人的自我異化」。恩氏甚至一度嘲笑這種異化的念頭。馬克思主義的主題不是異化，而是階級鬥爭，不是種類之人與內在心靈異化之衝突，而是當代社會中兩大階級之間的生死搏鬥。馬克思毫無疑問地感覺，對於階級意識不夠體會或沒有意識的工人階級，介紹他們最先信條中的「自我異化」的概念，只有造成革命主體和載體的普勞心思更為混亂、更為無所適從。更何況最初文件的菁華也包攝於其後的思想體系中，何必多加張揚呢？

　　馬克思在 1883 年逝世之後，他的文存案卷都已建檔，恩格斯比誰都清楚這些草稿之存在，但他也採取秘而不宣的態度。他僅僅答應把馬克思 11 條著名的〈費爾巴哈提綱〉置於其小冊《路得維希・費爾巴哈與日耳曼經典哲學的終結》（1888）的書尾附錄之上，甚至在 1893 年俄國人福爾定（Alexis Voden 1870-1939）要求出版馬克思早期的哲學著作時，恩格斯露出猶豫和婉拒的態度，他只強調〈費爾巴哈提綱〉已足以理解馬克思早期的哲學想法。換言之，塔克爾聲稱早期馬克思主義是黑格爾《精神現象學》的翻轉，因之，有關哲學的共產主義，亦即創始的馬克思主義

之生成與內容，成為瞭解成年的馬克思主義——科學的社會主義——與黑格爾歷史哲學的聯結之關鍵。但是馬克思主義的創立者馬克思及其宣揚者（某種程度下也是馬克思主義的原創者）的恩格斯偏偏避談這種聯繫的關係，導致後人在解釋上產生了馬克思早期的哲學思考時代是前馬克思主義的（pre-Marxist），而誤導讀者認為馬克思在 1840 年代中期與黑格爾哲學絕緣之後的產品，一如阿圖舍所強調馬克思認識論的「斷裂」（épistémologique coupre），造成前者的問題意識叢結（problèmatic）之分裂為意識形態的與科學的兩種截然有別的體系。

　　史維齊（Paul Sweezy 1910-2004）也說過類似的話：「他〔馬克思〕在巴黎與布魯塞爾居住後的數年間，告別了哲學的過去而達成成熟的觀點，自此之後他撰述了後半生的經濟作品」（Sweezy 1942: 13）。這種說詞所造成的錯覺，便是誤認作為思想家的馬克思早期耽溺於哲學的省思，但後來似乎推翻了青年時代的懵懂與猖狂，而進入政治經濟學的「科學」領域，而有石破天驚的理論突破。這種說詞證諸馬、恩的談話、通訊、文字確與事實相左。兩人的證言清楚地指出後期經濟的著作是從 1844 年馬克思《經濟哲學手稿》的觀點之延伸，這是在使用經濟學名詞來解讀黑格爾主義的詮釋過程，而後期的馬克思仍舊是黑格爾的哲學為秘義的經濟學之馬克思。假使事實是如此，那麼成熟的馬克思主義乃是創始的馬克思主義之生機性的的增長與衍生（outgrowth）。因之，把早期的馬克思之想法當作「確定的，而非成熟的思想」（舊蘇聯的譯者之說法），還是把它看做「僅僅是成熟理論的初階，不需過度重視」（馬孤哲語），都犯了大錯。不錯，這是早期、初階的思想，但這種說詞不容視為小孩變成大人，所以說童年對一個人的成年沒有重要性、沒有意義。這裡要強調的是在改變中持續成長的事實，早期對後期大部分有其決定性與規定性的作用，其重要性固然不可以高估，但也不容輕視（Tucker 1972: 174）。

七、前後期思想體系的過渡——「人」變成「階級」

　　就算我們接受馬恩兩人的說法，視前後期的馬克思主義有其本質上的一體性和連貫性，但對後期馬克思主義中不再談人、或人的異化，卻使後

人發現兩種馬克思主義外觀上的重大差異，以致於造成兩種不同的馬克思主義先後出現的說法。

在 1844 年的手稿中，馬克思無確定地、也無可改變地（無法恢復原狀地）決定視人的自我異化能夠，也必須理解為「人對人」的社會關係時，這種構成後期「非人化」的成熟馬克思主義之轉型、改變就已埋下伏筆。把「人對人」、「人與人」的社會關係，當作「人性」，而非存在於每個個人「內心中沈默的，在天性上結合諸多個人之一般性〔泛宇性〕」之「種類特性」（*FS* II: 3; *EW* 423）當成人性，是馬克思自此之後少談人性、少談或根本不再談「人的異化」之因由。只有人本身（單獨的人、或整體的人類）才有這種對人產生的異化力量，但人對他自己的關係如今展示了實踐上的樣式、樣態之關係，亦即變成工人，與他產生關係卻是出現在「他之外的他人」，也就是資本家。在這種視人性為工人與資本家的社會關係之下，異化人的自我衝突，變成馬氏心目中的第二種衝突：「勞動」與「資本」的衝突。於是異化的種類自身（species-self）轉變成階級分裂的社會。自我異化被投射成為一種社會現象。於是馬克思創始的心理學體系轉變為成熟時期的社會學體系。

這個從早期轉化為後期思想的過渡時間中之著作：《神聖家族》（1845）透露了轉變的訊息，其中的一段話顯示馬克思與恩格斯的新看法

> 擁有財產的階級與普勞階級代表了單一的，也是相似的人類的自我異化。只是前者覺得滿足而在異化中得到自我肯定，他們理解異化就是他們的權力，能夠擁有〔權力〕顯示他們人的存在。後者在異化中感受被消滅，在其中感受到自己的無力，也感受到非人存在的現實。使用黑格爾的表達方式，這是腐敗對腐敗的抗暴，也是這一〔受害〕階級的抗暴〔造反〕，導因於其人性與其生活情境之矛盾，它〔這種矛盾〕是對這種性質〔人性〕明示、決定性的，以及完整的否定。（*FS* I: 703-704; *CW* 4: 36）

這裡的社會並非指涉法政、經濟、文化、思想等包羅萬象的國內或國際之系統，而是馬恩以哲學的觀點所看到的自我之體系，它內在的各種活躍勢力或諸種動力（dynamics）無非是異化、矛盾之勢力、動力。敵對的

諸階級是自我體系中的衝突勢力、動力的一種集體表現方式。普勞階級與資產階級、勞動和資本是「單一的，也是相似的人類異化」中對立、衝突火拼的兩股勢力、兩大陣營。

八、從人的自我異化發展到社會的分裂

　　這時馬、恩兩人所看到的社會是一個陷身於衝突中的自我體系，也是分裂的自我的放大。無論如何從這時開始，馬克思停止清楚地意識到他所看見的事實。換言之，自此之後，呈現在他眼前的只有「社會」、只有階級與階級的抗爭而已，不再是個別的人之異化、或整體人群的異化。於是 1847 年所寫而於 1849 年出版的〈工資勞動與資本〉一文中他說：「資本和勞動是單一和相似的關係的兩個面相」（CW 9: 215; SW 9: 163）。這裡可以看出他已把「單一和相似的人類自我異化」轉變成「單一和相似的〔階級〕關係」。馬克思也把勞動力描寫為一個商品，其擁有者的工人，把它割讓給資本（「奴役勞動的那股勢力」）。他接著宣稱：「勞動力的行使，就是勞力，是勞動者本身生存的活動，也是其生活的表現……因之，他的生存活動對他而言是其存在的手段，他為活著而工作。他甚至沒想到勞動是他生命的一部分，而看做是他的生活之犧牲」（CW 9: 202; SW 1: 153）。這裡可以看出是 1844 年手稿異化勞動的複述，其不同之處為馬克思不再稱呼它為「異化的勞動」，而改稱為「工資勞動」（Lohnarbeit; wage labour）。這時他理解異化的自我關係為勞動與資本的社會關係。在這個基礎上他才會指出：「資本不是屬人〔身分、個人〕的權力」，而是一種社會的勢力。

　　從上面的敘述不難理解何以在《共產黨宣言》（1848）小冊中所型塑的馬克思主義已經明顯地不再指涉人和人的自我異化等概念，以及何以在《共產黨宣言》中蔑視「當作普遍的、一般的人」之不夠真實。對他而言，再也沒有什麼種類之人（Gattungmensch），自然人的異化一概念也跟著消失。異化的自我關係轉化成異化的、敵對的社會關係，而「人」只是社會關係之「集合」而已。人已經分裂成兩種人：勞動者與資本家，各隸屬於兩個水火不相容的階級陣營，這兩種人都非完整的人——「完

人」。實在所呈現的為彼此相爭、鬥爭的敵對階級。是故《共產黨宣言》
開端，馬克思和恩格斯宣稱：「至今為止存在的社會之歷史為階級鬥爭
史」（*FS* II: 817; *SW* 1: 108）。德國學者所使用的強調統一、協和之「人
類」一詞是荒謬的。其實急迫的問題是在今日資本與勞動的生死鬥爭中學
者要緊靠那一邊站立、為誰說話、替誰主持公道。

　　由此可知代表後期成熟的馬克思主義之《宣言》是從 1844 年草稿中
出現的創始馬克思主義直接衍生的。本來是關心種類人自我分裂的敵視關
係之體系，如今進展為關懷兩個不同的自我和分裂為兩個階級的社會之
思想體系。這可以說是展現的內容基本上的改變，也是說明馬克思主義
幾乎就是這般的演變。它並沒有影響馬克思所見、所聞、所思、所寫，
而是他聽聞思寫的方式之轉化。他所看見的仍舊是「自我異化的過程」
（*Selbstentfremdungsprozess*），不過他如今認為所看所聞的是社會的過
程，而非「個人」，或人類內心感受歷程。是故異化成為他一生感受的主
題，在他後來的思想中成為他對社會的看法、映像、意象之潛伏基石──
伏筆之所在（Tucker, *ibid.*, 174-176）。

九、唯心主義與唯物主義的分辨

　　馬克思與恩格斯 1845 與 46 年間在布魯塞爾合寫的一篇長稿《德意志
意識形態》，在他倆在生之日未獲出版的機會，但卻標誌馬克思從黑格爾
影響下的唯心主義（觀念論）走向唯物主義的重大轉折。其第一章〈費爾
巴哈：物質主義觀對抗觀念主義觀〉尤其出於馬克思的手筆，係把有關
〈費爾巴哈提綱〉（1845）一小文加以擴大解釋的 75 頁論述。

　　這是馬克思與恩格斯自認為闡述他倆與德國唯心主義哲學作一區隔
的「哲學良心」之表白與結算（馬克思 1859 年《政治經濟學批判》的
〈序〉上所言）（*SW* 1: 595）。事實上也可以說是馬克思告別其早年的
德國思辨哲學，包括黑格爾、黑格爾青年門徒（尤其是費爾巴哈）的哲學
之檢討與批評。事實上他在這本長稿第一章所討論的唯物觀與唯心觀的對
照和對立並非同一哲學傳統中兩個不同的論點與學派。究其實乃是視唯心
主義為哲學，是馬氏獨特的唯物論為科學，從而是告別哲學、擁抱科學的

表白（洪鎌德 2007a: 209-246）。

　　馬克思在這裡所使用的「唯物主義」、或「物質主義」與傳統對這個詞彙、概念的用法不同。它不含物理的、機械式、形體上的意涵，也不質疑能夠省思意識的心靈所造成的實在。它不涉及物體、材料的性質，而做出的理論。

　　對馬克思而言，以物質主義和唯心主義的對立是建立在理解歷史時對立的兩種途徑之不同。人對歷史過程的意想、想像、映象可從兩種不同的立場和看法上去加以掌握。之所以產生這種對立的、不同的看法，其出發的情境是由於人基本上是一個生產動物，他可以用心靈、思想、精神去生產一些抽象的事物，也可以用腦力與體力物質性去生產具體的事物。知識分子所生產的是心靈，包括概念的東西，工人則生產非抽象、非概念的日常用品。後者的活動是馬克思所言的「物質活動」、「物質的生產過程」、「物質的實踐」、或「生活的物質生產」。據馬氏的說法，唯物主義者的歷史觀反映了思想家本身從事心靈生產的活動，思想家遂把歷史看做是心靈、精神的發展、或辯證運動。因之，黑格爾及其信徒都把歷史看做是思想生產的過程，尤其是神明、或是精神生成變化的展示。

　　唯心主義從理論的「天堂」出發，然後嘗試下降到實踐的「塵土」之上。他先從人「神聖的歷史」、「神明的歷史」、或是思想的過程出發，目的在瞭解當作全體的歷史的遞嬗演變。另一方面唯物（物質）主義者提供「真實的生活過程」、或「人實踐的發展過程」開始。他所採取的立場是人站在「塵土」之上，而接受人「凡俗的歷史」當作理論的出發點。他放棄了從天堂下降塵土的虛矯的努力，而企圖從平地往天堂提升。他把神聖的歷史當做凡俗的歷史之反射看待。他把人類心靈生產史當做物質生產史的次級現象來看待。他這種看法背後的原則為「生活並非受意識規定，但意識都是被生活所規定」（SW 1: 503）。對這種唯物史觀的辯護是這樣的：人不得活、無法思想，假使他不生產維持生命所需的資料、手段、民生用品的話。這裡便涉及了所謂社會兩層樓建築的譬喻：經濟基礎和意識形態的上層建築。這些說詞在上述政經批判一書的〈序〉中有較清楚的交代，馬克思說：「在物質生活中的生產方式決定了生活之社會、政治和精神等等過程中一般性物質〔之性格〕，並非人群的意識決定〔制約〕了

他們的存在，剛好相反，是他們的存在決定了他們的意識」（*ibid.*）。

　　是故對馬克思而言，唯物主義與唯心主義之區別可以轉換成兩種不同的歷史看法，究竟是要從塵土上升，還是從天堂下降，究竟是神明還是人類在經營歷史，發展歷史。換言之，對人類生成變化的歷史進行理論分析時，其基礎究竟是人的實際的生活，還是其幻想的生活。是故馬克思所使用的唯物（物質）主義一詞一定要牽連到歷史之上，意即「歷史唯物主義」才顯示其意義與重要性。這是對歷史看法與想法的方式，它以實踐的發展過程為首要之資據，而以人的思想過程為次要的反映（反射）。馬克思認為這種看法和想法是創新的，史無前例的，因之他說：「至今為止歷史的全部看法是把歷史的真實關係或是完全忽略，或是把自己限制於驚悚動人的元首與國家的行動之內」（*FS* II: 41; *CW* 5: 50）。

十、科學與哲學的對立：意識形態的角色

　　對馬克思而言，從唯心主義轉進唯物主義是從哲學轉化為科學。在討論真理與虛假的對立上呈現了唯物主義與唯心主義的對立，也是科學與哲學的對立。於是馬氏說：「凡是思辨〔哲學〕告終之處，那麼在其真實生活中便出現了真實的、正面的科學，也出現了人實現活動的表述〔描繪〕，人實踐發展歷程的表述。空談意識告終，真正的知識取代其夸夸虛妄之談。當實在被描述之時，作為獨立的活動之分析的哲學便失掉其存在的媒介」（*FS* II: 24; *CW* 5:37）。

　　一說及「科學」，馬克思不認為是缺乏真實的對象之思想。所有的意識乃是真實的生活之意識。他說：「意識無他，絕對無法脫離能夠做意識之物〔實有〕，而人類之生物、之實有乃為他真實的生活之過程」（*FS* II: 22-23; *CW* 5:36）。為了清楚解釋這個說法，馬克思說任何革命的意識，或革命的理念之存在隱含著一個先決的條件，那就是首先要有一個現實的革命之階級的存在。至少要有革命思想或革命念頭的思想家存在。哲學家的意識是對實在（現實）的反映、反射、反省，只是他們戴了黑色的眼鏡在看待實在而已。因此，哲學也是對世界的陳述（表述），只是這個表述的世界只是理念的世界，而非真實的世界。只為哲學而哲學便是唯心

主義的哲學。它是一種理論的意識，不以「真實的生活」，而以意識當做首要的資據，從而把生命為先、意識為後的前後優先次序倒轉過來，它所看見的真實生活是透過扭曲的唯心主義之眼鏡而當作是思想過程的明顯表示。於是馬克思把哲學的定義黑格爾化。他所說的一般之哲學，其實是早期在手稿中所特別提及的黑格爾式之哲學，為了證成或正當化這樣對哲學的新定義，他遂指出黑格爾的歷史哲學為至今為止全部人的哲學事業之總成就與最高峰（Tucker, *ibid.*, 180），但卻不是科學。

把上述的論述作一個概括化，馬克思把哲學的錯誤（偽）意識同宗教或其他非科學形式之意識合稱為「意識形態」一詞。意識形態是對實在的意識，在其中「人和其處境就你在舊式照相機的黑箱鏡片（*camera obscura*）上以顛倒的樣貌呈現……」（*FS* II: 23; *CW* 5:36）是故意識形態乃為幻化的意識，儘管意識形態的思想未必知道這是一個幻相式的觀念體系。當然意識形態家有時是意識到，有時是未意識到這種幻相、不實。整套日耳曼的哲學，包括其中最精緻的黑格爾主義，都屬於「日耳曼的意識形態」之下。甚至連黑格爾青年門徒宣稱要揚棄黑格爾，也成為幻相的囚犯和意識形態的運送者、傳輸人。他們分別宗教的意識（費爾巴哈）、批判了意識（鮑爾）和個人的意識（施悌訥）當做首要的資據在研討、在批評、在抨擊。只有真正的唯物主義（馬克思）的論述，把「真實的生活」，而非意識當成首要的資據時，人類的思想才在歷史中第一次脫離意識形態，而走向科學的道路上。從唯心主義過渡到唯物主義，才是「實踐的活動之表述」裡哲學與所有意識形態的揚棄、超越，於是「真實的正面的科學」遂告誕生。

簡單地說，前面所提涉及說理（證成）的過程是馬克思在手稿中有關黑格爾主義的複述與概括。在 1844 年的手稿中，馬克思論證地稱黑格爾的哲學是對實在錯誤的意識，因之，把生產的物質史當成精神的思想生產史表達出來。把黑格爾主義翻轉與扶正過來可以提供人們在歷史中其實發生在第一個真實的意識。如今馬克思把這種論證擴大。黑格爾主義成為有史以來所有意識形態之典型，馬克思把黑格爾主義過渡到顛倒的黑格爾主義，便被他稱為「唯物史觀」，其結果是人類從意識形態神秘化包圍下的階段過渡到正面科學的階段。這個推論是擴大了，但推論的主旨仍舊與手

稿時代相同。因此，在這裡（撰述《德意志意識形態》時）馬克思的思維和論證仍未完全拋棄 1844 手稿的文本。

十一、兩個馬克思主義對運動哲學的啓示

　　早期馬克思主義談個人和人類的異化，後期馬克思主義談社會和階級的衝突，表面上與體育或運動的精神無關。但我們卻不妨引申為體育者首先如何在鍛鍊本身的肢體、培養體能、講究技巧時，把本身的潛能轉化為顯能的艱苦過程，為了克服體能的天然限制和人為障礙，運動員遭逢的挫折感、壓力、失望、絕望等異化現象，不失為人的自我異化之另一種表現方式。另一方面社會從簡單分工進入複雜的建構時，工商與資本主義社會形成運動員與其境遇之關係變成了個人與團隊，團隊與體育界，體育界與政界、商界、休閒娛樂界，層層與圈圈的緊密與共生關係，運動不僅全民化、社會化、國家化、寰球化，更是金錢化、商品化。於是一個運動員、一個團隊的選拔、參賽、得獎，獲取優遇、或是淘汰出局，牽連因素是全社會的、甚至全球的。在今日運動成為休閒、娛樂、遊戲、商業買賣、文化活動、休閒工業主要的環節，則體育文化所強調的健身、壯美、公平比賽所帶來的身心康樂、榮譽、財富、聲名等等正面的價值，常也因為商場拜金主義的作祟而淪為負面的結果。像台灣棒球的簽賭和打假球的非法活動，英、美組織性罪犯對球隊比賽、廣播、賽場等的染指或控制，都使現代運動員在自我異化的挫折感之外，多一分商業氣息與剝削。

　　運動界與商界的掛鉤，固然使明星選手、明星球隊，獲取名聲之外的物質報酬，但卻導致運動者受控於社會力操縱，甚至經紀人剝削之中，是故馬克思聲嘶力竭地要求人排除異化或獲取解放，不當只視為對勞動者、對普勞階級的呼籲，也是每個關心康泰的體育文化與健美的運動精神之選手、運動員、觀眾和體育報導者、教育者、推行者所應重視之所在。

　　畢竟身心的康泰，不只從個人、家族的養生保健之衛生、營養、作息、醫療、保健等等做起，更重要的是全民運動的提倡，俾人人知道是如何增進體能，養成每日適量的肢體活動，並在協調、和諧中與他人、他族、他國，進行友誼性的比賽，而不計較得失、輸贏，這才是最高體育文

化與運動精神之發揮。

十二、尾語

　　依照塔克爾的解說，我們與其把馬克思主義一分為二，倒不如視同一馬克思主義成長過程中先後的兩個時期或兩個階段之差異。原因是創始的馬克思主義，其實是顛倒的、翻轉過來的黑格爾歷史哲學，也就是把黑格爾的神學轉化為人學，把絕對精神的生成變化改變為勞動者、生產者的人類之開物成務、利用厚生的文明創造。成熟後的馬克思主義不再重視個人人格的分裂，而注意到人類的階級的對抗。它也把個人外化與異化所引發的歷史變遷改為人類兩大主要階級的分裂、對峙、抗爭和戰鬥所引發的歷史動力。是故從個人的異化轉化成階級的剝削，意味自我的改變導致環境的改變，也是人締造歷史，不以心靈的理解（唯心主義）為主，改為實踐的革命（唯物主義）是賴之主因。

　　要之，從青年時代馬克思所嚮往的建立真人、完人、全人的理想社會，主張私產廢除、階級取消、個人去掉異化之哲學的共產主義之建立，這是浸潤在日耳曼經典的唯心主義之傳統中，其所受黑格爾和費爾巴哈兩人的思想尤深。及至他成年之後，在接觸英、法、瑞士政治經濟學以後，日耳曼的歷史哲學被斥為意識形態，馬克思與恩格斯遂秉持以人的在世的、現實的、真正物質生產的活動是闡釋歷史的變遷，最佳的科學方法，是故成年的科學的社會主義便奠基在早期唯物史觀的基礎之上底思想體系。

Herbert Marcuse 馬孤哲

Paul Sweezy 史維齊

歷史唯物主義、分工和未來共產主義社會

一、前言

在批評費爾巴哈的唯物主義時，馬克思提出他「新唯物主義」的主張，這項後來被恩格斯譽為「現代唯物主義」的新學說，主要在強調那個可以「感知」（*sinnliche*）的外部世界，無非是人類過去歷代生產活動的物質化，是故歷史乃為人類加工於自然的記錄。新唯物主義與舊物質主義不同之處為後者雖然也感知世界為物質構成的東西，但卻不承認、或沒有意識到外頭物質的客體是人類活動的物質化，是故在〈費爾巴哈提綱〉的第一條，馬克思這樣地批評著

> 至今為止（包括費爾巴哈在內）的所有物質主義之缺陷，為把客體、實在理解為緊緊透過人的感覺所瞭解的客體之形式，或稱為感覺的認識。卻不把〔瞭解的對象〕當作能覺知的個人之活動，不認為在主觀上是〔人的〕實踐。是故與物質主義相對立的唯心主義在抽象中發展了主體的面向，不過它〔唯心主義〕當然不懂真實的感覺的活動這類事物。費爾巴哈要的是感知的客體〔對象〕，與思想截然不同的客體〔對象〕，但他卻不懂人類活動本身就是客體的〔對象體〕的活動。（*FS* II: 1; *EW* 420）

這意思是費爾巴哈同其他的物質主義者雖然懂得可以感覺的外界之事物為物質的東西，尤其是有別於思想的客體，但卻不知這些外界的事物乃是人主觀的努力，歷代的經營之產品。是人在歷史中造成的自然界的加工

品、製成品。是故強調人、輕視上帝,而以人本主義彰顯自然主義的費爾巴哈看起來不失為物質主義者,但他的物質主義仍舊屬於舊式的物質主義,同馬克思「新唯物主義」有重大的分別。

二、新唯物主義的哲學內涵

在《德意志意識形態》(1845/46)中,馬克思批評費爾巴哈的錯誤為無法理解「可以被感知的世界是諸個人活生生的感知活動合構而成的〔事物〕」(*FS* II: 29; *CW* 5: 41)。費爾巴哈談到自然科學的世界觀察法,但歷史上若沒出現工業,生產和人不停的感覺活動,人的創造、發現、發明,如何會出現自然科學呢?這也顯示費氏的看法不是科學的看法,舊物質主義者只懂哲學、不懂科學。就算馬克思青年時代湧現的唯物主義還不能用科學來加以描繪、標誌,卻可以用黑格爾主義中自稱是「物質主義」的部分來加以掛鉤。原因是馬氏與黑氏有共同的理念,那是指客體或「實在」必須用「主觀的」、「主體的」方式去瞭解,是歷史過程的創造性主體——人——內部的才華、能力的外化、客體化。馬克思不同意黑格爾之處為把創造世界之活動看做心靈的生產(人內心的思維),而不視為物質生產的人類活動(人的頭腦與四肢對大自然的加工型塑)。

馬克思所謂的「新唯物主義」基本上仍舊是歷史唯物論。這是馬氏在《德意志意識形態》長稿所指出的:「費爾巴哈如果是唯物論者,那麼他不討論歷史,他一旦討論歷史,他的身分便不是唯物論者。在他那裡唯物主義和歷史徹底分家」(*ibid.*)。有異於費爾巴哈,馬克思把唯物主義和歷史緊密地結合在一起。他視「能被感知的、覺察的」物質世界,是在人類開物成務、以利厚生的歷史過程上累積的產品。

由於開始時馬克思提出的「唯物史觀」仍沒有斷然與哲學分家(雖多少強調其「科學性」),因此,其哲學的原則依稀可以辨認,可以歸結為以下幾條(Bhaskar 1991: 369):

(1) 否認理念、精神、神明在社會生活中獨立自主,甚至擁有優先的地位;

（2）在對具體的歷史進行研究，採用的方法學上之堅持（觀察、實驗等自然科學之方法，以及邏輯、推理等理性主義的方法），俾反對哲學的思辨、反省、瞭悟之方法；

（3）社會生活的生產與再生產中人的實踐是核心，由是產生以下的原則：

（4）強調在歷史中勞動的重要性，因為勞動牽涉到自然的轉型和社會關係（尤其是勞動關係、財產關係等等）之中介；

（5）早期強調自然對人性的影響，尤其是在《巴黎手稿》中把自然主義視同為種類的人本主義（大自然與人的天性相通）。這時馬克思把人與自然視為同一物（天人合一）。可是他中期所認定的人卻是科技普羅米修斯之化身，以及後期人利用自然、人駕馭自然的看法，與早期看法相異、相對；

（6）向簡單的日常「現實主義」之途邁進，最後發展為科學的現實主義。在整個發展過程中，馬克思視人與自然的關係不對稱，人本質上要靠大自然過活，大自然則獨立於人之外而演變。

上述六大項中，特別是第（3）項值得吾人多加考慮。這點是基於對人看法上的特色衍生出來的觀點，人之所以異於禽獸，第一在於不以天性、直覺求生，亦即人享有從本性的規定中脫離之自由；第二，人進行生產是事先慎思、計畫的行動。在〈費爾巴哈提綱〉第8條上，馬克思說：「所有的社會生活是實踐的，所有的神秘化之怪誕說詞導致理論變為〔怪力亂神的〕神秘都可以在人類的實踐裡找到解決之道，也在這個實踐中獲取理解」（*FS* II: 3; EW, 423）。

盧卡奇曾經指出馬克思對黑格爾《精神現象學》批判的要旨為黑格爾把外化與異化混為一談，把他當前（歷史特殊的時刻）客體化的異化形式誤認為絕對精神的自我異化。巴什卡（Roy Bhaskar 1944- ）卻也指摘馬克思雖然已把這些人與上帝的誤置糾正過來，本身卻對「客體」、「客體化」在使用上的三層曖昧未加以釐清：第一客體性（對象性 objectivity）或外化性（externality）；第二當成主體生產活動的客體化（objectification）；第三，當成社會形式再生產與轉變之客體化

（objectification）這三者之分別，未見他澄清，而引起後人的一些紛擾（Bhaskar, *ibid.*, 370）。

至於「辯證的唯物主義」，也是前面所提恩格斯所說的「現代的唯物主義」則涉及馬克思在世之日未使用的名詞，而卻出現在恩格斯《自然的辯證法》（1878-1882）中，這是黑格爾辯證法最差勁的部分，與 19 世紀奢談進化論的德國學者海克爾（Ernst Haeckel 1834-1919）之唯物論的摻雜，卻與馬克思的觀點有相當大的差距，而引發盧卡奇的批評，認為辯證運動不適合於對大自然的生成變化之描述，只適合於人的社會、歷史和思想的表述（洪鎌德 2004b: 65*ff*）。

三、分工的意義與角色

《德意志意識形態》一長稿證實圍繞著人們四周的世界是人群在歷史生產活動累積的產物，可是人所創造的物質世界卻反目成仇，視創造它的人類為異類的對敵，人遂陷入一個敵對、企圖桎梏人的世界中。這給我們的印象是人的行動及其結果變成了異己、異化的力量。人不但無法控制它，反而要為它所奴役。馬克思說：「社會活動的結晶，我們本身所產生之物的凝聚變成站在我們頭上、脫離我們的控制，摧毀我們的期望，把我們的計算碎化為零，造成至今為止的歷史發展之主要因素」（*FS* II: 37; *CW* 5: 47-48）。在這本《德意志意識形態》長稿中，我們仍舊看到異化這個主題。

上述的描繪給我們的印象是馬克思至此地步還在談「異化」，這表示早期的思想與成年的思想仍舊一貫。但隨之而來的則是前後期馬克思思想體系的重大分歧。原因是從這裡開始，成年的馬克思不再奢談「自我異化」，不再詳談人所創造的世界為敵視、陌生、異化的世界。取代它的是「分工」（*Teilung der Arbeit* 不只是工作的分開，更是工作的分化、分離和對立）。換言之，這是個人的分裂轉向人與人關係的敵對。馬氏寫：「社會的權力，這是指多層化、增生的生產力，它從不同的個人之合作產生出來，就是依勞動所做的分工，對那些諸工人出現的分工，這是由於他們的合作並非自動自發，而是自然生成的，不是他們〔事先妥協〕的聯合

力量，而是存在於他們之外的異化勢力」（*FS* II: 37; *CW* 5: 48）。

　　分工表面上看來與「異化」或「異化的勞動」完全無關，彷彿是另一範疇的現象。但是進一步分析，從「異化」或「異化勞動」到「分工」的變化，都是一脈相承、有跡可尋。這個改變的契機是《巴黎手稿》中馬克思把自我異化的人轉化為勞動者與其他人（其他勞動者、或資本家）異化的社會關係（我們想及馬克思討論人從其同儕異化出來）。這種異化的社會關係馬氏給予「分工」的稱呼。這當然是從政治經濟學借用的名詞。不過在政經裡，分工代表工作、或勞動的專門化、專業化，大部分是正面的，而少帶有或根本不帶有負面的意涵。

　　馬克思給予「分工」特別的意義，也是擴大這個名詞的內容。他解釋分工為自我異化的社會表述。在自然生成與演變的社會中，個別、特殊的利益與一般的、普遍的利益會逐漸形成，而最終把社會分裂呈各種團體、階級、階層的成員，特別是當成員的活動並非他自動自發、自願、自為的時候，他的舉止行動成為對他是一種壓迫性的異化勢力，人在不自由的行動下，或覺得這股敵對、異化的勢力在奴役他，而不受他的控制，這就是工作分開、分化、分立所造成的現象。一旦這種工作的分化出現，每一個人有其排他的活動場域，這種排他的工作強迫他只能幹某行某業之事，而不能同時去做他喜歡、自由的工作；他一旦掉落這種工作、或職業的深坑時，便無從逃脫，而被迫去承擔（*FS* II: 35-36; *SW* 5: 47）。他接著在《巴黎手稿》中說：「分工是在異化下勞動的社會性（*Gesellschaftlichkeit*）之政經表述。或加說明：既然勞動是在外化當中人勞動唯一的表述，當作生命外化的生活表述，那麼分工無非是異化的、外化的人活動之設定，也就是設定人是真實的種類活動〔之物〕，或種類人的活動〔如今這從設定卻是異化的、外化的〕」（*FS* I: 623; *EW* 369）。

　　馬克思既然把分工當作生產過程中勞動者自我異化的社會性來看待，於是這個概念卻化做成熟的馬克思主義之思想主軸，就像人的自我異化變做創始馬克思主義的主題是相同的。人的異化史轉變成人類、階級、社會的分工史。不只在經濟領域中生產活動的異化看成分工，就是其他社會領域也充滿分工的念頭。像〈哥達綱領批判〉（1875），馬克思把國家視為統治機器，它是透過分工與社會分開的特殊器官或生機體（special organism）（*SW* II: 31; *SW* 3: 27）。

四、分工、私有財產與階級衝突

　　分工的來源為家中性別的分工，男主外女主內。但馬克思也指出，用心腦工作的人與用體力工作的人之區分為分工之始，這便牽涉到「智力活動與物質活動，享受與勞動，消費與生產所牽連不同的諸個人〔之分別〕。這種分化不致導向矛盾〔衝突〕，無非是在分工中的否定〔所起的作用，認為分工為正當，反分工為違反事實〕」（*FS* II: 34; *CW* 5:45）。但家庭依性別與年紀的分工，也造成家長為一家之主，婦孺成為其私有財產的開端。

　　當作社會關係之分工，基本上是一種財產關係，亦即生產者視其產品，或相關非生產者（婦孺）為其財產。這是一種的社會關係、或生產關係，其中生產者在活動中與不生產的他人之關係，進一步是後者把前者的產品佔取，化做其私有財產。因此，馬克思現時把過去所說的異化勞動說成勞動的分工，而私有財產為分工的增生（畸生品）與結果。是故他說：「分工意涵一開始勞動條件的分開，工具與器材的分開，以及不同的累積財之擁有者之分開，因此也是資本與勞動的分開，也形成財產本身的不同諸形式」（*FS* II: 88; *CW* 5: 86）。

　　假使異化在創始的馬克思主義中是人普遍的歷史條件，那麼在成熟的馬克思主義中分工成為這種普遍的條件。馬克思在《德意志意識形態》中詳述有史以來人類不同的生產方式。因為在每一時期都有其特定的生產方式，它是人生產自我表述的方式，當然受制於大自然所提供生產工具、材料、條件，以及人的技術發展與應用程度所影響的。

　　每一個歷史上的生產方式都伴隨特殊的「交易形式」（*Verkehrsform*）、或稱「生產的社會關係」以俱來。馬克思認為每一交易形式，或每一生產的社會關係乃是社會中分工的表述與寫照。換言之，這是一種關係的形式存在於無從擁有的生產者，與擁有能力的非生產者之間的關係，他們不曾擁有與確實擁有的乃為生產的材料、工具、手段（資本、土地、勞地、技術、經驗等等）。科技的改變帶來生產方式的改變，

也對生產中具體的分工形式加以改變。在《德意志意識形態》中馬克思對歷史上財產的形式依其先後次序指出有古代的、封建的、布爾喬亞的種種分別，都反映與表示了分工的不同階段，顯然是受到不同時期生產方式發展的規定（決定、制約）。

這裡馬克思也首先提起階級衝突，認為它是內在於分工每一形式中的敵對關係之表現。在早期馬氏描述異化勞動中自我關係是敵忾的，如今他視分工是人與人的敵對之社會關係，而階級的分化與敵對在歷史上整個社會擴大了仇恨、對抗。過去間歇性的生產力對抗生產關係，如今變成經常性的生產者對分工的普遍瀰漫及其獲利階級展開造反抗爭。雖然馬克思視階級衝突是歷史抗爭最高表現，但這不是單獨一次的決戰。由於分工在歷史中無處不在，不只出現在家庭之內、家族與家族之間、社群與社群之間、階級之內、以及階級之間，人類的整部歷史是矛盾、爭執的殺戮戰場之記錄。從家庭的性別與年紀分工開始，分工已滲透、穿戳於社會組織的任何機構裡，人與人的仇視、敵忾，將永遠瀰漫人間。是故恩格斯說：「分工的律則是存在於階級的分裂中。這並沒有阻止階級的分裂是靠著暴力、強盜、欺騙、竊取等方式而造成的。它並沒有阻止統治階級一旦掌權之後，不去鞏固其權力，而犧牲勞動階級〔之利益〕，亦即無法阻擋統治者他們把其社會的領導地位轉化成對大眾強勢的剝削」（*CW* 24: 322）。換言之，分工不但造成社會階級的對立，也導致人類的分裂。

五、分工是勞動者的奴役與桎梏

創始的馬克思主義攻擊的重點為人的自我異化，人本性本能被壓抑、阻卻，而無法達成自我的實現。成熟的馬克思主義不談人，也不談異化，卻強調分工、勞心與勞力的分離，階級的形成、對立和對抗，勞動者的產品被剝削，勞動成為被壓迫的活動，私有財產使人與人的對立，轉換為階級與階級的鬥爭，社會分裂為兩個針鋒相對、敵忾鬥爭頻繁的兩大陣營。是故分工取代異化成為社會的罪惡。這個罪惡成立的原因在於剝奪生產者的勞動自由。自有階級社會以來人的勞動不再是「自我的活動」，不再是自主、自由、快樂、創造的活動，而是被強迫、被奴役的勞動。古希臘羅

馬的奴隸社會中，奴隸從事的是「奴役勞動」，現代資本主義社會的勞工，則是「工資勞動」，本質上顯示更大的不自由，是故一部人類史對馬克思而言，是人群被「綁帶」（bondage）、桎梏日形加深加重的痛苦記錄。也是社會在分工之下，人愈來愈被奴役的慘痛故事。

分工固然與社會階級的分化有關，甚至是導致社會階級分化的主因，亦即所謂的「社會分工」，分裂為生產者與非生產者，出賣勞力的勞工與享有私產的資產階級成員。分工也涉及城鄉的分別、勞心與勞力的分開、統治者與被統治者的對立，以及職業上各行各業的不同工作領域的分別。但分工的意義對馬克思而言，是看做奴役（servitude）與奴隸關係（slavery）的同義字。它是把人類限圍於有限的、部分的、狹隘的工作範圍之內，這一範圍硬套在他（或她）的項背上，不容他脫逃。他是一個獵人，他是一個漁夫，他是一位牧羊人，或是一位以批評為業的人。他必須這樣過一輩子，假使他不想失掉生活手段的話。進一步馬克思說：「城鄉的對抗乃是私有財產的結果。這是強迫個人在分工下隸屬〔降服〕屈服最明顯的例子。在分工之下特定的活動加在他的身上。這種隸屬〔屈服〕強制他成為住在城市的動物，另一個人成為被限制在偏僻鄉村的動物，在他們的利益上每日製造衝突」（FS II: 61; CW 5: 64）。

對於每一行業的勞動，在馬克思的心目中都是人類的奴役、苦役。同樣恩格斯也痛貶分工在工廠制度中，使工人終身變成瑣屑、細小的工作機器之一環，連受教育的階級也囿於一偏之見，都是短視近利偏狹的表現，他們終生被分工的繩索綁在狹小的工作天地裡，連無所事事也是分工之所賜（Engels 1947: 435-436；CW 25: 277-278）。

馬克思對分工的看法，基本上仍就是早期對人哲學性的看法衍生出來。因為在手稿上馬克思把人定義為自由的，有意識的生產者，其需要的是「人生活活動的總體〔整體、完整〕，以致有『全人』（totaler Mensch）、『真人』（Eigentliche Mensch）」之主張。這是把黑格爾的「精神」加以轉譯為「人」的馬氏之解讀。人一旦分工而限制於某一職業、行業中，則其真正的人性無法實現，因為人將無法把其種類人性多采多姿、多才多藝的創造性能力培養與發揮出來。這也導致馬克思與恩格斯在後期的著作中，把分工之下職業的專門化看做罪惡、不自然、奴役作用

之因由。

六、分工與工廠制度————人變成生產機器

在《哲學的貧困》（1847）一書中，馬克思認為分工造成喀斯特，把社會分裂成上下不平等的階層，導致某些人群享有特權，它把工人化約為卑微的功能，使其靈魂也跟著低賤，隨著靈魂的卑微，其工資也不斷減少（*FS* II: 766-768; *CW* 6: 181-182）。可以說分工違反個人整合性的發展。在〈工資勞動與資本〉（1850）一文中他指出「分工一旦增強，勞動變得單純化，工人特殊的手藝變為無用，他被迫變成一個單純的、單調的生產勢力，它不再使身體和智慧的能力做積極緊密的使用……其結果勞動變成更令人不滿意、更令人討厭，這時競爭〔的敵手〕增加，而工資卻減少了」（*SW* I: 171）。在〈工資、價格和利潤〉（1865）一文中，他說在現代機器工業中工人變成「為別人生產財富的簡單機器，造成身體的殘破和心靈的創傷」（*SW* I: 439; *SW* 2: 68-69）。這些說明與 1844 年手稿中所指在貪婪迫使下的生產活動，把勞動者的身體摧殘，把其精神耗盡是同樣的說法。唯一與目前說法不同之處為罪惡的源頭在早期是人的貪婪，在後期是社會分工下的另一階段人對人之剝削。

〈工資勞動與資本〉後來被馬克思擴大為《資本論》。他對資本主義建構了特殊的看法，認為這一體制是在分工之中不斷擴張社會分工的制度。工資勞動者與資本家的社會性分工中，勞工們所受專業分工的分化愈來愈大，而這種情況在惡性循環中愈來愈敗壞。資本家之間為著經濟生活而展開的競爭愈趨激烈，引進的新機器在工廠中加強勞動的分化。其他的資本家也群起效尤，紛紛投入新機器的採用，其結果勞工被迫走向更細緻的分工處境裡。因為工廠規模不斷擴大，工廠組織愈趨複雜，於是資本主義的生產就像《資本論》所言，是自我毀壞的內在辯證運動的不停運轉，直到整個制度崩潰為止。在分工之下，科技的曲線攀升之同時代表勞工非人化的曲線之攀爬。工人悽慘貧窮的增大也是導到最終階級革命的有效之原因。

在《資本論》第一卷第 12 章中馬克思敘述了日增的職業專門化

的社會之經濟史。他探查與溯源這種現象於早期家族與原始公社的經濟活動，然後討論中世紀行會中的手工業，及現代「機器製造業」（*machinofacture*）。「一開始工人把其勞動力出賣給資本〔家〕，因為他缺少了生產商品的必要手段。可是他現今個別的勞動力實際上放棄再發揮作用，除非把它售賣給資本〔家〕。在資本家工作坊出現之後，只要把勞力出賣，就成為工人唯一可以發揮功能之處。一個人只要無法按其天性獨立地去做任何事，那麼手工業的工人只能發展其生產力，而把這個生產力附屬於資本家的工作坊，當成後者的附屬品。這就像……他一旦被化成無法按照其自然性向去作任何獨立的事物之後，工廠的勞工只能被迫發展附屬於資本家工作場的生產活動。就像〔舊約聖經上所寫〕選民成為耶和華的財產一般，那麼分工也把製造業的工人變作資本的財產」（*C* 381-382; *C* 1: 482）。於是勞動逐步地屈服於專業（專門化）的控制，意味著勞動逐步地受到資本更大的控制。這又意味進一步的專業化之駕馭，就這樣進入惡性循環裡。

在工作的分化之下，人的式微與墮落是馬克思在《資本論》正文中一再敘述的。他在敘述這種分工造成的人類悲劇之餘，還在附註中一再談及分工的歷史，而嚴厲批評那些贊成和鼓吹分工的思想家、學者，包括古代柏拉圖在《理想國》中所鼓吹的階級分工社會，他斥之為「古埃及喀斯特的社會之雅典式理想化」（*C* 1: 488-489）。連工業興起時代的政治經濟學者如亞丹・斯密在《國富論》中首先讚美分工對生產效率的抬高，但在書尾卻也譴責分工對人知性與理解的傷害（*C* 1: 483n）。黑格爾對分工也採取「極度異議者的觀點」（*C* 1: 485n）。例如他在《法律哲學原理》中就說過：「一旦提到一位受過教養的人，我們首先理解的是他能夠做……別人也能做的事」。由是可見黑格爾期待受教育者、擁有知識的人應當事事都可以做，而不囿於某一專職或專業的那種狹隘之技匠。一生服膺黑格爾主義之馬克思不忘在其大作《資本論》涉及分工與工廠的一章把大師對細微分工的偏頗之評論一併列出，是有其理由的。

在馬克思的歷史理論中，他提到國家，這是由於國家就是從社會脫離出來，是全社會分工的產品。國家是勞心者用以統治勞力者的行政機器，特別是政府的機制是最仔細、最複雜，數量多到無法盡知的分工之表達方

式。國家統治機器——政府——的官員完全被安排、安置各種特別的統治
活動與部門中。加之，他認為作為統治機器的國家本身便是僚氣與權威十
足的組織，儘管它的外貌可能是民主、是君主。職是之故，他質問何處可
以找到「自由的國家」？不過在他有關人類受到束縛、被綁帶纏身的人類
歷史之說詞中，國家的權威主義還不是他最關心、最專注的所在。

　　一般而言，他所關心者為分工之下人類被奴役的情況。在諸種奴役大
行其道中，生產部門的奴役尤其令人怵目驚心。因之，馬克思把「政治經
濟活動兼學說」的 *Politische Ökonomie* 做到字義相符的解讀，這是人的經
濟活動中摻入大量的政治干預、操縱之領域及其學問，是政治理論與經濟
理論的拼湊、揉合。生產中的社會關係本身就是主要的權力關係。統治階
級之所以是優勢階級，不只擁有財富、權力、指揮的大權，而且這種權力
的運作都涉及到對百姓的剝削、降伏與屈從的動作之上。易言之，統治
的主要對象無非勞動，生產和供給統治者享受的服務。從馬克思的觀點
來看，國家本質上是一種防衛機制，保護作用，亦即衛護財產持有者與
統治者之利益。因之，他們企圖要使這種機制與作用永續保存、長期使
用。這是對警察力量的禮讚、榮耀，因為這些鷹犬的勢力，把人群禁錮
在生產的分工之中，也就是藉人群終身要從事勞動，而把他們終身監禁
在生產的大牢中（洪鎌德 2007a: 312-314）。

七、國家與社會也呈現社會分工的特色

　　在現今布爾喬亞的社會中，資本家實際上也是暴君式、專制性的統治
權威。「過去集中在亞細亞和埃及君王或歐洲神權首領手中的權力，在現
代社會中轉換到資本家手中。不管他們是個別的資本家，還是像合股公司
那樣的集體資本家」（*C*, 350; *C* 1: 451-452）。宰制與奴役的關係在早期
可能比較狹隘地從政治方式表現出來，今天已赤裸裸地展現在生產過程
裡，這表達了經濟活動的政治化，比經典的政治經濟學，更把經濟加以政
治化。馬克思說：「生產的資本主義之形式與符合資本主義之形式的政經
之條件是與所有……革命醞釀活動針鋒相對，也就是企圖與取消舊式分工
之目標針鋒相對」（*C*, 527; *C* 1: 619）。

　　馬克思把政治化的經濟描繪為徹頭徹尾的威權式、專制式、獨裁式。因之，在《資本論》中，我們念到「資本的暴政」、「資本的壟斷」、「資本的獨裁」等等字眼。它的「政治—經濟條件」與軍人獨裁非常相似，它受到資本主義的元帥之遙控，受到將官—經理的指揮，受到伍長—工頭的監控。這就令人想到《共產黨宣言》中，把擠在工廠裡的大群勞工當成軍人一般地組織起來底描寫，從而可知現代工人不僅是布爾喬亞階級的奴隸，也成為布爾喬亞國家的軍隊。「他們無時無刻不在機器的役使下、上司的監督下、布爾喬亞出身的工業者控制下過著辛苦勞瘁的日子。這種暴政如果更為公開地宣布獲取利潤是其目標，那麼它就展示更為可恨的嘴臉，更為令人痛心疾首的外貌」（FS II: 826; CW 6: 491）。

　　於是當代資本主義社會中廣大的勞工群眾每日絕大部分清醒的時刻都花費在工廠、暴政的統治之下。在此以外的世界則充斥近乎無政府狀態。造成工廠中必須一條鞭方式貫徹從上到下的「一貫」作業，一個口令一個動作之原因，並非現代工業「聯合的勞動程序」之緣故。其原因主要是資本家與勞動者之間社會的分工所內含的敵對、仇視、怨懟。特別是後者在細微專業的操作桎梏下，對日益增加的痛苦之反抗。資本獨斷下的普勞下屬對於「政治—經濟條件」愈來愈沈重、愈無法忍受，而思造反、抗爭，偏偏國家卻為保衛這些不合理的條件，而對勞工的反抗進行鎮壓、防阻。這種情形迫使工人勢必以反對國家、攻擊國家為其首務。是故馬克思想像未來世界革命的槍聲響起時，第一要攻擊的目標乃為國家，工人要先把布爾喬亞的衛士之國家推翻掉，他們創造力才能從現存生產的暴政機關解脫出來，馬克思遂呼籲工人「為了維護、堅持個人〔之本身利益、才華、權利、自由〕他們必須推翻國家」（G I: 78）。

　　為防阻資本暴政的復辟和社會分工的死灰復燃，有必要在世界革命完成後進行短期的普勞階級專政（獨裁）。這將是私有財產的揚棄。關於普勞專政（獨裁）一觀念他其後只提兩三次，蓋深怕這個大革命成功後的世界落入「粗鄙的共產主義」中。是故他只簡單說出下列幾句話：「在發展的過程中，階級的分別消失，所有的生產都集中到整個國家廣大的組合手中，公權力將失掉其政治性格……取代過去布爾喬亞的社會之帶有階級與帶有階級敵對之性格，我們將擁有一個組合，在其中每一個人的自

由發展變成了所有的人自由發展的先決條件」（*FS* II: 843; *SW* I: 54; *SW* 1: 127）。

八、共產主義與分工

馬克思在《德意志意識形態》一長稿中也談到共產主義，雖然所佔篇幅不長，卻是他後半生中有關共產主義的論述較為詳盡的記錄。在〈費爾巴哈提綱〉第 10 條，馬克思強調的物質主義是民間社會受分工影響分裂的社會，新物質（唯物）主義卻是人的社會，或稱社會化的人類（*gesellschaftliche Menschheit*）（*FS* II: 4; *EW* 423）。是故後期馬氏的共產主義之概念是把社會分工取消後，社會本身不再分裂為敵對的陣營，它不只是無階級的社會，也是一個不需家庭、國家、法律、宗教的社會，而是「完全的諸個人之龐大的組合」。大家和平和諧的共處而形成社群（*Gemeinschaft*）（洪鎌德 2000: 388*ff*）。人的社群生活將其內在本性和外在的自然合而為一。對馬克思而言，共產黨人的世界革命是把在工業中將已物質化的生產力奪回，也把這種生產力社會化（社會所共有、非個人的私產）之大動作。這也是歷史，或稱人類前史之結束，新的歷史紀元──人有意識、自創，而非受外力左右的歷史之開端。換言之，作為種類之人的歷史告一結束。新人類改寫歷史，創造命運的開始。如果早期的馬克思主義在強調自我異化的揚棄為哲學共產主義的來臨時，那麼這次帶有科學（政治經濟學）色彩的新共產主義是人掃除、摒棄分工，亦即超越分工的落實。

馬克思的歷史理論牽連到過去兩三千年西洋人如何從原始公社，經由奴隸階段邁進封建主義，而抵達資本主義一個時期和另一個時期的過渡，亦即革命性（包括生產力突破生產關係之經濟生產的革命）轉化之析述。未來共產革命與過去轉變不同之處為人類在最後一次的大革命中不但取消分工的「形式」，還把分工這一「現象」徹底摧毀。過去的小型革命只讓生產者把其粗陋的生產工具據為己有，視同其私產，但其本身仍被分工與生產資料所決定，共產革命則取消為了分裂的生產活動之模式。換言之，前者只是生產活動分配的更改，反之「共產主義與之前的〔社會〕運

動不同之處，在於推翻過去的生產關係。而且它成為〔有史以來〕第一次有意識地把自然生成之基礎當成是至今為止的人群之創造品，把這些創造品屬於自然的性格排除，把它們歸屬於聯合的諸個人之權力〔控制之〕下」（*FS* II: 32; *SW* 5: 81）。可以說「共產革命是針對之前的活動模式而發，把勞動去除，在取消所有階級統治之際，一併把階級本身取消」（*ibid.*）。

早期馬克思認為知識的進展無法克服人的自我異化，必須用實踐的方式把生產權力的世界奪回。成年的他也持同樣的看法，只是用分工取代異化，而不再提黑格爾的名字。「透過分工，要把人際的力量（與關係）轉化為物質的力量，這不是靠從人的心靈中驅散〔有關轉化〕的理念便足。反之，要靠諸個人之行動，把物質力量再度地降服於他們本身之下，亦即取消分工一途而已」（*FS* II: 78; *CW* 5: 77-78）。

奪回這些生產力量的目的在於發展個人的能力，俾與生產的物質工具相搭配。個人的能力涉及到自我，是故自我必須改變，才會改變環境。所謂環境的改變是涉及工人與其外化為生產力量的世界之關係的改變。換言之，這個外化為生產力量的世界一度因為人的自我異化，以及其後馬氏解釋的「分工」，而與工人脫離關係，成為工人的遺失，必須藉最後一次的世界革命把它取回。在工業中物質化的生產力量是人的力量，他用以創造性底表達他自身之動力，他取回這些力量無異為他「重獲自己」（*Selbstgewinnung*; regaining of self）。成為如今他種類本質、人類學本質的主人，而非其奴隸、僕役。

恩格斯也說出同樣的話，指出至今為止統治人類的周遭勢力變成人統治與控制的範圍，人類變成名實相符的自然之主人。「人從必然的王國上升到自由的王國」（*SW* II: 140-141; *SW* 3: 150）。

九、自我與環境的改變與個人全面性的發展

事實上，馬克思在《德意志意識形態》中，不只提及人自我改變可以改變周遭環境，他也提到外頭世界的改變會導致人的本身之改變。人類把工業物質化的生產力量取回重佔之後，他將把存在身上的一切〔才能、本

事、異秉等等〕加以解放，強迫性的勞動一旦廢除，自動自發的創造力將會迸發。於是共產主義意味著「把勞動力轉化為自我活動」。馬氏寫著：「只有到此階段自我活動與物質生活同步發展，也為諸個人的發展為真正的個人相搭配，而〔發現〕阻卻人發展的自然限制遭到完全拋棄」（*FS* II: 91; *CW* 5: 88）。

　　馬克思對共產社會的美景做了生動的描繪，主要含有濃厚的鄉村、田野、莊園等生活的浪漫色彩，這表示他深受當時浪漫主義的影響。他認為在共產社會中，人不需有專門排他的活動範圍，當然更無所謂的職業之分別，社會將會管理所有的生產，而使人們今日作某事，明日作他事，早上打獵、下午釣魚、黃昏餵飼牧畜，晚餐後評詩論詞，把獵人、漁翁、牧人、評論家各種過去的職業名稱，統統歸個人所擁有。這就是共產主義降臨後人的自由自動之處境，是不再分裂自己隸屬專業化勞動的全人、真人、完人（或是今日所稱呼的「達人」）。

　　馬克思既然把「異化」改為「分工」，因之，有關人的自我改變除了師承早期（「人自我異化的正面揚棄」）的說法之外，再也無法多談共產主義社會的詳細內容。由是可知異化的正面揚棄，就是人在自由中的自我實現，成為他後期的有關共產主義之簡短說詞。早期尚談累積的勞動在豐富工人的生活，後期在《資本論》中指出社會的物質生產過程將會變成「一個過程，它為生產者的自由聯合所承續、所推進，而在他們〔生產者〕有意識與有目的控制之下進行」，然後馬克思寫：「在其中〔生產程序中〕物質財富存在著為的是提升工人發展的需要。幹細工的工人，〔在這個革命後的時代裡〕除了扮演社會的部分角色外，將被全面性發展的個人所取代，對後者而言，不同的社會功能只是活動替代的方式而已」（*C*, 527; *C* 1: 619）。

　　由是可知，成熟的馬克思主義的內容中的共產主義理念仍舊是心理學的。取代了早期人隸屬於、受控於生產過程的為如今生產過程隸屬、受控於人，而變成人賞心悅目、快樂自在的自我活動。

　　未來自由的、創造的活動固然表示工人資本的暴政下解脫出來，也是成為能夠全面發展各種技巧、技術、嗜好、傾向的完人，但任何工廠中如果沒有分工、沒有上下的計畫指揮，生產如何能夠進行呢？在馬克思《資

本論》的第三卷中似乎有解決這個困局的辦法，這個辦法與手稿中把歷史上異化的人轉變為藝術欣賞與創造的美學人有所關連。馬克思提議未來工業生產的管理和權威的行使本質上是採用美學的原則。他說將來工廠的管理層並非斤斤計較生產部門的細節，是協調勞動與工作場如何配合的問題，其指揮和管理有如交響樂團中的指揮。權威不再具專權、獨裁的性格。是故早期馬克思既未為共產主義的經濟安排做出預測，後期的他也不願夸夸大談未來共產主義的形態，因之，他是在企圖把經濟活動、經濟學轉化為藝術活動、美學之下所想像其共產主義（Tucker 1972: 199）。

不只生產，就是分配，他也只在〈哥達綱領批判〉中，引用法國社會主義者之說詞：「在共產主義社會更高的階段上，個人被分工奴役消失後；亦即勞心與勞力的分別消失後；亦即在勞動不再是人唯一的生活手段，而成為生活的主要需求之後；在生產的勢力與個人全面發展增加之後，那時合作財富的源泉充沛盈滿——只有在那時，狹隘的布爾喬亞權利的地平線才被完全踩平、跨越，社會將在其旗幟上寫上：各盡所能、各取所需」（SW II: 23; SW 3: 19）。

最後的這段話給我們錯覺，以為馬克思心目中的共產主義就像德國的共產主義者或法國的烏托邦社會主義者只重視分配。其實不然，馬克思的重點還是上述引言的第一段，個人從分工的奴役理解放出來，以及個人完全的、全面的發展，才是馬克思對共產主義終境的寄望。

十、馬克思未來新社會與新人類對運動精神的啟示

在運動的領域中，上下尊卑的關係（hierarchy）和運動員遵守紀律（discipline）這兩項要求似乎有密切的關連。再說，運動是專業，是運動員或體育家專擅於某一運動領域之技能的發揮，特別是在一個團隊中，每個選手有其角色可演。因之奢談廢除分工、廢除權威，不須受紀律之約束，聽起來與運動精神和身體文化相違背。是故馬克思未來共產主義的想像，表面上與運動哲學、運動社會學，甚至運動心理學所追求者相去甚遠。

不過，我們如果進一步去深思，卻覺得運動員把他一生最佳的青春完

全奉獻在運動場和賽局的短暫時間裡的比賽上與演出上。之前的訓練、培養之熬煉，常非普通人可以忍受。而在演出時，心頭上的之患得患失、期待勝利成果的取得，又擔心失敗落後的苦果所導致的出局，這就證明選手憂喜得失心態較之常人有增無減。他為拚贏取勝的壓力（來自本人、親友、同僚、經紀人、支持機關、觀眾，以及媒體廣播界）常使他喘不過氣來。加上靠體育行業謀生的廣告界、簽賭勝負的黑道、文化工業界在在都視運動員為其搖錢樹、為其聚寶盆，則運動員要平心靜氣參賽絕非易事。

　　所以如何創造一個運動員自由的、自主的、自我發展的良好空間（訓練場所、學校、比賽場合等）和一套訓練、甄選、拔尖、獎勵、優遇、退休的機制比起馬克思未來充盈社會的想像更為實際、更為急迫。

　　在這種情形下，自我的改變，能夠改變環境，而環境的改變也便利個人的創新。新人類的出線，也要與新社會的建立相搭配，這是人與社會之間的辯證發展。我們固然無法奢談分工的揚棄，但樂見運動員就像其他各種行業的人能夠圓滿發展為傑出的個人，而使其運動與身體的文化是在個人本事的發揮之上走向成熟，而非在他人（國家、學校、財團、經紀人、觀眾）的強制下、誘迫下、期待下成為爭勝的工具。

　　總之，不管早年的創始馬克思主義還是後期的成熟馬克思主義，它要追求的都是共產主義落實的夢想。對運動界與體育而言，共產主義的理想畢竟是一個遙遠的夢想、一個不易實現的烏托邦，但分析其內容至少得到下列幾點正面的意涵：

其一、在未來共產主義社會中，人對人的宰制、將被人對事物的管理所取代，人際關係不但趨向絕對的平等，而且社會上那股異化、分裂、對峙、剝削的壓制氣氛一掃而光，使未來的運動員可以在和諧、愉快、自在的環境下致力體育運動，進行友誼比賽，體育和運動在和樂的氣氛下自由、自主、自動、自發的進行，也是運動員達到「自我活動」——主動、能動——的目標。

其二、不但未來社會的自由與平等、關心與博愛的社群有助於人性「自我活動」的提升，它更因為環境的改變，而使人的能力與氣質提升。運動員雖無法人人變成十項全能的競賽者，至少在其個人單項的體

能與技能的發揮上，不受拘束與限制而全力發展，這就是人內心才能、本事、能力的展現，充分落實人的自我實現。

其三、在上述新社會與新人類出現後，運動與體育變成賞心悅目的健美活動，是人生命力最大的釋放，也是人性光輝面的最高展露。畢竟運動與藝術和其他休閒活動之目的，在使五官敏銳、身軀矯健、靈肉和諧，運動員對自己、對別人、對外界都以人與自然和諧、與人為善，欣賞人體與自然的美麗、健全，這才是真正美學之修養與欣賞。

其四、一般視馬克思主義、社會主義、共產主義為只關心社會整體的集體主義，而很少留意到個人或個體主義。但從上面的敘述，馬克思反覆地強調未來社會「每個人的發展為全部個人發展的先決條件」，以及「諸個人的自我活動」、「完整的諸個人之龐大組合」等等可以看出馬克思注視與關懷的是個人的成長與發展。運動和體育雖牽連到全民體能、技能的提高和全社會的健全發展，但更重視個人本性、本能、才華的發揮，這點剛好是馬克思要克服人的異化、或克服過度分工所帶來的人的雞零狗碎化（fragmentation）之毛病。是故人體能與心能的發揮將使身體文化做高度的躍升。

其五、馬克思在共產主義中發揮人性完善之餘，最重美的享受，這點是運動家比美藝術家首先做到的境地。隨同世界美麗氛圍的擴大，人與自己相爭（本質與存在的相爭）、人與人相爭（男女、種族、階級、國際間之衝突）、人與天相爭（破壞大自然、污染河川大地、暖化天地導致氣候失常、天然資源的耗竭等）將消弭於無形。運動員創造的歷史紀錄，也是在自主自由、自動自發的情形下所為的，真正人造歷史的開端，而非只為爭勝奪標、獲取聲譽、名望、實利的舉動。至此地步，體育文化與運動精神完全與人的「自我活動」以及生活內容合而為一，使人的身心康泰達到落實的境界。

十一、尾語

本章討論馬克思歷史唯物主義的定義、內涵和發展，接著指出早期馬

克思主義講究人的異化與異化的克除，以及社會分工造成的人之原子化、
雞零狗碎化變成其後成熟的馬克思主義注視人與他人的社會異化，從而把
分工當成資本主義社會分裂人性、奴役人性的社會制度。所謂科學的社會
主義在指出歷史上人從原始公社的性別分工，到奴隸社會勞心勞力的分
工，封建社會土地擁有者與農業勞動被迫者之社會分工，最終發展到以私
產和資本為主的資產階級和出賣勞力、被迫勞動的無產階級之社會分裂
——另一種形式的分工。馬克思在其後期所要實現的共產主義，其倡導的
目標為分工的取消和個人全面的發展。在很大的意義上仍舊是圍繞著人來
發展的思想，在使用政治經濟學科學方法去分析現代社會的情況及其發展
趨向之餘，哲學、心理學與人類學的詮釋也不時流露。是故成熟的馬克思
主義仍不失為創始的馬克思主義之引申、增生、成長和擴大。

馬恩合寫之《共產黨宣言》
（1848）封面

《資本論》（卷一）

《新萊茵時報》

《萊茵時報》

《前進報》

勞動與資本之抗爭所形成的
世界——由哲學轉向神話

一、前言

　　誠如塔克爾所言，馬克思一生作品雖多，但主題只有一個：人所生產製造的「事物世界」（*Sachenwelt*），變成他頂禮膜拜的「商品世界」（*Warenwelt*）（Tucker 1972: 207）。最先人創造了神明，卻聽從神明的指揮，膜拜神明，導致人的自我異化；後期人製造了商品、發明了金錢，人崇拜商品與金錢；商品的拜物教一旦出現，人被商品和金錢所宰制，導致擁有金錢，資本的人對只擁有勞動力的人之分工與剝削。可以說整個馬克思的思想的背後有一條神學的主軸在貫穿他的理念。神學是他早年哲學的秘義之浮現，神學也是他成年以後政治經濟學的秘義之展示。

　　馬克思後期主要的作品《資本論》之副標題為《政治經濟學的批判》，在出版此書的前8年，亦即1859年他出版了《政治經濟學批判》，之前的一兩年間則撰述長達1100頁原稿的《政治經濟學批判綱要》（1857/58），簡稱《綱要》的長稿。再往前推溯，無論是《神聖家族》（1847），還是《德意志意識形態》（1845/46），都淵源於在巴黎撰述《經濟學與哲學手稿》（1844）裡頭，由是塔克爾遂斷言，馬氏一生都圍繞著人的生產之主軸，用不同的書名來寫幾乎同一理念的一系列的著作。

　　假使哲學是他青年時代的偏好，而視黑格爾主義為至今為止最高的哲學表現，那麼他對黑格爾的哲學仍舊看做是神學，有關絕對精神的生成變化由無知而走向自知之明的「絕對知識」。不過在費爾巴哈把黑格爾的神學轉變為人學之後，馬克思視政治經濟學是黑格爾式神學的秘義表現。費

爾巴哈藉對黑格爾主義的神學與背後的宗教（基督教）之批判，啟發馬克思對世俗化、現世的、塵土的宗教制度（資本主義制度），以及其神學（政治經濟學）展開同樣徹底無情的批判。馬克思不是經典的政治經濟學家，卻是經典政治經濟學的批判者。在他心目中政治經濟學是世上物質性資本累積之解釋與維護的科學，正如基督教的神學是天堂上精神性的資本累積之說法，這兩者是毫無二致。這些都是馬克思一貫的主題：人的外化其本身而成為為神明，以及人之外化其本身成為分工之下的資本對抗勞動。不只在神明之前人是外化的動物，在金錢之前人也是外化的工人。這是人的貪婪自私導致人的異化與分工。創始的馬克思主義談人的勞動異化，成熟的馬克思主義談分工下勞動對抗資本，都是人的分裂：從自我的分裂到人類的分裂。

當《資本論》的結論最終提到「資本家的財產已響起喪鐘，剝奪者終被剝奪……它是否定的否定」（C, 846; C 1: 929）時，我們理解從頭至尾馬克思著作的重心都擺在共產革命這個「否定的否定」之辯證法上，亦即為達到人性的回歸，達到人的自我變化，達到人的最終解放，他把早期的哲學觀念貫穿到後期資本主義制度以及政治經濟學的分析與批判之上（Tucker 1972: 203-205）。

二、商品拜物教和金錢崇拜

在閱讀《資本論》第一章引言的〈商品與金錢〉時，我們發現馬克思又回到 1844 年的思想起點：經濟與宗教相似之處。這是在分析商品的性質之前的論述。他說表面上的商品只是人造的東西，能夠提供人們買賣，俾發揮使用價值，滿足使用者的需求，但進一步考察卻會發現商品背後的形而上學和神學的幻思奇想。商品當做擁有使用價值之客體，是人利用大自然的原料加工改造的東西，其中包含了某些數量的人之勞動在內。可是商品不只有使用價值，還包攝了交換價值，或稱「現象的價值形式」，它是「抽象勞動」的客體化，或稱「沒有分別的工人之單純溶化物」，後者可以界定為「社會平均的勞動力」之花費。因之當作商品的商品是「這個社會實體的結晶」（C, 6-7）。

　　馬克思又說商品是一種象形文字，它反映了勞動性格的本身，是勞動物化（reification）──勞動過程變成勞動實體──的屬性之描繪。商品形式的神秘化是指「生產者對待其勞動的總成果之社會關係，對生產者而言，呈現為一個社會關係，但不呈現諸生產者彼此之間的關係，而是呈現他們與其勞動的生產品之間的關係」。這就是說生產者與生產者之間人的關係，變成了生產品之間物的關係。馬克思接著說：「為著發現類似的他例，我們得進入宗教朦朧的世界。在那個〔宗教〕世界中，人心靈的產品變成獨立於他之形態〔取了另一個樣貌〕賦予它本身生命，而能夠與男人和女人有所連繫。在商品世界中人手工的產品也是相同的〔自具生命，並干預男女的生活〕。我指出這是拜物教的性格化，它附麗於勞動的產品之上。一旦它們製造完成，取得商品的形態」。接著他說商品的拜物教性格很快地轉變為金錢拜物教的性格。金錢是「所有人類勞動的直接化身」（*C*, 45-47; *C* 1: 164-168）。

　　不只在《資本論》馬克思才提到「拜物教」（*Fetischismus*），早在1844 年的手稿上，他便寫著：「諸國家還在眩惑膜拜──拜物教式的崇拜，這些國家尚未成為充分發展貨幣〔流通〕的國家──這是與英、法相對照的其餘國家。理論之謎團的解答的程度是實踐的職責，也是靠實踐來解答……這可以從拜物教的例子看出」（*FS* I: 616-617; *EW*, 364）。馬克思在沒有放棄其早期的論據，視理論的迷團之解答在於實踐（在改變生活條件之下，改變了意識的形式），如今他把拜物教的概念推擴到「完全發展的貨幣國家」（英、法），而把現代資本家化做典型的金錢拜物教徒。事實上，商品拜物教的性格之說法，他早在 1843 年〈論猶太人的問題〉的短文中，在那裡馬克思寫著：「金錢是人勞動的異化本質，也是實有的異化本質。這個異化之物統治他，而讓他崇拜它」（*FS* I: 484; *EW*, 239）。

　　就像 1844 年手稿中的異化之人，《資本論》中拜物教的金錢崇拜也活在一個他親手創造的世界裡。馬克思不探究人類創世之前的自然界。他把大自然當作人類生產史的物質性先決條件。因此他所界定的地球是生產最普遍、最一般的工具、倉庫、舞台。由於它提供工人進行各種操作的平台，也供應他活動所需應用之場域。由是可知非人的自然界是歷史上人類

勞動過程的平台、場域,也提供原料給人類製成有使用價值民生必需品,
靠著自然的賦予和提供,人才把使用價值之東西轉化為交換價值之商品。
抽象的人類勞動把物質包裝成商品,累積中之整體被當成自然看待。但這
個自然是在人類開物成務、利用厚生的歷史中產生的,卻導致這個歷史
產生下的崇拜物累積之世界—陌生異化的財富或是商品世界,宰制著生
產者、勞動者,讓他瞠目結舌、困惑不已(*C* 169-171; *C* I: 173-175; *C* 1:
283-287)。就像創始馬克思主義的「事物世界」(*Sachenwelt*)一樣,如
今在成熟的馬克思主義中我們發現了「商品世界」(*Warenwelt*),它統
治著這個世界創造者的人(工人),而本身卻不服從創造者的指揮,成為
異化之物。從這裡看出前後期的馬克思使用的詞彙、概念有所改變,但前
後期思想的伏筆、世界觀(*Weltanschauung*)卻始終一致。

三、剩餘價值的出現與剝削

《資本論》中所討論的並非勞動者的一般勞動過程,而是資本主義下
的勞動過程。這種資本主義下的勞動過程乃是「勞動過程的一體性,以及
創造剩餘價值[1]的過程的一體性,可以看做是商品生產的過程,〔也是〕
勞動過程與創造剩餘的過程之一體性」(*C*, 192; *C* 1: 304)。勞動過程本
身僅僅是有目的的活動,為的是生產使用價值,這是大自然為了給予人的
生命之維持,賦予人的永恆的條件。與此不同的是資本主義下的勞動過
程,其目的既不在生產使用價值,而是創造交換價值;也不在任何既定的
交換中得利,而是「價值的增生、膨脹」(*Verwertung des Werts*),或說
是「製造利潤本身的無休止之過程」。為了區別一般的勞動過程與製造利
潤的過程(資本主義式的勞動過程)之不同,馬克思引用亞里士多德分別
「經濟」(economics)與「賺錢」(chrematistics)之相異(*C* 137-138;
C 1: 253n)。前者為家計管理之必須,後者以增加金錢的收入為主旨,亦

---

[1]　剩餘價值(*Mehrwert*; surplus value)應當是指多出來的、更多的、多餘的價值,
　　而非表面上字義的剩下來(剩菜、剩飯等廚餘)的意思(參考馬克思對剩餘價值
　　surplus value 的定義 *C*, 136)。

即無限制地追求財富。馬氏指出把價值當成資本加以膨脹是無休無止。資本主義式的生產之動機就是「狂熱的價值獵取」，就是「絕對性的致富欲求」（*absoluter Bereicherungstrieb*）（*C* 137-138; *C* 1: 253-254）。資本主義形式下的勞動過程是工資勞動者所進行的生產活動，俾為別人（雇主、頭家）之資本無窮盡的累積效勞。

馬克思的假設是這樣的，資本的累積必然導致剩餘價值增生的過程。他首先界定勞動力是「生活的能量」，是人身體和心靈能力的積聚，藉著勞動力的操作人在生產中創造了使用價值，這是唯一「創造價值」的手段。他進一步分辨活生生的勞動與死的勞動。前者是進行生產中的勞動，後者則存在於物質或工具中的過去之勞動，而如今變成物資與工具的價值，俾在勞動過程中可以使用、消耗的東西。藉著對死的勞動之利用，才會產生新的產品（透過技術把原料製造成新的產品）。必須把活的勞動加諸死的勞動之上才能夠創造新的價值。用馬氏的話「把金錢轉型為商品，後者形成新產品的物質要素，或是當成勞動過程的因素，而在把活的勞動力加諸死的實體〔原料、以往的製造技術、經驗等等〕之上形成〔勞動過程的統一性、一致性〕之後，資本家遂把價值（過去的勞動、客體化的勞動、死的勞動）轉化成資本，轉化成自我擴大的價值，轉化成活生生的魔鬼，它開始覺醒起來，開始『工作』，彷彿這個魔鬼的體內滋生了愛〔熱〕情一般」（*C*, 189; *C* 1: 132）。

這是價值創造的過程，其延長抵達某一臨界點之後，會使這一過程創造了剩餘價值。這仍舊是馬克思假設的想法，亦即資本的累積產生自活生生的勞動所創造的價值，多多少少大於為維持此一生機盎然的勞動所花費的支出（成本）。換言之，活的勞動所產生的價值大於維持此一勞動的繼續存在與操作。創造剩餘價值的勞動力，乃為普勞階級工人所僅僅擁有的商品（勞力可供買賣，有其工資之價格），勞力當商品看待，則其價格─工資─也與商品一樣受到市場上供需律則的規定。這意謂存入該勞動力（死的勞動和工具、設備、經驗技術等等）的抽象勞動之價值與價格是用來左右當成商品的勞動之價格。在實踐上這表示維持勞工存活的日常用品的數量（與價格），以及工人繁殖（工人再生產）的成本而言。對於購買這一商品─勞動─的資本家買主而言，勞力所創造的價值遠遠大於此勞力

維持所需之成本，前者超過後者之多餘部分就是所謂的剩餘價值。這個多出來的價值並不歸工人所有，而盡數納入資本家的口袋裡。這是剩餘勞動時間的功能，也就是工人在生產與其工資相等的價值的彈性時間之外，多加操勞、工作的時間（逾時工作的時間）。這個多加操勞工作的時間是沒有支付工資的時間，是不歸工人自由取捨的時間。

　　馬克思看待資本主義下的生產是一種資本的自我膨脹、增值的過程，也是透過資本家盡量剝削活生生的工人勞動所得的剩餘價值而自肥的過程。他說：「資本主義生產的目的與目標，亦即其驅力乃為資本的自我擴大，這意指盡可能最大化的剩餘價值之產出。因此，資本家對勞動力盡可能最大的剝削」（C, 346-347; C 1: 449）。

四、剝削的兩種方式

　　馬克思分辨兩種不同的極大化剩餘價值：「絕對的剩餘價值」和「相對的剩餘價值」，而增大這兩種剩餘價值的方式也就是資本家兩種不同的剝削方法。要使絕對的剩餘價值盡入資本家的口袋，其方式為每日工作時間的拉長，要增加相對剩餘價值就是要把勞動時間縮短，俾勞動力本身的再生產成為可能。必要的勞動時間之縮短之所以能夠達成主要為引進機器的操作，以及由此引申的生產過程之愈來愈機器化與愈來愈精細的分工。就因為機器是死的勞動，而工人為活的勞動，機器不會創造剩餘價值，工人卻能夠，一旦機器愈用愈多，工人愈用愈少，則利潤──由剩餘價值造成──會愈來愈少，這是他利潤率遞減落的律則之說明。《資本論》可以說大體上為對剩餘價值增大的兩種方式，或稱資本家剝削工人所創造的剩餘價值的兩種方法加以推擴、引申。這兩種剩餘價值膨脹之方法在於說明活生生的勞動如何遭受到愈來愈大的剝削，以及勞動的折磨、奴役與苦難的日趨極端。

　　在討論剝削的兩種方式時，馬克思認為第一種增加絕對的剩餘價值，顯示「資本」本身在理論上含有佔取一日 24 小時不停工作的企圖，要不是要使工人作為勞動力的化身得以存活，而扣除少數的休息時間的話。這只是說資本家恨不得工人一日做 24 小時的工作，但他卻是知道工人還

要存活下去，必須休息、吃、喝、睡覺，所以在24小時之中扣除8-10小時活命時間，其餘時間幫助資本家儘可能地極大化其絕對的剩餘價值。馬克思遂說，資本具有無可控馭的自我膨脹之狂熱，發展出「剩餘勞動的貪心」，發展成把「勞動吸乾」的嗜血本性，有如吸血鬼之所為（C 235, 237, 239, 259, 270; C 1: 344-345, 367, 377）。靠著勞工鮮血以活命的吸血鬼、吸血蝙蝠，乃是盲目的、絕情的、無饜的，魔鬼式的貪婪惡勢力侵入工人身體與靈魂的每一個「自由之原子」中，而把他吸乾、榨盡。他寫：「在其盲目的、無節制的狂熱中，他像人狼（werewolf）一般的飢餓要吞食剩餘價值，資本逾越了工作日有時間限制的道德界線，對此資本尚感不滿足。它還逾越了純粹體能的限度之外。他剝奪了身體所需的成長發展和健康維持。……資本從不問化身勞動力〔的工人〕還能活多久。它唯一的關心在於一日工作中保證投置於〔生產之上〕最大勞動力之數量」（C 268-269; C 1: 375-376）。

除了工作日延長之外，資本對剩餘價值「無節制的狂熱」，便是勞動過程大量採用機器協力，亦即生產的機械化，這也是工人日趨「非人化」。不只機械化愈來愈明顯，為了提高生產力而導入的精細和繁瑣、工作分化把工人「看做為人體的碎片，貶抑他成為機器的附屬品，導致他的工作成為折磨屈辱的活動，而破壞工作的意義，把他在勞動過程中的智力加以異化，其〔勞瘁折磨之〕程度連科學〔也引進到分工程序中〕也變成一個獨立的勢力〔不為工人活命之用，卻為資本家效力的人之異己效力〕」。這些機械化與精細分工「打亂他工作的條件，在勞動過程中，把他化做隸屬於暴政專權之下的臣民，讓工人對此斤斤計較、繁瑣、小氣的惡政更加痛恨」（C 713; C 1: 799）。

日子一久，工人變成沒有生命的工廠機制「活生生的附屬品」。依附在機器旁邊的勞動阻止了工人身心的自由活動，因為機器並沒有讓工人將操勞中解放出來，反而剝奪他工作的興趣。馬克思說：「各種各樣資本主義的生產中，顯示它們不僅僅是勞動的過程，更是資本自我膨脹的促進過程，這些生產共通之處為工人不再使用勞動的工具，而是勞動工具在使用工人……透過自動化的轉型，勞動工具在勞動過程上以資本的面目來對抗工人。資本〔同其他工具、經驗、技術等〕這個死的勞動力控制了〔工

人〕活的勞動力，並把他一口吸乾。生產過程中智力與體力的分開，把這些〔智力與體力〕力量轉變為資本控制勞動的勢力，現已告完成……在大規模的工業裡，它立基於機器生產之上」（*C*, 451-452; *C* 1: 548-549）。

五、資本的暴政與獨裁

在此馬克思描述了「資本的暴政」、「資本的獨裁」。其場景為工廠制度是一個「非勞動者」（*Nichtarbeiter*）對勞動者的留置、囚禁的集中營，靠著它的嘍囉、獄吏等「非勞動者」頤指氣使。堆積在裡頭的是大量的機器，每個機器以吞食和銷毀活的勞動力—工人—而不斷在操作，目的在促進資本的自我膨脹，只要機器能夠使用多久，這種自我膨脹的過程繼續進行，工人所製造的機器成為折磨他的工具。每個工人奴役於煩瑣仔細的操作，這是他被迫每日千萬次的反覆單調之動作。他的每個動作都是「異化、陌生的意志」控制下被迫的運作。這個異化的意志便是獨裁的勢力不斷在延長工人受苦、折磨的每分每秒，儘管一日只有 24 小時可供呼喚使用。很明顯地，「資本的暴政」便是馬克思現世地獄的描繪。

假使把這幅地獄的慘狀之繪畫擴大到寰宇的規模，我們便可以得到世界整全的映象、意象。《資本論》其實應當稱做「當作勞動與資本之世界」（*The World as Labour and Capital*）才貼切。它所描述的是寰宇的勞動過程，此一過程的運作卻是在寰宇的資本之暴政控制下進行的。對馬克思而言，整個地球是生產過程的場景，其動機、其驅力為資本「無節制、無限阻的自我增值慾」（*massloser Trieb nach Selbstverwertung*）。它被人狼式剩餘價值的狼吞虎嚥之飢餓所激發、所推動。從這個過程湧現的物質勞動之廣大世界，成為被剝削和被奴役的生產者必須迎面碰上資本的世界、人狼的世界。他們的勞動不再屬於他們所有，而歸勞力購買者的資本家所有。它（工人的勞動力）所生產的大量產品轉變成死的勞動——資本，硬繃繃地強壓在生產者的身上，有如古希臘神話中夢裡強姦婦女的夢魘（incubus）。以機器面目出現的死掉的勞動之不斷膨脹，宰制和壓迫活勞動力化身的工人。工人們愈大力生產，這個膨脹的勢力愈是囂張、愈是在壓碎他們。因之，他們被驅入奴役、踐踏和悽慘的深淵而無法

自拔。除非有全球性的造反來對抗和推翻資本的凌虐、獨裁、暴政，才能把物質化的生產之權力奪回。為了簡述整個理念，馬克思模仿費爾巴哈的口氣說：「正如同在宗教的氛圍中，人被其腦中所創造之物〔神明〕所統治，如今在資本主義的生產裡，他被他雙手所製造的東西〔資本〕所統治」（C, 685; C 1: 772）。以同樣的方式他在《資本論》未完成的第三卷之後對資本主義有了這樣的描述：「這是勞動生產力發展的特殊形式，在其中這些權力出現資本統治勞動之自我仰賴的力量，且是站在直接反對勞動者本身的發展之對立面上」（C III: 1026-1027）。這意思是世界本來是由勞動創造、生產、構築而成，但勞動的生產力卻轉化成倚賴的力量，倚賴資本來統治它、阻礙它發展的異己勢力，從而不得不視世界為勞動與資本兩者分裂且相互對抗的世界。

六、自我異化、自我輝煌與絕對權力的取得

馬克思一生中總在擁抱一個基本而固定的理念，那就是人的自由與解放。這個理念在早期《巴黎手稿》中展示了他最初自我喪失的念頭，人在生產與創造世界的歷史行動中失掉他自己。這意指人在異化的勞動，在貪婪的強迫下進行生產活動，世界終於在人的勞動生產中出現，但人的自己卻告消失。因之，在創始的馬克思主義中，主張哲學的共產主義之實現方能夠自我回歸、取回失落的自己。這套異化的思想在23年後出版的《資本論》（卷一）雖然不再出現（「異化」字眼出現最多只有一兩次而已），但卻潛入這部大作的下意識裡。因此，《資本論》所撻伐的是資本主義制度中的商品拜物教，是勞動過程中產生出剩餘價值，以及資產階級對剩餘價值的霸佔，工人在社會分工之下的零碎化、機械化，被剝削、被踐踏表示人的格調與尊嚴受害至大。這是馬克思後來大作表面所顯示的政治經濟體制及其表述的批判，骨子裡卻是視人生產活動的自我異化才是政治經濟學的「事實」。是故雖是成熟的馬克思主義卻仍舊在自我異化的經濟學上大加引申與詳述（Tucker, ibid., 213）。

早期馬克思提到人的「佔有慾」（Habsucht），以及貪婪，如今「資本」成為貪婪與佔有慾的擴大。是故不停的、無限制的佔有慾化成為價值

增生、資本膨脹無節制的追求。資本的有形意義是指生產資料（手段）中驅使財富累積的「自我膨脹」。當亞丹・斯密視資本為對勞動的指揮命令時，馬克思如今修改為資本乃是對無報酬的勞動（unpaid labour）之指揮命令。這就是他何以視資本為對「價值的狂熱獵取」，或「導致絕對性富有之慾求」的原因。對無報酬的勞動之指揮命令成為後期馬克思攻訐撻伐的對象，它是資本家抽取無限的剩餘價值來滿足其慾求──自我輝煌、自我膨脹的貪念與慾求。

　　財富最具體的表現就是金錢，而金錢是對天下各種事物控制與駕馭的權力。在佔有的偏執狂中看出金錢所裝扮的權力意志、權力慾。資本的自我擴大是征服世界的運動。馬氏說：「資本的累積是社會財富的世界之征服。它變成人的物質之龐大數量累積，遭到資本家的剝削、霸佔，而且藉此增大，其直接與間接的統治（Herrschaft）。引用路德對放高利貸的奸商之分析，認為愛好權力是追求財富的元素之一。是故資本家追求絕對的財富之慾望無異是指揮財富的權力慾發展至絕對性（the Absolute）的階段，正如黑格爾追求最高的知識，而達到絕對精神的境界。

　　馬克思這種遣詞用字，其實背後大有文章。原因是他的經濟概念僅止於名稱─「經濟」─而已。這句話來自亞丹・斯密及其他政治經濟學家。但這個理念卻來自黑格爾和日耳曼的思辨哲學。馬克思的《資本論》中的「資本」究實際與叔本華的「意志」和尼采的「權力意志」都有明顯的相似之處。這三個相似的名稱、概念都與黑格爾的理念緊密連結。「絕對的富有慾」是經濟上的用法，卻是黑格爾賦予精神的特性，亦即精神無節制、無饜的，在知識上、認知上對天下事物的佔有、攫取。黑格爾還把它看成「自我的特徵」，用以證成對萬事萬物控制的權力。黑格爾自我輝煌、自我膨脹的辯證運動指出在追求知識過程上，精神不斷的自我鞭策、往前發展。這種追求絕對性的理念又出現在成熟的馬克思主義的思想裡。金錢自我無限化的運動，就成為資本的自我增生、自我擴大的自我發展。在撰寫《資本論》時，他不忘多次閱讀黑格爾的《邏輯學》，黑格爾的「精神的無限追求」變成了馬克思資本主義生產中「金錢的全體主義（極權主義）」之演變。這是何以馬克思有異於黑格爾青年門徒的其他成員，終其一生對黑格爾辯證法的眷戀不捨，也是他何以斥責其他門徒後來視此

一辯證法為「死馬」的因由。另一方面，這也導致他無法如早前致恩格斯信上所提，要把辯證法合理性作一個簡單說明，卻遲遲未動筆的原因。辯證法始終「在神秘中包圍」了馬克思。這也造成他的學說逐漸從哲學而邁向神話、邁向秘思之因由。

七、資本家變成勞動者的吸血鬼和人的自我貶值

　　在 1844 年手稿中異化的、陌生的、敵對的勢力把其魔掌伸展到每個人與每件事之上。在《資本論》中這股邪惡的異化勢力再度出現，主要是結合工業革命以來資本主義史中大量的工廠報告之資料，而經馬克思整理分析栩栩如生地加以描繪。在早期欠缺經驗性資料時，馬克思只能描寫這股惡勢力如何阻礙「自由的」生產活動，導致生產者身心的摧殘，加重工人的自我異化。但在後期中馬克思把這股邪惡的勢力——資本家的貪婪、剝削——描繪成吸血鬼式的邪魔，吸乾生產者的血液、吞食勞動者的軀體，且其嗜血的口渴愈來愈嚴重，愈來愈貪求。就像黑格爾狡猾的神明，在毀滅與耗盡世人之後，達到祂的自我實現一般，馬克思的資本家式吸血鬼本身並不工作，卻靠生產大眾的血淚而自存與自肥，結果工人們愈來愈不像人樣，愈來愈去掉人化。就像歌德的《浮士德》一樣，一旦與魔鬼簽約賣身，便要淪入萬劫不復的地獄一樣。資本主義的犧牲者之勞工一旦出賣其生產力給予非人的邪惡勢力，就把自己降格為「活生生的原料」，淪落為「徒具人身的勞動時間」（C, 347, 244; C 1: 352-353）。出賣勞力的工人將在邪惡死亡的擁抱下慢慢地、痛苦地毀壞掉，變成了機器的附屬品，使肢體殘缺和心靈蒼白，最終除了起而造反、抗暴之外、沒有他途可走。

　　在其潛在的內容而非展示的表白中，《資本論》這齣戲劇是人內在生活的悲劇，是自我衝突的隱喻。它是人類被佔有、掠奪的暴君式勢力所去掉人化和毀壞消滅的表述，這股佔有性的暴力卻從他（人）內心自主地產生與成長出來。這股勢力控制了人的運動，佔取他的生命能量，無情地折磨他，狠心地驅迫他為了輝煌、為了膨脹，讓他的生命毀盡。不過就在受迫害的時刻，被迫走向絕對富有的驅力而失掉人性的犧牲者，也理解「去

人性」之不合理，也懂得反叛、革命之必要性與正當性。據塔克爾的個人觀點，他從來沒有看過像馬克思《資本論》那樣相似的心理分析之文獻，把自我異化精神官能症的過程之毀滅性與去人化的要素，做出這樣強而有力的描述與分析。一旦涉及無限制的自我膨脹驅使下，人所遭逢的奴役與悽慘，沒有人比馬克思還擅長這種鉅細靡遺、栩栩如生的析述（Tucker, *ibid.*, 215）。

有時馬克思似乎能夠體認到他所討論的事物為人自身之內的奴役——人的自我作賤與壓迫，或是異化的自我與真正的自我之間的衝突。因為在 1856 年《人民報》的週年慶時，他發表演講，他說：「人在制服自然的步伐之同時，人像也變成了他人的奴僕，或稱是他自己本身的惡德敗行的奴僕」（*SW* I: 359; *SW* 1: 500）。這往好的去想是他一時的失言，往壞的方面去看，則是他對人類作惡多端的指摘：破壞自然、宰制自然，也破壞人群、宰制別人。這裡沒有正式點名的惡德之主體便是《資本論》中的資本主義。在資本主義內被描述的過程，不再是早期自我異化的過程，而是現代社會中資本主義生產的剝削與分化的過程。是故取代創始馬克思主義自我異化的過程，今日變成成熟的馬克思主義之自我貶值的過程（*Selbstentwertungsprozess*）。它所顯示的社會劇之戲碼是人役使他人的故事，而非人成為他自己惡德敗行的奴隸底戲目。這個改變或者可以說是生成蛻變的結果。它是馬克思在 1844 年要命的決定所產生的結果。當年他把當成實有的自我異化為了實踐的目的，處理成為人與人的關係。易言之，過了一年在〈費爾巴哈提綱〉第6條中，他強調人性不再是內在於每一個人的抽象物，而是社會關係的總和（*FS* II: 3; *EW* 423）。

八、從個人的分裂到人類的分裂

馬克思曾經提出一個設準，指出藏在異化的人對待自己的關係所呈現的實在為「另一個、敵對的、有權力的人，獨立於他人之外」。如今這個外人、陌生人、異化的人乃取得人身的資本家。自我異化遂告社會化，當做人分裂為工人與資本家而形成他們之間生產關係。於是馬克思一路走向《資本論》，而投射自我異化的精神官能症似的過程為資本主義生產過

程。同時它企圖證成他的程序，用的是一般的、普通的說法（箴言），聲稱：一個人對自己的關係要「落實化與客體化（變成客觀之物）」在對待他自己以外的他人之關係上——在對待別人中看出來人怎樣對待自己。從這種一般的、普通的常識性說法（箴言）內得出個人的自我異化可以推廣為社會的異化、社會不對等的關係，人對他人的宰制與剝奪等等人際的關連。令人好奇地他把這種普遍的、一般的說法放在《資本論》開頭的註腳裡：「由於人並非帶著一面鏡子降臨世間，也不是一開頭便像費希特那樣的哲學家說『我就是我自己』，他第一次認識他自己是因為反映在別人身上。彼得這個人瞭解他對待自己的關係，是透過他對同類的保羅另一個人的關係上。因之，保羅的肉與骨，和保羅的身軀形體對彼得而言是人類現象的形式」（*C*, 23n; *C* 1: 141n）。

就其效應而言，馬克思在資本家身上看到異化權力的人身化，而這個異化權力原先卻是存在於異化的人（分裂成反對自己的力量）之身上。《資本論》提供豐富的、明顯的指證來證實這點。資本家到底是誰？是那種的人物。馬克思回答：「當做資本家，他只是資本的化身（*nur personifiziertes Kapital*）。其靈魂為資本的靈魂（*Kapitalseele*）。但資本只是一個生命慾望，那是自我擴大的慾望」（*C*, 138; *C* 1: 254）。是故資本家乃是化成肉身的貪婪。是生命慾望的人身化，目的在追求物質的自我輝煌、自我膨脹。在另一處他這樣寫著：「只要抽象的財富不斷地增加取得成為他活動的唯一動機時，他就發揮了資本家的作用。或者可看做當成人身化的資本，但卻擁有意志與意識」（*C*, 138; *C* 1: 254）。

後面這點他又加以說明，資本家必須大量花錢，當他財富不斷累積之同時。再說驅迫他走向絕對的富有造成他極端奢侈。「因此，在資本家的心胸展開浮士德式的衝突，這種衝突顯示累積的激情與享受的意慾之不相容」。不過前者——累積的狂熱——始終是「主導性的熱情」。「只有當資本家化身為資本的形態他才擁有歷史的價值……只有當成資本的人身化，資本家才受人敬重」（*C*, 650-653; *C* 1: 739-741）。

馬克思繼續說，一個真實的狀況是這樣的：獲取、佔有狂是社會機制（競爭）造成的效果，在這種社會機制中資本家成為社會載具驅動的輪子。不過我們也看到就是這種驅力的輪子，使馬克思的社會機制能夠把如

此這般地操作不停、前進不止。就是沒有人狼或飢餓對剩餘價值的不斷吞食，整個資本主義的社會體系最終也會崩潰。

《資本論》中的資本家與工人乃是兩股分離敵對的勢力之人身化，這在馬克思起始的自我異化的人之身上早便存在。資本家如同前述，靠著財富的名目追求自我輝煌的慾望本身。他是資本靈魂化做肉身，也就是資本取得人形，魔鬼人身化。另一方面，工人乃是活的勞動權力之化身，創造力取得人樣，成為人化的勞動時間（勞動在工作時間中的人化）。不管是資本家還是工人，兩者都不是人，不是完人，儘管兩者都沾染人味，儘管人的本質之創造性只存在勞工身上。因此，馬克思認為勞動者將是真正的自己的道（創造力）成肉身。但勞動者仍舊無法看成完整的人，回歸自己的人，除非他從其如影隨形的夢魘中解脫出來，這個夢魘無他，乃是「人身化的資本，擁有意識形態」。

九、對身體文化的衝擊

馬克思把世界當成是人創造的歷史產物。但在創造過程中人先是自我異化、喪失其本身。人的創造力之勞動在歷史各時期中飽受社會分工的阻止、挫折，而導致從早期的奴役勞動變成現代的工資勞動，都是受約束、受限制、受驅迫的不自由之活動。尤其在資本主義盛行的近現代，勞動生產過程中出現了資本累積的過程，這是工人的剩餘價值被資產階級剝奪的結果。資本家佔取直接生產者勞動產生的價值，累積成財富，於是資本成為死的勞動力，成為勞動力凝聚的精髓。它卻反過頭來凌虐勞動、宰制勞動。是故對馬克思而言，這個世界是當成資本對抗勞動的世界。

站在現代從事運動為專業的人，還是把運動當作健身、休閒、娛樂、舒發心身經歷或是謀生活動（勞動）單調無聊之外的替代性活動的人，會持懷疑的眼光來看待馬克思把資本妖魔化的「秘思」、「神話」，也會以正面的眼光評價資本對個人、對社會之積極性貢獻，從而重新檢討馬克思把資本與勞動對立、對抗的可能性與必要性。

首先我們談一下「資本」。不錯，資本應當是生產因素中居於主導地位的驅力，動機和目標。不過這只是就經濟學界下的資本。資本當然是

財富、金錢、信貸的總和。但對運動家而言，資本不限於生財有道、擴大利潤、追求富裕、產生權力的人世存活興衰所倚賴的手段而已。

尤其運動家所擁有的第一為其身體、意志、康泰、技能的身心資本，這是他（她）投入運動、競賽的最大本錢，是故健美的身段、堅忍的意志、發展的潛力，受過教育、訓練的技能、知識、經驗，都是體育者、運動員必備的身心資本。

除了身心的資本以外，運動員人際的關係，EQ 的擁有，在運動界、社會界中人事關係的正常、溝通脈絡的順暢，構成了他（她）們的社會資本。

至於運動者、選手的人格修養、胸懷志向，乃至知識水平、見解程度，是否有高瞻遠矚的人生規劃，是否有民胞物與的人文素養，是否把運動當成專業之外，還培養藝術審美的心情與眼光，都成為他（她）們的文化資本。

當然因為專業佳績締造所帶來的名譽、地位與財富，成為運動家的經濟資本。如何在其輝煌的運動生涯前半生累積相當的財富，以保中年、晚年之後無法再以體育競賽之佳績換取物質上、財富上的豐厚收入，而確保餘生的富貴榮華，也可以說經濟資本，這對從事運動與體育者生活具重要性。

至於資本應當還有其他種種的形式可談，礙於篇幅，我們僅能討論到此，以下談到勞動。

馬克思對勞動的定義是人有意識的自由的、創造的「自我活動」，這是人所以異於禽獸最大不同之特徵。自我活動指不受別人指揮、脅迫、奴役的活動，也不受人群進行的操作。可是自有人類以來，勞動和工作一直是異化的勞動和異化的工作。這不限於古代奴隸的勞動，或今日資本主義「工資勞動」。就是不付工資的活動（unwaged activities）中資本也可以把它們型塑成勞動力（labour power），變成單獨的產品。例如把教育型塑為學校的工作，烹煮與提供食物的工作型塑為家事工作。體育活動組織成運動，其中有些人領取工資，有些人分文未得。每一活動叢結（cluster）和每一工作都捲入異化。結果是愈來愈多的男女婦孺捲入工作中，而失掉自由的時間（Cleaver 2009: xxvi-xxvii）。依馬克思的

看法，在很大的程度內，是人自動自發，遵循本身的心意，發揮創造力（creativity），賞心悅目，美的欣賞與美的啟示之藝術性活動。是故對藝術家而言，他的工作，勞動其實就是創作的活動。這也是馬克思最嚮往、最讚賞的人的自我活動——理想中的勞動。運動就像藝術創作、寫作、出版、身心醫療、教育傳播、演藝活動是人的自我活動。在這裡不只專業，就是業餘運動家，或運動表演享受者、欣賞者，會把勞動負面的部分（異化、剝削、分工）一一刪除，而在身心康泰、逍遙自在、自滿自足中進行運動、欣賞運動、享受運動。

是故馬克思所描繪的「當做勞動與資本的世界」，把世界簡化為勞動與資本兩者的對抗，只能應用當代工商業物質文明先進的國家與資本主義盛行的社會。生活在其中的運動員與體育者多少都要受這兩者的對立與衝突的影響，而過著部分異化與被剝削的生活。但比起社會其他各行各業來運動員所受異化與剝削之苦還是達到比較少、比較小的程度。這是由於運動與自我活動（理想的、符合人性的勞動）比較接近的緣故。

十、尾語

馬克思對階級的分化、對立、鬥爭的情況，並沒有從事經驗性、實證性的考察，而是對歷史的發展用經濟流程的變化加以哲學性的解析。從1841年完成博士論文開始，馬克思走的思想路線便是黑格爾主義的轉變。受到費爾巴哈的啟示，馬克思相信黑格爾主義的本質應當看成為現世實狀的反映，只不過用的是精神變遷的神秘化說詞來加以解說而已。拆開神秘化之餘，還要從事物的內部看向其外部發展，是故馬克思把人的異化這個內部情況投射到分工、階級對立、剝削等資本宰制勞動的外部底社會流程。是故吾人可以把馬克思主義看做黑格爾主義的顛倒、翻轉與扶正。換句話說，當黑格爾把世界看做主體的過程時，馬克思把它翻轉過來，視人為創造與改變世界的主體，是故主體的過程其產品乃為世界——人創的、社會的天地（Tucker, *ibid.*, 218）。

馬克思自認他對「實在」有真正的瞭解，故超越哲學的省察進入「正面科學」的理解。不過馬氏所理解、掌握的實在是「內部的實在」，他所

意識的勢力是主體的勢力，是異化的人之勢力。這股勢力不僅在個人的活動中流露出來，更在人與他人的人際關係上出現在外頭的社會裡。從而可以說，他從哲學走出，而不僅抵達科學，更進入哲學源頭的神話。就像神話與宗教活動一樣，馬克思主義能夠鼓舞千萬人，主要的原因為其說詞人的解放與人的犧牲奮鬥。這種的影響力並不因為近一、二十年間的「蘇東波變天」，中、越、朝鮮改革開放而失效。特別是在全球化的浪聲中，經濟不景氣與金融海嘯的波浪翻天裡，無論是標榜社會主義國家的亞洲集團，還是西方資本主義轉型中的國家，還是天災人禍層出不窮的第三世界，馬克思主義所發出的口號：人變成上帝、人從邪惡異化的勢力掙脫出來的人類解放之神話，仍舊是廣大民眾現階段，解除心身痛苦的止痛劑，是取代鴉片與安非他命的鎮靜藥。這無疑是亂世黑暗中的一盞明燈，是混亂時局中的一絲希望。

馬克思、恩格斯與馬家三女兒（小燕妮、勞拉與愛麗諾）合影

Von Geothe 歌德

Fichte

Nietzsche 尼采

Aristotle 亞里士多德

Adam Smith 亞丹・斯密

Schopenhauer 叔本華

馬克思在家是孩子的大玩偶

Chapter 18

馬克思主義是神話嗎?

一、前言

　　如果我們向教條的共產主義黨人指出馬克思主義是從哲學轉變過來的神話、或秘思（myth），必定會引起他們的公憤，認為這是對馬克思本人及其思想的莫大侮辱。因為馬克思口口聲聲說他揚棄哲學之後，已大力研讀政治經濟學，並對經典的政治經濟學提出批判，因之成熟以後的馬克思之學說是對資本主義運作的科學分析與批判。恩格斯、普列漢諾夫、考茨基等人更頌揚馬克思主義諸種社會主義當中，最富有科學性格的「科學的社會主義」。

　　儘管正統（orthodox）與官方（official）馬克思主義極力撇清馬克思學說，不再是哲學的產兒，不再大談正義、不公等道德哲學、倫理學的社會批判，更引證馬克思對猶太教、基督教的抨擊，視宗教為群眾的鴉片煙，其學說是無神論的、反宗教的，是達爾文《物種原始》之天演論相媲美的社會進化論、階級分析論、經濟社會學。但仍有學者主張馬克思對社會發展的分期，對資本主義必然崩潰的說法，與對未來共產主義社會的翩然降臨，都是以「偉景」（vision華文翻譯為「願景」不準）的角度去分析過去、判斷現在和預測未來，勸人以參與和實踐來改變世界、創造歷史。這些作為不是講述神話、表達秘思是什麼呢?

　　是故美國學者塔克爾斷然指出馬克思主義乃是神話的大敘述，是接近宗教觀念的引申，至少是把黑格爾主義的本質——神學——翻轉過來的作品。其理由經本書作者綜合至少有下列幾項:

一、神話的本質在於把上帝、或人內心的生活經驗、精神人格的發展，亦

即上帝與人的心路歷程投射到外界，而成為眾所周知的故事。像古希臘中的英雄人物普羅米修斯反叛天上諸神，竊盜火種到人間，而遭終身監禁，並被兀鷹啄食其肝臟，作為懲罰。這種個人內心的忠誠與反叛，變成外露的竊取火種下降人間、遭受懲罰的外部行為，就是神話的本質。青年馬克思一度辦報遭封禁，朋友遂贈「現代普羅米修斯」的封號，也可以視他不只是神話的創造者，本身也化為神話中的人物（見本書第 12 章後面之插圖，第 214 頁）。

二、所有的神話之作者常以「偉景」、想像、希冀來看待世界，他所看的「實在」與人們經驗上、事實上、歷史上所見所聞常有很大的差距。神話的創造者常在不知不覺中製造故事，而本身深信不疑，又要鼓動大眾去接受他這種奇思幻想。

三、神話需要聽眾、信眾的參與、信持和實踐。其中故事的劇本詭異玄思、變化莫測之外，還有群眾信仰、傳播，讓它以活龍活現的儀式而告成立與存在。換言之，神話與宗教是同源的、師出同門的。馬克思期待普勞群眾共同參與與新社會的締造，他所宣傳的無非造反與革命，也可以視為造反的神話、或革命的宗教（Tucker 2001: 5）。顯然宗教與革命關連密切，宗教創造者常是革命家。革命家常為其人民提供一個高超的目標，這包括了人與社會的徹底改變，是故馬克思正是這種人獲得拯救的新宗教之革命者，他最高的目標是建立共產主義的社會。這種未來的美夢，就是神話、就是秘思。

四、與科學要靠複驗檢證來證實真偽相反，神話則不受經驗事實與邏輯思考的限制，可以海闊天空，讓思想、敘述翱翔於無阻隔之幻思之天堂裡。是故馬克思不惜排開中產階級的存在與作用，而把社會看成勞動與資本兩大陣營的對抗。把社會硬是分裂成兩極：勞心與勞力、資本家與工人、統治與被統治者。除此兩極以外的中間地帶，他可以充耳不聞、視而不見，不思不想，只憑他一人心眼中的所思所見，投射到外頭廣大的世界——社會與歷史，而編輯成這部人類慘痛的勞動史、生產史、人的生成演化史，以及斷言人最終的獲救與解放和美夢必然成真。

五、神話中也含有道德的教訓與啟示，但與道德哲學所主張的功利想法不

同，它不指示你該如何作，而是把神話創造者心靈中所見所聞真實的披露出來。是故神話不立基於道德主義，而立基於展示、透露、天啟（*Offenbarung*; revelation）等等神秘的管道之上。

六、馬克思的思想充滿道德的意義，並非由於他教訓人群如何在人際之間行善避惡，而是視勞動為善、資本為惡，而把勞動與資本的對抗看成善惡的生死鬥，而他完全站在代表善的勞動的一邊。馬克思觀念的深含宗教神話以及秘思的色彩，在於他把古往今來的歷史看做走向未來的必經道路，而未來共產主義的出現無異人類來生，天堂的美夢之落實，也是人類前史的結束，新的、人造的，人合理的、有意的創造的真正歷史之開端。這種主張不是預言式的神話、現代化的宗教、玄妙奇幻的秘思，是什麼？

二、從人自我分裂的異化到社會中階級的鬥爭

從馬克思早期強調人因為貪婪而自我異化，到他成年時期把異化的人投射到人身之外的社會界，而視勞動的生產過程衍生出資本的自我膨脹、自我擴大的過程，其結果是人的心路歷程轉變成世界分裂為勞動階級與資產階級的對立，成為勞動與資本的對抗。

馬克思在翻轉、顛倒與扶正黑格爾主義之後，把黑格爾視為精神主體流程的宇宙，轉變成宇宙──社會界──為人主體的流程。他所看到與描述的是內部的實在（inner reality），他所看為主體的勢力，是異化的自我之勢力，但這種人內在的勢力，在他成年後則看做存在於社會──人的身外──之勢力。由是把人內部之力量看做是外頭的力量，這正是神話的特徵。馬氏把人內心生活經驗描繪為發生在外頭世界的事件，這就是他思想中沾染神話的表徵。

這個神話是從黑格爾的哲學誕生出來。原因是黑格爾的《精神現象學》主張世界是在意識中表述了世界本身落實的主觀過程。馬克思卻把它轉變為人的現象學。他描繪世界是人種類自身落實的主觀過程。如果只談人及其異化，那麼創始的馬克思主義基本上停留在哲學思想的領域內。但在關鍵時刻，馬克思卻轉化為思想的神話形式。他把異化史的主體流程變

　　成社會的形象、意象。他甚至在唯物史觀中把神話的偉景與想像一齊包攝在這一史觀中，從而使異化自身衝突勢力的兩分化理解為兩股社會勢力的兩分化。社會中出現階級的對立、分化與鬥爭，從而演展為勞動與資本的對抗。從這個觀點來說，成熟的馬克思主義居然把創始的馬克思主義神秘化、神話化。《資本論》成為神秘化、神話化的載體（工具），是《巴黎手稿》（1844 年《經濟學與哲學手稿》）的衍生、擴大。

　　在轉變他對社會的概念時，馬克思最先取鑑於黑格爾的「市民（民間）社會」。這是無數自私自利的個人為市場上的交易而展開的競爭之集合體。他緊接著企圖對市民社會來加以解剖，使用的利器為政治經濟學，不過在對政治經濟現象解剖不久，他又陷入「政治—經濟的異化」念頭裡。其結果便是他早期異化的種類人（*Gattungswesen*; species-man），或稱異化人之種類（族類）。自我異化的人類群眾被他切割為兩大階級的成員：工人與資本家。同時異化勞動的過程被投射為「社會的生命過程」。這個生命過程的生產力是在工人身上具體成形，卻遭資本化身為資本家之無限膨脹、無限擴大所剝削、所壓榨。

　　本來是人內在的衝突——異化的自己發生之衝突勢力，現在卻看做人與人、階級與階級外在的衝突——外頭兩股衝突的勢力。馬克思對社會的看法最後所得的映象、形象、意象乃是自我轉為社會。換言之，在他心目中社會看成一個自我的體系，其內在的動力乃是異化的動力（*FS* I: 703; *CW* 4: 36）。在《神聖家族》中，他視兩方對立與對抗的階級是「同一個自我異化的人」之一體兩面。但就在此時（1845）馬克思不再把社會看做人自我異化向外展示的現象。不再稱呼勞動和資本是同一社會關係的兩個面向。他改稱這是同一社會關係的兩個方面。他此時所看到的是內部的實在，一個主體的世界，但他不以為這個世界是主體的，當然不會把它描述成主體的世界，因為世界是分裂了，分裂為兩個主體——資本家與勞動者。在他完全進入「偉景」的幻想中，其潛在的內容之「關係」為「自我的關係」，但表現出來的內容卻是「社會與經濟關係」。其結果是馬克思所描述與表達的社會體系是陷於衝突中的自我體系，或至少帶有這種性格、特徵的自我衝突之體系。

　　到頭來他思想流程的潛在內容在其表現、敘述的內容中隱約透露。其

實馬克思在社會中所見所想都是異化的人，把異化人加以放大就是他的異化之社會觀。社會是個人分裂的人格之擴大。他在把異化的人之敵對的自我收容到敵對陣營的兩大階級之內，他把階級描繪為自我。資本家的集體和工人的集體被他描述為資本與勞動衝突的生活勢力之集體人身化。換言之，資本的人身化就是資本家，勞動的人身化就是工人。資本與勞動代表社會的生活勢力，但卻陷入於你死我活的衝突中。在《資本論》中湧現了分裂兩大階級的社會，這是兩大階級本身在進行鬥爭，就是貪婪、專橫、剝削、惡毒，像是人狼那般的「資本靈魂」；另一方則是被壓榨、被奴役、受苦受難、充滿怨恨、反抗、憤激的勞工，他們代表勞動的生產的自我。馬克思稱呼集體的資本人格為「資本先生」（Monsieur Capital）、或「吾主資本」（My Lord Capital）[1]，而稱呼勞動人格為「全體工人」（*Gesamtarbeiter*）。所謂全體工人是指社會生產力的總體、整體、全體而言。個別的工人則為「全體工人之器官」。由此看出，馬克思把社會看成自我的體系，但這個體系分裂成資本與勞動雙重人格，故社會為集體的雙重人格者。

　　社會一旦看做是一個自我的體系，則在馬克思後期最主要的著作中所呈現的是這一體系的生命過程。這個生命過程是一部內心的戲劇投射到外頭之社會的戲劇。戲劇中的主角為「吾主資本」與「全體工人」。這些人物是馬克思社會世界唯一的「人民」。社會的劇場是一個大決鬥場，在場裡集體的資本人格和集體的勞工人格為著自我的利益展開殊死戰。儘管這些階級鬥爭表現的方式有時呈現較為和平與文雅的方式，例如工作時間之長短的磋商、薪資高低的爭論。「吾主資本」有吸吮勞動鮮血的惡習惡性，非把其犧牲（對象）的血吸乾來維持本身的生命誓不休止。但這種無止境的貪婪無饜、自我膨脹總會碰到極限、遭遇反抗，最終為自己掘下墳墓，走向敗亡。馬克思說資本家是資本的化身，他追求不只是使用價值

1　參考本書第 16 章第 6 節馬克思《資本論》中引用的一句話：「就像〔舊約〕《聖經》上所寫，選民成為耶和華的財產一般，那麼分工也把製造業的工人變成資本的財產」（*C* 381-382; *C* 1: 482）。這意思是資本對工人而言，無異是主宰其死活興衰的吾主耶和華，故稱呼資本為「吾主資本」。

及其享受，而且是交換價值及其增大。他接著指出：「瘋狂地向價值的擴大傾斜，他〔資本家〕無情地驅使人群為生產而生產，其結果會造成社會生產力之發展，以及單單由此創造了社會更高類型〔共產主義社會〕的真實基礎，它〔新社會〕的基本原則為每一個個人得以充分與自由地發展」（C, 650-651; C 1: 739）。

三、物極必反：資本的潰敗

　　馬克思又提出一條「資本家累積的絕對性普遍律」來，認為「社會一端的財富累積會導致另一相對極端的貧窮、勞瘁、奴役、無知、殘廢與道德敗壞之累積。居住於這一極端的階級在其生產品中生產了資本的樣態」（C, 714; C 1: 799）。很明顯的，馬克思所預設的臨界點終於出現，那就是資本的專橫暴虐導致人群不滿且無法忍受。這時私有財產的喪鐘敲響，「全體工人」把陌生、異化的財富從「吾主資本」手中奪回，魔鬼終於被摧毀，而所有的敵對怨恨消弭於無形。從資本自我膨脹的驅力下解放出來，勞動不再是被迫的操勞工作，而變成人生產力豐富的自動自發的人之生命力。資本與勞動所一度共築的歷史界最終變成一個既沒有資本，也沒有勞瘁的世界，變成一個「每一個人充分與自由發展」的世界。

　　這就是馬克思有關勞動對抗資本的神話。這純然是帶有道德主義的神話，是善與惡抗爭的故事，是對世界佔有的建設性與破壞性力量對峙的戲碼。它背後隱藏的主題與創始馬克思主義的主題：在貪婪的暴政下人分裂了他自身，以及人之非人化。人最終的自我解放以及生產力從暴政下奪回，在於私有財產的世界之攻破與奪回。這個原始馬克思主義與成熟馬克思主義不同之處，為早期異化的人在後期已分裂成兩種對峙的社會階級之成員：資本家與勞動者。創造性而又衝突不斷的主體勢力以及無限的自我擴張（膨脹）的意志，如今在馬氏後期變成了階級的勢力與貪求，而把社會轉化成鬥爭不斷的戰場。

四、馬克思不談分配原則，少談公平與正義

　　馬克思一向不願奢談社會分配的問題。他對社會主義者空談公平分配頗為反感，這不只是因為社會主義者一涉及分配公平的標準時人言殊，大家爭論不已，而且由分配原則引申的個人「權利」也是意識形態方面的「無聊」（non-sense）。因之，他斥責德國社會民主人士與法國社會主義者所說的「勞動所不短少的利益」、「同等權利」、「公平分配」為「應被人遺忘的言詞垃圾」。他認為把社會主義當成以分配為主旨的說法是粗俗的社會主義之特徵。這是1875年馬克思在〈哥達綱領批判〉中說出的重話（*SW* II: 20, 23,24; *CW* 3: 16-20）。是故他始終反對把普勞階級對抗布爾喬亞的鬥爭視為爭取公平分配的鬥爭。

　　正義意涵充滿正確、符合權利的平衡，是彼此主張的設限、是合理的解決。但這種看法很難應用於馬克思心眼中所目睹的世界之衝突底解決之上。在這種階級衝突中沒有任何合法的平衡可以取得，沒有任何一方的主張業已貫徹，沒有任何的辦法可以解決存在於人分裂為兩造的對抗勢力裡。這個衝突唯一的解決方法便是終止造成人分裂為勞動與資本相互對峙的那股勢力。是故他嘲笑當時社會民主黨人士喊出：「公平的工作應得公平的工資」的口號，並訕笑如此這般的「公平」、「正義」。對馬克思而言，這不是正義或不公的問題，而是人在被奴役中喪失其身分給「非人的勢力」（*unmenschliche Macht*），以及人把這股勢力全數摧毀的必要，俾取回他自己，以及消弭人際與階級之間的對立。勞工的貧困之結束剛好符合這種結束非人化的目標之落實（洪鎌德 2000: 242-292）。

　　馬克思神話的結構和黑格爾涉及自己、本身之黑格爾哲學式的宗教有密切的關連。黑格爾的學說是建立在傲慢（人可以齊天、可以勝天之傲慢）的辯護之上，是涉及道德的罪愆產生出來的好處之學說，藉此來彰顯自我異化的神明生成變化史。人類超越人的限制走向絕對知識之途這個過程被視為破壞的過程，因為一路破壞到底所以也犯罪連連，但黑格爾正當化這些罪愆與苦難之理由為最終人會變成上帝；或是另一種說法，最終上帝克服所有的自我異化，而獲得自知自明、全知全能，成就祂自身，並且獲得自由與逍遙的享受。

對馬克思而言，剛好相反，無限擴張、膨脹的資本活動是人的非人化。資本的自我膨脹並沒有使人獲得解放，它阻止人在自由的生產活動裡實現人性，這裡反映了馬克思道德立場的改變，其部分所受費爾巴哈的影響是明顯的。

不過指出兩人道德立場的不同，卻要作一個補正，那就是馬克思始終忠實於黑格爾的格式，當他表述破壞力是造成建設成果的主要因由。在《資本論》中，他指出佔有的瘋狂本身卻創造了社會財富的條件，導致資本最後的消失。此外，在資本的暴政下，勞工愈來愈大的苦難受害是產生改變的因素，是推翻這種暴政的動機、力量。是故資本變成了促成資本本身毀壞的力量。由是黑格爾所言道德上的罪惡成為歷史發展的善果之主要動力也出現在馬克思的思想裡。他看出去人化、非人化的過程本身變成人最終回歸到人本身——人化——的手段。他居然把視為絕對之惡的貪婪勢力促成保證人類最終解放的推手，使結果轉回正面、積極面、建設面，是好的、善的美景之呈現。在很深的意義中，「吾主資本」是馬克思神話敘述中的惡棍兼英雄。

這點恩格斯在費爾巴哈與黑格爾的道德觀之優劣中也有相同的說法。恩格斯認為費爾巴哈「我與你的共同體」的愛心倫理比起黑格爾道德上的罪愆學說來顯得膚淺，因為黑格爾在歷史的陳述中，出現視罪惡為歷史發展的動機、力量。其原因有二，其一，新的進步要冒犯舊的神聖的事物；其二，人惡質的熱情——貪婪與權力慾在階級對抗時出現，卻是歷史發展的的槓桿。費爾巴哈不檢討道德罪惡的歷史角色是其膚淺所在（*SW* II: 345-346; *SW* 3: 365-369）。

五、馬克思不在描述現實，而在透露心眼中所見的世界

神話思想一個特徵為思想者沒有意識到它（神話思想）本身的充滿神秘、詭譎、幻異。對他而言，其所思所想乃是他經驗上所看到的事物，且是該事物之「透露」、「顯示」（revelation）。神話所表述內心的過程，被描述為發生在外頭的現象，發生在外面世界的實狀。存在心靈中的觀察

——心靈的視界、景觀、瞻望、偉景中——之境遇裡滿溢了一種強烈的、緊接的、可觸摸的對外面實在之描述。這是卡西勒（Ernst Cassirer 1874-1945）所說的神秘感受，一種單純的感覺把思想者吞噬、佔有。思想家無法作自由的、合理的想法，而只是被一時的現象攫住（Cassirer 1946: 33, 57）。

馬克思自認所敘述和所描繪的事實，而符合經驗主義者科學的觀察法與分析法，同時他要人群採取行動、落實革命的實踐，是符合實在主義，而非空洞的道德訓示。但這些都是他在獲得「透露」、「顯示」下的，不自覺的想法與做法，這點正是神話創作者或詮釋者的本色。一旦實在被掌握、被理解，他說哲學—思辨的想法—便失掉其存在的媒介、失掉其存在的理由。它現在要讓位給真正的「正面的科學」。因為科學要為掌握到、理解到的實在進行細節的解析與描繪，等於把它文字化、紀錄、譯述（transcription）下來。所謂的「實在」，並非你我眾人所理解的實在，而是他在「偉景」、「願景」中所看到的一切之總稱呼。

他在偉景與願景中所看見是一個過程、一個運動、社會界的運動。他一度稱此為「真實的歷史運動，這一運動把世界翻轉過來」（SC, 15）。另外在他處馬克思又稱它為「真實的社會運動，它在所有文明的國家，宣稱是可怕的動亂之進程」（GI: 191）。必須指出是他使用「運動」一詞與我們常人對運動（例如世界範圍裡的工會運動、共產主義運動）有不同的意涵。他並不在指涉社會政治等方面有組織的群眾運動。他所說的運動就是《資本論》中投射的過程，分裂為階級的社會走向最終危機爆發點的過程，以及邁向「全體工人」最後挺身造反，摧毀「吾主資本」的暴動之過程。

這些運動的過程、爆發都生動可見地出現在他的心目中。這就反映在他屢次不斷地指涉這一運動「在我們的眼中」必然出現。在 1844 年以後這一說詞（「在我們的眼中」）頻頻出現在其作品中，令人矚目。在《共產黨宣言》中他指出：「一個相似的歷史運動在我們的眼中正在進行」（FS II: 824; CW 6: 489）。在《哲學的貧困》中他說社會主義者不用操心要為未來的綱領進行設計，不用追求心靈中科學的解釋，只要「單單去敘述在他們眼中所見的事物」（FS II: 761; CW 6: 177）。在《福格特先生》

（1860）中，馬克思寫：「這不是將烏托邦的系統或其他化成事實，而是有意識地參與歷史上革命過程，因為這一過程正在我們的眼前展開」（*CW* 16: 79）。

六、馬克思對時局的看法和其災難意識

馬克思對「真實的社會運動」、「歷史運動」、「革命過程」在其心目中是如此強烈的震動與感受震撼的緊迫性，以致他認為大暴亂的發生迫在眉睫，因而他擔心其大作《資本論》未能及時完成。這是 1857 年年底他致函貝倍爾（August Bebel 1840-1913）的信上所透露的驚惶與隱憂。其實 1850 年代末歐洲時局大體上是穩定的，不需他作驚人之語。他的擔心、憂慮還是他內心世界的緊張不安，而投射到外面世界來的虛妄。

在 1848 年歐洲各地爆發革命以後，跟隨而來的是工潮罷工，勞動者的不平靖、經濟低潮、國際危機等等。不過這些世局比起 1848 年革命來是微不足道，這點他不是不知道、不承認，不過對他而言，這些擾攘不安的零星事件卻是實在的象徵，是山雨欲來風滿樓的訊息，是造成他內心思潮澎湃激越的因由，遂有災難將至的「願景」、幻想。他一直預想歐洲大陸表面的平靜難掩地底下火山爆發式的大騷動，他的這些預想、願景、幻思就是一種事實畸生的結果。這個事實涉及他對世界的中心想法、願景，是一種投射的性質，而非時局的真正演變。

《資本論》中包含一大堆經濟史與社會史記錄的事實資料，從英國政府對工廠的調查報告和專家學者的引言，也讓馬克思大事收集和引用，這些都涉及 19 世紀英國工業與工廠城鎮的勞動者艱辛窮苦的工作環境與生活條件之寫照，其令人怵目驚心、慘不忍睹的恐怖事實，遠勝但丁所描繪的地獄之苦難與恐怖。從馬克思細心收集的敘述所組成的畫面可謂為恐怖之集大成，不是簡單一句「慘」字可以道盡。這可以解釋他神話式、秘思的社會想像（意象、形象）的可信度極高。《資本論》的主題並非看得見、真實的、現世的煉獄，而是異化的人內心之煎熬。但它卻靠工業革命的條件下工廠勞動者可怕的被剝削之歷史所形成的文獻來生動的描述下來。它是從經濟史的資料中大規模的神話之記錄與文獻化，而造成馬克思

主義在世界中莫可匹敵的影響力。

　　在投射壓榨與被壓榨者的兩種自我於社會廣大的場域上以後，馬克思變成神氣十足、生氣勃勃地對過去與現存社會環境上的各種事項產生敏感。這些事物都一一攝入他的願景裡、幻想裡，各依其情形而加以解釋，事實上他對各種事物是視而不見、有如目盲。他所關心的是那些足以證實雇主對工人的經濟壓迫與剝削的資料，俾把「吾主資本」對抗「全體性勞動」之鬥爭加以渲染、誇大。凡是對他的神話無助之資料一概棄置不用。因之，他無法看出那些在《資本論》中詳細引用的可怕之工廠條件已隨英國社會改革法的推行而逐漸改善，特別是在他花費那麼多年撰寫這一巨作的時期之中，情況已大為改變。在 1850 年代和 1860 年代英國大部分勞工的生活水平已有所改善之際，他還蹲在大英博物館的圖書室孜孜不倦尋找那些指認工人生活更為貧困、工作條件更為嚴苛的證明文獻。他的心思已被神話獨佔，因之他認為在世界革命爆發前，工人條件的嚴肅改善是沒有可能的。

　　前面的析述並不否認馬克思的願景，奇想與其在生與死後的某些社會與經濟的實況有所協調、有所接近。如果他的說詞與歷史實狀不搭調，那麼我們無法解釋何以不同時代、不同地方的那麼多廣大的群眾對《共產黨宣言》和《資本論》之世界觀那樣的讚賞、那樣執迷？在指出馬克思有關「勞動與資本對抗的神話」時，我們不否認現代社會中存有階級的敵對與衝突，也不認為資本家與勞動者之間的工資爭執是馬克思的幻想。就其外觀所展示出來的，這些事象是社會的歷史與現代的生活之事實。上面的分析並不在說勞動與資本之間的鬥爭本身是神話、是秘思，也不是說《資本論》缺乏現實社會的描繪。而是說馬克思把人內心的衝突投射到外頭社會的真實衝突之上。他對這個衝突的表述與描繪是之前德國思辨哲學的全部發展，也有部分是他本人內心激烈的衝突的經驗，潛意識下無法找到解決之道，而藉助於投射的辦法。把資產階級的社會用神話的性質加以描繪就可以從戲劇性的性格（例如「吾主資本」對抗「全體勞工」）看出來（Tucker 1972: 226-227）。

七、思想家對無產階級革命的參與

　　如果馬克思只是「透露」（*offenfarte*; revealed）他心眼中所見到的願景、幻象，那麼只需扮演一個預言家便足，他只需指出秘思與神話的要旨就好，何以他本身要參與這場勞動對抗資本的鬥爭呢？何以還鼓舞普勞來推翻布爾喬亞的宰制呢？這是不少批評家對他提出的質問。質問的方式多種，除了上面所提只要扮演預言家的角色，還是神話、秘思的知悉者就夠了，何必一定要挨上一腳、增加熱鬧呢？或是既然知道普勞最後必然取勝，那又何必介入？有人則指出，馬克思不以道德權威訓誡其信徒，不以爭取無產階級的「權利」、「正義」、「公平」為倡導世界革命的動力，反而再三標榜自己的觀察、評述、分析是「正面的科學」，那麼科學家豈可把事實與價值混為一談，不肯嚴守中立?科學與技術都是誰可以使用的中立性工具?居然偏袒勞動階級呢？談到理論可以化作實踐的指導，或實踐證實理論的正確與否，有人（例如 G. D. H. Cole 1889-1959）對馬克思的推理的過程，表示無法理解。他推理的過程，只有在理解為心靈對世界的看法已遭受神話式的霸佔，否則難以解釋其底蘊。

　　對一位神話，或秘思的思想家而言，沒有道德哲學家所觸及的行動、行為的問題。換言之，神話或秘思中不談什麼樣的生活對一個人而言是最好的生活方式，怎樣去過生活，為何要過這種的生活等等的疑問，也不以提出倫理原則來規範人生活之道。適當的和值得的行為方式對秘思家來說是清楚明白。正如同在神話中、在秘思中，出現在他心眼前的實在是那般的一清二楚。要回答人應當怎樣做才稱適當，這個答案早已存在這個世界怎樣生成演變的偉景、願景之看法中。這種看法在神話和秘思裡就是把內心的心路歷程投射到外界世事的遞嬗演變當中。人內在生活的戲劇被外化與被體驗為外頭世界的變化的戲碼。自我善惡勢力的衝突、破壞與建設的力量之爭執，表現為外頭勢力（階級鬥爭、資本與勞動）的對抗，也藉著這種外顯的戰爭而求取外部的解決。換言之，在衝突後，一方的勝利與他方的潰敗之成敗分明比排難解紛還徹底、還有效。

　　對馬克思而言，外頭世界的實在可謂為社會的實在，在實在中衝突表現為社會的分裂，因為社會中最大的兩個陣營、兩個階級所進行鬥爭之結

果。對抗相爭的兩股敵對勢力為善與惡的勢力，分別以生產力化身的普勞階級，以及非人勢力的資本所化身的布爾喬亞、資產階級。後者一度被馬克思稱做「資本的人身化」（*Personifikation des Kapitals*）（*C* 138; *C* 1: 254）。

在秘思的願景中行為的問題獲得解決，甚至連引發疑問都不會沒有產生之理由，現在看來似乎很清楚明白。秘思的思想家本身太投入於發生在他身外的世界上之戲劇。假使他不投入的話，他根本就不會寫下神話這個劇本。他一但進行秘思的建構，他的捲入、投入被他理解為世上的衝突，而非他內心的衝突。自我的道德戲劇對他而言，處於世界的生成變化之運動中，這是自我的擴大——變成世界的自我——，以及其分裂、鬥爭和紛爭之解決。

整個世界，或稱社會的世界，變成自我紛爭的戰場，在這場戰爭中善的勢力為了生存、生命、生活而與惡的勢力展開生死搏鬥。因之，這是他（秘思的製造者）內心的掙扎轉化變成身外世界的鬥爭。在此情況下，思想家被迫選邊站，協助善的勢力擊敗惡的勢力，達到天下太平、自我心安。在此情形下他參與鬥爭，也要求別人、鼓勵別人積極獻身參加革命世界、締造新社會、創造新歷史。重點在於神話的製造者把革命行動正在身外展開看做千真萬確之事，他的參加是自然的，也是必然的參與。

八、理論與實踐的合一

實踐涉及行動、動作、活動而言，馬克思視人有異於禽獸之處為，人的行動是自由的、寰宇的（多面相的）、創造的，而人的自我創造活動（生產）與改變（轉型）導致人的世界及其本身起著變化，也因此創造了與改變了歷史。在很大的程度上馬克思主義可以稱呼為「實踐的哲學」（葛蘭西的用詞），或至少是實踐的「想法」（thinking）。*Praxis* 源於古希臘女神的名字，後來變成拉丁文和歐洲各種語文的詞彙。自亞理士多德以降至日耳曼思辨哲學都把實踐與理論作對立面的兩項概念。康德認為實踐一方面是理論的應用，他方面是人倫理行為的表現。黑格爾認為在應用到人身上，理論的實踐是有限精神的兩個環節，造成個體的人乃是有限

的、主觀的精神。理論和實踐的真理在於自由，但自由無法在個人的層次上展現，只有在社會生活和社會制度上表現出來，亦即在客觀精神中展露。自由被認知，也是完整的獲致則是出現在絕對精神的發展階段，透過藝術、宗教和哲學之絕對知識底掌握，而抵達終境（洪鎌德 2006: 38-54; 2007b: 63-116）。

馬克思一開始在其博士論文與 1844 年手稿（一名《巴黎手稿》）、1845 年〈費爾巴哈提綱〉中認為哲學是實踐的。他說：「心理學的律則指出理論的心靈，在獲得本身的自由之際，轉化為實踐的能量，而且以意志的形式從亞門提斯的世界〔地獄〕走出來對抗世界的現實」（*FS* I: 71; *CW* 1: 85）。

在〈費爾巴哈提綱〉中馬克思說：「環境的改變與人活動或稱自我改變之同時發生可能被看做或合理地理解為革命性的實踐」（第3條）。他又說：「所有的社會生活本質上是實踐的。所有的神秘之物，把理論引向神秘主義可以在人的實踐和對實踐的理解上得到合理的解決」（第 8 條）（*FS* II: 2-3; *CW* 5: 4-5）。由是看出馬克思對理論與實踐的合一是再堅持不過的（洪鎌德，2006: 55-60）。

馬克思主張對勞動與資本的鬥爭中，思想家應當以實踐的行動大力參與。這是上面他所言對未來的社會注入什麼目標、理想、烏托邦作為人群奮鬥的誘因，不是革命實踐的重點，重點只是「有意識地參與社會的歷史性、革命性的過程，當此過程出現在我們眼前之際」。這裡參與的形式即為「革命性的實踐」。站在普勞的這一邊致力於革命的行動便是促進、協助、加強這個「真實的歷史運動，它要把世界翻轉」。再說革命的理論僅僅是這個運動「文字的表白」，革命的實踐是這個理論有意識的執行。是故他深信所有理論的問題都能在社會實踐裡獲得解決。這是他受人推崇的理論與實踐合一的學說。其基礎不是像杜威（John Dewey 1859-1952）等人的實用主義、實踐論，而是神秘主義，是他神話與秘思的本質。

假使把內心的道德戲劇投射到外面世界的生成變化之上，可以視為神話、秘思的話，那麼勸人參與本身也擁有參與的慾望，則為神話的儀式之起源。其後的儀式活動的展開可以當成是在神話敘述的事件（戲碼）象徵的再演出。但一開始情況並非如此。本來呼籲信眾參與革命表達了神秘思

想家熱情的感受，他感受到加速神話戲碼演出的需求。這是他在偉景、願景、幻象中所體驗之物，如今形成神話，需要讓這齣戲碼儘速上演。這個呼籲人群參與是絕對的、緊迫的、範疇性的要求。神秘的思想家無法也不能向你仔細說明急迫演出的理由。他唯一可作之事是向你指出這個世界，然後大聲說：「你難道看不出正在發生的事體嗎？」他知道你一旦看到他所看到之現象，必然同他一樣採取行動馬上去做。因之，他最大的關懷就是讓每個人在他們眼中看出正在發生的事情，把他的願景、想像（有關世界生成變化的過程之形象）透露給你、溝通給你。他感覺這是最有效的方法，讓他本身能夠積極參與，也引人參與。

九、道德勸說、改良改革之途是行不通的

對馬克思而言，最高實踐的職責在於讓善的勢力充分理解和意識到這場生死戰鬥的性質、條件和前景，也讓它們更為清楚體會它們所對抗的惡勢力之罪愆、邪惡，從而認識到任何對此惡勢力的妥協、和解（使用「正義」、「公平」的善心美意）是無望的，它只能導致雙方要求的自我設限和敵意的減低，而無助於壓迫、剝削、苦難的終止。他只要求勞動群眾和他同站一邊，瞭解善的勢力的無條件勝利與惡的勢力之徹底潰敗是沒有替代品、沒有中間路線、沒有妥協餘地。任何人（像蒲魯東）奢談正義、公平、道德勸說都被他斥責與抨擊。此外，他要讓善的力量得到鼓舞振奮，用的是他堅決的信心，相信他們最終會贏得勝利，因之在《共產黨宣言》裡，他說普勞階級最終無所損失，丟棄的是他們身上的手銬腳鐐，贏得是整個世界的財富與希望。他要組織與指揮這股善的勢力，提振他們領導，是故協助「國際工人協會」（第一國際）的成立，而獻身於世界革命的實踐政治中。因為「群眾的實踐和暴力行動本身造成那些〔階級間〕衝突的解決」（SC: 224）。只有靠群眾革命性的實踐，來完成世界的歷史性運動，才會讓我——世界自我和思想家的自我——之戰獲得大勝。

對馬克思而言，積極地推動和促進那個必然的勝利之降臨，其理由為他縮短「陣痛」的念頭，亦即世界新狀況（新社會）的誕生必然經歷不少危險痛苦，就像新生產兒的呱呱墜地之前，母親的陣痛頻頻，所以

思想家、革命者、群眾有義務積極參與，而把新社會的產兒從舊社會的子宮提早擠拉出來。這個新社會對他而言是新的自我之狀況（a new state of *self*）。他與普勞階級站在一起，就表示他站在世界中的那股善之勢力中，他們所進行的決鬥無異是他本人的戰爭。對他而言，無產階級始終是他一度喊出的哲學之物質性武器，也是實在向思想接近、靠齊，這個廣大的歷史與社會的實在終於與他個人的思想密契合一。這不是神話，是什麼呢？

十、神話與道德哲學有很大的差距

秘思的意識之觀點和道德哲學的觀點可以說天差地別，原因是前者鼓勵信眾積極參與，從而使心中想像而流露到外界的過程、運動得以推進、上衝。反之，後者只是對價值、對行為批判性的探討。不僅這兩套思想相差甚遠，而且彼此也陷入無可妥協的衝突中。道德哲學一開始的先決條件便是不介入所謂的「善」與「惡」之爭，且對懷有遠見、前瞻、願景的馬克思而言，這種道德哲學事先便主張和要求對發生在世界上的事物、現象持視而不見、聽而不聞的態度。這些道德哲學家沒人對他所見所聞會造成行為的問題，尤其是在知識上討論這種行為的問題。是故道德哲學的念頭對馬克思是一種引發不滿、生氣、討厭的東西。他無法忍受它，甚至表示對它表現出極端蔑視的態度。作為一個全神投入秘思想法的思想家，他主要的關懷是把他的願景、偉景、想像仔細辨認、細心分析、精密營構，目的在讓其他人能夠看見與聽見他所見所聞之物。他知道他只能使他們更意識到他的願景，然後讓他們能夠積極參與、共襄盛舉。這與提出有關生活與行為的規範性原則的道德哲學與倫理要求完全無關。是故馬克思在《資本論》這部書中的主要內容並非有關倫理之書，而是透露天機的一本重大著作。當成這樣的一部著作，也是馬克思主義最重要的福音、「聖經」，可以說自頭至尾是充滿道德主義的色彩，儘管它不是一本道德哲學的專書。這也是《資本論》被視為工人階級的《聖經》之因由。

馬克思有關世界的運動（生成變化）神話性的願景、偉景隨著他的逝世而消亡，儘管他企圖在其著作中讓它永續下去，而他的著作中也成為借

他的姓名演展成真實的社會運動所奉為神聖的經典。在這些社會運動中產生的它（馬克思主義神話）的意義不同詮釋將是另外獨立的著作（例如作者的《西方馬克思主義的興衰》〔2010〕）之主題，在此暫不評論。只指出這一點便足，馬克思有關勞動對抗資本的戰爭，對很多人而言這個神話有很多不同的意涵。他的不少信徒和跟隨者，明知他討厭奢談正義和公平，竟然宣稱他要透露的道德訊息是涉及公平分配與不當（不公平）的掠奪（剝削）。另外一些人則強調馬氏神話的意涵涉及自由與桎梏（bondage「綁帶」）。在 19 世紀末墨守馬克思字義（遣詞用字）的知識人認定這一神話本身毫無道德的論題。這點可以理解，原因是馬克思本人在呈現了這個神話時，強調它是「真正的、正面的科學」，是經濟科學，而在作此聲明之際再三強調其學說不帶倫理的意象與要求。因之，一個反諷，也是一個困惑（似是而非的困惑），那就是馬克思逝世數年間，正統馬克思主義的掌門人考茨基（Karl Kautsky 1854-1938），居然向自然科學家的達爾文徵詢道德的教示，因為他在其老師——道德主義者的馬克思——之著作中找不到這種道德訊息的緣故（Tucker 1972: 232）。

十一、對運動哲學的衝擊

如果說馬克思主義是一種哲學思想（尤其是創始的馬克思主義）、一套科學的分析（尤其是後期馬克思對資本主義的剖析和預測，一般被其信徒稱為「科學的社會主義」），甚至是一部神話、秘思的故事（涉及異化的人喪失自我、發展與投射到世界自我的分裂為對立的兩大階級及其鬥爭——勞動對抗資本），那麼它與運動哲學和身體文化有何相關呢？首先，我們先檢討運動、體育、身體活動的意義，然後才把馬克思主義對身體文化的啟示作進一步的檢討。

運動、體育都屬於人健身、休閒、遊戲、娛樂等文化活動的範疇裡。它們曾經被視為與人的勞動、生產、勞心與勞力的活動站在對立面，儘管廣義的勞動也把運動包含進去，因為勞動是人類謀生的活動，要使人得以生存，家族與人群得以繁衍，開物成務、利用厚生是必然的手段。人腦與軀體的協力合作不只出現在勞動之上，也是運動最基本的核心。只有

健康的身體、堅定的意志，與身心的平衡，運動家作為勞動者的生產能力（productive power）才能發揮其作用，達成有意識、有目標、有計畫的生產工作。

　　健康的身心正是體育與運動推行與推廣的目標，是故運動促進人與社群的生產事業，運動與體育是勞動以外，也是勞動增大的動力。他方面專業的運動家的受訓、教育、鍛鍊、甄選、拔尖、參賽成為其個人的職業，乃至志業，他或她把運動與勞動結合為一。其個人的收入與勞動者（廣義的工人包括勞心的職員、獨立操作賺錢的自由行業如教師、律師、會計師、醫師等等）的薪資報酬無多大的分別（大體上只有多少「量」的分別，而非付出勞力得到的回報「質」的分別），都成為運動員、體育家活口養家的資源。不但就收入而言，運動與勞動無重大的質之分別，就是在付出方面，運動員的心力俱疲與勞動者的終日勞瘁也是人活在世間「不工作就不得食」的自然現象兼社會現象。

　　談到運動員為有限的前半生（例如 40 歲之前）犧牲青春於運動場上、賽局中，飽受上司（經紀人、出資廠商、廣告商、觀眾等）的壓力，實與工人的遭遇無分軒輊。更何況在資本主義（社會主義也不例外）制度下，選手奪標獲勝之賽事成為有價值與價格的，可供售賣、喊價、簽賭、虛假演出（打假球）的「商品」。則運動員的表現與工人的勞動成果不都一樣的商品化嗎？再說，今日各國的勞工政策、福利制度多少對工作的時數、工作年齡的延長有所規定。唯獨運動員工作半生能獲保障的機制迄未成文化、法律化、制度化。而獲取特殊優遇的明星級選手在廣大的運動員之世界中只是少數中的少數。是故運動員儘管以職業、志業謀生，但絕大部分的人士仍要被迫提早退休，轉行其他職業才能養家活命。

　　既然運動與體育有上述的特性與限制，則對此一重大的社會行業、個人生涯、群眾活動之現象的考察和研究，採用哲學的途徑，只能探究運動與體育在人生上扮演的角色，以及運動員、體育家身心協調的意義。至於用社會學、經濟學、政治學、心理學、生理學去探索運動的科學根據，是科學與資訊社會經驗性、實證性研究的一環，為近年間休閒、遊戲、娛樂和運動在工商業發達、全球化的盛行下必然要去瞭解、探討的對象。

　　從古希臘奧林匹亞山的運動比賽揭開人類競爭而又合作的序幕以來，

運動是文化中體能健美的表現，是故以文化研究（cultural studies）來研究運動與體育的現象，不只在古代被被哲學家所留意，更是近年來英國學術界、思想界、文化界聚焦之所在。作為文化現象之一的體育與運動，涉及的是人身心潛能的開發，人的體能極限之定位。在公開比賽中，卓越的表現，非凡的創意、突出的成績，不一定是科學所能尋出其因果關係的。這可能要藉助藝術的聯想、秘思的猜測、神話的解讀才能獲窺究竟。

　　早期馬克思主義所強調人的自我異化、自我分裂為種類之我與貪婪之我，以及這兩個自我的對立與鬥爭，可以解釋拔尖的運動家企圖超越昨日之我與今日之我，而實現明日之我。運動員的自我異化與普通人的自我意識與自我超越應無多大分別。主要在找出自我中最具創造力的自我活動（self-activity 主動、能動）來才可望克服異化的力量，而使自己迎向解放之途。

　　成熟的馬克思主義把世界當成勞動與資本的對抗，這點比較不為一般運動界所接受。不過，個人（或團隊）的發展受阻於舊的典章制度之束縛，卻是運動員普遍的感受，亦即感受個人力量的微弱，無法改善運動環境或制度的綁手綁腳。一般運動員在當代社會的地位不高，除非已躋身於頂尖的選手明星行列。因之，運動員是否快樂的一群人，還是憂鬱的一群人，固然要靠體育界的覺醒團結、相互奧援，才能解答這個問題，也才能達到理想的境界，有時則不免期待好運、奇蹟之降臨。

　　比賽中特殊的、非凡的成績之締造無異是藝術品的創造，這裡頭固然有運動員本身的天生才能、本事在，也與其周遭人物與環境的互動之結果。是故以馬克思主義跡近神話、秘思的角度來看待破天荒的紀錄之刷新也是一個有趣的、激奮的欣賞角度（a stimulating perspective）。

十二、尾語

　　考茨基所以會向達爾文求教，主要的是馬克思究竟對社會民主工人運動提供什麼樣的道德的理想，還是只強調歷史運轉的因果關係和普勞最終的勝利。同他一樣認為馬克思主義不談倫理、不談道德的人有宋巴特（Werner Sombart 1863-1941），有克羅齊（Benedetto Croce 1866-1952）

等人，可見 19 世紀末至 20 世紀初一般對馬克思主義的看法大體只注重其
「科學的社會主義」之稱呼與內容，而不知其最初思想淵源的日耳曼思辨
哲學所包含強烈的宗教與神話的意涵。馬克思沒有關於倫理的著作，或對
道德哲學的析評，便被認為他不是更高意義下的道德家。正因為他潛意識
中擁有強烈的宗教情懷，所以他才會以道德家的心態來對抗傳統的道德哲
學。只有對實在開創秘思的、神話的概念、甚至宗教的概念，才是這裡所
指高層意義下的道德家。他們的心靈或是被實在的道德願景、幻象所盤
據，認為世界為善與惡兩大勢力的鬥爭，從而獻身於其心眼中所看到的揚
善去惡之戰鬥，而無心再創倫理的要求，道德上範疇的命令。

　　馬克思神話的開端是人的異化，不過這種異化應當是發生在個人內心
中的貪婪、自私，只要把這個貪婪自私克服，才是道德上的自反而縮、自
我省思、自我改變。現在馬克思不把這自我改變的人本身作心理學上、倫
理學上、道德規訓方面的改善，卻把個人的異化投射到人類全體、投射到
世界自身，這個世界便是社會界。然後他進一步把社會分裂成「吾主資
本」與「全體勞工」之對抗，這等於把個人自身反省改善的力量轉化成外
頭世界兩股勢力的衝突，以為其中惡勢力的資本家潰敗後，代表人類善的
勢力之生產力的勞工便可以獲得自由與解放，從而異化問題便會自動克
服。總之，把個人自我改變、自我解放的責任推給群眾的革命參與之集體
過程，是馬克思道德逃避主義（moral escapism）的表現，不期待自我改
善，而只寄望毀滅別人（儘管是他心目中描述的萬惡之資本家），就是推
卸責任，就是從人的職責中逃脫。這是一種幻想（illusion）、是一種思
想的胎死腹中（miscarriage）、一種虛假解決問題（pseudo-solution）的
偉大怪思（grand aberration of mind），是一種神話、一種秘思（myth）
（Tucker 1972: 241-243）。

　　神話的進一步發展為其制度化、組織化、法典（經典）化的宗教及宗
教的詮釋之神學。馬克思一生的思想淵源最重大的是黑格爾的神學理論，
或稱神學的哲學解釋。因之，馬克思主義表面是無神論，是反對宗教，但
卻有宗教的潛在議題，像對實在鉅細靡遺、完整而廣包的觀點和描述；
以歷史來看待事物的演變歸趨，把整體宇宙觀、世界觀納入遞嬗與演變
的歷史過程中；以解放來取代基督教的贖罪拯救，涉及是有關人的徹底

墮落與最終解救；強調理論與實踐的統一，並把世界觀藉行動落實下來
（Tucker, *ibid.*, 22-25）。

　　在這種情形下，視馬克思主義為接近西洋宗教及其神學的秘思、神
話，可以說是言之有據、推論成理的說法。

Dante 但丁　　　　　　　　Marx　　　　　　　　　　Darusin 達爾文

Plekhanov 普列漢諾夫　　Kautsky 考茨基　　　　　Ernst Cassierer 卡西勒

Sombart 宋巴特　　　　　Croce 克羅齊　　　　　　G.D.H. Cole 柯勒

猶太教與基督教的神話

米開朗基羅繪之「大洪水」
（局部）

神吩咐摩西舉杖分開紅海，使以色列人全數走乾地通過，又吩咐摩西再舉
杖，海便合起，使埃及的車馬軍兵全數淹沒。

走入共產主義的烏托邦

一、前言

　　恩格斯在 1880 年的春天寫了一篇法文的文章〈從烏托邦的到科學的社會主義之發展〉，分別在《社會主義評論》（*La Revue socialiste*）第3、4 與 5 期發表。後來結集成為一小冊，首先在巴黎出版。1892 年出了英文版，題目改為《社會主義：烏托邦的和科學的》（*Socialism: Utopian and Scientific*）。文中指出聖西門、傅利葉的社會主義為烏托邦式的；反之，馬克思與他所主張的唯物史觀和普勞革命能夠正確掌握歷史條件，把資產階級的私產轉變為社會的公產，把生產資料從資本中解放出來，使社會化的生產成為可能，這便是科學的社會主義。換言之，馬克思的學說和主張是把烏托邦的社會主義轉變成科學的、普勞的社會主義。

　　可是我們在探討馬克思主義的生成演變之過程以後，發現科學的社會主義對馬克思的學說是太沈重的負擔。我們寧願視這一影響人類近兩百年歷史的重大思潮，正走出實證的科學之窠臼，而走向烏托邦的路途。換言之，馬克思主義對人類最大的貢獻就是提供我們高瞻遠矚的偉景（vision，不只譯為「願景」），為我們編織未來的美夢。它是烏托邦，而非科學。

　　在討論創始的和成熟的兩個馬克思主義當中，我們發現這兩者只是時間上的先後有別，以及討論的議題、重點、方法的強調有所不同而已，其主旨、其精神、其脈絡卻是前後一致，都在仿效黑格爾對精神成長的艱苦歷程之詮釋、翻轉、修正，從精神轉化為各個人（以及人類），從神學（精神現象學）轉化為科學（人類歷史的物質生產之析述），從絕對知識的獲取轉化為人類最高境界的達成（無異化、無剝削、共產社會和人類最終解放的實現）。是故馬克思的學說無論是早期（論述上為哲學的），或

後期（奢言是科學的）共產主義之探討、描繪、預想，都是馬克思一生奮鬥、追求的目標，也是他的學說、主張，引發千萬人的遐思、嚮往、窮追不捨的因由。

但在學術界、思想界、哲學界，對馬克思所描繪的共產主義社會卻持有分歧的看法，甚至懷抱質疑、不信、反對的態度。的確，馬克思對未來共產主義的廚房不願提供詳細的菜單，其原因是不願越俎代庖，替新人類的生活方式拍板定調。他主要讓新社會與新人類有其自行發展的空間，他也相信在未來的物資豐盈、生產資料不虞匱乏的新環境之下，人不需為生存而勞瘁心力，勞動不只是創造，也是娛樂與休閒，成為人類之生活「主要的需求」，也幾乎變成了賞心悅目的美學享受。則未來個人與社會生活的規範，就不需前人借箸代籌了。

二、早期哲學共產主義的勾勒

一般而言，馬克思的 1844 年《經濟學與哲學手稿》標誌著他第一個思想體系的型塑，亦即所謂創始的馬克思主義之源頭。在這份手稿中，我們發現馬克思不只表述了他哲學共產主義的理想，還大力排斥粗鄙共產主義（共妻主義，女人成為社群共同的財產）的俗陋。在 19 世紀後半葉共產主義與社會主義幾乎是內容相同的名詞。馬、恩把社會主義視同共產主義，都是一種大規模的工人群眾運動，以及將此運動推廣，達到推翻資本主義，建立無階級、無剝削，平等與自由的新社會。

為了建立社會主義的新社會，推翻現存的權力體系，化除古老的條件是有必要的，這就是他倡議的革命，一種政治運動。「沒有革命社會主義無法形成，社會主義需要此種政治行動，也就是需要破壞與溶化〔解體〕。一旦它〔革命〕的組織行動展開，一旦最終的目的，亦即靈魂湧現之際，社會主義將拋棄其政治的糟粕」（*CW* 3: 206）。

之前在〈論猶太人問題〉一文中，馬克思指出：「只有真實的、個體的人在其經驗生活中把抽象的公民〔權〕取回其本身，也取回到他個別的工作中，取回到他個人的關係裡，使他成為「種類之物」（*Gattungswesen*），也只有當人把『屬於他特別的勢力』（*forces propres*）承認為社會的力量，而加以組織之後，〔這也就是說〕社會的力量不再以政治勢力的樣態來加以分離之際，人的解放才告完成」（*FS* I: 479; *EW* 234; *CW* 3: 168）。這說明社會主義與共產主義最終要去掉政治的壓迫，取消國家的干涉，而把國家轉化成社會。

　　上述的引言說明隨著政治革命的完成和階級統治的取消，國家、政治應消弭於無形。社會主義或共產主義的崛起便是把政治勢力或權力轉化為社會勢力、社會權力。

　　共產主義一詞源於 1830 年代中期法國革命性的秘密社團，後來成為馬、恩所推動的工人階級、普勞階級大規模的造反運動之過程和目標的稱呼。在《經濟學與哲學手稿》中，馬克思說：「整個歷史的運動，既是共產主義的生成（其經驗性存在之誕生），也是其思想的意識，是它〔共產主義〕生成變化的意識過程，及其理解」（*FS* I: 594; *CW* 3: 297）。這便是哲學共產主義崛起的文本。

　　在這裡馬克思把哲學的共產主義當成積極的、正面的人本主義來看待。因之，他說，在資本主義被推翻之後，政治上分別為民主的獨裁的形式下，以及國家業已消亡之後所出現的共產主義，乃為

　　人的再度統合於其本身，或稱人的回歸其本身，是人自我異化的揚棄。不過由於它〔初期〕仍舊把私有財產當成正面的本質來理解，或把人的需要性做〔正面的〕理解，這表示它仍受制於、限囿於私有財產之下，是故它被理解為概念，而非它〔人性〕的本質〔以上為粗鄙的共產主義時期〕。

　　〔真正的、更高階段的〕共產主義乃為當做人自我異化的私有財產之揚棄，因之，乃為透過人〔的努力〕也是為了人〔的好處〕之人的本質底擁有，是人回歸自身而當成社會動物，真正的人之存有底完全復原。這種復原是變成有意識的，也是綜合過去發展的〔人性的〕財富〔之表現〕。這種共產主義無異為充分發展完成的自然主義，相等於人本主義。而當成發展完成的人本主義，相等於自然主義。它是人與天爭、人與人爭的真正解決，也是存在與實有〔本質〕的衝突之解決，也是客體化與自我證實爭執的

化解，自由與必然之爭的化除，個人與種類之爭的消除。這是
歷史之謎的破解，而它本身知道這個破解。（*FS* I: 593-594; *EW*:
347-348）

是故馬克思在其第一個思想體系中所提的共產主義，是首先涉及共
妻，把婦女當成社群共同財產，視同公家的娼妓那種低俗和粗鄙的，只達
廢除私產，而仍保有公產的粗鄙的共產主義。因之，也是專政的、獨裁的
共產主義。由此進一步的發展，才是私有財產的揚棄，以及人回歸到真正
的社群的懷抱，實現人為住在城邦的動物（*zoon politikon*）之本質。

在《經濟學與哲學手稿》中，馬克思曾說出一句引發爭論的話，那是
指他說的：「共產主義保持了否定的否定之立場，是人類解放與復原〔人
性回歸〕下一個歷史發展階段必然出現確實的時期。共產主義是緊接降臨
的未來必然的樣態與動力原則。但像這樣的共產主義並非人類發展的目
標，並非人類社會的〔終極〕的樣態」（*FS* I: 608; *CW* 3: 306）。這句話
既肯定共產主義是人的解放，也是即將降臨與必然出現的社會樣態。那麼
如何又在最後一句話中否定這種新社會並非人類發展的目標，也非人類理
想的社會樣態呢？一般人解釋馬克思這種用字遣詞不夠謹慎圓熟，也是他
終生把手稿收存，而不敢輕易出版的原因。另有人則指出這種的共產主義
是初階之前的粗鄙之共產主義，是對私產廢除而化做公產（婦女、小孩視
為社會的共產），唯平等是尚的後資本主義之發展階段。只有超越這個階
段，才可望進入真正的、科學的、成熟的共產主義。

在這裡馬克思強調歷史的整個發展及其巔峰，乃是共產主義開創這一
動作，也是共產主義經驗性的，而非思辨性的存在之實現。對於共產主義
做出這種想法的意思是認為，這個歷史發展、歷史運動乃為人類生成變化
（*Werden*; becoming）的歷史，且是被感受與被認識的歷史。

由是可知馬克思對共產主義的落實雖然看成未來的預想，卻是自有人
類以來古往今來歷史生成變化的必然歸趨。以此眼光來處理未來哲學的共
產主義，不能不首先確定，歷史的主人翁不再是精神，更非神明，而為個
人及其集體的人類。歷史牽連是人如何透過大自然提供的材料與資源，來
開物成務、利用厚生，來成全其本身，這是「生成變化」的過程，是人類

（特別是諸個人）由青澀無知無能，邁向有知有能的成熟、成長之歷程。是故共產主義是發展為完成的自然主義相等正面的、積極的人本主義。

換言之，此時馬克思的歷史觀，是視人類的生成演變（*Werden*; becoming）之成長過程（growth-process）（Tucker 1969: 218）。因為他指出，就像所有自然的事物一樣要經歷成長、發展、成熟的變化，人的變化動作就成為歷史。自然是在人的歷史中發展的，也是在自然的基礎上發展成社會，是故自然與人性合一。所有的歷史都是在把人準備與發展為感受的意識之客體，把人當成人所需的必要條件轉化成人的需要。歷史遂成為自然史真實的部分，把（無知的）自然之物轉化成有意識的人。

馬克思接著指出所謂的世界史，無非是透過人的勞動之人類創造（*Erzeugung*; creation），也是自然的變化提供人的出現，人的湧現過程（*Enstehungsprozess*; process of emergence）（*FS* I: 607; *EW* 357）。不過除了強調自然對人的影響之外，亦即自然主義相等於人本主義之外，馬克思還特別強調人的勞動是人有異於禽獸之處，這是師承黑格爾把人當成「勞動動物」（*animal laborans*）之發揮。而人有意識、有創意的勞動，居然配合自然這個倉庫與舞台，從漁、獵、農、礦業發展為工業。「我們看出工業史以及建成的工業之客觀存在如何變成人本質力量〔能力〕的打開之書。這是人心的心理學可以感知的……〔工業成為〕人本質力量的實在，也是人種類才華的實在。站在我們面前的是人客體化的權力，它可以被感覺的、異化的、有用之客體物，它也以異化的形式〔出現〕，展示了通常的物質性的工業」（*FS* I: 202-203; *EW* 354）。

馬克思繼續指出工業是真正的、歷史的人際關係，因此成為人與自然科學之關係。是故工業可以看成為本質力量外顯之關係，由此自然（天性）中人之本質，或稱人的自然本質——天性——可以用科學的方法加以理解，這就回歸前面馬克思所言，在人類歷史中發展自然是人的天性，是帶有人類學烙記的自然之說法（*FS* I: 603-604; *EW* 355）。

馬克思強調人的本質、人的種類力量、人的勞動、工業發展、文明締造，無非是在說明整部歷史是人開物成務、利用厚生的勞動史，經由工業而產生的人之勞動異化，與人性的貪婪自私、自大有著重大的關連。以致資本主義的誕生，是在工業化發展的巔峰之際，資本家由資本的原始累

積，利潤的無限擴大，與剩餘勞動價值的剝竊佔取與剝削下，導致人性的淪落。其中私有財產與分工不但把人類一分為二，造成無產與有產階級的貧富懸殊兩個陣營的對峙、仇視與鬥爭，而且導致人造的、外加（由外頭硬性橫加）的歷史變遷遠離人類發展的常軌、正軌，這也就是馬克思不再把歷史當成正史來看待的原因。他視至今為止的人類發展過程不是以人性的發展為考量，不以人能力的開發為目標，沒有人主體性的意識的創造的真實歷史，是故他稱此為人的「前史」（*Vorgeschichte*; pre-history）。只有當前史結束之後，人類依其理性與本性而創造的真正歷史才可望開展出來。

三、成年以後的科學的共產主義之素描

《德意志意識形態》（1845/46）標誌著馬克思脫出黑格爾唯心主義的影響，走向唯物史觀之始，也是阿圖舍所強調馬克思認知論上斷裂的時期，從哲學邁向科學的轉捩點。所謂的唯物主義，或稱物質主義不是形而上學、或認知論上的物質主義，而是與實踐、革命相關連的歷史唯物主義。一如《經濟學與哲學手稿》中所界定的歷史，馬克思與恩格斯在合撰《德意志意識形態》中，把歷史界定為人種類本質（*Gattungswesen*）之生成過程，是延續《經濟學與哲學手稿》早先的說法，再加上哲學方法對經濟的詮釋。

馬、恩在《德意志意識形態》一長稿中強調歷史的真實基礎不是抽象的和想像的精神，而是真實的諸個人，以及他們的活動與他們生活的物質條件。這些諸個人所組成的具有形體的組織，如何與大自然打交道，發生關連之經過，就成為歷史的文獻與記錄。換言之，在自然的基礎之上人的活動，就是人群與物質生活的生產。諸個人如何展示或表達他們的生活，型塑了他們的謀生方式、職業類別，也把他們定位為何種的人——工人、農人、漁民、礦工、老闆、職員、統治者與被統治者等等身分。是故馬、恩說生產的方式不只決定諸個人軀體存活的「再生產」——宗族與種族的持續、延長、繁衍。它涉及諸個人活動的特定形式、諸個人表達其生活的模式，這才會造成表達何種生活方式，等於決定諸個人的職業與身分，以

及其後代的榮枯（*FS* II: 16-17; *SW* 5: 31）。

　　整部人類的歷史無異是諸個人勘天闢地、利用自然，以維持人類的存活與繁衍的生產史。人必須吃、喝、穿衣、住屋才能存活。因之，歷史的第一個動作便是生產這些能夠滿足人群存活的需要之物，也就是物質生活的生產，這是第一點。其次，人要能夠生產滿足人存活需要（*Bedünfnisse*; needs）的工具，從而需要與能力（*Vermögen*; abilities）的互相拉抬，或稱辯證發展，也成為歷史動作的一環。由是可見歷史也可以視為新舊需要的遞增，以及滿足新舊需要的能力之加強。要之，人類史的研究與處理經常要涉及工業史和貿易史的研讀（*FS* II: 30; *CW* 5: 43）。以上便是馬克思唯物史觀的大要。在對這個史觀做一個摘要時，他們說：「歷史的看法仰賴真實的生產過程之闡釋，從物質的生活談起，然後理解交易的形式，這種形式與生產方式牽連在一起，也由後者產生出來。換言之，要理解民間〔市民〕社會各階段〔的發展〕，視此為所有歷史的基礎，把它〔民間社會〕的行動當作國家〔的行動〕，以及理解所有不同的理論產品和意識的形式：宗教、哲學、道德等等如何從它當中產生出來，以及從那個基礎上追蹤這些〔典章制度〕的形式之過程。因之，整個事況可以在其整體當中一一描述出來」（*FS* II: 46; *CW* 5: 53）。

　　就在這篇長稿中，馬克思與恩格斯談到人類歷史的終境是共產主義的出現。對兩人而言，共產主義是歷史的運動，而非最終的靜態。他們指出共產主義「並非有待建立的一種事情的狀態，也非實在〔現實〕要求去求取適應的理想，而是一種改變現狀的運動」（*FS* II: 37; *CW* 5: 49）。共產主義的運動有異於至今為止的大規模社會運動之差別所在為對向來的生產關係與交易關係的大翻轉、大革命。是人類第一次有意識地處理這種人造之物、徹底地改變向來的典章制度。把舊式典章制度之自然〔無意識的，以為是必然的〕成長性（性格）剝落掉，使它屈從於聯合的諸個人底權力之下（*FS* II: 52; *CW* 5: 81）。從此，人類可以創造一個自由、和諧、快樂的新社會，人也在新環境衝擊之下，成為逍遙、主動、能動的新人類。真正的人類歷史——正史——隨著前史的消亡而騰躍飛揚。

　　不過在達到這一理想的終境之前，人類仍飽受向來傳統社會的分工所折磨、所損害。馬、恩認為分工意味著工作條件的分離，包括勞動所需工

具和原料的區分，以致在不同的擁有者之間對於其所累積的資本（不限於貨幣形式，也包括各種形式的財產與收入；換言之，擁有之物）成為四分五裂的零碎化（*Zersplitterung*; fragmentation）。因之，造成資本與勞動的對立與零碎，也造成各種各樣財產的分裂與分散。勞動便在財產雞零狗碎化之下，得以獨立存在。是故無論是私產還是分工，都導致個人自我活動（*Selbstbetätigung*; self-activity）的狹窄化（變成強制性、壓迫性的勞動），以及整個人類的分裂（分裂為有產與無產兩大階級）。為此原因，無產階級——一個被自我活動大門所摒棄的直接生產者之集團，遂被迫揭竿起義，進行世界性的串連與造反，藉普勞革命把資本主義制度摧毀，奪回生產力的全體、整體、總體，俾能夠把諸個人的全部才華與能力重新擁有，並加發揮。

至此地步自我活動才會與物質生產合為一體，諸個人才可望發展為整全的個人，而去掉被擺佈、被支配的必然宿命——去掉類似自然界中人不自主、不自由的必然性。無產階級一旦重新掌握全部的生產力，則聯合的諸個人、諸直接生產者便不需要私產。私產的取消與分工的消失，使諸個人可以堂而皇之符合哲學家對他們的稱謂：「你乃是真正的人、真人、完人」。至此時刻的歷史可謂為人發展為「人」之過程，而整部歷史也變成人從無意識的自然事物轉化為擁有意識的發展過程。整個過程也可以看做「人」生成變化的「自我異化過程」（*Selbstentfremdungsprozess*），這是後期的一般性、平均性個人承襲了前朝先人的意識，以先人的意識來墊底，而後出者又加諸先前者一些新的經驗、記憶等等意識產品，是故一部人類史無異為意識的演展史（*FS* II: 90-91; *CW* 5: 88）。

那麼未來共產主義的社會究竟是什麼樣的社會呢？除了無階級的存在（因之，也無階級的對立與抗爭）之外，私有財產與職業分工也跟著消亡，政府、國家、法律、道德一一消弭於無形。取代向來的社會，乃為社群，因為只有「在社群當中每一個人才有資料〔手段、本事〕培養其各方面〔的才能、天賦〕。因之人身的自由只有在社群中才會發展」（*FS* II: 78; *CW* 5: 78）。在真正的社群中諸個人透過其組合（*Assoziation*）獲取他們的自由（洪鎌德 2000: 342, 393-394）。

在傳統的社會中，因為分工發生作用的緣故，社會分裂為特殊的利益

與普遍的利益，個人的行動不是自主自願的，而是被分化的，像自然的演化那樣被迫的、不自由的。人活動的業績成為反對他、敵視他的異化力量，這股異化的勢力企圖奴役他，而不受他的控制。一旦分工造成，每個人有其特殊的、排他的活動範圍，這一工作範圍強迫他就範，使他無法脫逃。接著馬克思寫

> 他是一個獵人、一個漁夫、一個牧者，或是一個批評家，而必須〔終身〕變成這種〔職業上分殊〕的人，假使他不想喪失生存之手段的話。與此相反，在共產社會中沒有一個人只擁有一個排他的活動範圍。反之，每一個人可以在他喜歡的行業中完成他之所願。社會負責安排一般的生產，因此使我可以今日作此事，明日做別事，上午去打獵，下午去釣魚，黃昏去餵飼牲口，晚餐後去做評論，正如同我只有一個心靈，而無須權充獵人、漁夫、牧者或評論家〔之不同角色〕。（FS II: 35-36; CW 5: 47）

顯然上述的共產主義社會之描寫，極富農莊和田園的詩情畫意，是呼應盧梭返回自然的訴求，也是法國與日耳曼浪漫主義瀰漫下的田野（bucolic）與牧場（pastoral）之眷戀情懷。這種環境比起科技工業機械化、自動化、資訊化、寰球化所創造的生產力之激增，從而導致後社會主義社會的物質充盈之事實發展相去極遠。換言之，馬克思強調資本主義制度崩潰後的初階共產主義之先決條件是人類有史以來生產力達到最高峰的時期，亦即科學、技術發展到頂尖，而應用到生產與交易的經濟層面與社會層面。這種科技掛帥如何能夠與農牧漁獵的傳統產業同日而語？我們是否可以說馬克思為了反對分工把個人零碎化，把社會階級對立化，而設想的完人、真人、全人（整全的人）、隨心所欲的人成為未來共產社會的新人類呢？還是一時浪漫情懷下出現的未來憧憬之幻象呢？

四、對真人與全人出現的共產社會之批評

有關這種職業不分、身分不明，集獵人、漁夫、牧者與批評家於一身的全能人物之出現，及其所寄生的共產社會之降臨，不少馬克思主義的同

情者與批評家表示了幾種不同的看法。依據英國卜里斯托爾大學政治學教授卡維爾（Terrell F. Carver 1946-）之說法，可以分成四個範疇來析評。第一與第二範疇的分析站在彼此針鋒相對的評價立場發言，第三種認為馬、恩上面引用的那段未來共產主義社會的文本是該秘而不宣，當做兩人不曾提起，也不值吾人注意。第四範疇剛好相反，認為文本上所提及的爭議應該討論，才不致引發疑義、困惑。上面馬、恩的那段話顯示了共產主義具有鄉下、莊園的性質，這種性質與馬克思一貫的說法可以妥協一致嗎？因為共產主義是在資本主義發展至高峰，也是從資本主義的蓬勃發展中生產力與機械化的科技躍升起來的新制度，則田園悠閒的生活、分工專業完全排除的新人類怎樣又返回中古封建莊園的舊社會呢？

　　第一範疇中的批評家對馬克思有激烈的批評，因為這篇長稿中的第一章執筆人為馬克思，其遣詞用字也是馬克思式（其餘各章有部分是馬克思撰述，另一部分出於恩格斯的手筆；另一說為恩格斯執筆，馬克思加以修正、補充與潤飾）。批評家在掌握文本的遣詞用字時認為馬克思對共產主義的概念思慮不周，缺乏實踐可能性，這與馬克思慣常的嚴謹不牟，而有點散漫隨便。這是由於他對分工的刻畫無法服人，對分工的取消也趨於輕率，甚至帶有反諷（諷刺）黑格爾青年門徒輕言「批評家」的意味。這些作者認為這段話的執筆人——馬克思——用意可能嚴肅，但撰稿則嫌潦草，無視於其本人信誓旦旦地說前工業的活動（打獵、釣魚）與未來共產主義建立在現代工業的基礎上是兩椿無法相提並論的事實，為此進行討論是毫無助益。這派的評論家有 R. N. Berki, M. M. Bober, Bruce Mazlish, Alec Nove 以及 Peter Singer 等人。

　　第二範疇的評論者反對上述的看法，同情馬克思的說詞，不過贊成的理由參雜不一，程度有深淺。他們都假設馬克思是以嚴肅的心態寫下這段文字。與上面第一範疇的評論家相似，他們有關獵人與漁夫的社會之科技發展不高，沒有特別的憂慮，不過與上述嚴厲批評的聲音相比，他們還是接受馬克思對共產主義社會下分工與私產取消後，人的恢復全體能力，變成主動、能動（自我活動）懷有信心。這是由於批評家不顧科技扮演角色輕重下充分同情他對工業帶來的個人之身心創傷和社會的分裂之說詞，而附從馬氏的主張。這派論者包括 G. A. Cohen, Agnes Heller, Bertell Ollman,

以及 Peter Worsley 等人。我們還可以加上 Robert C. Tucker 這位本書最常引用的學人。

第三範疇的作家，也相似地同情馬克思。不過他們在評論馬克思的學說時，把這段話省略掉，不加引用（我們卻認為該提起並加申論才對）。其原因主要在避免把共產主義社會與漁、獵、畜牧、農耕的前工業社會相提並論，而引發困窘，特別是漁、獵、牧（體力）與評詩論詞（知識）之活動是勞力與勞心不同的領域。他們避免這段引文，而引用馬克思有關共產社會其他說詞，像個人自主的擴大，創意的升高，俾與現代工業生產（集體計畫、有效控制等）有關，這包括馬克思對分工的看法，以及一般與特別的評論也包括在內。這方面人數眾多，包括 Isaih Berlin, Jon Elster, Leszek Kolakowski, Herbert Marcuse 和 Allen W. Wood 等人。

第四範疇的評論家同情馬克思的情況與上述兩組人馬相似，但他們與第三範疇的作家不同之處，為提起這段馬氏的說詞，而非加以隱飾或棄置。他們瞭解讀者對這段話的疑惑，懷疑前工業眼光下的共產主義以及建立在工業主義之上的共產主義所產生的矛盾或困窘。這會引發馬克思在共產主義制度下，對科技不同的看法與評價，甚至令人不解在共產社會中取消分工是否明智。屬於這一範疇的作家有 Louis Althusser, Christopher J. Arthur, Shlomo Avineri, David McLellan, 以及 Terrell Carver 等人（以上 Carver 1998: 97-101）。

如果對文本所透露的曖昧性加以檢閱，那麼會發現馬克思所關懷者為前工業時代與後工業時代的科技問題，以及兩個不同時代科技的應用，以及在共產社會中科技的種類與勞動的組織等等問題。

對 L. Althusser 而言，《德意志意識形態》意味馬克思從非科學的人本主義脫逸出來，而走上科學觀的崎嶇道路。不過這種觀點反而把科技和分工的幼稚性事先排除出來，這等於證實 Althusser 有關馬克思知識上的演變是由哲學走上科學之途。Arthur 認為田園的生活方式未免語含諷刺，因為在《經濟學與哲學手稿》中馬克思批判傅立葉要建立農業的烏托邦更何況把一些零零碎碎的事務累積起來（今日做一事、明日幹他事，一下子打獵、一下子釣魚）並無法克服雞零狗碎的毛病。Avineri 則質疑牧場與鄉下的隨遇而安之方式可以權充複雜、精緻的工業社會，用來消除其

分工的範例。

McLellan 說建立共產主義的關鍵是分工的廢除，可是馬克思在《意識形態》中卻提出鄉下的社群，令人費解。無論如何取消分工是手段，共產主義的建立是目的。John Plamenatz（1912-1975）指出馬克思建立共產社會是認真的，該社會仍然得立足在複雜的組織與科技的基礎上。不過馬克思顯然放棄了《意識形態》中鄉下社群理想的美景，只是這種放棄秘而不宣而已（Carver 1998; 101-104）。

從上面的批評可以看出馬克思為了對抗分工、對抗人的原子化、零碎化，不惜使用與後工業社會不相牟、不搭調的田園的逍遙生活來做為未來共產主義社會真人與完人的楷模，而忘記他口口聲聲說共產主義的成立條件是建立在科技發展到最高度、社會財富充盈、物質不虞匱乏之基礎上。這點可以說是馬克思的思想之充滿神話與秘思的一斑，也是他的共產主義理想不過是另一類型的烏托邦而已。至少奧地利神學家馬丁·布柏（Martin Buber 1878-1965）就指出要達成共產主義社會的理想是馬克思與其他空想的社會主義者完全相同之處（Buber 1958: 82）；只是要達到目的所採用的手段有異而已。

五、《共產黨宣言》中所描繪的工人的解放之共產主義

馬克思與恩格斯在1848年所發表的《共產黨宣言》是兩人各種著作中翻譯為外國語文最多、閱讀群眾最大、影響力最深的力作。在這篇文章（後來刊印成小冊）中兩人除了強調共產主義的運動與共產黨人的作為之外，還談到共產主義社會——一個打破舊社會的生產條件，轉化為人的意識之新社會——之特徵。那就是造成這個社會的共產主義革命是徹底地摧毀傳統社會的財產關係；因之，也摧毀了傳統的理念。在取消地產和繼承權利，沒收移民與反叛者之私產之後，採用累進稅制，把信貸集中國家銀行，使交通通信集中，生產的工廠器材化為公有，把農工合併、公校中的小孩享有免費的教育等等。

在未來走向無階級社會的發展中，所有的生產集中在全國廣大的組合

（*Assoziation*; association）中。這樣公權力才會喪失其政治色彩。一般而言，政治權力僅僅是一個階級壓迫另一個階級有組織的權力。假使普勞在與布爾喬亞爭權時，被迫把自身組織成一個革命的階級——革命後備軍與真正造反的士兵——那麼隨著生產條件被暴力所掃清，則階級之間的敵對也隨著各種階級的消失而化解。「取代舊的布爾喬亞的社會，以及其諸階級和階級的敵對，我們將擁有一個組合，在其〔組合〕中每個人的自由發展成為所有的人的自由發展之條件」（*FS* II: 842-843; *SW* 1: 126-127）。因之，此時馬克思心目中的共產社會，不僅是階級的取消，更是階級敵對和階級鬥爭的消失，人在無異化、無剝削之下享有解放與自由。而社群中群體個人之自由發展便建立在個別人的自由發展之基礎上。這點看出其務實可行的一面，也是烏托邦和空想的色彩比較淺淡的部分。

就在馬、恩撰寫與發表《共產黨宣言》之前的一兩個月（1847 年 10 月至 11 月），恩格斯寫了一篇以 25 個問答組成的〈共產主義的原則〉一文，其中強調共產主義是普勞階級解放的條件之學說，而普勞是以勞動為生存手段，是 19 世紀的工人階級，其崛起是在工業革命爆發後，靠蒸氣機、紡紗機及其他機器的應用而造成的嶄新生產方式。由於擁有昂貴機器的生產工具者為財力雄厚的資本家，工人除了擁有勞力之外，除了出售勞力之外，沒有其他活命保種的本事，遂認為普勞階級也被迫形成與資本家對立的態勢（*SW* 1: 80-81）。

就在恩格斯這篇問答性的解釋文章上，馬克思把《共產黨宣言》一氣呵成地寫成為共產黨人如何協助普勞階級推動共產主義運動的宣傳手冊。其中《宣言》的第二段釐清共產黨人與普勞分子的關係，兩人強調共產黨人「不會組成有別於工人階級的政黨」（*FS* II: 833; *SW* 1: 119），用來反對工人階級的運動（*SW* 1: 119）。但後來列寧的布爾塞維克政黨、毛澤東的中國共產黨，都是有異於工人階級的政黨。不錯，馬、恩曾指出共產黨人的利益不會從全體普勞階級的利益分開來、獨立出來，他們本身也不會有派系的原則，因為這些組織原則是型塑普勞運動的精神支柱。如果共產黨人與普勞分子有所不同，那就是共產黨人跨越國界，把各國分歧的勞工運動彙整為無國界的工人運動之共同利益。另一個分別是在普勞對抗布爾喬亞鬥爭的每個階段裡，共產黨人隨時地代表整體運動的利益（*FS* II:

833; *SW* 1: 120）。換言之，共產黨人是普勞分子中最堅決、最前進的部
分，也是對共產運動的條件、方向和目標擁有理論上清楚瞭解的那一部分
（*ibid.*）。這種說詞無異為列寧「黨性原則」（*Партиность*; partinosti）
之專業革命家與革命先鋒——共產黨領導工人群眾進行革命——埋下伏
筆，是故這也是馬、恩重視群眾運動卻轉化成列寧式菁英奪權的理論
源頭。

　　另一方面為了避免人們對未來共產社會廢除私產的誤會與疑懼，《宣
言》中馬克思特別指出「共產主義的特徵不是普遍性的取消私產，卻僅僅
取消布爾喬亞的私產。因為現代布爾喬亞的私產是生產商品與擁有產品體
系中最後，也是最完善的表述。這種生產與佔有的體系是建立在少數人剝
削多數人，階級敵對的基礎之上」（*FS* II: 833；*SW* 1: 120）。現代資產階
級的私有財產是建立在資本與工資勞動兩者敵對之上。由於人活生生的勞
動才造成與增加資本家累積的資本。「在共產主義的社會中，累積的勞動
〔勞動的總成果〕唯一要做之事為剝奪那些靠佔有的手段，而把別人征服
役使的權力〔資本〕」（*FS* II: 834; *SW* 1: 122）。

　　由於人的理念、觀點、想法等等意識是受到人所存在的物質條件所制
約，也是受社會關係與社會生活的決定，在歷史的變遷中隨著生產與交易
方式的改變而遷移，這正是唯物史觀的要旨。人類理念史證明知識的生產
視同其他物質的生產成比例地進行著改變，因之，「每個時代居於統治地
位〔主流〕的觀念永遠是統治階級的觀念」（*FS* II: 840; *SW* 1: 125）。

　　總之，《共產黨宣言》中所談的共產主義已經不是涉及勞動異化剷除
的《經濟學與哲學手稿》之哲學性的共產主義，而是以普勞階級的認知覺
醒為主旨，具有宣傳、煽動作用，而更為具體的如何使工人階級擺脫資產
階級打壓與剝削的解放運動。

六、晚期的共產主義之理想

　　隨著歐洲1848年革命的失敗，以及 1871 年巴黎公社的旋生（3 月 18
日）與旋滅（5 月 28 日），這些令馬克思與恩格斯高度期待的新社會建
立的契機一下子失落，使兩人對共產主義有了新的看法。為讓第一國際全

力支援巴黎公社的起義，馬克思撰述了《法蘭西內戰》（1871）一書，美化了巴黎公社為勞工階級第一次自動而有效奪取國家權力，並進一步建立屬於全民的政府，形成了直接的民主，從而成為普勞階級解放的政治表現。公社被馬克思描繪為「工人階級的政府」，雖然公社的失敗是由於俾斯麥與法國提爾政權的勾結與夾擊，但這種理想化短命的公社之說法誤把「公社模範」（Commune Model）視同為未來共產社會的雛形，不但在馬克思在生之日引起爭論，就是在其死後，其說詞無異變成了「馬克思式公社」（Marxian Commune）的神話，是與巴黎公社歷史事實的真正演變相反的、對立的（Menschkat 1973[VI]: 180）。

　　無論如何這幾場馬克思親身經歷或參與的革命運動之慘敗，使他深信要為「人民下達行動的指令」（*par décret du peuple*）的「現成烏托邦」（ready-made utopias）是找不到的。反之，只有「正走向崩潰的資產階級社會中孕育的新社會之元素釋放出來」才可望造反有成（Marx, *The Civil War in France, SW* 2: 224）。雖是如此，馬克思讚揚公社為建立在生產者合作社的基礎上，啟開新社會的大門，為未來共產主義「聯合的合作社」之張本，「在共同的計畫之下管理全國的生產」（*ibid.*）。要之，這種把國家權力溶解成各地公社的自治是一種新的政治形態，其中把社會的生產資料、土地、資本轉化成自由與聯合的勞動之工具，從而使勞動的經濟性解放得以完成。這表示早期反對合作社運動的馬克思在巴黎公社上發現完整的合作社，一旦可以根據整體的計畫來管理生產，那麼共產主義就會化不可能為可能（*SW* 2: 223）。

　　其實這種社群聯合的勞動力之說法，早在 1867 年《資本論》卷一中便提及。在該書中馬克思說：「自由的諸個人之社群，在共同的生產資料下進行他們的工作，在其中所有不同的諸個人的勞動力有意識地加以應用，當作是社群合併的勞動力來應用」（*C* 1: 171; *C* I: 82-83）。接著馬克思寫：「社會的生活過程是建立在物質生產的基礎上，直到這一過程被處理為自由組合的人群的生產，且是有意識地根據既定的計畫來規定其生產，這一過程神秘的面紗才會被摘除下來」（*C* 1: 173; *C* I: 84）。由此顯示馬克思未來的社會是社群，是直接生產者的自由組合，是合併的社會之生產力量，是根據既定的生產計畫來進行有意識的生產與交易活動之新型

社會組織——自由、平等、和諧的社群。

接近晚年的馬克思逐漸產生了中央計畫經濟的理念，這種經濟是建立在自願自動的主動精神（voluntarism）之上，而非強迫性的勞動以及生產，儘管這個未來理想社會勾勒仍嫌不夠具體、不夠仔細，而流於鬆散與空泛。在〈哥達剛領批判〉（1875）一文中，馬克思把未來共產主義的社會的發展分成兩個時期，第一個時期可以說稱為初階的共產主義，也是列寧後來強調的社會主義時期。這是在推翻資本主義制度，防止資本家復辟的無產階級專政的過渡時期後的早期。這一時期個人心身才能的不同，成家與否，有無小孩、子女多寡，都使未來生產者的工人，無法享受絕對平等的權利。馬克思遂指出初階的工人權利不可能比社會經濟結構及其文化發展所要求的更高，這是按勞分配，各盡所能、各取所值的時期。

在第二階段，也是更高的共產社會時期「向來奴役個人的分工〔制度〕消失以後，亦即勞心與勞力的分別與對立消失以後；亦即勞動不僅是〔活口養家〕的存活手段，而變成了生活的主要需求（life's prime want）之後，生產力隨著個人全面發展而增加，以及〔社會〕財富的所有泉源更為充沛流動之後。只有在這個時候布爾喬亞狹窄的權利水平線〔疆界〕才會完全被超越。至此地步社會可以在其旗幟上大寫特寫：各盡所能、各取所需」（SW 3: 19）。馬克思的高階共產主義後來被列寧簡稱為共產主義，以有別於初階於社會主義。

在假設未來共產主義社會的兩階段的說詞之後，馬克思指出在初階時為「一政治的轉型期，在該期中國家有可能成為革命性的普勞階級專政」（SW 3: 26）。列寧就抓住這個「普勞階級的專政」之說法建構他自己的理論，認為無產階級的專政和社會主義的建設是共產主義理想的第一步，亦即初階的共產主義。

馬克思把第二階段的共產主義時期中，國家轉變成共產的社會之說法，與其早先「國家的取消」、「國家的揚棄」（aufheben）之主張稍有不同；反而與恩格斯的「國家的消亡」（absterben）之觀念更為接近（洪鎌德 2007a: 316-318）。

要之，沒有國家的共產社會並非馬克思直接提出，他只是略微指示這種可能性。因之，把共產主義當成無政府、無國家的主張還是出於恩格斯

的手筆。在《反杜林論》（1878）中，恩格斯發展出這種說法，認為隨著未來共產主義社會階級的消失，將使「當做國家的國家」跟著也告消失。國家建構其本身在於代表整個社會，一旦「國家與社會關係，隨著每一管轄範圍，愈來愈變成多餘累贅，則必然走上消亡之途。對人的管理將被對事物的管理與生產過程的處理所取代」（CW 25: 268）。恩氏這種公然的說詞是在馬克思的晚年，而未遭後者的修正，可見馬克思已修改其早期「國家的揚棄」說，而最終接受其革命伙伴的「國家的消亡」說（洪鎌德，前註）。

　　與馬克思的想法一致，恩格斯對未來共產主義社會的全貌拒絕細述。這是因為同馬氏一樣，共產社會的性質與內容不需當代人操心，只要關懷其造成的條件便足。至於未來中央計畫下的經濟活動，是否仍有涉及公共「權威」、「指揮」的問題，恩格斯只強調採用「非壓制和非挑戰的作為，俾自動隸屬於工作安排中」。這種講法啟開有關中央計畫與個人自由衝突的爭論（Oberländer 1973[2]: 71-73）。這顯示馬、恩未來共產社會的社會空想的、烏托邦的色彩濃厚，科學的社會主義又走回哲學的、空想的共產主義。

七、對運動哲學的意涵

　　顯然，共產主義的理想社會，不管包含有多少的哲學色彩，還是富有科學精神，卻很少是注重身心健康、技巧圓熟、追求競賽中的勝出、爭贏與奪標的運動員、比賽者、競技者、選手的個人及其團隊所關心與矚目的。

　　不過我們如果把運動與體育看作健身、培心、養神、促進競賽公平兼和睦人群的衛生、休閒、娛樂、文化、社會的生活內涵來看，那麼建立良好的運動空間與條件，增大爽身、寬心、適意、閑情的時間與節奏，則不能不講究理想的運動之脈絡。換言之，運動員、體育家、培養者、甚至一般觀眾，都希望出現符合其運動發展、推動的良好環境。其中異化的剔除、拜金主義、物質主義、虛名主義的減少，也是投入運動場與比賽場的選手、教練、觀眾共同的願望。尤其藉運動的表現，把每個參與

者之內在潛勢力（potentiality 潛能）開發成人群共同承認與讚揚的顯現力（actuality 現能、顯能）是每個人，包括選手、教練、觀眾在內共同的志趣與期待。

　　馬克思與恩格斯的共產主義之遠見，固然含有濃厚的秘思、神話和空想的色彩，卻是鼓舞人群向前追求的人生目標。其出發點還是人性揚善去惡的思考，其手段雖偏向制度面的變革（環境的改變，導致人心的改變），卻能激發社會中居絕大多數的勞動者與生產者的反思與省悟。在很大的程度上，運動家、體育者，教導人不失為另類的勞動者（身心兼顧的勞動者、廣義的勞動者），也是以運動與體育之事務為其生涯的專業者（故為廣義的生產者）。在馬、恩心目中的未來烏托邦中，專業的框架應予打破，工作的分殊、零碎也予以清除，而人（包括運動員）的全面發展、自由操作，將使人的狹窄性、片面性消失，勞動與運動逐漸融化為一，而實現馬克思所言，勞動變成健身、養心、適意、閒情的富有創意的活動，也變成了「生活的主要需要」，而非僅養家活口的手段。換言之，運動家，就像文藝工作人員、是最早期進入馬克思所倡說的共產烏托邦的現世人物。這樣一來，人的「工作」、「自我活動」早便落實為根據美學與健康的原則，而展現的爽身、賞心、悅目、有意識、合理之活動。

八、後語

　　如前所述，可知馬克思的共產主義社會之建立有異於烏托邦社會主義，不只反對用道德、宗教、教育、養心等唯心主義和平、改良的手段來改變人性和改造社會，他還用社會的原則（社會生產力的集中，財富的公用，社會結構的重整等等）來取代政治的原則（公權力的倡導、統治不平等關係的建立、對直接生產者的勞工之剝削與控制）。有趣的是取消政治的原則仍舊是使用政治的手段——暴力、造反、革命，這何異是以政治的手段來消滅政治的原則（以暴易暴），是一種類同自殺的行徑（Buber 1958: 83）。

　　把政治權力視為階級統治和階級敵對的官方表示之馬克思，難道會天真到認為未來階級消失後，不再有「新階級」的出現，不再有人凌虐他人

的宰制關係之復辟呢？在「捍衛革命的成果」之口號與藉口下，大權在握的個人或集團，豈會放棄先進的科技手段，不用來對付自主、自動、自發的社會力量（諸個人的社會生產力量，組織與運作社會主義、或共產主義新社會之驅力）？換言之，取代階級統治與階級敵對的政治權力在變換成社會權力的藉口下，形成一群人凌虐他群人的新異化勢力（ibid., 84）。

為此馬丁・布柏斷言在經濟的、社會的和政治的三種思想模式中，馬克思以嚴謹的方法注重經濟的分析（第一種），以熱情無比的心情重視政治權術的運用（第二種），而幾乎很少觸及社會自動湧現或變化的力量（第三種）。換言之，共產主義的社會驅力，例如俄國農村公社公共所有權的存廢會不會讓俄國由落後的、封建的農業社會跳過資本主義的發展階段，直接躍進工業社會，甚至後工業社會的共產主義，這是社會力量（生產與交換力量）的展現，但這一社會重新結構的因素對馬克思的思考（唯物史觀）竟然不發生決定性的作用（ibid., 96）。

恩格斯比馬克思更熱衷於強調他們的學說是科學的，別人（聖西門、傅立葉、歐文等）的主張是空洞的、幻想的、空想的烏托邦。其所根據的是前者為有系統的哲學（歷史唯物主義）和有效率的方法論（各種各樣的政治運動──包括合作社與公社的運動，加上普勞階級的革命）。為此原因現執教於香港城市大學中文、翻譯及語言學系的張隆溪教授反對把恩氏 1880 年《從烏托邦到科學的社會主義之發展》（*Die Entwircklung des Sozialismus von der Utopie zur Wissenschaft*），變成英文翻譯的 *Socialism: Utopian and Scientific*，法文的 *Socialisme utopique et socialisme scientifique*。後面這兩種翻譯都把德文標題所要顯示的時間發展先後和歷史變遷的走向（*telos*）的觀點模糊掉、消失掉（Zhang 1995: 66）。在這本小冊中恩格斯提出馬克思所發現的歷史演進之規律是建立在物質生產之上的，而物質生產的方式之改變卻受到生產力突破生產關係之社會革命之驅力作用，這便是唯物史觀，而他認為唯物史觀是科學的。另外馬克思科學上的貢獻為發現剩餘價值，而剩餘價值的剝削，導致無產階級與資產階級的鬥爭更趨激烈，這便是政治革命的導因。是故社會變遷（社會結構的改變）導因於經濟利益的衝突以及政治權力的鬥爭，這都是客觀外在的事實，擁有理論型塑的實在的客觀性。由是遂稱馬克思的社會主義乃

是科學的。

可是，在馬克思死後百餘年世界歷史演變的情況，常背離了他所發現的規律在發展，使他預言的資本主義制度的崩潰一再延期，而迄未落實。反之，奉行他遺言而實施中央監控與計畫經濟的蘇聯與東歐共產國家卻遭遇「大失敗」（Grand Failure）的命運，導致了「蘇東波變天」。這也迫使唯一奉馬克思主義所形成的意識形態為正朔的中共政權開始擁抱資本主義，而倡行「有中國特色的社會主義」，越南、朝鮮、古巴跟著進行「改革開放」，紛紛採用資本主義式的市場經濟。

另一方面對1960年代出現的「人道主義」或「批判的」馬克思主義信徒而言，馬克思學說的科學主義成為令人困惑狼狽（embarrassment）的說詞。誠如庫瑪（Krishan Kumar）指出：恩格斯把「歷史的機械性與機動性當做科學是最曖昧的說法」，這種說法與未來無法掛勾，認為「資本主義可以產生社會主義是一種意欲與希望而已，絕非『科學』」（Kumar 1987: 53）。不過資本主義的終結，就像末世說、千禧年說、耶穌再度降臨說等西洋的預言一樣，使真正的信仰者樂此不疲、傳誦不斷。在此情況下，擁抱了社會主義的「偉景」（vision）的馬克思主義作為一套社會理論、一椿世界觀（Weltanschauung）仍舊活潑躍騰，而成為西方文化界、思想界、學術界不可忽視的知識力量，更成為哲學思潮的導向。馬克思主義在過去一兩百年間並非主流的政治勢力，也不是主流的意識形態；相反地它扮演為反主流的論述與反教條的精神隨時湧現。在 20 世紀下半葉尤其成為知識分子與大學生等反對財團的與跨國的資本主義之指導理論，而非革命政黨的意識形態。這種情勢的發展與馬克思早期的著作《經濟學與哲學手稿》的廣受矚目與傳誦有密切的關係（Zhang 1995: 72-73）。

誠如塔克爾引用《手稿》的權威宣稱「共產主義並不意謂為新的經濟體系。它意謂一個社會中的經濟的結束。蓋在該社會中從勞動解放出來的人會在休閒生活中實現他創意的本性」（Tucker 1969: 217）。他還進一步指出馬克思的學說與其說是科學，還不如說是烏托邦、或是秘思。他美學的烏托邦，是前史結束後（後歷史時期）的世界的偉景。在未來世界中人的存在將擁有創造性的閒暇與藝術的表現，這代表多數人類美好的生活，亦即把職業與工作的生存方式重新取向於生活的多面化（*ibid.,*

223）。這麼一來勞動變成賞心悅目的美學與藝術活動，成為生活「主要的需求」，這難道不是烏托邦的新世界與新人類嗎？

晚年的馬克思　　　　　晚年的恩格斯

聖西門 Saint-Simon　　傅利葉 Fourier　　歐文 Owen

  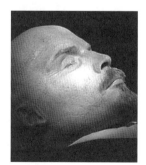

阿圖舍 Louis Althusser　盧梭 Jean-Jacques Rousseau　列寧 Lenin

Bismarck 俾斯麥

Adolphe Thiers 1979-1877 提爾

原始公社（聖經中的伊甸園）之寫照

伊甸園是原始公社之前人前史的開端

馬克思思想中的哲學、科學與秘思

一、前言

　　馬克思知識活動的生涯是開始於哲學，儘管他一度醉心要成為像歌德（Johann Wolfgang von Goethe 1749-1832）、席勒（Friedrich W. Schiller 1759-1805）、列辛（Gotthold E. Lessing 1729-1781），及其表親海涅（Heinrich Heine 1797-1856）那樣的詩詞文藝之創造者——詩人與文學家（洪鎌德 1997a: 33）。他首先肯定哲學的傳統要求與主張，認為是在理念的領域中居於主導的地位的知識系統。不過，在早期他便開始質疑這種主張與聲稱的合理性與正當性。他接受了「哲學的終結」一概念，不過這不是認為哲學早晚要讓步於自然科學（17 世紀理性主義高張時代歐洲學界大部分的看法）、或社會科學（18 世紀啟蒙運動與時局變遷下，社會學說崛起之時）的超越形而上學，回歸到經驗層次、現世層次的說詞。反之，他認為哲學實現的目標，就是哲學的揚棄，就是哲學的存在成為多餘、成為累贅。

　　換言之，青年馬克思同意「哲學的實現」（揚棄），而非像晚年的恩格斯主張的「哲學的終結」。只是哲學的實現與揚棄，在他的心目中並非消失於實在（現世、自然與人文世界）中，而是消失於理論的另一形式——科學——裡。原因是在各種各樣理論類型中要算科學比較接近實在，也最有本事把實在加以剖析和描述。相對之下，哲學只是理論的一種形式，但有時不免將其尖銳的睿見屈服於系統性的歪曲中，成為一大偏見、一種教條、一套意識形態。哲學是在各種理念之下，尋找最高的、權威性

的卓見，而成為一般普遍思想中最具有效性與先驗性的基礎，是最基本的學問。就在尋找可靠、有效率的基礎之際，哲學在先驗的教條主義與完整的懷疑主義之間擺盪，求取知識的權威化——放諸四海而皆準、俟諸百世而不惑的思想、觀念之定於一尊——只有哲學才會有此雄心壯志，而科學不敢有此奢求，最多追求經驗性的真理而已。在理論的本身科學並無其基礎。所有的理論有其在物質性現實中的立足點，而科學是唯一的理論形式承認這個立足點。故此，也成為能夠完整、精確表述實在的唯一理論形式。科學以外的其他理論形式，像哲學，其實質的立足點不限於經驗世界，不限於自然、人文與社會現象，雖然也在表述實在，卻非科學的，而有時流於神秘的、冥思的、思辨的方式。為了超越哲學，科學吸收了哲學卓見的內涵，而把這些洞察世事之識見轉化為因果和發展的律則，俾更合適地、妥善地認識與解釋世界，更精確地描述實在。

就在這種考量的範圍內以及論據的基礎上，馬克思濃縮地把物質主義反對唯心主義（觀念論）之主張加以系統化，從而建構了他自己的歷史唯物主義之社會科學。馬克思主義有其哲學成分，這是源之於馬克思把物質（唯物）主義視為「哲學」的緣故。傳統的物質主義可以視為哲學，這點與馬克思和恩格斯的看法是一致的。因為對兩人而言，哲學發展自宗教及神學，但仍保留相當多的唯心主義，或稱觀念論的餘緒。因之，哲學的唯物主義（像黑格爾青年門徒之一的費爾巴哈以人本主義作為唯物論的開端）比之哲學的唯心主義（從康德到黑格爾整個日耳曼經典的思辨哲學）算是一大進步，但兩者仍舊是哲學，是觀念論者的說詞，蓋其思想的概念基礎並非物質性的實在，而是物質性實在超驗的必然理念（例如康德的「範疇」和黑格爾的「精神」）。

以上是有關馬克思的唯物史觀不同意，甚至反對教條的唯心主義之部分，至於他的學說駁斥懷疑論的解說可以簡述如下。哲學中反對整體性懷疑論的辯解，主要建立在本體論、存有論（ontology）之上，也表現在形而上學和認知（識）論。至於非哲學，而又取代懷疑論者的理論形式，則為承認在物質性的實在當中之認知基礎，這就是科學。換言之，本體論、形而上學、認知論和科學都是懷疑論的反對者、駁斥者，甚至是懷疑論的「懷疑者」。

對科學而言，實在的知識是可能的，是人可以掌握的。但實在的知識除了仰賴觀察，實驗等方法求取之外，不能不靠概念、理念的析述，而任何理念（儘管存在嚴格的概念架構裡）不是約定俗成加以無懷疑地全面接受，卻是常出問題、引發爭議。是故所有的理念最終需要通過有效性的檢驗、證實，通過有效化（validation）的檢證，找出這些理念是否適當地，妥善地符合實在（adequacy to reality）。從而科學方法在排除懷疑論者對實在表述方式之質疑。

傳統的認知論理解知識為主體對客體關係之掌握、佔有。知識是一種理念，是在主體心靈中對客體的理念，不過我們知道對唯物主義者而言，客體在典範上就是「物質的實體」（material substance），就是「物質」（matter）。古典的西方哲學的出發點存在於主體的心靈與理念間，以及主體對其理念之道（the way of ideas）的普遍認可、承諾、堅信。此一觀點中必然產生一個疑問：如何能使主觀的認知（理念）完全符合（獨立的、外在於主體之外）的對象，而建立起有效的、可靠的知識呢？對此懷疑論者的反駁，傳統的觀念論之回應是認為並沒有存在著這樣外在的、獨立於主體的客體──認知的對象。像黑格爾就說，認知的客體、對象，並非物質的、形體的，而是心靈的、觀念的，是心靈或精神的產物，蓋在認知的活動中與過程中，這些以概念的方式被感受、掌握的對象是精神的客體化之物，也就是精神的異化之物。異化牽連到喪失（loss）和幻象（illusion），亦即自我的喪失，與誤把喪失之物不當成精神本身的產品，反而看成外在於主體，而又企圖採取陌生、敵對、異化的他物、他者。就因為黑格爾持這種心靈或精神喪失其本身之說詞，因而想要取回與恢復失掉的那個自我，精神遂展開了認知上的探險之旅，也在人類歷史過程中從精神的主體，而變成客體，最後進展到絕對的樣態（Gestalt）之辯證發展，從而完成了「精神現象學」的顛沛坎坷的知識之族和人類艱苦成長的演展歷史。

二、從哲學的物質主義轉化為科學的唯物史觀

馬克思效法黑格爾的生成與發展的觀念，把哲學的觀念論轉化為哲學

的物質論，再進一步轉化為社會的科學（政治學、經濟學、人類學、社會學、社會心理學）（洪鎌德 2009b）。在這個轉化的過程中，他發展了特別的社會物質主義（而不僅是科學的物質主義），將物質觀轉變為社會觀，那就是把物質的掌握轉化為人群的實踐。後者不只是人的普通行動、言行、作息而已，而是生產性、批判性兼革命性的物質實踐。

　　通過自然和物理科學對自然產生、掌握的知識是一種的客體，是知識本身主張為外在於意識，獨立於意識之外的認知體系，這點與黑格爾認為是存在於主體心靈中說法相反，亦即與主觀主義、唯心主義有所區別之處。這些對於馬克思而言是哲學唯物主義的內容，也是他把唯物主義視為哲學，可被他與恩格斯所接受的觀點。但進一步，他就不同意哲學的說詞，不同意個體主義所強調主體與客體關係作為哲思的起點、或基礎。效法黑格爾的說法，知識的獲取是主動求知的過程，只是這種求知過程不是黑格爾哲學家心靈的演展、探索，不是精神的、心靈的操作，而是人開物成務、利用厚生的勞動與生產過程。這一過程既具社會的性質（生產是社會的活動），也在歷史長河裡展開，因此具有社會兼歷史的性格（socio-historical character）。馬克思一方面承認知識的獲取來自心靈的活動，知識是勞心的抽象物、結晶品，但心靈的活動卻是物質實踐的抽象物、結晶品，最終知識是從物質與貨物以及勞務的經濟生產中獲取的結果。

　　於是傳統裡心靈與物質的兩元，勞心與勞力的兩元可以藉物質性的實踐中合而為一，這是自然知識經常的條件與普遍的基礎。不過，對社會科學而言，社會兼歷史的實踐，不只是無可避免的認知條件，更成為社會知識的對象。須知作為科學知識的對象之社會是種種實踐的結構體，其基礎為經濟活動、生產方式等物質實踐所構成。人儘管在生育之外無法創造自然、生產自然，也不會製造或展開純粹的心靈活動，一如觀念論者之主張。但人卻可以生產貨物（與勞務）等人造產品，在製成人所需的物品時，我們是把自然的材料轉化成人為之產品。這也可以說生產（produce）了再生產（reproduce），生產了與經營了（再生產了）社會關係，甚至是社會本身。這意思是說社會是人造的，人藉再生產而維持其存在和延續（傳宗接代）。

　　在生產與再生產的社會中，雖非人人每時每刻和直接地與大自然打交

道，但大部分的人卻接觸了社會的產品，也參與了社會的活動。但在這些社會的接觸與參與中，我們卻發現異化的現象。人的喪失自我、人的幻象復現，人不屬於自己，而是受控於他人（人被他人、他物所征服、控制、奴役）。人要活在世上必須勞動，勞動在生產貨物，滿足我們口腹之慾所需的生活資料——商品。但商品卻成為資本家的擁有物、成為其財產，而不再隸屬於勞動者的產物、或財產。由是產品控制了生產者，而非生產者控制了產品。

社會的本身居然變成了這樣異化的產物，它展現給其成員的人群竟然是一種自然界生成變化之物，好像脫韁之馬非人類所能控制。只是這種異化不能在哲學上加以理解為人生活條件永遠不易的現象，而是科學地理解為可以改變的客體。在改變中科學扮演其實際的角色——用科技來改造社會。社會結構的一體性、和諧性、穩定性是不實的、矛盾重重的。其矛盾性存在於其階級分裂、鬥爭的結構中，也存在於資本主義矛盾的生產方式裡。在矛盾的壓力之下，社會朝著革命——整體變化——的情勢發展。在此情勢下勞動階級，在馬克思「科學」（亦即理論性的意識形態）的裝備下會設法消滅這些矛盾，俾最終把社會的失序帶入人所能控制之下，並在此革命過程中解救其本身，也解放全體的人類（Edgley 1991: 421-422）。

三、人的解放——從哲學理論走向科學實踐

人的解放涉及的不只是個人從思想、宗教、文化的層層藩籬中脫逸出來，更是人群、人類從家庭、階級、經濟、國家、政治、文化等典章制度的束縛與異化之下獲取自由。因之，馬克思所關懷的人之解放，不是片面的、部分的（例如人從無知、貧困、剝削中解放出來），而是完全的，恢復人自主、主權的、全面性解放。不只理論上人的解放，更是實踐上人的解放（洪鎌德 2000）。因此他的學說可以嚴格地被刻畫成一種解放人類實踐之理論，而人類的解放卻是指當今逐漸型塑的統一的工業世界之文明中的現代人之獲得自由（Fletscher 1973: 356）。

馬克思理論的特色在於採用宏觀的觀點，把問題置入於廣闊的脈絡上，而非侷限於某一社會兼政治的投射與施為之窮盡論述。他是以哲學史

的觀點，來看待人的生成演變以及世界史中自然的發展進化。因之，他的
理論既可以上升至最一般的抽象層次，也可以下達最細微的具體層次。他
理論的生命活力可以在伸縮自如的能力中找到，也就是在經驗的路途上從
早先的問題具體細節提升到綜觀全局的俯瞰，而又進入新的具體化問題意
識之內，這當然是指辯證的過程而言。由具體而抽象，再轉往具體，或由
局部而擴大至全部，再升高到作為新局部的階段。

　　馬克思的學說不只是理論，更是實踐，或稱把理論與實踐合而為
一。這是淵源於馬克思對人的行動、活動含有世俗的目標性（secular
teleology）之看法。也是人為了生活、生存而發展了各種各樣的需
要（*Bedürfnisse*），且為了滿足需要不斷提升其滿足需要的能力
（*Vermögen*）；由是需要的增加伴隨著能力的增加。一部人類史無異需要
與能力水漲船高的辯證運動，也是導致人由原始的依賴，墮落為後期的分
裂，而最後復歸團結和諧的人類異化之過程，這也是何以馬克思視人類的
整部歷史是異化史的因由。

　　在為《資本論》準備的長稿《政治經濟批判綱要》（*Grundrisse der
Kritik der politischen Ökonomie*, 1857-1858, 簡稱《綱要》*Grundrisse*）中，
馬克思說

> 只有在社群中每一個人才有培養他多方面才華的手段；這是因為
> 身分的自由只有在社群中才會變得可能的緣故。在以往非社群的
> 國家或其他團體中，身分的自由只有在那些統治階級條件下得
> 以發展的個人，或是統治階級的成員才能夠享有。至今為止把
> 諸個人聯結在一起的幻想之社群始終擁有獨立於個人之外的存
> 在。此外，由於它是一個階級對另一個階級的凌越結合起來的
> 〔機構〕，過去的幻想之社群對被壓迫的階級而言，不但是一個
> 徹底的虛幻之共同體，而且對這一壓迫的階級也是新的手鐐腳
> 銬。在真正的社群中諸個人藉著組合，也在組合中獲得其自由。
> （*Grundrisse*: 75-76; G: 158; 華文翻譯 洪鎌德 2000: 151）

　　對於馬克思與恩格斯思想開端的哲學，兩人所持的態度不免曖昧模糊
（ambivalent）。他們不願像一般的、傳統的哲學家只在解釋世界和對世

界的觀感、思維、認知等等上面營構理論，而是要改變世界——讓世界的
演變符合人的理性與意志，配合人的意識來發展。這種的企圖不在只侷限
於哲學的思辨（理論），而是仰賴經驗科學、社會科學的引導，甚至自然
科學的作為（科技的實踐）。不過後期的恩格斯終於承認：沒有意識的哲
學之導向，要改變世界（自然與社會）是無法達成意願的。理論的思考有
其範疇性的先決條件，也就是要靠哲學來反映、來反思這些先決條件。加
之，把各種專門的科學（自然、社會、人文、歷史、思維等等科學的旁
枝）加以統合會產生哲學性質的理論結果。不過馬、恩兩人的哲學究竟是
那樣的（唯物的、實在主義的、辯證的等等不同看法）哲學，卻引起其
追隨者與後人的爭議，而莫衷一是。在這方面葛蘭西提出「實踐哲學」
來標誌馬克思的思想與學說，不失為符合事實而具創意的主張（洪鎌德
2004b: 184-189；2010 第 5 章）。

　　儘管對馬、恩哲學思維的歸類人言言殊，但一般來說，馬克思主義
者對社會的理論所統轄的實在之普遍概念（general concept of reality）是
他們兩人早期所持唯物主義的看法，亦即唯物史觀、或歷史唯物主義。
在馬克思著名的〈費爾巴哈提綱〉中，我們看到青年馬克思有意把新物
質主義注入於能動的主體性（active subjectivity）當中，從而把唯心主義
偏重冥思、思辨的毛病去掉，而補充了「覺知」、「感知」（*sinnlich*;
sensuous）的客觀實踐。所謂主動、能動、積極行動，人類行為那部分，
其後詮釋為批判的兼革命的衝動力量，這部分便與辯證運動結合在一起。
雖然這種理論兼實踐的途徑可以發展為「實踐唯物主義」、或「實踐的辯
證法」等概念，但晚期的恩格斯又把它回復到傳統的物質主義者之宇宙論
中，而主張唯物主義的辯證法是有關自然、社會和思想運動最普遍律則的
知識，其中思想的辯證律忠實地反映事物發展的辯證律。由是辯證唯物主
義變成了包天包地、包人包物、不折不扣的世界觀（*Weltanschauung*）。

　　後來進行哲學思維的馬克思主義者——馬克思的忠實信徒——便在上
述不同的思想路線上啟開對馬、恩哲思的詮釋。特別是恩格斯的取徑，成
為其後蘇維埃馬派哲學系統化的樣板。反之，西方馬克思主義者企圖把唯
物主義和辯證法拉回到人的實踐範圍裡，亦即人的思想、和社會歷史才是
辯證唯物理論應用之場域。

四、科學的實在論

　　馬克思的唯物史觀重視物質生產的方式在不同階段的歷史過程中之呈現，以及由於生產力的擁有（私產）與否，以及社會陣營的分裂（分工）為兩大階級，導致階級的敵對與鬥爭。這就是他所指稱一部人類史，不但是物質生產史、工業史，更是階級鬥爭史。既然馬克思物質論涉及的是物質性的社會實在，因之稱之為物質的實在論（materialistic realism）也無不可。馬克思對實在論有兩層的考量，其一為簡單的、常識的實在論，認為實在是諸對象體、客體物外在的、獨立的現象；其二為科學的實在論，這是主張科學思想的客體（對象），無論是自然還是社會、人文，都有實在的結構，不能簡化為這些結構的種種元素、種種事件。因為每一結構都是事物本質性的、實有的關係之具體表現。如果事物的本質和表象（現象）直接而完全一致，那麼就不必勞煩科學家來費力解釋。科學中的各種律則本質以相反的形式呈現出來，而造成現象與本質的不同樣貌，現實世界呈現了黑格爾所言「顛倒的世界」（verkehrte Welt）。須知實在並非僵硬不變的實體，也非鐵板一塊，反而呈現階層化（stratification）、內在的複雜性（complexity）、或分歧化（differentiation）三大特徵。任何的抽象化（包括綜合論述、理論營構等），如果無法顧及實在的階層化、內在複雜性、或分歧化，則被視為為錯誤的或無效的，例如從對象的存在中、有效呈現中忽視或孤立本質的關連或關係，都會導致理論的失敗。馬克思這種師承康德的學說，把本質與現象對立的實在觀引起後人（盧卡奇、寇士〔Karl Korsch 1886-1961〕、葛蘭西，乃至柯拉克夫斯基和舒密特等）的批評，這是把思想和存有一分為二的兩元論之看法（Bhaskar 1991: 458-459），與馬克思唯物主義的單元論有所違逆。

　　進一步來觀察，馬克思的科學的實在論，也反對主體認識客體的主客體關係之認識論，從而既反對經驗論，也反對詮釋學（hermeneutic）。他認為無論是社會還是自然，其呈現的經驗外觀與背後潛存的實在之性格、特徵有矛盾衝突之處，是故用經驗主義的方式來掌握和瞭解實在是多餘的、白費力氣的。社會成員腦中對實在的表面之呈現常以日常的語文之詞彙來感知（概念性的掌握），因之會影響到對社會的理論型塑。對馬克思

而言，科學理論的真正功能在鑽入實在的經驗外表，而進入事物的本質
——「實在的關係」——之中。這些實在的關係潛藏在實在的結構與力量
裡，靠著結構與力量才能建構實在的「現象上的樣態（形式）」和實在基
本上發展的趨向。是故科學中理論的概念既無法化約為經驗上可供觀察的
概念，也無法像觀念論那般只靠心靈的主動運作，把想像強橫加在實在身
上。科學的實在論（不管或多或少）能夠精確地描繪物質性實在，是故馬
克思的科學觀乃是實在主義的科學觀。

　　馬克思把科學發展為概念，但這些概念既非經驗性，也非先驗性質，
非哲學性的，而為科學性的概念，俾能更合適地、妥善地解釋實在。由此
可見他視科學方法中重大的要素為概念的批判與更新。當成特定時空情境
下的社會實踐，馬克思的科學觀是把日常語言和現存理論置入批判性的檢
驗中，透過知識、學問的操作，將被探究的原料轉變成理論的成果。由於
這些基本的理念是社會本身的一部分，而考察的對象絕大部分是社會，而
非自然的對象物，馬克思的科學就顯示在批判，甚至反對這些觀念的同
時，不忘探究這些理念成形的物質條件、物質基礎。在這種情況下，馬克
思不受知識社會學的影響，而以為思想的物質性解釋與認知的評價無法相
容，以致造成前後不一致的懷疑論式之相對主義。相反地，他追蹤認知上
有所缺陷之理念在於造成這種認知上的缺陷之物質條件，遂認為社會本身
便有毛病存在。社會的毛病主要在於其主流的生產方式，這種居於統治地
位、操縱社會成員的生產方式拆穿了不過是一種神秘化之物，一個造成表
象與背後潛藏的實在完全不搭配、不符合之物，導致了人群的遺失、混亂
（*C* 1: 172-173）。

五、意識形態、矛盾與辯證

　　另一方面社會之所以會再生，綿延不斷代代相傳，有一部分的原因在
於這種神秘化的、客觀的說詞，它把社會看做外在於組成它的群眾之外，
獨立存在的實體（substance），殊不知馬克思並不把社會當成鐵板一塊，
長期間不會生成變化而造成的實體；反之，卻看成是一種因時、因地、因
各種內外因素（物質條件）發生變化而造成的流程（process）。由於客觀

性的神秘變化造成統治階級的意識形態變成某一特定時期、某一特定社會盛行的意識與理念，統治階級也利用這種不實的意識、欺人的政治理念來增強其在階級鬥爭的地位和聲勢。馬克思對傳統、尤其是主流派的意識形態、理念的學說等之批判本身也是政治的，而非僅是他一再聲稱的「科學的」。原因很簡單，馬克思的科學是對布爾喬亞科學的哲學的基本原則──價值中立──之駁斥與排拒，這是因為布爾喬亞的科學便是對資本主義加以辯護與支持的一套飾詞、辯護，亦即一套意識形態。為了打倒布爾喬亞，馬克思站在普勞階級的一邊，從而也放棄所謂價值中立之原則，全力為普勞的解放致力，其政治色彩之深厚無庸置疑。

在強調唯物主義是科學的同時，馬克思的唯物主義無法與傳統的假設相容，蓋後者認為只要用理論、用解釋便可以把產生缺陷之布爾喬亞理論或其背後潛在的物質條件加以改變。其原因為他的科學是所謂「批判兼革命」的活動，亦即實踐，這是社會主義運動之一環，也是鼓吹推翻資產階級社會與資本主義的革命實踐。以勞動階級的眼光來看待馬克思的科學，則不得不承認它是普勞的科學。它不只擁有新興覺醒階級的支持之優勢，也因為這個階級不再受到其他階級的超越，而使它（馬氏的科學觀）享有最大認知的優勢、好處。馬克思觀點之科學性不但與普勞的意識形態密契交融，逐漸提升其地位至普勞的意識形態之高點。在理論上進行階級鬥爭，馬克思倚賴的並非哲學（依如阿圖舍之說法），而是科學（Edgley, *ibid.*, 423）。

在生產過程中事物與事物的關係、人與事物之關係、人與人的關係，特別是擁有生產資料者與不擁有生產資料（沒有資本、沒有土地，最多只擁有勞力）者之關係，造成生產關係，在文明社會裡則被規定為有財產關係。這些林林總總的關係所形成的物質樣態（形式）是藉著辯證、辯證運動、辯證法來加以型塑成理論、化做理論。不過令布爾喬亞哲學家非常感冒之處為馬克思居然把邏輯範疇中矛盾之思想、理論搬到物質的實在（社會、典章制度、人的認知、甚至作為等等）之上。特別是馬克思把異化和拜物教觀念以辯證的方式呈現出來，更令資產階級、御用學者匪夷所思。不過社會科學有異於自然科學之處乃為後者研究非有機的世界，而前者則以人文和社會為研究對象。除此之外，人的思想完全建立在物質生活（其

中又以營生的經濟生活是一切思想的來源與對象）之上，思想本身就是實在的一部分，社會的一部分，因之社會思想、社會理論需要在認知上、科學探究上被評價、被批判，並且對思想和其物質條件的關連要加以解釋，而理解之方是就是解析。那些型塑物質生活與勞動的基本結構和主要力量也會型塑心靈生活與知識操作。在此情況下，思想在明顯的內容方面主要追求有關實在的情況、反映或描繪情況。不過思想在反映物質實踐的實在之當兒，其所使用的暗示的、內涵的、結構之方法，它（思想）未必會事先體會到、或事後加以承認。是故有關思想和行動解釋性的聯結可以提供分析理念的可能性，亦即在聯結的方法下揭開實在的秘密。最重要的是它提供管道，讓對理念之批判和對實踐的批判聯結起來。蓋實在是產生理念必要的手段或源泉。只有透過這種聯結、統一才能夠把辯證對矛盾的看法形成為範疇，在這裡異化就是明顯的例子。對科學而言，矛盾是一個危機的、引發爭論的範疇，認為一旦矛盾出現，便表示這種現象或表述（理論表達）為非邏輯的、非理性的。但實踐和思想卻可以或多或少地非理性的（irrational）。對辯證的科學而言，凡矛盾的思想體系體現為、表現為幻象和神秘化，這反映了物質實踐體系含有結構性的非理性，體系含有反對與否定本身的內在衝突。基本上，這些實踐的非理性造成其參與者的混亂與迷思（神秘化）。對此馬克思的批評是一種事物合理性的評價，亦即非道德上善惡之評價，而為合理與否的理性之評價。

　　社會的矛盾並非哲學性的（學派不同之主張），而是人類生活條件永恆的部分，這些條件和勢力是特殊情境下的產物。這種情境特殊性、歷史性導致每個地方、每個時代哲學學說的不同。一旦革命化除社會結構的矛盾，則社會結構會變成愈來愈符合理性而重新組織，愈來愈能夠接受參與者的控制，也愈來愈受著自動自發的思想之掌握與理解。就是非科學的詮釋學的真理也得以實現。科學的實在主義一旦揚棄（超越），則科學的經驗主義之真理也同樣得以實現。屆時社會現象與實在之間的落差乃至矛盾也告消失，連社會的神秘化性格一併消失。屆時連理論的可能性，以及社會科學的存在也成為沒有必要（Cohen 1978: 326）。

　　對馬克思與恩格斯而言，哲學會與觀念論和物質主義發生關連。特別是馬克思的唯物主義也要靠理論來表述，而各種理論，包括社會科學在

內，其分析的最終階段卻是觀念論的變形。它需要解析分工的基本形式，勞心與勞力的分開之形式，這些對社會造成異化與神秘化。當代的一個特徵為內容是指科學吸收與揚棄哲學，把它的內容轉化為更富物質內容的理論，也是更富存在的樣態與方式之理論。只不過是充分完整的社會唯物主義只有在歷史演變的終境才告實現，也就是在社會實踐中將其可知性與透明性讓社會行動者的自動自發的精神來加以接受、加以掌握，如此一來不用觀念論也可以讓理論成立，以及物質主義落實。

六、馬恩科學的觀點與貢獻

　　馬克思和恩格斯極力主張他們兩人的唯物史觀和辯證唯物主義是一種科學，而非一套哲學。因之，馬克思主義者的科學觀點大概有兩個面向。其一為視馬克思主義為一種價值、一個規範，亦即馬克思主義就是體現科學的規範與價值，亦即科學的內在面向。另一個是科學的外在面向，亦即研究和探察的方法。前者屬於認知論，後者可謂為歷史社會學。認知論在探討社會知識如何獲取、如何能真正掌握社會實在。歷史社會學則是把科學當成透過社會實踐在時間流程中對每個社會的樣態、變貌、趨向的理解。由於馬克思的科學觀涉及內在與對外兩個面向，因之，造成人們對他科學觀的諸多誤解，譬如強調內在面向，硬是主張馬克思主義是科學，容易陷入科學主義（scientism）的窠臼，把科學從社會與歷史的關連中脫鉤，從而喪失科學的歷史反思性。反之，過度強調科學向外方面而犧牲了其內在性，會導向唯史主義（historicism），誤把科學化約為歷史過程的表達，容易陷身於判斷上的相對主義，成為一偏之見。

　　上述兩個面向都出現在馬克思的思想裡。一方面他自認為致力建構一種的科學，因之採取認知的先決條件；另一方面他視所有的科學，包括他自己的科學，是歷史的產物，是在歷史中呈現的一種假設的、推測的因果活動之行動者（agent），靠著其學說不但要解釋世界，甚至要改變世界。就歷史性的觀點來觀察，馬克思是一位理性主義者，因為他視科學為人類理性的活動，也在學問中追求理性，理性是不斷地在前進、增大當中。無論是其潛力上或顯現上都是一股解放（去腐生新）的力量。理性是

人增大的能力，用以征服自然、改造社會、改變人本身的命運。就認知論上來觀察，馬克思本人是一位實在主義者，是接近現代意義之下的科學的實在論。

馬克思的科學的實在論包含以下幾層意思：

1. 理論的職責在於經驗上、檢證上把社會兼經濟的生活這一展示的、明顯的現象加以捕捉，而對其結構做適當的描述與分析；
2. 這種結構在基本上無法再化約為其他的事件元素、細節，以致造成與現象所呈現的樣貌有所不同，其原因為實在有其層化、內部複雜性與分歧性之多面向的緣故；
3. 把實在多方面的面向加以掌握，而以思想的方式呈現出來，便要依賴對早已存在的理論與看法的批判性轉換，這包括對研究的現象由於研究者的實踐（批判性、革命性的行動）所加以建構的部分；
4. 承認科學知識不只是邏輯推理的活動，更是實踐的、勞心與勞力的活動。這種承認還要加上另外一種的知識活動的前人，視知識的客體有其獨立超越事實的存在，其存在是研究者頭腦之外，早已出現之事實。

對馬克思而言，知識歷史性以及諸研究客體的實在之間有任何的矛盾之存在，這兩個面向只能看做被認識的客體之一體性、統一性之一體兩面——知識的歷史變遷性同其呈現的是同一的、一體的。

馬克思科學觀這種特徵的強調，歷史的理性主義和認知的實在論的合一，成為後期恩格斯所代表的馬克思主義（Engelsian Marxism）之特質。這也對第二國際與第三國際的馬克思信徒影響重大，不過其表現方式愈來愈庸俗，靠著歷史的進化論、機械兼自願說，強調科技掛帥的論述，甚至把思想當作是實在的反映或拷貝（Bhaskar 1991: 491）。

恩格斯因為認為自然界也存在著辯證運動，因之，有「自然的辯證法」之說詞與著作，這是客觀主義的科學觀之起始。不過他卻也承認意識是主要的現象，只是意識這個主觀主義之下的科學觀，卻為物質條件的衍生物，反映的結果等於是扮演次要的角色（自然辯證為主，意識辯證為副）。

　　馬克思雖然大體上接受恩格斯這種客觀主義的科學觀，但對意識，特別革命意志和革命實踐的注重，使他更接近主觀主義的科學觀。這是由於他受到 19 世紀中葉社會科學家一般科學看法的影響，後者視人為理性動物，社會典章制度，是人群創造之物，也為人群服務，以及諸個人之理性活動有助於整個社會的進步。社會就像任何的機制，受到普遍的、泛宇的律則之規範，個人與群體的行為不但可以藉規則來解釋，甚至還可以預測其走向與後果。

　　效法孔德與穆勒的社會分析方法，馬克思企圖為資產階級社會的生成與演變之歷史找出法則、規律來。他分別了（1）經驗的規律性（例如經濟危機）；（2）對於特定社會加以描述其特徵的律則（例如剩餘價值律）和（3）人類社會與歷史發展最為普遍的規律（例如社會從原始公社、經奴隸、封建而發展至資本主義的社會階段）。要之，馬克思所關懷的社會演進律並非個人或群體的心態變化的律則，而是生產與交換、分配與消費的原則。詳言之，馬克思的思想觀念所完成的科學之貢獻可以簡述如下：

（1）**解釋的總路線**：在社會的經濟型塑中人類進步的各個時期，以歷史的分期與描繪呈現出來，是故有亞細亞生產方式以來的古代、中古與現代生產方式，俾為「人類社會的前史」做出勾勒與解釋。

（2）**布爾喬亞社會的分析**：他對整個社會的生成與發展歷史並沒有細加刻畫，而是追蹤「資本主義生產方式的自然規律」，俾把這種社會發展之必然趨勢和「現代社會的經濟運動律揭露出來」。

（3）**歷史主義**（historicism）：社會的研讀不僅在其結構和功能，而應注意其發展（包括起始與未來），不僅注重社會演進的脈絡，也要跳脫脈絡的框框。馬克思在這裡使用的方法學固然是注重生產力與生產關係，以及階級對立的情況，最重要在型塑歷史性的發展律。

（4）**意識的理論**：馬克思不但批評布爾喬亞的社會及其辯護的政治

經濟學，進一步揭發這種社會盛行的意識形態，其中行動者諸個人首先受到其生存需要的解決，而不注意到其行動的合理考量，但其後生產關係與階級對立逐漸發展，行動者開始意識到其利益與處境。一旦革命改變的客觀條件成熟，革命意識自然會長成，革命行動跟著產生。為此原因馬克思不但批判資產社會的異化、科學，還進一步揭發商品拜物教與意識形態對普勞階級群眾的心靈控制（Ballestrem 1973[7]: 287-292）。

馬恩的辯證唯物主義自稱為科學的社會主義，而有別於空想的、烏托邦的社會主義。究竟這是馬克思主義者全面的努力，企圖把進化論的理論原則應用到社會的領域，還是哈伯瑪斯所稱呼的「辯證的詮釋學之科學」（dialectical hermeneutic science）（Habermas 1978, ch.6）？仍有待商榷。

科學的社會主義是把「是然」與「應然」不加區分，是把理論與實踐加以統一。對實在的描繪和解釋同時連結到具體情境之下，企圖對既存現實進行革命。把這種雙元性加以分析會發現這是無法相容的矛盾，是理論的非邏輯性和實踐的無助性、無效性。但馬克思主義者卻堅稱這是批判性的社會科學之建立，不只是社會實在的正確理論，更可以作為改朝換代、社會革命、社會轉型的典範。

七、馬克思思想的宗教精神與秘思色彩

由於受到黑格爾和秘義的神學之影響，馬克思思想裡不但含有濃厚的宗教精神，還極富秘思的色彩。不要以為馬克思是一位背叛猶太教、反對基督教的無神論者，他仍舊相信世上存有最高的事物，那就是「人」。因之，他的人本主義其實也是神本主義轉化而成的人本主義，這是帶有俗世色彩的信仰體系，不帶宗教儀式的人之頂禮膜拜。換言之，對上帝的否認，正是對人的確認，人是宇宙間至高無上的事物，是人群最需關懷的對象。除非我們以西方傳統宗教瑣屑的教條、繁文縟節的儀式，來衡量馬克思主義，而證明它不具宗教或神話的色彩。否則它本身仍擁有宗教體系的

結構。就拿它與奧古斯丁及中世紀後期的基督教做一比較，我們不難發現馬克思主義仍舊展示相似的宗教精神（洪鎌德 1997b: 324-328）：

（1）**包羅萬象無遠弗屆的熱望**：就像中古的基督教一樣，馬克思主義提供有關現實世界與未來社會整合、廣包的整套看法，也提供所有宇宙、人生、思想等彼此融貫的知識網路。換言之，馬克思主義推出一個包羅萬象、無遠弗屆的信仰系統、價值系統、規範體系（亦即意識形態 ideology）。在此一意識形態下，各種重大的問題，都有其特定的解答。它不限於實在的某一部分、某一層面，而是強調其總體性（totality）。正因此馬克思本身討厭人家稱他是「經濟學家」，甚至「哲學家」，因為他所醉心的與嚮往的是未來共產主義的「完人」、「全人」——集漁夫、獵人、牧者、批評家、藝術家於一身的自由人。基於此種狂熱的渴望，馬克思主義的流行，說明現代人在喪失傳統宗教的魅力之後，對一個無所不包、無遠弗屆的意識形態之傾心。因之，馬克思主義攫取某些空盪落寞的現代心靈，取得填補宗教真空的地位。

（2）**源遠留長，發人幽思與遐思的歷史觀**：就像基督教一樣，馬克思主義把現存的一切事物，都置入於歷史演變的巨流裡。任何現象都被解釋具有起點、中間過渡與終點。馬氏為其同代與後代的人提供一套嚴密的歷史哲學觀。因此，他那套廣包的世界觀，本質上為歷史的、或稱唯史的。著名的唯物史觀（*materialistische Auffassung der Geschichte*; the Materialistic Conception of History）乃是他思想的骨幹。在他《資本論》之外，四本重要的著作（《經濟學與哲學手稿》、《德意志意識形態》、《共產黨宣言》、《政治經濟學批判》），都無異為世界史的闡述。把馬克思的理論結構分解為討論自然的「辯證唯物論」（dialectical materialism）與討論人類歷史的「歷史唯物論」（historical materialism），乃是對馬克思思想的割裂，也是對馬克思主義的誤解。因為對馬克思而言，自然及其變遷

也是歷史過程的一環。將這兩者硬加分開,是含有濃厚實證主義傾向的恩格斯後期作品所表明的(Lichtheim 1961: 234*ff*)。至於「辯證唯物論」一詞則係俄國馬克思主義者普列漢諾夫(Georgi V. Plekhanov 1856-1918)所倡說,而非馬克思本意。馬克思認為人類的歷史存在正夾在兩端之間。其一端為史前的原始共產主義,其另一端為史後的(人類本身創造歷史的)未來共產主義。因之,對馬氏而言,他有關人類歷史的這齣戲劇的情節,不是樂園的喪失(失樂園)與樂園的再得(救贖升天),而是共產主義的喪失與共產主義的再得。在起首與末尾這兩端之間,世界史分成幾個階段,其中充滿敵對與鬥爭。這與奧古斯丁上帝之國與地上之國中間六個爭鬥不休的階段非常相像,這也像奧古斯丁把當代作為最後裁判降臨的前夕看待,馬克思也認為當今資產階級的社會「為人類歷史接近完結之期」,也就是人類遭逢最深沈痛苦、受難至劇的時代,一旦度過此一難關人類將登衽席而進入完全自由解放之域。

(3) **拯救、解放、更生的期待**:基督教注意罪惡的赦免與靈魂的拯救。馬克思主義強調人徹底的改變與完全的更生。在馬克思的體系中,最後的革命——無產階級的革命——在於徹底改變人性,或「自我變更」(*Selbstveränderung*),俾使人群脫胎換骨成為新人。在他的烏托邦式共產社會中,一切桎梏人性的奴隸制度將徹底廢除,取而代之的是完全的自由。這也是馬克思主義的中心論題,貫穿他學說的整體。對馬克思而言,人在歷史發展的過程中,一直生活在種種束縛、異化、疏離等桎梏裡。只有藉普勞的革命,也是人類最後一次的革命,才能改變人性、拋棄桎梏而登自由之域。對他而言,共產革命所達致的目標,並非物質的富裕、分配的公平(即非「配當性正義」的實現),而是人類精神生活的更新。在費爾巴哈十一條提綱中的第三條馬克思指出:由革命活動而產生的環境改變,必然與自我變更完全符合(*FS* II: 2; *CW* 5: 47)。因之,要深入地瞭解馬克思主義勢必先要瞭解隱藏在這一主義核心中救贖的理念。

（4）言行一致、理論與實踐合一：與基督教相似的最後一點為馬克
思主義極重視理論與實踐的合一。亦即世界觀與其行動指南
若合符節。在費爾巴哈十一條提綱的最後一條，馬克思指出：
「向來的哲學家對世界有種種不同的解釋，可是關鍵卻是去改
變它」（FS II: 4; CW 5: 5, 8）。顯然這種說法便隸屬於宗教的
模式。就我們所知，馬克思並非以一個實用者、或純科學者的
身分去挑剔哲學家的思辨，並呼籲人們去改變世界。他之所以
這樣做，可以說無意識地模仿西方宗教家的作為。當做探究宇
宙與人生真理的哲學與科學本身為一反思冥想的思維運動，與
實際上的行動、實踐扯不上任何的關係。反之，西方的宗教經
驗卻要求知與行的合一，要求信徒對歷史戲劇的參與，俾使宗
教體系在客觀上能做表達，也就是在現世上演出。在理論方面
馬克思主義要求信徒──普勞階級──參與世界革命，從而縮
短新世界──共產社會──誕生「陣痛」的時間（以上取材自
Tucker 1972: 22-25；洪鎌德 1984: 99-102）。

八、對體育文化的意涵

不管馬克思的思想是哲學，還是科學、還是秘思，似乎對身體文化的
衝擊相當低微。不過想到舊蘇聯以馬克思主義號召的政治革命起家，把馬
克思主義配合列寧主義，亦即馬列主義當成建國的意識形態，一度在高唱
愛國主義以及建設社會主義方面大力提倡運動、獎勵體育，使舊蘇聯的運
動選手躍登世界比賽的高峰，尤其是幾次奧林匹克運動賽中爭金奪銀的俄
國人，超越美、英、日等資本主義的國家，導致人們錯覺，誤以為這套極
權式的意識形態和新社會哲學是促進強國健民的思想之動力。這種卓越的
運動表現，還出現在東歐共產集團（特別是東德、波、匈、捷、保、羅等
國），以及中共領導下的中國。一時之間共產主義或社會主義的文化政
策、教育政策、體育政策超英趕美的呼聲此起彼落。

隨著 21 世紀的中國取代俄國與業已民主化、自由化的東歐，在運動

表現以及體育文化方面（特別 2008 年的北京奧運）有驚人的進展、豐碩的成果，使人想到中共建政之初毛澤東所言東風壓倒西風的豪語終於在其繼承者（鄧小平、江澤民、胡錦濤）身上實現，則不得不承認當做意識形態、哲學與科學的社會主義（在對廣大群眾則以「有中國特色的社會主義」稱呼）來把國家經濟推向更高的階段，而誇稱為世界的工廠與世界的市場。

在這裡馬克思主義的秘思，結合俄國民族傳統的神秘主義和中國固有文化的實用觀念，反而刺激了民族主義與以天下之中心自居的上國思想，這是兩個社會主義國家先後稱雄、勇奪世界體壇霸主地位之潛在力量。尤其是京奧舉辦前後的中共對外大肆宣傳「中國和平崛起」，對內鼓吹民族主義與愛國主義，在在促成其國民在世界運動競賽的場合的爭贏奪標，充分顯示秘思的力量，不容小覷，儘管在中國，馬克思主義只剩下一塊招牌而已。

九、後語

馬克思早期的思想圍繞著 1844 年的《經濟學與哲學手稿》打轉，主要的是一種歷史的經濟解釋和歷史最終境的共產主義之見解，基本上頗富哲學的意味。它的主題主要的是人與其存活的世界，亦即他所指出的異化的人處於異化的世界中。普勞階級的世界革命是異化的人類在改變自己的時候，跟著改變他們身外的世界。這是一套改變個人及其環境的生命發展哲學。

馬克思這種世界觀的源頭為日耳曼經典唯心主義（康德到黑格爾），以及人本主義與自然主義（費爾巴哈），從此他擺脫觀念論的窠臼，而在《德意志意識形態》一長稿中從哲學而踏入社會科學，以政治經濟學的、歷史社會學的方法探討布爾喬亞的社會結構，而在《共產黨宣言》裡肯定當代社會的分裂為布爾喬亞與普勞兩大階級的敵峙與鬥爭。最後在政治經濟學批判的《綱要》與《資本論》中分析與批判當代資本主義的運作，以及資本對勞動的壓榨與奴役。

有異於黑格爾心靈哲學的秘義，馬克思營構了他的歷史觀，認為進行

物質生產的人類之勞動才是推動歷史向前走的動力，是故一部文明史乃為勞動人類的生產史、工業史。在開物成務、利用厚生的生產活動中人類把其人性——人類學上的自然——覆加於原始的大自然之上，從而是人、而非精神創造了世界。這就是馬克思的唯物史觀，其後被其伙伴與信徒改名為「歷史唯物主義」和「辯證唯物主義」。

　　儘管人類史是生產史、工業史、是階級鬥爭史，卻也是一部人的異化史。原因是勞動本是自由、有意識、創意的人類生產活動，卻因人的需要（need）和「貪婪」（greed），而使勞動成為資本的附屬品、奴役品、剝削品，勞動成為強制性的操作，使生產者陷身於勞瘁、壓迫、強制、剝削之下的、不再是自由之活動。是故普勞階級的覺醒、團結、奮鬥是促成他們加入世界革命之契機。藉由生產權力的奪回與公有化，創造一個無階級、無異化、無剝削的共產主義社會。在該新社會中，不再是一個新的經濟秩序之建立。反之，不要說傳統式經濟活動消失（市場與貨幣不再發生作用），連政府、國家、法律也消弭於無形，社會的組織原則只剩下大大小小的、各種各樣的組合（*Assoziation*; association），在組合裡「每個人的自由發展成為所有的人自由發展的條件」。這是一個平等而又自由的新社會——新社群，在其中人從勞動解放出來，變成自我活動，變成「生活的主要需求」，每個人可以根據美學原則在其閒暇、休息、娛樂、運動、宗教信仰、文藝活動裡培養與發揮其創意的天性，勞動變成自我活動。

　　在這種社群中人的全面性發展成為可能，人不再終身只受著一個行業、專業所侷限，可以集獵人、漁夫、牧者與詩人於一身，過著逍遙快樂的生活。這裡馬克思思想中秘思的色彩最為濃厚。

　　馬克思的思想富有道德的意涵是清楚明白的。不過這種道德意涵嚴格地說是宗教性大於倫理學的意味。是故馬克思主義也可以看做革命的宗教。在這裡未來世界範圍之內的共產主義之社會變成在歷史（前史）告終之後人類在塵土上的後生（afterlife）。在這一關連之下革命與宗教關係密切，原因是宗教的創立者、開山祖師都是革命先鋒。他們為人類作出高瞻遠矚的前景，在這個前景中人可以脫胎換骨成為新人，也可以創造一個樂園、天堂、涅槃、極樂世界和烏托邦。對馬克思而言，這個前史的尾端，人類真正歷史的開端就是共產主義。因之，可以指出馬克思的學說從

之前的日耳曼哲學衍生出來，本身變成一種世界觀、一套唯物主義的哲學，可是他又把這套說詞應用到向來的社會之歷史分析，以及當前資產階級、社會之經濟學與社會學之解構，從而搖身一變成為科學——社會科學。更因為馬克思期待未來的烏托邦早日降臨，非採取勞動階級的世界革命不可，這種目的與手段之主張既非哲學，也非科學，而毋寧為秘思、神話的說詞。換言之，造成馬克思這種理想能夠吸引人心，讓無數人拋頭顱、灑熱血的盲目信徒，不但是宗教力量，更是神秘的勢力在背後支撐，為此原因 20 世紀馬克思主義成為革命運動的政黨之意識形態。

　　馬克思曾在批判費爾巴哈的第十一條提綱上指出向來的哲學家只懂得解釋世界，但關鍵之處為改變世界。靠著革命的實踐來改變世界首先要徹底改變人本身。要達成新世界（社會）與新人類這個目標的本身是一種偉見，而這一個偉見不但具有宗教的色彩，也隱含秘思的意涵。他所指的方向與路線是否有效，鑒於 20 世紀人類的痛苦的遭遇與悲慘的經驗，答案卻是否定的（Tucker 2001: 3-6）。

歌德 Goethe

Schiller

Lessing

Heine

毛澤東　　　　　　　鄧小平

江澤民　　　　　　胡錦濤

喬治・歐威爾所著《動物農莊》之封面　　　　　　《動物農莊》漫畫插圖

Karl Marx 馬克思也「後現代」？！

參考書目與引用文獻

Althusser, Louis
1977   *For Marx*, trans. B. R. Brewster, London: NLB.

Ballestrem, Karl G.
1973   "Science", Section B., in C. D. Kernig (ed.), *Marxism, Communism, and Western Society: A Comparative Encyclopedia*, New York: Herder and Herder, vol.7, pp.286-300.

Bhasker, Roy
1991   "Dialectics" (pp.143-150); "materialism"(pp.369-372); "realism" (pp.448-450); "Science"(pp.491-493), in: Tom Bottomore (ed.), *A Dictionary of Marxist Thought*, Oxford: Blackwell, 2nd ed. (1st ed. 1983).

Blaug, Mark
1968   "Ricardo, David" (以下引用 Blaug [1]）, in David Sills (ed.) *International Encyclopedia of the Social Sciences*, New York: The Macmillan, vol. 13, pp.507-512.
1968   "Malthus, Thomas Robert," （以下引用 Blaug [2]）in *International Encyclopedia of the Social Sciences*, New York: The Macmillan Co., vol. 9, pp.549-552.

Bottigelli, Emile
1962   "Presentation", in *Karl Marx, Manuscrits de 1844*, Paris: Editions Sociales, p. lxix; English translation see Mandel, Ernest 1971 *The Formation of the Economic Thought of Karl Marx*, New York & London: Monthly Review Press.

Brazill, William J.
1970   *The Young Hegelians*, New Haven, Conn.: Yale University Press.

Buber, Martin
1958   *Paths in Utopia*, (trans.) R. E. C. Hull, Boston: Beacon Press.

Carrington, Ben and Jan McDonald
2009   *Marxism, Cultural Studies and Sport*, Abingdon Oxon and New York: Routledge.

Carver, Terrell
1998   *The Postmodern Marx*, Manchester, UK: Manchester University Press.

Cassierer, Ernst
1946   *Language and Myth*, trans. Susanne K. Langer, New York: Harper & Brothers.

Chamberlain, Gary L.
1963   "The Man Marx Made", *Science and Society*, 27(2): 316-320.

Cleaver, Harry
2009   "Foreword", Ben Carington and Ian McDonald (eds.), *Marxism, Cultural Studies and Sport*, Abington, Oxon: Routledge.

Cohen, G. A.
1978   *Karl Marx's Theory of History: A Defense*, Oxford: The Clarendon Press.

De la Riviére, Mercier
1909   *L'ordre natural et essentiel des sociétés politiques*, éd. E. Depitre, Paris: Larousse, 1st ed. 1767.

Denzin, Norman K.
1986　"Merleau-Ponty, Maurice," in: Robert A. Gorman (ed.), *Biographical Dictionary of Neo-Marxism*, Westport, CO: Greenwood Press, pp.295-299.

Easton, Loyd and K. H. Guddat (trans. and eds.)
1967　*Writings of the Young Marx on Philosophy and Society*, Garden City, NY: Anchor Books.

Edgley, Roy
1991　"Philosophy", in: Tom Bottomore *et.al.* (eds.), *A Dictionary of Marxist Thought*, Oxford: Basil, 2nd ed., 1st ed. 1983, pp.419-424.

Engels, Frederick
1947　*Herr Eugen Dühring's Revolution in Science (Anti-Dühring)*, Moscow: Foreign Language Publishing House, 也可使用同作者 1987 *CW* 25: 5-309.

Ferguson, Ann
1989　"Sex and Work: Women as a New Revolutionary Class in the United States," in: Roger Gottlieb (ed.) *An Anthology of Western Marxism: From Lukács and Gramsci to Socialist Feminism*, New York and Oxford: Oxford University Press, pp.348-372.

Fetscher, Iring
1971　*Von Marx zur Sowjetideologie*, Frankfurt a. M.: Berlin und München: Diesterweg.
1973　"Karl Marx on Human Nature", *Social Research*, 40(3): 443-467.

Feuerbach, Ludwig
1843　*Das Wesen Christentums*, zweite Auflage, Leipzig, erste Auflage 1841.
1903-1911　*Sämtliche Werke* (簡稱 *SW*), hrsg. W. Bolin und F. Jodl, Stuttgart: Julius Meiner.
1950　*Kleine philosophische Schriften (1842-1845)*, hrsg. Max Gustav Lange, Leipzig: Felix Meiner.

1957　*The Essence of Christianity*, trans. Marian Evans, New York: Harper and Bros.
1959　*Sämtliche Werke*, hrsg. W. Bolin und F. Jodl, Stuttgart: Frohmann Verlag, 1st ed. 1903-1911.
1972　*Principles of the Philosophy of the Future*, trans. Zawar Hanfi, New York: Doubleday.
1975a　*The Essence of Christianity*, trans. George Elliot, New York: Harper & Row.
1975b　*Kritiken und Abhendlungen II (1839-1843)*, Bd. 3, hrsg. Erich Thies, Frankfurt a. M.: Suhrkamp.
1980　*Philosophie, Kritiken und Grundsätze (1839-1846)*, hrsg. Werner Schuffenhauer, Wiesbaden: VMA-Verlag.

Fletscher, Helmut
1973　"Marxism", in: C. D. Kernig (ed.), *Marxism, Communism and Western Society: A Comparative Encyclopedia*, New York: Herder and Herder, pp. 355-358.

Fürstenberg, Friedrich
1961　*Wirtschaftssoziologie*, Berlin: Walter und Gruyter.
1969　"Wirtschaftssoziologie," in G. Eisermann (hrsg.), *Die Lehre von der Gesellschaft*, Stuttgart: Ferdinand Enke Verlag.

Galloway, Allan D.
1975　"The Meaning of Feuerbach," *The British Journal of Sociology*, vol.25, pp.130-141.

George, Michael
1987　"Marx's Hegelianism: An Exposition," ed. D. Lamb, *Hegel and Modern Philosophy*, London et. al.: Groom Helm, 126-144.

Gouldner, Alvin
1980　*Two Marxisms: Contradictions and Anomalies in the Development of*

Theory, New York: The Seabury Press.

Gramsci, Antonio
1971　*Quaderni dal Carcere* I-IV, Turion: Einaudi, 1975; *Selections from the Prison Notebooks*, London: Laurence and Wishart, 1971.

Habermas, Jürgen
1978　*Theorie und Praxis*, Frankfurt a. M.: Suhrkamp.

Hegel, Georg Wilhelm Friedrich
1948　*Early Theological Writings*, trans. T. M. Knox, Chicago: University of Chicago Press.
1950　*The Logic of Hegel*, trans. William Wallace, London: Geoffrey Cumberlege.
1952　*Hegel's Philosophy of Right*, trans. T. M. Knox, Oxford: The Clarendon Press.
1953　*Reason in History: A General Introduction to the Philosophy of History*, trans. R. S. Hartman, New York: The Liberal Arts Press.
1955　*Lectures on the History of Philosophy*, trans. Elizabeth S. Haldane and Frances H. Simon, 3 vols., London: Kegan Paul, 1st ed. 1896.
1956　*The Philosophy of History*, trans. J. Sibree, New York: Dover.
1975　*Phänomenologie des Geistes*, Frankfurt a. M.: Suhrkamp.
1977　*The Phenomenology of Spirit,* trans. A. V. Miller, Oxford: Oxford University Press.
2003　*The Phenomenology of Mind*, trans. B. Baillie, Mineola, New York: Dover Pub. Co., first ed. London and New York: Macmillan, 1931.

Hess, Moses
1921　*Sozialistische Aufsätze*, hrsg. Theodor Zlocisti, Berlin: Weltverlag.

Hodges, Ronald Clark
1974　*Socialist Humanism – The Outcome of Classical European Morality*, St.

Louis, Missouri: Warren H. Green, Inc.

Home, Thomas A.
1991　"Classical Political Economy," in: David Miller (ed.), *The Blackwell Encyclopedia of Political Thought*, Oxford: Blackwell, pp.79-82.

Hook, Sidney
1976　*From Hegel to Marx: Studies in the Intellectual Development of Karl Marx*, Ann Arbor, MI: University of Michigan Press, 1st ed. 1950.

Hung Lien-te
1984　*The Hegelian and Feuerbachian Origins of Marx's Concept of Man*, Singapore: Singapore University Press.

Kamenka, Engene
1972　*The Ethical Foundations of Marxism*, London: Routledge and Kegan Paul.

Kant, Immanuel
1909　*Kant's Critique of Practical Reason and Other Works on the Theory of Ethics*, trans. Thomas K. Abbott, London: Longman.
1938　*The Fundamental Principles of Ethics*, New York: Appleton-Century-Crofts.

Kelsen, Hans
1935　"Foundations of Democracy," *Ethics*, vol. LXVI, no.1, Oct 1935.

Kojève, Alexandre
1947　*Introduction to the Reading of Hegel*, trans. J. H. Nichols, Jr., Ithaca and London: Cornell University Press, 1969; Introduction à la Lecture de Hegel, Paris: Gallimard.

Kumar, Krishan
1989　*Utopia and Anti-Utopia in Modern Time*, Oxford: Basil Blackwell.

Landmann, Michael
1964　*Philosophische Anthropologie*, Berlin:

Walter de Gruyter & Co.

Leduc, Gaston
1968　"Say, Jean-Baptiste," in Sills (ed.), *op. cit.*, vol.14, pp. 23-25.

LeoGrande, William M.
1977　"An Investigation into the 'Young Marx' Controversy", *Science and Society*, 41(2):129-151.

Lichtheim, George
1961　*Marx: An Historical and Critical Study*, New York: Praeger.

Löwith, Karl
1978　*Von Hegel zu Nietzsche: Der revolutionäre Bruch im Denken des 19 Jahrhunderts*, Hamburg: Felix Meiner.

Lukács, Georg
1971　*History and Class Consciousness*, trans. R. Livingstone, Cambridge MA: The MIT Press.

Mandel, Ernest
1978　*Late Capitalism*, London：Verso.

Marshall, Alfred
1961　*Principles of Economics*, 2 vols., New York and London: Macmillan, 9th ed., first ed. 1890.

Margoshes, Adam
1967　"Schelling, Friedrich Wilhelm von," in Paul Edwards (ed.) *The Encyclopedia of Philosophy*, New York: Crowell Collier and Macmillan, Inc., vol.7, pp.305-309.

Marx, Karl
1859　*Beitrag zur Kritik der politischer Ökonomie*, Berlin: Franz Duncker.
1904　*A Contribution to the Critique of Political Economy*, Chicago: Charles H. Kerr.
1909　*Capital* III, ed. F. Engels, Chicago: Charles H. Kerr.
1954　*Capital* I (簡稱 *C* I), trans. S. Moore and E. Aveling, Moscow: Progress Publishers.
1957　*Capital* (簡稱 *C*), trans. S. Eden and Cedar Paul, London and New York: Everyman's Library.
1959　*Capital*, vol. Ⅲ (簡稱 *C*Ⅲ), Moscow: Progress Publishers.
1964　*The Economic and Philosophic Manuscript of 1844*, ed. and introd. D. J. Struik, New York: International Publishers.
1973　*Grundrisse, Foundations of the Critique of Political Economy*, (簡稱 *G*), trans., M. Nicolaus, Harmondsworth: Pelican.
1974　*Grundrisse der Kritik der politischen Ökonomie* (1857-1858) (簡稱 *Grundrisse*), Berlin: Dietz-Verlag.
1975　*The Early Writings* (簡稱 *EW*), trans. R. Livingstone and G. Benton, Harmondsworth, Middlesex: Penguin.
1976　*Capital* 1 (簡稱 *C* 1), trans. B. Fowkes, Harmondsworth, Middlesex: Penguin Books Ltd.
1981　*Frühe Schriften* (簡稱 *FS*), 2Bände, hrsg. Hans-Joachim Lieber und Peter Furth, Bände I & II, Darmstadt: Wissenschaftliche Buchgemeinschaft.

Marx, Karl and Friedrich Engels
1939　*The Germany Ideology* (簡稱 *GI*), trans. R. Pascal, New York: International Publishers, 新版 1970, 本書引用舊版.
1927-1932　*Historisch-Kritische Gesamtausgabe* (簡稱 *MEGA*), hrsg. D. Rjazanov Adoratski, Berlin: Marx-Engels Verlag GmbH.
1955　*Selected Correspondence* (簡稱 *SC*), Moscow: Progress Publishers, first ed. 1842.
1958　*Selected Works* (Two Volumes; 簡稱 *SW* 附上 I 和 II), Moscow: Foreign Languages Publishing House.
1973　*Selected Works* (簡稱 *SW*, 附上1, 2, 和 3), 3 volumes, Moscow: Progress Publishers.
1975*ff*　*Collected Works* (簡稱 *CW*, 附卷頁數), Moscow: Progress Publishers.

1978　*Selected Works* (Three Volumes; 簡稱 *SW* 附上I, II, 和 III), Moscow: Progress Publisher.

McLellan, David
1969　*The Young Hegelians and Karl Marx*, London: The Macmillan Press Ltd.
1991　"Political Economy," in Tom Bottomore (ed.), *A Dictionary of Marxist Thought*, Oxford: Blackwell, 1st ed. 1983, pp.426-428.
1991　"Young Hegelians," in: Bottomore, Tom (ed.), *A Dictionary of Marxist Thought*, Oxford: Blackwell, 2nd ed., 1st ed. 1983, p.592.

Merleau-Ponty, Maurice
1973　*Adventures of the Dialectic*, (trans. Joseph Bien), London: Heinemann; 原著 *Les Aventures de la dialectique*, Paris: Gallimard, 1955.

Meschkat, Klaus
1973　"Commuism", in: C. D. Kernig (ed.), *Marxism, Communism and Western Society: A Comparative Encyclopedia*, New York: Herder and Herder, vol. 2, pp.70-83.

Meschkat, Klaus
1973　"Paris Commune", in: C. D. Kernig (ed.) *Marxism, Communism and Western Society: A Comparative Encyclopedia*, New York: Herder and Herder, vol. 6, pp. 180-187.

Michalson, G.
1979　*Kant and the Problem of God*, Oxford: Blackwell.

Nietzsche, Friedrich
1932　*The Philosophy of Nietzsche*, New York: Modern Library.

Oberländer, Erwin
1973　"Communism", in C. D. Kernig (ed.) *Marxism, Communism and Western Society: A Comparative Encyclopedia*, New York: Herder and Herder, vol. 2, pp. 70-83.

Petrovic, Gajo
1967　*Marx in the Mid-Twentieth Century*, Garden City, N.Y.: Doubleday.

Popper, Karl R.
1964　*The Poverty of Historicism*, New York: Harper & Row.
1966　*The Open Society and Its Enemies*, vol.2, Princeton, N. J.: Princeton University Press, pp.27-80.

Proudhon, Pierre
1902　*What is Property? An Inquiry into the Principles of Right and Government.* trans. Benjamin R. Tucker, London: William Reeves.

Rockmore, Tom
1992　*Before and After Hegel: A Historic Introduction to Hegel's Thought*, Berkeley, Los Angels and London: University of California Press.

Rodrik, Dani
2009　"Coming Soon: Capitalism 3.0", in: *The Straits Times*, 2009.1.31.

Rühle, Otto
1929　*Karl Marx: His Life and Work*, trans. Eden and Cedar Paul, London: Allen and Unwin.

Sartre, Jean-Paul
1967　*Materialism and Revolution*, New-York: Knopf.

Sass, Hans-Martin
1963　*Untersuchungen zur Religionsphilosophie in der Hegelschule: 1830-1850*, München Universität, doctoral dissertation.

Schmidt, Alfred
1971　*The Concept of Nature in Marx*, London: New Left.

Simon, Herbert A.
1961　*Administrative Behavior: A Study*

of Decision Making Process in Administrative Organization, New York: Macmillan, first ed. 1947.

1968　"Administractive Behavior," in D. Sills (ed.), *op. cit.*, vol. 1, pp.74-79.

Smith, Adam
1949　*Theorie der ethischen Gefühle*, Neuausgabe von H. G. Schacht, Frankfurt a. M.: Fischer; 原著 *The Theory of Moral Sentiments*, New York: Kelley, 1966, 初版1759.

Solomon, Robert C.
1983　*In the Spirit of Hegel: A Study of G. W. F. Hegel's Phenomenology*, New York and Oxford: Oxford University Press.

Strauss, David
1837　*Das Leben Jesu*, Tübingen: Verlag von C. F. Oslander.

Stepelevich, Lawrence S.
1983　*The Young Hegelians: An Anthropology*, Cambridge: Cambridge University Press.

Stern, Robert
2002　*Hegel and the Phenomenology of Spirit*, London: Routledge.

Sweezy, Paul
1942　*The Theory of Capitalist Development: Principles of Political Economy*, New York: Oxford University Press.

Toews, John Edward
1980　*Hegelianism: The Path Toward Dialectical Humanism*, 1805-1841, London *et. al.*: Cambridge University Press.

Tsanoff, Radoslav A.
1967　"Fichte, Johann Gottlieb" , in: Paul Edwards(ed.), *The Encyclopedia of Philosophy*, New York: Macmillan, vol.3, pp. 192-196.

Tucker, Robert C.
1969　*The Marxian Revolutionary Idea*, New York: W.W. Norton & Co.

1972　*Philosophy and Myth in Karl Marx*, Cambridge: Cambridge University Press, 2nd ed., 1st ed, 1961.

2001　"Introduction to the Transaction edition", *Philosophy and Myth in Karl Marx*, New Brunswick, NJ: Transaction Publishers., 3rd ed.

Tucker, Robert C. (ed.)
1978　*The Marx-Engels Reader*, New York: W.W. Norton & Co., 2nd ed., 1st ed. 1972.

Viner, Jacob
1968　"Smith, Adam", in David L. Sills (ed.), *International Encyclopedia of the Social Sciences*, New York: The Macmillan Co., vol.14, pp.322-328.

Von Stein, Lorenz
1848　*Der Sozialismus und Kommunismus des heutigen Frankreichs*, Leipzig: Otto Wigard.

Wartofsky, Marx
1978　*Feuerbach*, Cambridge *et. al.*: Cambridge University Press.

West, Cornel
1991　*The Ethical Dimensions of Marxist Thought*, New York: Monthly Review Press.

White, Hayden V.
1967　"Feuerbach, Ludwig, Andreas," in: Paul Edwards (ed.), *The Encyclopedia of Philosophy*, Co., vol. 3, pp.190-192, New York: The Macmillan.

Williams, Howard John
2000　"The End of History in Hegel and Marx," in Burn T. and I. Fraser (eds.), *Hegel-Marx Connection*, London: Macmillan.

2006　"Ludwig Feuerbach's Critique of Religion and the End of Moral Philosophy", in Douglas Moggach (ed.), *The New Hegelians: Politics and*

Philosophy in the Hegelian School, Cambridge: Cambridge University Press.

Wood, Allen
1981 *Karl Marx*, London: Routledge & Kegan Paul.

Zhang Longxi
1995 "Marxism: from Scientific to Utopian", in: Magnus, Bernd and Stephen Cullenberg (eds.), *Whither Marxism*? New York and London: Routledge, pp. 65-77.

洪鎌德
1984 《馬克思與社會學》，台北：遠景，第二版。
1986 《傳統與反叛——青年馬克思思想之探索》，台北：商務。
1995 《新馬克思主義與現代社會科學》，台北：森大，第一版1988。
1996 〈馬克思社群觀的析評〉，國科會研究計劃成果報告。
1997a 《馬克思》，台北：東大。
1997b 《馬克思社會學說之析評》，台北：揚智。
1999 《當代政治經濟學》，台北：揚智，修訂版。
2000 《人的解放——21世紀馬克思學說新探》，台北：揚智。
2004a 《當代主義》，台北：揚智。
2004b 《西方馬克思主義》，台北：揚智。

2006 《當代政治社會學》，台北：五南。
2007a 《從唯心到唯物——黑格爾哲學對馬克思主義的衝擊》，景美：人本自然。
2007b 《黑格爾哲學的當代詮釋》，景美：人本自然。
2009a 《人本主義與人文學科》，台北：五南。
2009b 《當代社會科學導論》，台北：五南。
2010 《西方馬克思主義之興衰》，台北：揚智。

洪鎌德、廖育信
2007 〈黑格爾的《法律哲學大綱》與馬克思的批評〉，刊：《國家發展研究》，第五卷第一期，頁149-200.
2009 〈經典的政治經濟學之「經濟人」模型及其意涵〉，刊：《台灣國際研究季刊》，第五卷，第2期（2009年夏季號），頁57-58.

張世英
2001 《自我實現的歷程——解讀黑格爾〈精神現象學〉》。濟南：山東人民出版社。

楊祖陶
2001 《康德黑格爾哲學研究》，武昌：武漢大學出版社。

鄧曉芒
2006 《鄧曉芒講黑格爾》，北京：北京大學出版社。

馬克思誕生厝　　　　　　恩格斯出生屋

馬克思一家和樂圖

馬克思的逝世　　　　　　家人與恩格哀悼逝世的馬克思

人名引得

事物引得

馬克思墓碑

《資本論》壓倒資本家

1871 年馬克思在其書房中關懷巴黎革命與公社之發展情勢

Contents

▶▶▶

The Genesis and Development of Karl Marx's Thought and Its Implications for Sport Philosophy

by Hung Lien-te *Dr. rer. pol*

Preface

國家圖書館出版品預行編目資料

馬克思的思想之生成與演變：略談對運動哲
學的啟示／洪鎌德著.
－－第一版. －－臺北市：五南, 2010. 02
　　面；　　公分
參考書目：面
含索引
ISBN 978-957-11-5864-8（平裝）
1. 馬克思（Marx, Karl, 1818-1883）　2. 運動
論　3. 馬克思主義
147.57　　　　　　　　　　　　　98024422

1PX1

馬克思的思想之生成與演變：
略談對運動哲學的啟示

作　　　者－洪鎌德（162.4）

發 行 人－楊榮川

總 編 輯－龐君豪

主　　　編－劉靜芬　林振煌

責任編輯－李奇蓁　廖育信

封面設計－ P. Design 視覺企劃

出 版 者－五南圖書出版股份有限公司

地　　　址：106 台北市大安區和平東路二段 339 號 4 樓

電　　　話：(02)2705-5066　傳　　　真：(02)2706-6100

網　　　址：http://www.wunan.com.tw

電子郵件：wunan@wunan.com.tw

劃撥帳號：01068953

戶　　　名：五南圖書出版股份有限公司

台中市駐區辦公室／台中市中區中山路 6 號

電　　　話：(04)2223-0891　傳　　　真：(04)2223-3549

高雄市駐區辦公室／高雄市新興區中山一路 290 號

電　　　話：(07)2358-702　傳　　　真：(07)2350-236

法律顧問　元貞聯合法律事務所　張澤平律師

出版日期　2010 年 2 月初版一刷

定　　　價　新臺幣 500 元